U0526316

广西大学中国—东盟研究院 主编

# 中国—东盟合作发展报告

## 2019~2020

ANNUAL REPORT ON THE DEVELOPMENT OF
CHINA-ASEAN COOPERATION
2019~2020

中国社会科学出版社

图书在版编目(CIP)数据

中国—东盟合作发展报告.2019—2020／广西大学中国—东盟研究院主编.—北京：中国社会科学出版社，2022.4
ISBN 978 – 7 – 5203 – 9322 – 5

Ⅰ.①中… Ⅱ.①广… Ⅲ.①国际合作—研究报告—中国、东南亚国家联盟—2019 – 2020 Ⅳ.①D822.333

中国版本图书馆 CIP 数据核字(2021)第 229361 号

| | | |
|---|---|---|
| 出 版 人 | 赵剑英 | |
| 责任编辑 | 陈雅慧 | |
| 责任校对 | 刘　念 | |
| 责任印制 | 戴　宽 | |

| | | |
|---|---|---|
| 出　　版 | 中国社会科学出版社 | |
| 社　　址 | 北京鼓楼西大街甲 158 号 | |
| 邮　　编 | 100720 | |
| 网　　址 | http://www.csspw.cn | |
| 发 行 部 | 010 – 84083685 | |
| 门 市 部 | 010 – 84029450 | |
| 经　　销 | 新华书店及其他书店 | |

| | | |
|---|---|---|
| 印刷装订 | 北京君升印刷有限公司 | |
| 版　　次 | 2022 年 4 月第 1 版 | |
| 印　　次 | 2022 年 4 月第 1 次印刷 | |
| 开　　本 | 710×1000　1/16 | |
| 印　　张 | 27.5 | |
| 插　　页 | 2 | |
| 字　　数 | 467 千字 | |
| 定　　价 | 158.00 元 | |

凡购买中国社会科学出版社图书，如有质量问题请与本社营销中心联系调换
电话：010 – 84083683
版权所有　侵权必究

# 编委会

**主　任**　王玉主
**副主任**　梁淑红
**委　员**（按姓氏笔画为序）
　　　　　毛　薇　孙　硕　何　政　李希瑞
　　　　　陈才建　岳桂宁　罗传钰　范祚军
　　　　　金　丹　盛玉雪　常雅丽　黄　革
　　　　　程　成　熊建华　缪慧星

# 主要编撰者简介

王玉主　经济学博士、教授、博士生导师，现任广西大学国际学院执行院长、广西大学中国—东盟研究院执行院长。中国社科院哲学社会科学创新工程地区合作与区域治理研究创新项目首席研究员、中国社科院"登峰计划"优势学科建设项目区域经济合作学科学术带头人、中国亚洲太平洋学会秘书长，在国内外共发表学术论文30余篇。

范祚军　经济学博士，广西大学商学院二级教授、博士生导师，广西大学副校长、中国—东盟研究院常务副院长、东南亚研究中心主任。国家级百千万人才工程人选、国家级有突出贡献的中青年专家、教育部长江学者和创新团队发展计划创新团队带头人、教育部新世纪优秀人才资助计划人选、广西壮族自治区"八桂学者"。在《经济研究》、《管理世界》等期刊发表论文近80篇。

梁淑红　管理学博士、教授、硕士生导师，广西大学国际学院副院长，主要研究领域为跨国投资、国际财务与会计等，已主持课题二十余项，已在国内外发表论文四十多篇，出版有《马来西亚投资环境分析》、《国际会计趋同视角下的中国—东盟会计比较研究》、《资本弱化研究》等专著。

程　成　管理学博士、研究员、博士生导师，广西"十百千"人才工程第二层次人选。主要研究方向为中国—东盟区域发展，承担国家社科基金重点项目、教育部重大攻关项目（子课题）等科研课题27项，由中国社会科学出版社等出版学术专著6部，编著9部，在《经济地理》等CSSCI期刊发表中、英文论文30余篇，荣获广西壮族自治区社会科学优秀成果奖（二等奖）等各级各类奖励19项，撰写政策建议获外交部等国务院有关部委（政府序列部门）采纳3次。

岳桂宁　教授，南开大学经济系1982届本科毕业。广西大学中国-东盟研究院泰国研究所所长，广西大学商学院金融学、财政学、MBA投融资方向硕士生导师。发表学术论文30余篇，主编出版学术著作3部，合作出版教材13部，其中任主编3部。广西财政学会第七届、第八届理事会理事。广西税务学会第五届常务理事会理事。广西壮族自治区第十二届、第十三届人民代表大会常务委员会立法专家顾问。

金　丹　经济学博士，硕士生导师，广西大学国际学院副研究员。主要研究方向：区域经济、越南经济，中越经济。目前作为主持人承担国家自然科学基金项目1项，广西教育厅重点项目1项。以独立作者在《经济问题探索》等国家核心期刊上发表论文多篇。科研成果获第十三次、第十四次广西人文社科优秀成果二等奖、三等奖各1项。

# 内容介绍

本书是广西大学中国—东盟研究院、中国—东盟区域发展研究协同创新中心的研究成果。全书共分五篇：第一篇是总报告"2019年中国—东盟合作回顾与展望"，分别从政治外交、经济、传统安全与非传统安全等各领域阐述中国和东盟双方的合作情况、成果及问题，并展望2020年的合作。第二篇是中国与东盟各国2019年合作的报告，包括对各国政治、经济、外交、社会、文化等各领域当年情况的简评和重要事件的分析，中国与东盟国家在各个领域合作的评析以及对2020年双方合作的展望。第三篇是中国和东盟2019年合作的专题报告，包括中国与东盟在贸易、投资、金融、生态环境等领域的合作、中国—东盟博览会、广西和东盟的合作等。第四篇是对2019年东南亚地区热点问题的评析，内容包括越南的联合外交、澜湄合作等。第五篇是大事记，包括2019年中国—东盟合作大事记、中国与东盟各国合作大事记、广西—东盟合作大事记，内容十分丰富。

# INTRODUCTION

This book is the fruit of research conducted by China-ASEAN Research Institute of Guangxi University and the Collaborative Innovation Center for China-ASEAN Regional Development. here are five chapters. Chapter 1 is the general report on Review and Outlook of 2019 China-ASEAN Cooperation, including the introduction of 2019 China-ASEAN cooperation, achievements and problems in politics, diplomacy, economy, traditional security and non-traditional security and other aspects, as well as the outlook of cooperation in 2020. Chapter 2 contains the reports on cooperation between China and ASEAN nations in 2019, including the evaluation of each ASEAN nation's politics, diplomacy, economy, society and culture and analysis of important events in 2019, as well as the review of cooperation in various fields between China and ASEAN nations and its outlook in 2020. Chapter 3 contains the special reports on 2019 China-ASEAN cooperation, including bilateral trade, investment, finance and ecological environment, as well as the reports on China-ASEAN Expo and Guangxi-ASEAN cooperation, etc. Chapter 4 is the review of 2019 hots pot issues in Southeast Asian region, including Vietnam's joint diplomacy, Lancang Mekong cooperation and so on. Chapter 5 contains the short commentaries on the selected events happened in China-ASEAN cooperation, in China-ASEAN nations' cooperation, in Guangxi-ASEAN cooperation in 2019.

# 序

  当今世界正经历着百年未有之大变局，世界多极化、经济全球化、社会信息化、文化多样化深入发展。同时，影响世界发展的不稳定和不确定因素也在显著增加，全球经济增长继续放缓，新冠肺炎疫情等传染性疾病持续蔓延，单边主义、保护主义抬头，气候变化等非传统安全威胁依然严峻。在新形势下和变局中寻求机遇和发展是中国、东盟的必然选择。东盟是中国周边外交的优先方向，也是高质量共建"一带一路"的重点地区。

  中国与东盟自1991年建立对话关系，尤其是2003年建立战略伙伴关系以来，经历了不平凡的合作发展历程，一步一台阶，开辟了合作共赢、睦邻友好的新道路。中国—东盟关系成为亚太区域合作中最为成功和最具活力的典范，成为推动构建人类命运共同体和构建新型国际关系的生动例证。

  2019年中国和东盟坚守对话与合作的大方向，共建"一带一路"，共绘合作愿景，推动中国—东盟关系取得了新的进展，提出了一系列合作新倡议，发展了合作新亮点。各方互信不断加深，国际共识日渐增多，互联互通不断加速，经贸合作日益加快，人文交往更加密切。《中国—东盟战略伙伴关系2030愿景》为中国—东盟关系中长期发展描绘了蓝图，2019年是中国、东盟落实"2030愿景"的开局之年，双方发表了"一带一路"与《东盟互联互通总体规划2025》对接合作等联合声明。此外，2019年双方经贸关系实现新的突破，中国连续10年保持东盟第一大伙伴地位的同时，东盟也超越美国，首次成为中国第二大贸易伙伴，在全球保护主义抬头、贸易遭遇挫折的大环境下，中国—东盟货物贸易仍实现强劲增长，经贸投资规模再创新高，在数字经济、电子商务、智慧城市、5G等新领域的合作不断拓展。与此同时，双方于2019年开始全面实施《中国—东盟自贸区升级议定书》，共同推进《区域全面经济伙伴关系协定》（RCEP）谈判，致力于共同维护多边贸易体系和加快地区贸易自由化进程，推动中国与东盟的合作发展迈向新台阶，在构建更为紧密的中国—东盟命运共同体方面不断取得新成果。

为全面、立体把握中国—东盟合作动态与进展，深入研判和剖析中国—东盟双边关系，广西大学中国—东盟研究院和中国—东盟区域发展省部共建协同创新中心自2014年开始以年度报告形式每年组织力量攻坚克难、协同攻关，汇总研究成果编撰出版《中国—东盟合作发展报告》。为使《中国—东盟合作发展报告（2019~2020）》具有前沿性、基础性、支撑性和实用性，参与撰写发展报告的专家、学者除深入越南、泰国、新加坡、文莱、老挝等东盟国家进行实地调研，与政府机构、知名院校、智库、企业等建立合作外，还充分利用大数据平台，跟踪中国—东盟合作领域的重要事项和发展动态，筛选热点问题和重点问题进行深入分析。

在中国—东盟研究的路上，我们愿与各位同仁共同努力，为中国、东盟间的长期友好关系和构建守望相助、休戚与共的命运共同体贡献智慧和力量。《中国—东盟合作发展报告（2019~2020）》的付梓出版，凝聚了专家、学者的心血和努力，希望发展报告能够经受住时间的考验，得到社会各界的认可。限于作者时间和水平，书中疏漏之处在所难免，敬请广大读者批评指正。

# 目　录

## 第一篇　总报告

2019 年中国—东盟合作回顾与展望 ………………………………（3）

## 第二篇　2019 年中国与东盟各国合作报告

2019 年中国与文莱合作发展报告 ……………………………………（25）
2019 年中国与柬埔寨合作发展报告 …………………………………（38）
2019 年中国与印度尼西亚合作发展报告 ……………………………（55）
2019 年中国与老挝合作发展报告 ……………………………………（73）
2019 年中国与马来西亚合作发展报告 ………………………………（84）
2019 年中国与缅甸合作发展报告 ……………………………………（102）
2019 年中国与菲律宾合作发展报告 …………………………………（130）
2019 年中国与新加坡合作发展报告 …………………………………（148）
2019 年中国与泰国合作发展报告 ……………………………………（174）
2019 年中国与越南合作发展报告 ……………………………………（187）

## 第三篇　2019 年中国—东盟合作专题报告

2019 年中国—东盟金融合作报告 ……………………………………（207）
2019 年中国—东盟投资报告 …………………………………………（221）
2019 年中国—东盟贸易报告 …………………………………………（235）

2019年中国—东盟生态环境合作报告 ……………………………（249）
2019年中国—东盟博览会报告 ………………………………（260）
2019年东盟国家对"一带一路"倡议的响应报告 ………………（265）
2019年中国—东盟可持续发展合作报告 ………………………（291）
2019年广西与东盟合作报告 …………………………………（304）

## 第四篇 2019年中国—东盟合作热点评析

越南的联合国外交及中越在联合国框架下的合作 ……………（317）
试析澜湄合作的新进展与新挑战 ………………………………（333）

## 第五篇 大事记

2019年中国—东盟合作大事记 ………………………………（347）
2019年中国与文莱合作大事记 ………………………………（352）
2019年中国与柬埔寨合作大事记 ……………………………（357）
2019年中国与印度尼西亚合作大事记 ………………………（362）
2019年中国与老挝合作大事记 ………………………………（368）
2019年中国与马来西亚合作大事记 …………………………（377）
2019年中国与缅甸合作大事记 ………………………………（386）
2019年中国与菲律宾合作大事记 ……………………………（392）
2019年中国与新加坡合作大事记 ……………………………（401）
2019年中国与泰国合作大事记 ………………………………（405）
2019年中国与越南合作大事记 ………………………………（412）
2019年广西与东盟合作大事记 ………………………………（419）

后记 ………………………………………………………………（424）

# 第一篇

## 总报告

# 2019年中国—东盟合作回顾与展望

课题组

2019年是21世纪第二个十年即将谢幕之年。这一年，全球经济持续低迷，逆全球化和民粹主义依旧波涛涌动，多边主义和单边主义之争更为尖锐，大国博弈加剧，中美关系未能峰回路转。但是，中国和东盟的关系却是另外一番景象。2019年是落实《中国—东盟战略伙伴关系2030年愿景》的开局之年，也是《中国—东盟自贸区升级议定书》对所有协定成员全面生效之年。域内合作的加强，为复杂的世界格局增添了一分相对的平静。

## 一 政治外交领域

### （一）中国与东盟各国双边关系稳定向好

相对于2017年和2018年的中菲关系破冰，中新、中马关系发生波折，2019年中国与东盟各国的双边关系稳定向好的特征明显。这种稳定向好的关系在全球经济继续低迷、大国之争更为剧烈的背景下，显得十分难能可贵。虽然中国与东盟各国的双边关系稳定向好，但中国与各国的关系与合作又各有特点。

1. 柬埔寨、老挝与中国共同构建人类命运共同体

2019年4月28日，中国与柬埔寨正式签署《中柬命运共同体行动计划》。中柬命运共同体是中国共产党十九大提出"推动构建人类命运共同体"以来构建的首个国家间命运共同体。而且，这是在两个社会制度、政治体制和意识形态不同的国家之间签署的，表明相互尊重、平等相待，合作共赢、共同发展的"中国方案"已付诸现实并获得成功，为构建新型国际关系创立了典范。同时，《中柬命运共同体行动计划》

将成为今后五年指导中柬全面战略合作伙伴关系发展的纲领性文件，标志着中柬全面战略合作伙伴关系达到了历史新高度，成为中柬关系新的历史里程碑。《中柬命运共同体行动计划》全面涵盖政治、安全、经济、人文、多边五大领域，具体而言，经济合作包括经贸投资、交通能源、产能工业、农业水利等13个领域，人文合作包括文化旅游、教育卫生、科技创新、资源环境、公共关系等11项内容。①

2019年4月30日，继柬埔寨之后，老挝人民革命党与中国共产党签署了《中国共产党和老挝人民革命党关于构建中老命运共同体行动计划》。② 2019年是中老建立全面战略伙伴关系十周年。在这样的时候签署这样的文件，对双方关系而言都具有历史性的意义，有利于共同致力于在新型国际关系的基础上探索打造新型社会主义国家间关系，携手发展具有各自特色的社会主义事业。

2. 中新、中缅、中菲关系得到深化

2019年，新加坡在中美关系没有缓和的背景下，在展开中美关系调解的同时，也加强了与中国的往来与合作。新加坡先是联合中美等46国签署《新加坡调解公约》③，再围绕支持跨境商业调解这一话题携手中美等20多国签订《新加坡公约》。④ 2019年4月25日，新加坡总理李显龙来华出席"一带一路"国际合作高峰论坛及世界园艺博览会，在会上两国签署了成立新加坡—上海全面合作理事会、加强第三方市场合作实施框架、实施原产地电子数据交换系统、海关执法合作以及设立联合投资平台五份谅解备忘录，为双边开展务实合作注入了新的动力。在随后的第十八届香格里拉对话会上，新加坡副总理王瑞杰与中国防长魏凤和举行会晤⑤，就亚太地区热点安全议题展开讨论，

---

① 《共同构建牢不可破的中柬命运共同体》，新华网，2019年5月15日，http://www.xinhuanet.com/globe/2019-05/15/c_138054870.htm。

② 《中国共产党和老挝人民革命党关于构建中老命运共同体行动计划》，中国法院网，2019年5月1日，https://www.chinacourt.org/article/detail/2019/05/id/3869901.shtml。

③ 《中美等46国签署〈新加坡调解公约〉》，《联合早报》2019年8月7日，https://www.zaobao.com/znews/singapore/story20190807-979119。

④ 尚穆根：《支持跨境商业调解中美等20多国将签〈新加坡公约〉》，8 word，2019年7月30日，https://www.8world.com/news/singapore/article/singapore-convention-on-mediation-879736。

⑤ 《第18届香格里拉对话会在新加坡召开》，《联合早报》2019年6月2日，https://www.zaobao.com/news/singapore/story20190602-961352。

为之后双方关系进一步发展埋下伏笔。2019年9月10日，中共中央政治局委员、重庆市委书记陈敏尔率中共代表团访问新加坡。① 新加坡国立大学在中国成立第二个海外研究院——新加坡国立大学重庆研究院。2019年10月14日，应中国国务院副总理韩正的邀请，新加坡副总理兼财政部长王瑞杰率团访华②，签署新加坡—中国自由贸易升级协定。中新关系进一步增进。

2019年是中缅建交70周年。2019年12月，缅甸政府以此为契机，向中国国家主席习近平发出了国事访问的邀请。2020年1月17日至18日，习近平主席应邀对缅甸进行国事访问。在此次访问中，缅甸和中国签署了数十项协议，其中大多数旨在通过陆路和海上网络将亚洲与非洲和欧洲连接起来，以促进贸易并刺激经济增长。习近平主席和缅甸国务资政昂山素季见证了33项协议和基础设施项目谅解备忘录的签署，大多数协议都是为了加强中缅经济走廊建设。中国与缅甸关系的深化，有助于改善缅甸因为难民问题所带来的不利外交处境，也有利于推进缅甸国内和平与民族和解过程，早日恢复局势稳定，保障缅中边境地区的和平与安宁。③

2019年菲律宾总统杜特尔特三次访华，中菲两国在各领域达成广泛合作共识，决定在未来着力做好四个"推进"：推进"一带一路"合作；推进海上合作；推进东亚合作；推进多边合作。④ 其中最有突破性的是就海上合作等问题达成多项共识⑤，双方宣布成立油气合作政府间联合指导委员会和企业间工作组，推动共同开发取得实质性进展。⑥

---

① 《中共中央政治局委员、重庆市委书记陈敏尔于9月10日至13日率中共代表团访问新加坡》，Business Time，2019年9月12日，https：//www.businesstimes.com.sg/government-economy/singapore-chongqing-deepen-ties-with-project-deals。

② 《新加坡副总理兼财政部长王瑞杰率团访华》，《联合早报》2019年10月14日，http：//www.zaobao.com/beltandroad/news/story20191014-996932。

③ 《王毅同缅甸国务资政部长觉丁瑞举行会谈》，外交部，2019年8月，https：//www.fmprc.gov.cn/web/wjbz_673089/sp/t1692463.shtml。

④ 《王毅：着力做好四个"推进"，推动中菲关系不断迈上新台阶》，2019年3月20日，https：//www.fmprc.gov.cn/web/gjhdq_676201/gj_676203/yz_676205/1206_676452/xgxw_676458/t1646930.shtml。

⑤ 《习近平会见菲律宾总统杜特尔特》，2019年4月25日，https：//www.fmprc.gov.cn/web/gjhdq_676201/gj_676203/yz_676205/1206_676452/xgxw_676458/t1657773.shtml。

⑥ 《习近平会见菲律宾总统杜特尔特》，2019年8月29日，https：//www.fmprc.gov.cn/web/gjhdq_676201/gj_676203/yz_676205/1206_676452/xgxw_676458/t1693011.shtml。

### 3. 中马关系重回正轨

2019年是中马建交45周年，中、马两国关系在希盟政府执政后迈入了新的阶段。尽管在2018年希盟政府执政后，马方重新检讨和冻结了一批由上任政府批准的与中国相关的大型基建计划，使得中马关系一度陷入僵持状态，但在2019年，经过协商和沟通，中马关系回暖。特别是2019年4月，马来西亚时任总理马哈蒂尔到访北京，出席第二届"一带一路"国际合作高峰论坛，并在开幕式上致辞，使中、马僵化多月的双边关系恢复正常，马方搁置的东海岸铁路和马来西亚城两个中方项目重新启动，中方也向马来西亚承诺在5年内增购190万吨、价值45.6亿令吉的棕油订单，为陷入困境的马来西亚棕油业带来了希望。①

### 4. 持续稳定地推动与印尼、泰国、越南、文莱的合作

2019年印尼总统佐科获得连任。佐科连任总统有利于印尼保持其前期与中国达成的共识。2019年6月，在日本大阪出席二十国集团领导人第十四次峰会期间，中国国家主席习近平会见了印度尼西亚总统佐科，双方均表示未来两国要在国际舞台上加强协调和协作，共建"一带一路"，深化经贸关系，推进雅万铁路等重点项目建设等。2019年10月，佐科总统在连任就职之际，中国国家主席习近平特使、国家副主席王岐山赴印尼首都雅加达出席佐科总统连任就职仪式并对印尼进行友好访问。

2019年，中国与泰国延续了以往的密切合作。2019年11月，中国国务院总理李克强赴泰国参加东亚领导人系列峰会，并对泰国进行国事访问，表示中方愿将"一带一路"倡议同泰国发展战略相衔接，实现共商共建共享。支持泰国"东部经济走廊"（EEC）建设，愿将此作为开展第三方市场合作的重要平台。2019年9月29日，泰国玛哈扎克里·诗琳通公主获授中国国家主席习近平亲自颁发的"友谊勋章"，在泰国引起强烈反响，得到泰国华人华侨和泰国广大民众的高度赞许。

越南在2019年除了积极参加第二届"一带一路"国际合作高峰论坛、第十六届中国—东盟博览会、中国—东盟商务与投资峰会等活动以外，还加强了与中国在政党、司法、人大、政协方面的交流。2019年7

---

① 《马中关系掀新篇章》，e南洋，2019年4月29日，https://www.enanyang.my/news/20190429/%e9%a9%ac%e4%b8%ad%e5%85%b3%e7%b3%bb%e6%8e%80%e6%96%b0%e7%af%87%e7%ab%a0%e5%8d%97%e6%b4%8b%e7%a4%be%e8%ae%ba/。

月，越南共产党与中国共产党在中国贵州省贵阳市举行了主题为"社会主义现代化进程中的一些规范性问题"的第十五次理论研讨会，两党代表团相互通报各自党情、国情，并就推动两党、两国关系发展方向以及越共中央宣教部与中国共产党中央宣传部合作关系深入交换了意见。2019年8月26日，中国第十三届全国人大常委会第十二次会议决定批准《中国和越南引渡条约》，加强了中越两国在司法领域的合作。2019年4月7日，中国全国人大常委会副委员长沈跃跃率团出席"各国议会联盟"第140届大会全体会议并会见了越南国会主席阮氏金银。2019年7月，越南国会主席阮氏金银率团访问中国并分别会见了中国国家主席习近平和全国人大常委会委员长栗战书。

2019年，文莱加强了中国"一带一路"倡议与文莱"2035宏愿"的对接。围绕习近平主席与苏丹哈桑纳尔共同关注的问题，中文两国政府各部门开展了积极的交流和行动，在农业、宗教事务等相关领域也展开对话。2019年9月，文莱外交特使玛斯娜公主受中国外交部邀请，在中国进行了为期5天的访问，感受了中国的发展变化，并与地方政府探讨了加强友好关系的可行性。

**（二）东盟10国领导集体出席第二届"一带一路"高峰论坛并结出丰硕成果**

2019年4月第二届"一带一路"高峰论坛在北京举行。相对于第一届高峰论坛，本次高峰论坛不仅实现了东盟10个国家的领导人全部出席，而且出席的国家在论坛期间或前夕还积极签署了多项多双边合作文件，如中国政府与老挝、保加利亚、拉脱维亚、萨尔瓦多、巴拿马等国政府签署科学、技术和创新领域的合作协定；中国国家发展改革委与老挝计划投资部签署中老经济走廊合作文件，与缅甸计划与财政部签署中缅经济走廊合作规划，与印度尼西亚海洋统筹部签署关于区域综合经济走廊建设合作规划；中国国家发展改革委与新加坡贸易与工业部签署关于加强第三方市场合作实施框架的谅解备忘录；中国农业农村部与柬埔寨农林渔业部、缅甸农业部、菲律宾农业部、泰国农业部、越南农业和农村发展部等多国农业部发布《促进"一带一路"合作 共同推动建立农药产品质量标准的合作意向声明》；中国国家监委与菲律宾、泰国反腐败机构签署合作谅解备忘录等。还有在高峰论坛框架下建立的多边合作平台，如中国与新加坡等

13个国家的政府交通和海关等机构、重要港口企业、港务管理局和码头运营商的33个代表共同成立"海上丝绸之路"港口合作机制并发布《海丝港口合作宁波倡议》等。此外，还参与了多个投资类项目、融资类项目、中外地方政府和企业开展的合作项目。①

**（三）《区域全面经济伙伴关系协定》谈判加速**

2019年《区域全面经济伙伴关系协定》（RCEP）经历了三次谈判、三次部长级会议和一次领导人会议，取得了积极进展。2019年6月25日至7月3日、7月22—31日和9月19—27日，RCEP第二十六、二十七、二十八轮谈判分别在澳大利亚墨尔本、中国河南郑州、越南岘港市举行，经过这三轮谈判，RCEP已完成经济合作、中小企业、海关程序、贸易便利化、政府采购等几个章节的谈判，关于货物、服务、投资、知识产权等重要领域的观点也达成较多的一致。此外，各国也完成了部分附录的谈判，至此，该协定已有7个章节和3个附录的条款完成了谈判。3月2—3日、8月2—3日和9月8—9日，RCEP第五、六、七次部长级会议分别在柬埔寨暹粒、中国北京和泰国曼谷举行。经过这三次部长级会议，RCEP取得了重要进展，在市场准入方面，超过2/3的双边市场准入谈判已经结束，剩余内容的谈判也在积极推进中；在规则谈判方面，新完成金融服务、电信服务、专业服务三项内容，各方已就80%以上的协定文本达成一致，余下的规则谈判也已接近尾声。11月4日，第三次RCEP领导人会议在泰国曼谷举行，会议发表了领导人联合声明，宣布除印度之外的其他15个谈判方已经结束了全部20个章节的文本谈判，市场准入谈判已实质性地结束，这是区域经济一体化取得的重大突破性进展。

## 二 经济领域

**（一）双边贸易逆流而上再创新高，东盟取代美国成为中国第二大贸易伙伴**

2019年世界经济持续下行，加之贸易摩擦持续不断以及英国脱欧

---

① 《第二届"一带一路"国际合作高峰论坛成果清单（全文）》，新华网，2019年4月28日，http://www.xinhuanet.com/world/2019-04/28/c_1124425293.htm。

带来的不确定性,全球贸易大幅放缓且增长乏力。但是,在这样的背景下,2019 年中国—东盟贸易额仍然实现了增长,突破 6400 亿美元,达到 6414.7 亿美元,较上年增长了 9.1%。其中,中国向东盟出口达 3594.3 亿美元,增长 12.70%;中国从东盟进口达 2820.4 亿美元,增长 5.0%,增速远高于中国对外进出口贸易整体增速。中国与东盟贸易额占中国对外贸易总额的比重有所提升,由 2018 年的 12.7% 提高至 14.0%,其中出口由 12.8% 增至 14.4%,进口由 12.6% 提升至 13.6%,双方的贸易伙伴地位继续巩固,东盟在中国外贸版图中的重要性日益突出,取代美国成为中国第二大贸易伙伴,中国则继续保持东盟第一大贸易伙伴地位。

与 2018 年贸易增长有所不同,2019 年中国与除文莱外的东盟九国的双边贸易额均有不同程度的增长。其中,中柬、中缅、中马的双边贸易额增长率最高,分别达 27.7%、22.8%、14.2%。在进口方面,中国从缅甸、文莱的进口同比增速超过 30%,文莱甚至达到 81.7%;在出口方面,中国对越南、马来西亚、新加坡、菲律宾、缅甸、柬埔寨和老挝七国的出口增速都超过 10%。另外,中国对文莱出口和自印度尼西亚和菲律宾的进口出现减少,但减幅较小。

**(二)双边投资稳定增长**

在全球 FDI 下滑的背景下,保护主义抬头,主要发达国家对中资准入的审查更严,一些大型的并购项目被迫取消,中国自身也加强了对对外投资的监管。2019 年中国大陆对外直接投资 1171.2 亿美元,同比下降 8.2%[①],但是,中国—东盟的双边投资仍然实现了稳定增长。根据中国商务部统计,截至 2019 年 12 月,中国与东盟双向投资额累计达 2369.1 亿美元,相比 2018 年的双向投资额 2057.1 亿美元,增长了 15.2%。其中,中国对东盟累计投资额为 1123.0 亿美元,东盟对中国累计投资额为 1246.1 亿美元。[②] 2019 年中国对东盟的投资同比上升 11.7%。[③] 与 2018 年相比,2019 年中国企业在柬埔寨和菲律宾的投资

---

① 中国商务部:《2019 年我国对外全行业直接投资简明统计》,http://www.mofcom.gov.cn/article/tongjiziliao/dgzz/202001/20200102932441.shtml。
② 中国东盟中心,http://www.asean-china-center.org/asean/dmzx/2020-03/4612.html。
③ 据美国企业研究所统计数据及计算所得。

实现了大幅增长，在印尼、新加坡、泰国和越南的投资保持平稳。不过，受到中马关系的影响，2019年中国在马来西亚的投资出现了大幅下降。

**（三）持续推进中国—东盟金融合作**

2019年中国—东盟金融合作在签订合作协议、倡议或备忘录方面取得重大成效，主要体现在以下方面。

第一，金融合作市场性凸显，合作范围不断拓宽。东盟各国内部间的金融合作程度不断加深，央行间合作、贸易投资本币结算、企业间合作、金融科技创新合作等成为推动东盟一体化金融方面的重要体现，同时中国—东盟市场合作，尤其是证券市场合作、期货市场合作进展较大，除了签署监管合作备忘录外，交易所间的直接合作为中国—东盟金融市场联系的加深提供了可能，如2019年中国证监会与柬埔寨证券交易委员会签署《证券期货监管合作谅解备忘录》，中国大连商品交易所与马来西亚衍生产品交易所续签"联合举办国际油脂油料大会合作协议"等。

第二，金融机构间合作更加深入，在中国—东盟互设金融机构已经达到一定数量的基础上，金融机构间的深入合作将进一步便利双方的项目投融资和资本市场建设，为"一带一路"倡议和中国—东盟一体化提供金融动力。如2019年柬埔寨、印尼、新加坡、泰国等国银行均与中国有关金融机构签署了合作备忘录等。

第三，澜湄合作、国际陆海贸易新通道建设成为当前中国—东盟金融合作的重要方向。在"一带一路"倡议下，这两个方面的合作将进一步加深中国—东盟双边关系，成为中国—东盟金融合作的重要服务对象。至2019年3月，澜湄合作专项基金已累计支持了410多个项目，澜湄项目已经进入"成长期"，随着这些项目的进一步发挥作用，将为澜湄国家带来更多的支持。

第四，移动支付、数字金融继续成为金融合作热点。如2019年菲中企业联合打造菲律宾首个区块链科技平台以满足其国内中小企业融资需求，马来西亚首家数字银行——中国建设银行纳闽分行在马来西亚纳闽国际商业金融中心举行开业仪式，南京与马来西亚纳闽特区签署"一带一路"数字金融战略合作协议,泰国旅游局与支付宝签署合作意向书,菲律宾国有免税店与支付宝建立伙伴关系等。

**(四)经济合作走廊和国际陆海贸易新通道建设取得明显进展**

2019年,中缅经济走廊、中印尼"区域综合经济走廊"、云南与越南广宁—海防—河内—老街五省市经济走廊等建设均取得了明显进展。2019年2月,第二届中缅经济走廊论坛提出了24个合作项目,并同意加快中缅经济走廊和克钦边境贸易区等9个项目的推进工作。在2019年4月,第二届"一带一路"国际合作高峰论坛期间,中缅双方签署了《中缅经济走廊合作计划(2019—2030)谅解备忘录》。① 这一年,中缅经济走廊框架下的标志性项目木姐—曼德勒铁路也开始进入了实施规划阶段。2019年中印尼"区域综合经济走廊"建设合作联委会召开首次会议,就中印尼共建"一带一路"合作、产能合作、走廊合作规划、重点港口和产业园区重大项目等合作事宜交换了意见。同年,两国签署了16亿美元的印度尼西亚西爪哇省绒果尔新城项目设计与施工总承包商务合同,成为中印尼"区域综合经济走廊"建设的重要成果之一。2019年10月,第九次中国云南与越南广宁—海防—河内—老街五省市经济走廊合作会议在广宁省下龙市举行,对未来昆明—老街—河内—海防—广宁经济走廊的建设进行了有成效的讨论。

2019年国际陆海贸易新通道建设取得了明显成效。一是中国国内参与的省(市、区)不断扩大。2019年1月7日,重庆、广西、贵州、甘肃、青海、新疆、云南、宁夏8个西部省(市、区)在重庆签署合作共建中新互联互通项目国际陆海贸易新通道框架协议,到2019年10月,就扩大到14个省(市、区),增加了陕西、四川、内蒙古、西藏等西部省区以及海南省和广东湛江市。② 二是国际陆海贸易新通道建设的重要性不断提高,成为国家战略。2019年3月,国际陆海贸易新通道建设被列入2019年国家工作计划。在《关于2018年国民经济和社会发展计划执行情况与2019年国民经济和社会发展计划草案的报告》提到

---

① 《中缅经济走廊开启实质性规划建设》,人民网,2019年1月9日,https://baijiahao.baidu.com/s?id=1656113039321547424&wfr=spider&for=pc。
② 《西部陆海新通道朋友圈扩到14个省区市》,广西政府网,2019年10月14日,http://www.gxzf.gov.cn/gxyw/20191014-772548.shtml。

的 70 项重点任务中,"陆海新通道"和中欧班列分别被提及。① 2019 年 8 月 2 日,中国出台了《西部陆海新通道总体规划》,把西部陆海新通道建设上升为国家战略,标志着西部陆海新通道建设迎来了重大机遇。② 三是国际陆海贸易新通道建设实际成效斐然,主要物流组织形式均实现常态化开通,2019 年已实现辐射联通全球 90 多个国家或地区的 190 多个港口。

**(五) 旅游经济蓬勃发展**

2019 年,东盟各国针对中国游客出台了各种便利政策,并大力开展相关宣传推动系列活动。柬埔寨推出了新版柬埔寨文、中文、英文三语入境卡,并和中国一起将这一年定为"2019 中柬文化旅游年",每周有往返两国间的航班约 500 架次③,为中柬人民相互来往提供了交通便利;老挝也将 2019 年定为"中国—老挝旅游年";泰国在 2019 年 10 月 31 日发布公告,正式宣布将原定于当天截止的免收落地签证费措施,再延长半年至 2020 年 4 月 30 日④;为了 2020 年的"中国文莱旅游年",文莱在 2019 年 10 月开辟了北京直飞文莱斯里巴加湾市的航线,为 2020 年的关系发展进行预热活动;马来西亚自 2019 年 7 月 15 日起增加 6 个出入境口岸,为符合一定条件的中国游客办理落地签证(VOA)⑤;2019 年 1 月,"2019 新加坡·中国江苏文化旅游年"在新加坡中国文化中心举行,该活动以举办一整年的旅游文化活动为推动中新人文交流注入新的动力。⑥ 随后,新加坡又联合中国持续推出"中国旅游文化

---

① 《"陆海新通道"建设入列中国 2019 年工作任务》,重庆国际物流枢纽园区网站,2019 年 3 月 22 日,http://www.wmlip.com/content/509.html。
② 《西部陆海新通道朋友圈扩到 14 个省区市》,广西政府网,2019 年 10 月 14 日,http://www.gxzf.gov.cn/gxyw/20191014-772548.shtml。
③ 《柬埔寨—中国达成共识加强航空领域全面合作关系》,Fresh News,2019 年 8 月 27 日,登录时间:2020 年 1 月 31 日,http://m.cn.freshnewsasia.com/index.php/en/13016-2019-08-27-19-04-21.html。
④ 《泰国宣布将免收落地签证费措施延长至明年 4 月 30 日》,中国—东盟自由贸易区网站,2019 年 11 月 1 日,http://www.cafta.org.cn/show.php?contentid=88424。
⑤ 《马来西亚放宽中国游客落地签政策》,中国—东盟自由贸易区网站,2019 年 7 月 23 日,http://www.cafta.org.cn/show.php?contentid=87645。
⑥ 《2019 新加坡·中国江苏文化旅游年启动》,新华网,2019 年 1 月 27 日,http://www.xinhuanet.com/2019-01/27/c_1124049640.htm。

周"的首场活动"2019 中国旅游玩家介绍会"① 等活动；缅甸 2019 年 2 月在重庆举行了旅游产品推介暨招商会并随后推出海南航空重庆到仰光的直航②；印尼旅游部（MOT）CQ 大中华区国际旅游营销司与广之旅在广州进行联合推广活动③；在《中华人民共和国政府与菲律宾共和国政府文化合作协定 2019 年至 2023 年执行计划》开局之年，菲律宾加大了在旅游安全、旅游基础设施建设、旅游产业投资、互相给予签证便利等方面与中国的沟通，菲律宾旅游局 2019 年 10 月到中国郑州进行"更多欢乐，尽在菲律宾"大型旅游路演④等。

东盟各国针对中国游客的便利政策与宣传取得良好效果，很多东盟国家的中国游客得以快速增长，旅游经济蓬勃发展。在文化旅游年的带动下，2019 年柬埔寨共接待中国游客 236 万人次，同比增长 16%，排名居赴柬外国游客的首位；2019 年在菲律宾外国游客中，中国大陆游客人数排名第二，达到 174 万人次，增长近四成⑤；截至 2019 年 8 月，中国到缅甸的游客人数为 194.2 万人次，与 2018 年 8 月相比增加了 114.5 万人次⑥；2019 年中国赴越南旅游的游客量约达 580 万人次，同比增长 17%，占越南国际游客总数的 32%；中国继续成为越南最大的旅游客源市场；2019 年中国赴泰国游客人数约为 1098 万人次，同比增长 4.2%⑦；2019 年到老挝的中国游客超过 100 万人次⑧，这对仅有 700 万人口的国家来说意义非凡；2019 年 1—9 月，马来西亚接待的中国游

---

① 《2019 年"中国旅游文化周"在新加坡启动》，中国报道，2019 年 5 月 16 日，http://whzg.chinareports.org.cn/plus/view.php?aid=5766。
② 《2019 缅甸仰光旅游推介会在渝举行》，中国—东盟自由贸易区网站，2019 年 3 月 22 日，http://www.cafta.org.cn/show.php?contentid=86576。
③ 《印尼旅游部与广之旅进行联合推广》，中国—东盟自由贸易区网站，2019 年 10 月 29 日，http://www.cafta.org.cn/show.php?contentid=88383。
④ 《菲律宾旅游局 2019 中国路演郑州站成功举办》，中国—东盟自由贸易区网站，2019 年 10 月 24 日，http://www.cafta.org.cn/show.php?contentid=88331。
⑤ 《2019 年赴菲律宾中国大陆游客同比增长近四成》，环球网，2020 年 2 月 18 日，https://baijiahao.baidu.com/s?id=1658848992932282430&wfr=spider&for=pc。
⑥ 《2019 年赴缅甸的中国游客已达 194.2 万》，中国—东盟博览会网站，http://www.caexpo.org/index.php?m=content&c=index&a=show&catid=120&id=238339。
⑦ 《2019 年中国赴泰游客人数约 1098 万人次 同比增长 4.2%》，腾讯网站，2020 年 1 月 9 日，https://cq.qq.com/a/20200109/042403.htm。
⑧ 《2019 年百万中国游客访问老挝》，上海热线网，2020 年 1 月 1 日，https://news.online.sh.cn/news/gb/content/2020-01/01/content_9473786.htm。

客达到240万人次，增长5.7%。①

**（六）能源领域的产业合作得到突破**

根据《中华人民共和国政府和柬埔寨王国政府关于构建中柬命运共同体行动计划（2019—2023）》②《中国共产党和老挝人民革命党关于构建中老命运共同体行动计划》③，能源领域的合作都将是中国与柬埔寨、老挝两国未来合作的关键领域和重要基础。

在油气项目方面，2019年中国与多个油气资源丰富的东盟国家加强了油气项目的合作。如菲律宾国家石油公司与中国石油管道工程有限公司签署了谅解备忘录④，中菲海上石油联合开采再进一步。还有中国文莱两国旗舰合作项目之一——恒逸石化大摩拉岛综合炼化项目常减压装置正式生产出合格产品，中国华能集团计划投资建设从柬埔寨西港至金边的原油和天然气管道，远望集团在缅甸的超大天然气区块即将钻井⑤等项目，也有重要的意义。

在电力电网方面，有较多项目建成或达成了协议，如柬埔寨西港输变电EPC项目、中老两国友好合作500KV变电站项目、缅甸北克钦邦与230千伏主干网联通工程、皎漂燃气电站项目、印尼占碑2号煤电联营项目、印尼气电一体项目工程、越南永兴3期3×660MW火电项目等。

在清洁能源领域，中国除了参与东盟国家传统的水电设施建设以外，还加强了与东盟国家在太阳能发电、生物质能发电等项目上的合作建设，如柬埔寨规模最大的发电能力达60兆瓦的"太阳能发电厂"，老挝阿速坡省300兆瓦的光伏项目等。

---

① 《2019年1至9月马来西亚接待中国游客达到240万 增长5.7%》，新浪网，2020年1月20日，https://tech.sina.com.cn/roll/2020-01-20/doc-iihnzhha3770366.shtml。

② 《共同构建牢不可破的中柬命运共同体》，新华网，2019年5月15日，http://www.xinhuanet.com/globe/2019-05/15/c_138054870.htm。

③ 《中国共产党和老挝人民革命党关于构建中老命运共同体行动计划（全文）》，中华人民共和国中央政府网，2019年5月1日，http://www.gov.cn/xinwen/2019-05/01/content_5388031.htm。

④ 《菲律宾国家石油公司与中国石油管道工程有限公司签署谅解备忘录》，中国管道商务网，2019年7月31日，http://www.chinapipe.net/national/2019/38208.html。

⑤ 《远望集团缅甸超大天然气区块即将钻井》，中国能源网，2019年10月8日，https://www.china5e.com/news/news-1071867-1.html。

## 三 传统安全与非传统安全合作领域

### (一) 中国—东盟各国国防部门和军队开展多种合作与交流

1. 东盟防长扩大会反恐专家组联合举行实兵演习

2019年11月13—22日,东盟防长扩大会反恐专家组联合在广西桂林举行实兵演习。东盟10国和东盟的8个对话伙伴国及东盟军事医学中心的官兵参加此次联合实兵演习。这次联演是该专家组成立以来举办的陆上最大规模的反恐演习。此次演习提升了各国联合反恐特遣部队的行动能力,加强了各国军队之间的友好交流,提高了多国共同应对安全威胁的能力。

2. 东盟多国海军代表团参加中国人民解放军海军成立70周年活动

2019年是中国人民解放军海军成立70周年,中国人民解放军海军举行了多项活动,东盟有多个国家派海军代表团参加了这些活动。其中,各国代表团参加了以"构建海洋共同体"为主题的高层论坛;东盟7国即新加坡、文莱、泰国、越南、菲律宾、马来西亚、缅甸共派了9艘舰艇参加海上阅兵活动,泰国和越南分别派出了2艘护卫舰;文莱、马来西亚、菲律宾还派代表队参加了海军活动舢板比赛;缅甸辛标信号护卫舰参加了舰艇对外开放[①]等。各国海军的交流有助于增进多方了解,有利于促进中国海军与东盟各国海军的海上合作。

3. 东盟各国代表参加第九届北京香山论坛

2019年10月20—22日,东盟各国代表参加了第九届北京香山论坛,其中,柬埔寨副首相兼国防大臣迪班、新加坡国防部长黄永宏、越南国防部长吴春历、缅甸国防部长盛温出席了论坛。其间,中共中央军委副主席许其亮会见了越南国防部长吴春历,中国国务委员兼国防部部长魏凤和集体会见了中国—东盟防务智库交流活动与会主要代表。第九届北京香山论坛的主题是"维护国际秩序、共筑亚太和平"。东盟作为亚太地区重要的力量,东盟各国国防代表的参加对增信释疑、促进合作

---

[①] 《中外舰艇官兵互登舰艇参观 外国海军代表团参观我海军舰艇潜艇学院》,半岛网,2019年4月26日,http://news.bandao.cn/a/232262.html。

能起到重要的作用。①

**（二）中国与东盟各国继续加强联合执法**

联合执法是中国与东盟各国在安全领域合作的重要内容，2019年中国与东盟相关国家进一步加强了这个领域的合作。2019年1月，中国和柬埔寨两国领导人发布的《联合公报》，将2019年定为"中柬执法合作年"。2019年3月29日，国务委员、公安部部长赵克志与柬埔寨副首相兼内政大臣萨肯共同出席"中柬执法合作年"启动仪式，并签署工作方案与执法合作行动计划。2019年9月初，柬埔寨警察总监涅沙文访华，双方签署了《中华人民共和国公安部和柬埔寨王国内政部关于成立执法合作协调办公室的谅解备忘录》。② 2019年，中国与马来西亚、印尼、菲律宾、缅甸、柬埔寨、泰国、越南、新加坡都开展了跨境电信诈骗的联合执法行动。联合执法行动也在除了跨境电信诈骗以外的其他领域展开，包括走私、缉毒等。从2019年1月第七十八次联合巡逻暨2019年首航到2019年12月第八十九次联合巡逻，中老缅泰湄公河联合巡逻一如既往地保障着湄公河航线的安全和稳定。

**（三）继续加强生态环境保护、自然灾害援助和其他非传统安全领域的合作**

生态环境保护是中国—东盟合作的重要内容。中国与东盟有不少合作机制与该领域相关。如东盟与中日韩环境部长会议（又称为东盟"10+3"环境部长会议）、澜沧江—湄公河合作机制、大湄公河次区域经济合作机制（GMS Program）、湄公河委员会（MRC）、东盟—湄公河流域开发合作（AMBDC）。这些合作机制每年都围绕相关领域开展工作。2019年东盟与中日韩环境部长会议主要围绕共同关注的生态环境问题深化交流合作，用好包括"一带一路"绿色发展国际联盟在内的合作平台，推动"中日韩+X"生态环保合作。在澜湄次区域合作机制

---

① 《第九届北京香山论坛网站》，http://www.chinamil.com.cn/2019zt/107757.htm。
② 中国公安部：《中柬执法合作年取得阶段性成果》，2019年9月20日，登录时间：2020年2月9日，http://www.mps.gov.cn/n2253534/n2253535/c6689840/content.html。

里以中方为主导的是澜沧江—湄公河合作机制,在这一机制下,2019年举行了主题为"提升水伙伴关系,促进可持续发展"澜湄水资源合作部长级会议,通过了《澜湄水资源合作部长级会议联合声明》《澜湄水资源合作项目清单》等成果文件。① 在这一合作机制下所成立的澜沧江—湄公河环境合作中心在2019年开展了许多相关的工作,包括开展政策对话如澜湄环境合作圆桌对话、中国—东盟环境合作论坛;开展能力建设如"绿色澜湄计划——工业环境治理与水环境监测能力建设",与博世科公司开展对来自柬埔寨、老挝、缅甸、泰国、越南的生态环境机构及相关政府部门代表进行污水处理、环境监测的培训和实地考察等。除此以外,还有许多结合2019年生态环境保护工作而开展的活动,如中国—东盟应对气候变化政策与行动研讨活动、中国—东盟国家防洪抗旱技术培训班、中国—东盟国家防洪抗旱及水资源综合管理研讨会、澜沧江—湄公河流域湿地保护与管理合作国际研讨班等。

2019年因为气候原因,湄公河水位为有记录以来的最低②,湄公河的上、下游均出现了旱情。中国在加强上游干旱工作的同时,主动加大了对下游的放水力度,放水量超过年均水平。③ 除此以外,中国还与东盟国家在自然灾害援助、其他非传统安全领域加强了合作。2019年,成都高新减灾研究所与印尼气象、气候和地球物理局签署正式合作协议。根据该协议,成都高新减灾研究所将采用其全套技术系统建设印尼地震预警网以提升印尼的地震预警能力;中老两国军队在2019年8月举行了人道主义和医疗联合救援演习,在演练设计、行动规划、人员编组、救援行动和物资供应等方面进行合作;在中越海上低敏感领域合作专家工作组第十三轮磋商会议上,双方同意继续开发海洋环境保护领域的新合作项目,力争签署"越中海上搜救合作协议"及"关于建立海上渔业活动突发事件联系热线的协议"等。

---

① http://www.mwr.gov.cn/ztpd/2019ztbd/lmszybzhy/hycg/201912/t20191224_1375864.html。
② 《2019年湄公河水位降至有记录最低 威胁下游各国》,东方资讯网,2019年8月14日,http://mini.eastday.com/a/190804111204798.html。
③ 《王毅谈湄公河旱情》,中华人民共和国中央人民政府网站,2019年8月2日,http://www.gov.cn/guowuyuan/2019-08/02/content_5418214.htm。

## 四 科技、文化及其他领域的合作

### (一) 媒体合作是 2019 年文化交流的热点和重点

2019 年是中国—东盟媒体交流年。2019 年 2 月 20 日"中国—东盟媒体交流年"开幕式在北京举行,拉开了全年媒体交流与合作的序幕。中国国家主席习近平和泰国东盟轮值主席国总理巴育·詹欧差共同向开幕式致了贺信。① 2019 年 5 月 14 日,以"新趋势、新合作、新未来"为主题的中国—东盟媒体合作论坛在北京举行。② 在 2019 年中国—东盟博览会期间,中国与东盟各国开展了多项媒体合作、交流的相关活动。2019 年 7 月 23 日,中国—东盟媒体合作高级别会议在雅加达举行。此次会议审议了中方提出的旨在加强中国—东盟未来 5 年媒体合作的《深化中国—东盟媒体交流合作的联合声明》和《中国—东盟视听传播合作五年计划(2020—2024)》。次日,中国—东盟媒体高峰论坛也在雅加达举行。③ 2019 年 9 月 18 日,首届中国—东盟电视周开幕式暨中国—东盟影视金曲盛典在南宁举行,拉开了中国—东盟优秀电视片展播活动的序幕,中国—东盟优秀电视剧、纪录片等分别在中国和印尼、柬埔寨、缅甸、老挝、泰国、越南、马来西亚、菲律宾、新加坡九个东盟国家相关电视频道以及网络视听媒体上同时展播。④ 2019 年 9 月 20 日,以"共享'一带一路'视听产业发展新机遇"为主题的中国—东盟广播电视及新媒体论坛在南宁举行。⑤ 2019 年 9 月 22 日,在广西新媒体中心举行了"2019 中国—东盟媒体合作成果展公众开放日暨智慧广电

---

① 《澜湄水资源合作部长级会议》,中华人民共和国水利部网站,2019 年 12 月 18 日,http://www.mwr.gov.cn/ztpd/2019ztbd/lmszybzhy/hycg/201912/t20191224_1375864.html。
② 《2019 中国—东盟媒体合作论坛在北京举行》,中新网,2019 年 5 月 14 日,http://www.chinanews.com/gn/2019/05-14/8836550.shtml。
③ 《中国—东盟媒体合作会议在印尼举行》,央视网,2019 年 7 月 24 日,http://tv.cctv.com/2019/07/24/VIDE8PbRClaV4zlat1Eyb3z5190724.shtml?spm=C31267.PFsKSaKh6QQC.S71105.19。
④ 《首届中国—东盟电视周》,国际在线网,http://gx.cri.cn/special/a79d56b9-1282-181c-d439-2802d29983bf.html。
⑤ 《首届中国—东盟电视周》,国际在线网,http://gx.cri.cn/special/a79d56b9-1282-181c-d439-2802d29983bf.html。

用户节"活动。① 2019年10月21日，东盟国家主流媒体记者团一行14人访问中国—东盟中心进行媒体合作交流。② 2019年12月23日，以"促进媒体合作，共创未来"为主题的中国—东盟媒体交流年高级别论坛在泰国曼谷举办，展示了中国与东盟各国交流合作的成果、经验和成功案例。③ 2019年12月30日，2019年中国—东盟媒体交流年会"东博智库"揭牌仪式在广西南宁市举办。④ 除了上述各种媒体合作与交流活动以外，中国与东盟各国的企业、社会团体还开展了丰富多彩的媒体合作与交流，如2019年6月，中国腾讯公司在泰国推出视频流媒体服务WeTV⑤，提供来自腾讯企鹅影视的用泰语配音的中文原创内容，以及与当地合作伙伴共同创建的内容等。媒体涉及电视、电影、网络等，媒体的合作与交流将是未来民心相通的重要途径。相信2019年开展的各种媒体交流活动，将打开未来中国—东盟媒体合作的大门并为其发展打下良好的基础。

**（二）智慧城市成为科技合作亮点**

2019年11月3日，第二十二次中国—东盟（10+1）领导人会议在泰国首都曼谷举行，中国和东盟就"一带一路"倡议和《东盟互联互通总体规划2025》对接、智慧城市合作等发表了《中国—东盟智慧城市合作倡议领导人声明》，支持中国城市和东盟智慧城市建立伙伴城市关系，推动政策沟通、标准制定、人文交流、能力建设等方面的合作，通过智慧城市建设提高人民生活水平。目前，新加坡、马来西亚已经与中国开展了智慧城市合作。2019年10月15日，中国、新加坡双边合作联委会第十五次会议等四个双边合作机制会议在重庆举行，深圳

---

① 《2019中国—东盟媒体合作成果展举办公众开放日》，中新网，2019年9月22日，http://www.gx.chinanews.com/jqzh/2019-09-22/detail-ifzpehen1608432.shtml。
② 《东盟国家主流媒体记者团访问中国—东盟中心》，中国—东盟中心网站，2019年10月21日，http://www.asean-china-center.org/2019-10/21/c_1210320159.htm。
③ 《2019中国—东盟媒体交流年高级别论坛在泰国曼谷举办》，新浪网，2019年12月30日，https://k.sina.com.cn/article_5951561977_m162bda0f903300kx8y.html?from=news&subch=onews。
④ 《2019中国—东盟媒体交流年会"东博智库"揭牌仪式在南宁举行》，中国—东盟传媒网，2019年12月31日，http://www.china-asean-media.com/show-138-22096-1.html。
⑤ 腾讯视频的海外版本，腾讯视频在泰国被称为"WeTV"。

市与新加坡签署《关于新加坡—深圳智慧城市合作倡议的谅解备忘录》。① 2019年10月16日，中新天津生态城管委会与新加坡吉宝集团签订战略合作协议，双方将在搭建智慧城市中新合作平台、建立智慧城市场景应用研发基地、成立中新合作智慧城市研究中心三个方面展开合作。② 马来西亚则在2018年就宣布引入阿里云"城市大脑"，将人工智能技术全面应用到交通治理、城市规划和环境保护等领域。③ 泰国已将与中国的智慧城市合作列入发展议程。2019年7月初，泰国曼谷举办了"东盟智慧城市网年度圆桌会议"，讨论了东盟成员各自智慧城市项目进展情况，重点介绍了泰国政府新近发布的《泰国智慧城市4.0建设蓝图》。泰国的智慧城市将是对接中国"一带一路"倡议、高质量基础设施建设的有机组成部分。④ 中国也将加入泰国东部经济走廊智慧城市计划。⑤

## 五 2020年中国—东盟合作展望

2020年，新冠肺炎疫情的发展超乎预期，病毒传播的速度、范围比很多人想象得要快，要宽，疫情期可能比很多人想象得要更长，其对经济的打击异常严重。在此背景下，国家关系特别是大国之间的关系变动更为剧烈。中国与美国、中国与欧盟等域外国家和组织关系的变动，以及各国因为疫情而产生的各种利益诉求，有可能会对2019年仍然相对稳定的中国—东盟关系产生冲击。2020年，中国—东盟关系是否仍然会延续外面风雨飘摇这边风景独好的局面将要承受考验。经济下行压力巨大，疫情期间资本、人力跨国流动放缓，除了这些共同问题以外，

---

① 《深圳和新加坡签署智慧城市合作备忘录》，人民网，2019年10月16日，http://sz.people.com.cn/n2/2019/1016/c202846-33439703.html。
② 《中新天津生态城与新加坡吉宝集团合作发力智慧城市建设》，中华人民共和国中央人民政府网，2019年10月16日，http://www.gov.cn/xinwen/2019-10/16/content_5440806.htm。
③ 《中国人工智能技术助力马来西亚打造智慧城市》，中华人民共和国中央人民政府网，2018年1月29日，http://www.gov.cn/xinwen/2018-01/29/content_5261972.htm。
④ 《各国加大投资支持力度 东盟加速智慧城市网建设》，中国经济网，2019年7月8日，http://intl.ce.cn/sjjj/qy/201907/08/t20190708_32551492.shtml。
⑤ 《泰媒：中日将参与泰国东部智慧城市建设意义重大》，参考消息网，2019年5月9日，http://www.cankaoxiaoxi.com/china/20190509/2379575.shtml。

中国和东盟国家还会面临其他一些问题，如 2020 年澜湄国家有可能继续出现气候异常所造成的干旱以及干旱的程度、海水入侵以及入侵程度对粮食生产与饮用水安全的影响等。

在非常时期，各国之间只有加强合作，互通有无，才能更好地面对大自然的挑战。人类命运共同体所谋求的共同发展及其所蕴含的价值观，即相互依存的国际权力观、共同利益观、可持续发展观和全球治理观，显得格外重要。

（执笔人：梁淑红）

# 第二篇

# 2019 年中国与东盟各国合作报告

# 2019年中国与文莱合作发展报告

罗传钰　阎俊霖[*]

在2018年合作成果丰硕的基础上，中国与文莱2019年继续开展了全方位、多领域的友好交流与合作。政治互信使得双方愈发认同彼此未来发展战略，中国"一带一路"倡议与文莱"2035宏愿"的对接工作进入了深入发展阶段，这也推动了双方在经济领域的合作，不仅既有项目如期顺利地推进，还在新领域传来合作佳讯，助推了双方在人文领域更为"走心"的沟通与交流。

## 一　文莱2019年国情概况

### （一）政治

2019年是文莱建国第35年。自1984年独立至今，经过多年的发展，马来伊斯兰君主制这一政体在文莱从落地生根到茁壮成长，如今已经成为保证文莱社会稳定安全的最基本因素。在这一年里，文莱政治局势继续保持平稳，行政体制运行顺畅。文莱政府2019年基本上未对政府主要负责人及机构进行大范围调整，只是加强了对政府公共服务部门的职责要求，在对公务员体系进行全面评估的基础上，细化公务员职能范围，强调行政职责，提升行政效率，确保其能继续有效地推进"2035宏愿"。与此同时，强调伊斯兰教的地位及影响力，强化民众对伊斯兰教的信仰，不仅是社会或宗教层面的问题，而且关系到文莱政治局势及体制的稳定。因而，

---

[*] 罗传钰，广西大学中国—东盟研究院文莱研究所所长、博士；阎俊霖，广西大学中国—东盟研究院文莱研究所研究人员。

文莱不仅继续坚守伊斯兰教传统、强化伊斯兰教地位，而且从4月3日起全面实施《伊斯兰刑法》，其中对同性性行为和婚外性关系等罪行及石刑这一刑罚方式等的规定，招致以西方国家为首的国际社会的强烈关注，并引发一波较大的抗议声浪，但经过一个月的解释及安抚，在苏丹宣布将对执行死刑的禁令扩大至《伊斯兰刑法》后，文莱逐渐平息了国际社会对其的担忧与指责，有所保留的《伊斯兰刑法》也得以在文莱继续生效。

**（二）经济**

考虑到文莱仍然高度依赖石油和天然气部门作为政府的收入来源，而持续不稳定的全球石油市场将会对该国经济造成较大影响，再加上经济多元化及国民福祉保障需要更大的资金投入，因此文莱2019年依然产生了约15亿文元的财政赤字，但在政府储备充足的情况下，这个赤字仍处于平稳及可控范围。为此，文莱一方面推出了2019—2020年的财政整顿方案指导方针，针对增加投资活动、促进企业业务、创造有能力和可雇佣的人力资源、维护公共福利四个领域的焦点开展工作。另一方面，在严重依赖油气行业的现实无法改变的情况下，文莱政府鼓励推动油气的下游发展，确保基础设施重大项目如期完工，同时加大对水稻种植的扶持力度，从蔬果种植中寻觅更大的发展，推动渔业走向中国等海外市场，打造良好的旅游生态，调整信息技术产业规划，从而使得文莱2019年经济继续保持增长态势，进出口贸易额较2018年有了较大提升，这也使得文莱能够打造更好的营商环境，愈发吸引外国投资者的目光。

**（三）社会**

2019年，文莱人口较之2018年有所增长，在性别及地方分布方面依然保持较为平稳的态势，人口密度较低。在继续通过隆重举办，庆祝国庆日、苏丹诞辰日等全国性活动，树立国民爱国热情的同时，文莱苏丹及其皇室成员也对各种族传统节日持鼓励态度，并积极参与民间各项活动，继续推动住房计划，发布文莱卫生部五年战略计划（2019—2023），加强对非传染性疾病的防控，这些举措使得各社区、种族和民族之间依然保有牢固和友好的关系，亦增强了各族对国家的认同感。

值得注意的是，文莱在青壮劳动力方面存在一定的优势，0—24岁人口不仅占据了较大比例，而且有一定的持续性，这说明文莱经济发展依然能够持续发力,其城市消费与需求仍然有较大的发展空间。若能加强培训,提高劳动力的自身素质,将能进一步削减其劳动力成本,带来更多的比较优势。对此,文莱在 2019 年一方面继续提高年轻人受教育的质量,尤其是提升高等教育水平,另一方面,则将职业技能教育作为重点,加大教育投入及改革力度,并通过提高企业本地化要求等方式来促进就业机会和增加就业匹配,减少当前较高的青年失业率。

### (四)外交

2019 年适逢文莱与美、日、韩三国建立正式外交关系 35 周年,因而文莱与这三国开展了丰富的活动,如文莱苏丹与韩国总统文在寅实现年内互访,文莱苏丹到访日本参加德仁天皇登基仪式并与日本首相安倍晋三举行会谈等,文莱与这三国围绕安全、经贸及人力等均开展了针对性强且多领域的对话,在进一步加深彼此关系的同时,也为双方未来的合作做好了一定的规划与准备。此外,文莱也不忘推进与其他国家关系的稳步发展,根据地理位置、地缘关系、宗教共性等特点,文莱积极"走出去、迎进来",苏丹先后出访马来西亚、越南、中国、埃及和印度尼西亚,也接受了马来西亚、老挝和孟加拉国等国领导人的来访,在了解文莱的同时促进沟通。此外,文莱还积极参与区域合作,文莱苏丹出席了历次东盟相关会议,积极推动区域合作。

在军事领域,文莱依然保持与大国及周边国家合作的积极性,如与东盟其他国家一起参加美国—东盟海上演习,接受多位美国军事官员的多次礼节性拜访,参加东盟相关国防会议等。在以军事防御为主的战略下,文莱继续采取团结东盟国家,平衡大国关系的小国安全策略。

## 二 文莱—中国 2019 年合作概况

### (一)高层互动增多 加深政治互信

2018 年 11 月,中国国家主席习近平成功对文莱进行国事访问,两国关系提升为战略合作伙伴关系,中文两国领导人建立了真诚的友谊,中文树立了大小国家平等相待、和睦相处的典范。在此基础上,中国与文莱政府间互动在 2019 年进一步增加。

第一,国家领导人保持高频率接触。在 2017 年、2018 年中文两国领导人成功互访的良好基础上，2019年4月26日，文莱苏丹哈桑纳尔再次来到中国，出席第二届"一带一路"国际合作高峰论坛。在与习近平主席会面时，双方均再次认可了"一带一路"倡议对接文方"2035宏愿"的重大意义，并强调要落实重点合作领域及项目，拓展各领域合作和人文交流，为双边关系注入更多的活力。

第二，两国政府各部门加快落实领导人共识。围绕习近平主席与苏丹哈桑纳尔共同关注的问题，中文两国政府各部门积极行动，交流频繁（见表1）。不仅通过外交部门进行磋商，就中文关系及共同关心的问题交换意见，还就农业、宗教事务等相关领域展开对话，交换意见。尤其是2019年9月，文莱外交特使玛斯娜公主受中国外交部邀请，在中国进行了为期5天的访问，其间到访北京、南京、杭州多地，玛斯娜公主在中国各省市亲身感受了中国的发展变化，并与地方政府探讨了加强友好关系的可行性，包括加强在电子商务、互访、教育、体育等领域的合作，还参与了南京市浡泥国王历史陈列馆的揭牌仪式。这些都为2020年工作计划做了充分的铺垫。

表1　　中国—文莱2019年高层互访活动统计

| 时间 | 中方主要人员 | 文方主要人员 | 相关活动 |
| --- | --- | --- | --- |
| 4月9日 | 外交部副部长孔铉佑 | 文莱外交部常秘诺瑞珊 | 在北京举行中文第十六次外交磋商 |
| 4月24日 | 国务委员兼外交部长王毅 | 文莱外交部第二部长艾瑞万 | 在北京会见 |
| 7月2—3日 | 外交部副部长罗照辉 | 文莱外交部第二部长艾瑞万 | 访问文莱 |
| 8月1日 | 国务委员兼外交部长王毅 | 文莱外交部第二部长艾瑞万 | 在泰国曼谷会见 |
| 9月5日 |  | 文莱外交特使玛斯娜公主 | 到访北京、南京、杭州、扬州多地 |
| 10月16—17日 | 农业农村部部长韩长赋 |  | 出席在文召开的第19届东盟与中日韩农林部长会议 |
| 11月16日 | 第13届中国政治协商会议政协常务委员与民族和宗教事务委员会副主席全哲洙 |  | 到访文莱 |

第三，积极参与东增区合作。中国在2019年积极参与东盟东部增长区（以下简称"东增区"）建设。11月24日，中国出席第二次中国—"东增区"合作部长级会议，双方就东增区的发展现状和深化未来合作交换了意见，就《中国—东盟东部增长区合作行动计划（2020—2025）》的优先合作领域、资金支持以及早期收获事项清单均达成共识，并把福建、广东和海南省纳入中国—东增区合作的中方参与省份。

第四，驻文大使更换。2019年1月17日，中国驻尼泊尔联邦民主共和国前特命全权大使于红接替期满离任的杨健，出任中国驻文莱第十一任大使。在近一年的工作中，于红大使先后多次拜会文莱各部门主要负责人，与文莱华人社团进行亲密互动，积极赴在文中资企业开展实地调研、出席相关活动，充分了解和掌握文莱的相关情况，这也使得中文之间更好地熟悉了对方的实际需求，并对合作计划和内容进行了更多的细化。

## （二）经贸合作提速

从2019年中国与文莱的进出口贸易数据中可以看出，两国贸易合作存在一定的特点。从贸易往来看，文莱存在较大的贸易逆差；从贸易额来看，双方贸易量相对中国与其他国家要低；从贸易发展来看，双方贸易存在较大波动，且年初与年末数据变化较明显。

表2　　　　中国与文莱2019年进出口贸易额　　　（百万文元）

| | 1月 | 2月 | 3月 | 4月 | 5月 | 6月 | 7月 | 8月 | 9月 | 10月 | 11月 | 12月 |
|---|---|---|---|---|---|---|---|---|---|---|---|---|
| 进口 | 240.3 | 102.5 | 77.0 | 68.1 | 83.1 | 49.9 | 62.8 | 35.7 | 42.5 | 48.7 | 150.7 | 109.6 |
| 出口 | 78.8 | 13.9 | 6.1 | 12.3 | 41.9 | 40.7 | 11.7 | 25.9 | 14.6 | 37.1 | 78.4 | 162 |
| 贸易差额 | 161.5 | 88.6 | 70.9 | 55.8 | 41.2 | 9.2 | 51.1 | 9.8 | 27.9 | 11.6 | 72.3 | -52.4 |
| 贸易总额 | 319.1 | 116.4 | 83.1 | 80.4 | 125 | 90.6 | 74.5 | 61.6 | 57.1 | 85.8 | 229.1 | 271.6 |

资料来源：根据文莱财政与经济部官网公布的数据统计而成。

2019年中国已成为仅次于日本的文莱第二大贸易伙伴，两国之间

百万文元

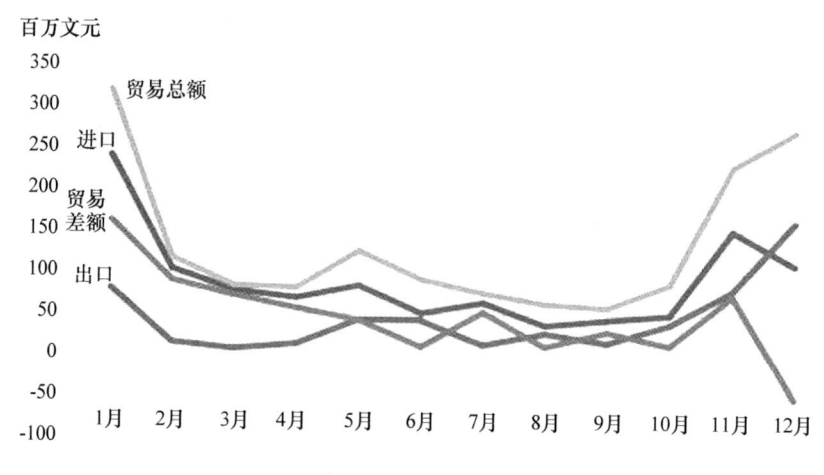

图1 2019年1—12月中文进出口额统计

的贸易额和投资额不断上升。中国是文莱最大的进口伙伴，文莱向中国出口液化天然气。中国也积极扩大从文莱的进口，因此双方正在讨论为包括海产品、蔬菜和水果在内的更多文莱产品进入中国提供便利。

1. 油气贸易

油气产业是文莱的主要支柱，其产品主要出口至亚太国家。2019年，中国与文莱的油气贸易主要在于天然气领域。相较2018年约1.92亿文元的天然气价值出口额，2019年文莱出口至中国的天然气价值约增长了50%，达到2.82亿文元。其中，12月，文莱出口至中国的天然气价值出现了较大规模的增长，从11月的0.50亿文元涨至0.93亿文元。

2. 农业技术合作稳步推进

为了达到文莱农业部设定的2020年11%的稻米需求实现自供自足的目标，文莱与中国积极进行技术合作，除与中国、菲律宾合作研发及培育超越每公顷8.5吨产量的稻米外，文莱还与中国袁隆平技术团队研发及培育具有更高产量的稻米。文莱初级资源与旅游部长拿督阿里阿蓬认为，在更高产量新品种稻米的成功培育及稻米种植地方扩大的条件下，将能让农业实现既定目标。

3. 农渔业产品贸易扩大规模

一方面，中国与文莱加强渔业产品贸易合作。4月25日，文莱—中国海洋产业合作项目发布会暨文莱京东国家馆开馆仪式在北京举行。这既是中文建交以来首个以"海洋产业"为主题的产业合作项目，又是文莱政府、京东生鲜和品珍国际三方继在文莱合作共建京东生鲜农场之后的又一重要项目，文莱政府和品珍控股共同发布了联合品牌，文莱Pelumpong鱼类养殖场的所有水产养殖产品将由中国的电子商务零售商京东公司进行销售。同时，6月26日，中文两国签署文莱野生水产品出口中国协议。借由该协议，双方进一步加强两国野生水产品生物安全检查、检疫和兽医卫生要求方面的合作，进一步推动文莱向中国出口野生水产品量的大幅增加。

另一方面，中国与文莱扩大农产品出口。在海产品成功获得中国消费者青睐的基础上，12月中旬，文莱初级资源与旅游部长阿里在访中期间，又与中国海关总署签署《中华人民共和国海关总署和文莱达鲁萨兰国初级资源与旅游部关于文莱鲜食网纹蜜瓜输往中国植物检疫要求的议定书》。12月27日，中国海关总署发布《关于进口文莱鲜食网纹蜜瓜植物检疫要求的公告》，公布进口文莱鲜食网纹蜜瓜植物检疫要求。自此，网纹蜜瓜成为文莱首种获准出口中国的新鲜水果，该项出口将惠及文莱相关企业，并为提高文莱国内生产总值做出贡献。

4. 数字经济领域合作引人关注

作为赢得双方领导人共识的重要部分，双方企业也在数字经济领域尝试开展合作。在获得文莱金融管理局批准后，文莱当地公司BEEP Digital Solutions通过开发数字解决方案，成功实现了本地企业通过支付宝接受付款，并在6月开始将支付宝推向市场，现已有超过50家企业参与。虽然支付宝主要用于涉中国游客的酒店、超市及特产店，还未能如在其他国家那样有较广的使用范围，但是，这已经有效地助推了文莱旅游业的发展，在一定程度上使得中国游客在文莱旅游更为便利，也加大了文莱对中国游客的吸引力。

5. 双向投资

作为中国—文莱的旗舰项目之一，9月18日，恒逸石化控股子公司在文莱的炼化项目同文莱壳牌销售公司签署了油品销售协议，与文莱壳牌石油公司续签了原油供应协议。未来恒逸实业将继续从文莱壳牌石油公司采购恒逸大摩拉岛综合炼化项目所需的部分原油，并将生产出的汽柴油、航空燃油等产品交给文莱壳牌销售公司销售，满足文莱市场对这些油品的需求，这意味着中国投资项目将成为文莱全国汽柴油、航空燃油等油品的最大供应者。经过全面调试、联运和平稳运行，该项目于11月3日实现工厂全流程打通和全面投产，顺利产出汽油、柴油、航空煤油、PX、苯等产品。目前文莱炼化项目生产运行稳定，生产的所有产品均合格，已进入商业运营阶段，有望在较短时间内将负荷持续提升至满产。

同时，中国与文莱在2019年也在中小企业领域加大了合作力度。6月16日，作为宁波保税区引进的首家文莱企业，文莱 BIG PARER SOLUTIONS 公司在宁波全资设立宁波大纸国际贸易有限公司，注册资本150万元人民币，将以在中国唯一的全资子公司身份，负责进口和销售各类环保纸浆及包装纸产品。8月29日，浙江大华技术股份有限公司与文莱金矿五金有限公司和 Babakimpo 有限公司达成协议，将该公司科技产品搬入 Babakimpo 网购平台，进一步扩大 Babakimpo 网购平台的产品选择。

6. 文莱—广西合作增加

首先，"文莱—广西经济走廊"（以下简称"走廊"）的地位进一步提高。2018年中国习近平主席访文时，"走廊"被誉为中文两国合作的旗舰项目。2019年4月26日，中国国家主席习近平在人民大会堂会见文莱苏丹哈桑纳尔，双方一致认可将"走廊"建成中国—东增区合作和"陆海新通道"建设的双示范项目，这不仅再次突出"走廊"在中文合作中的重要性，还为"走廊"明确了战略定位，更为"走廊"的未来发展指明了方向。

其次，"走廊"项目稳步推进。作为该"走廊"的重中之重，广西北部湾港务集团与文莱摩拉港公司延续了此前的发展势头。既总结此前管理经验并主动推进公司本地化建设，本地员工所占比例已经达到89%以上，又结合自身情况，在航线、产业链等相关领域布局。同时，广西海世通食品股份有限公司在文莱的养殖业务也顺利进行，不仅其鱼苗培育、深海养殖、成品鱼出口等各项工作正常有序开展，解决了文莱规模化鱼苗养殖、深水网箱养殖以及成品鱼对外出口等难题，还积极策划将该项目打造成为中文渔业技术交流与合作平台，以提升文莱渔业发展的整体科技水平。此外，广西瑞安集团与文方的香料合作项目、广西南洋海产科技有限责任公司与文方的中国文莱钦州大蚝产业一体化合作项目都有条不紊地展开着。

最后，展会交流依然是双方交流的常态方式。8月29日，广西相关企业参加了在文莱国际防务展览中心举行的"2019年文莱科技展"，就企业合作事宜展开了解、洽谈。同时，文莱继续积极参加9月21—24日在南宁举行的第16届中国—东盟博览会，借助这一平台积极推进其与中国及其他国家的交流，促进中国与东盟国家城市之间的政治友好交流和经贸合作。另外，民间交流也在持续。

**（三）社会文化交流活跃**

在中文两国政府的推动下，在有识之士的努力下，中国与文莱的社会文化民间往来日益频繁，两国人文交流不断加强，中国已成为文莱最大的外国游客来源地，文航现在已与中国六个城市（上海、香港、南宁、长沙、海口和北京）开通直航。斯里巴加湾与北京之间的直航也有望在大兴机场运行后开通，将有更多的中国民众前往文莱进行商务、旅游活动，也有更多的文莱民众前往中国进行文化交流。

一方面，文化互动频繁。6月1日，文莱福建会馆受邀参加"2019年第二届东南亚金门籍青少年祖地行—泉州丝海之旅暨闽南文化在泉信"活动；9月15日，文莱大学和文莱理工大学组成的代表团进行了为期9天的"中国探索之旅"，与中国教师和学生进行交流；9月28日，南京体育局武术队对文莱进行了3天的访问；11月28日，由中国驻文莱大使馆主办的"一带一路媒体访华团"，邀请文莱10家媒体及华社代表前往中国进行为期一星期的访问。

另一方面，教育合作增多。2月14日，恒逸实业（文莱）有限公司向文莱大学的12名学生颁发奖学金；5月9日，广西北部湾大学开放其知名的海洋学院所提供的水产养殖学科系奖学金，鼓励文莱学生申请报读该大学的水产养殖学及申请上述奖学金；7月10日，"恒逸集团—浙江大学—文莱大学"联合培养化工人才2019年毕业典礼举行，共有11名学员顺利毕业。自2014年项目启动以来，五年间已经为恒逸实业陆续输送68名文莱毕业生，为恒逸实业扎根文莱及其可持续发展培养了人才，也满足了文莱政府人才本地化战略的要求；8月20日，7名文莱学生成功荣获中国政府或中山大学奖学金而赴中国多所大学深造。

### （四）外交安全合作加强

文莱与中国在外交上保持着友好关系，双方在关于国际重大问题的立场上，特别是在妥善解决南海问题的立场上保持一致。2019年中国与文莱在军事安全合作上也取得了新进展，双方军队在军舰互访、领导人交流等领域的合作不断推进。

4月12日，文莱海军抵达中国青岛进行访问，参加中国人民解放军海军成立70周年举行的多国海军活动；9月28日，中国人民解放军海军"戚继光舰"回访文莱；10月17日，文莱国防部第二部长哈尔比与中国国务委员兼国防部部长魏凤和在北京举行会谈，并于10月21日赴武汉出席2019年第七届国际军事体育理事会（CISM）世界运动会开幕礼。10月22日，文莱国防部第二部长在北京出席第九届北京香山论坛，并重申中国与文莱两国之间良好的双边防务联系，表示要在包括多边参与在内的各个领域进行更深入、更广泛的合作。

## 三　双边合作中的不足

### （一）政府部门与地方政府双向对接需要加强

经过两国领导人的持续努力，中国与文莱关系渐入佳境。然而，从2019年双方交流情况来看，中方多以外交部为交流主体，相关经贸领域部门的参与不多，同时地方政府的实质性互动也相对较少；文方因2018年进行了政府部门调整，职能及人员都有了一定的变化，相关部门负责人还处于熟悉工作的过程中，工作以求稳为主。这给双方合作带来一定的难度。

### （二）经贸合作项目及范围亟待扩容

由于经济体量小、国内产业基础薄弱、结构调整难度大、市场不大、企业实力不强等先天性不足，文莱目前有近25个产业园区及特伦京自贸区的招商引资工作不力，经济多元化这一文莱始终坚持的主要国策难以取得突破性进展。故文莱将东盟东部增长区视为实现经济多元化，乃至提升自身定位的重要途径，国内上下对其关注度较高。与此同时，广西北部湾港务集团对摩拉港的成功运营也极大地增强了文莱参与东增区的信心。然而，现有实践依然面临缺乏全面及有效规划、地区话语权偏低等问题。与此同时，广西也面临未能列入中国与东增区参与地区、沟通机制亟须升级、在文投资的桂企的配套政策不够完善、对桂企赴文投资引导不足、新项目还有待发掘等现实问题。

**（三）人文交流品质及水平需要提高**

近年来，中国与文莱都在人文交流领域开展了一定的活动，民间交流，尤其是商协会间的交流较为频繁。但相比于中国与东盟其他国家丰富的人文交流活动，中国与文莱的人文交流活动依然有较大的发展空间。而且日韩、马来西亚等国与文莱也一直有着较好的人文关系，活动种类繁多，值得借鉴。同时，目前双方高校合作仅停留于学生留学、师生短期访问上，学者和智库的合作还未成为常态。

## 四 2020年合作展望与建议

展望2020年，中国与文莱有希望在2019年的基础上，将中国"一带一路"倡议与文莱"2035宏愿"战略充分对接，进一步为中国与更多沿线国家的合作起到示范作用。

**（一）政治互动应向纵深发展**

双方领导人及政府部门的频繁互动，在2019年已经取得了较多成绩，也为两国2020年合作打下了较好的基础。因而2020年双方政治互动应以部省交流为重点。中方还需注重相关部门在经贸、人文领域多进行交流活动，在地方政府层面，尤其是与文方合作较多的相关省份的政府仍需注重谋划，提高交流频率，细化交流内容。同时，要建立部省级合作常态磋商机制。要改变过去单纯的部际或省际单向联系的方式，直接建立合作省的部级联系架构，推动两国政策精神与指导方针的落地，发挥各地比较优势，减少行政分割所带来的协同发展障碍。

同时，双方还要注重在区域，尤其是东增区方面的合作，要针对中国华南西南地区与东增区这一大区域，提升西部陆海新通道和中国—东盟信息港的贸易投资促进功能，强化金融基础设施建设，加快金融要素的集聚步伐，并以此为契机，增加该区域与中国的政策契合度及黏性，形成中国区域经济政策向东南亚的延伸。

**（二）经济合作充满机遇**

1. 油气行业蕴藏较大商机

油气项目生产运行稳定，生产的所有产品都合格，已进入商业运营阶段，恒逸炼化项目有望在较短时间内将负荷持续提升至满产。相较于内地炼化项目，恒逸炼化项目选择在文莱建设，采取的是错峰竞争策略，一方面借助文莱油气行业获得了较丰富的资源，得到了文莱政府的信任，所给予的大量税收优惠保证了前期的盈利能力；另一方面，其产品不仅可以在当地销售，还能回吐中国市场，更在东南亚制造业成为主流的当下，掌握了一定的先机，拥有显著的产业链优势。

2. 港口行业具备较强的辐射能力

作为文莱经济多元化的另外一个重点，摩拉港被文莱视作振兴自身经济，并且在周边区域立足的重要途径。但文莱本地市场有限，故港口以承接上下游产业的大宗商品为主，主要联通亚洲地区及欧美市场，因而摩拉港口需要开发周边货运航线，盘活东增区物流，同时以物流带动周边产业发展，实施"前港后园"的产业规划。

3. 旅游行业拥有更多的发展潜力

作为文莱经济多元化方向的重中之重，旅游业是文莱近年来重点推动且收效显著的领域，中国游客亦是文莱境外游客的主要来源。2019年恰逢中文旅游年，文莱策划了一系列活动以吸引更多的中国游客，再创旅游业历史新高。此前，文莱已经完成淡布隆大桥的施工，预计在2020年4、5月通车。作为文莱规模最大、最具社会影响力的交通基础设施项目，该桥也是东盟最长的海上桥，将成为文莱的新地标。它将斯里巴加湾市与淡布隆热带雨林连接起来，而且淡布隆首个豪华生态度假胜地也将于2020年底至2021年初完工。文莱势必将借助淡布隆大桥着重推动旅游业的复兴，并借此推动相关的招商引资工作。

4. 种植及养殖业将会迎来发展良机

目前，中国已经与文莱在网纹蜜瓜、海虾等产品上达成检疫协议，随着中国市场的复苏，这些优质产品在2020年都将继续供应中国消费市场。与此同时，近年来文莱正在或即将进行的水产项目，都涉及了海虾养殖，捕捞渔业和海鲜加工，消费需求的增加也将助推文莱相关产业发展。

5. "文莱—广西经济走廊"存在更多机会

从前述来看，文莱油气行业、种植及养殖业的发展，既有利于摩拉港进一步提高物流效率，增加其与钦州港的往来班次，并推动"西部陆海新通道"与文莱的连接，又有利于广西企业加强在海鱼、海虾和大蚝等海产品养殖上的投入，更好地在文莱站稳脚跟。因此，"文莱—广西经济走廊"应尽早召开联合工作委员会第三次会议，加快合作速度，增加合作项目。

### （三）人文交流需要扩容

第一，应突出文化交流对两国关系的重要性，选择一批能融合中国传统文化与现代元素的项目，在结合伊斯兰教特色进行调整后，"走进文莱"，并在项目成功的基础上推动文化交流活动的常态化、机制化。

第二，应鼓励两国智库间的交流与合作，尤其是要以合作基础或研究热情为考量，而不应一味求大求知名，围绕重点或亟须解决的问题，开展针对性强、时效性强、实操性强的对策研究。

第三，应加强年轻人之间的交流，针对现有奖学金过于分散、数量不多、以自发为主的问题，可以考虑整合现有资源，制订跨省游学计划，形成联合培养的合作模式，促进文莱学生对中国的了解，使其更好地"知华、友华"。

# 2019年中国与柬埔寨合作发展报告

程 成 卢 军[*]

2019年,柬埔寨国内政治局势稳定,经济快速增长,人民生活水平不断提高。中国与柬埔寨正式签署《关于构建中柬命运共同体行动计划(2019—2023)》,双边战略互信持续深化,互利合作不断推进,在诸多领域成果丰硕。

## 一 2019年柬埔寨形势述评

### (一)政治

1. 政府巩固执政根基

政府通过推动政府改革,优化行政管理,加快法制建设,严惩贪污腐败,不断巩固执政根基。柬埔寨人民党在5月的首都省市县区理事会选举中赢得98%的席位。6月,洪森在68周年党庆活动上表示,将坚持"双赢"政策,维护国家和平,促进经济发展,严防"颜色革命"。

2. 挫败反对势力的阴谋

执政党坚决挫败了国内外反对势力企图颠覆政府的阴谋。自9月起逮捕了一批国内反对派积极分子。11月与泰国通力合作,将企图回国制造动乱的桑兰西拒于国门之外。此外还取消了对金速卡的"软禁令",但要求其不得参加政治活动。[①]

---

[*] 程成,广西大学中国—东盟研究院副院长、研究员;卢军,信息工程大学洛阳外国语学院讲师。

[①] 针对金速卡涉嫌叛国罪的审判将于2020年1月进行,审判结果将对柬埔寨国内政治局势及柬埔寨与欧美关系造成一定的影响。

### 3. 多党议政初见成效

8月,最高咨询建议理事会①发布的工作报告显示,一年来共向民众征集案件295起,派员调查200起,向首相府呈交251起,涉及土地纠纷、破坏环境、滥用公权等问题,对改善政府工作作风,监督贪污腐败发挥了积极作用。

## (二)经济

### 1. 宏观经济运行平稳

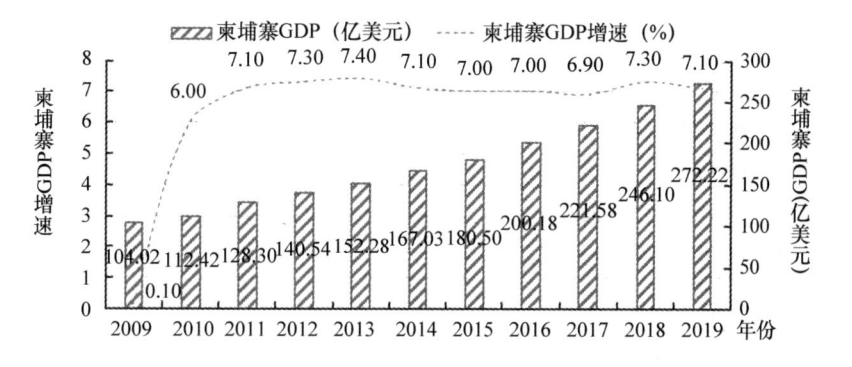

**图1 2009—2019年柬埔寨经济增长**

资料来源:柬埔寨国家银行。

2019年柬埔寨经济平稳发展,GDP总值为272.22亿美元,GDP增速达7.1%,通货膨胀率为1.9%。② 在其他方面,吸引外国直接投资35亿美元,汇率保持在4055瑞尔兑1美元左右,外汇储备约180亿美元。旅游业收入达49.19亿美元,共接待国际游客661万人次。③

---

① 最高咨询建议理事会:由执政党人民党和参加2018年全国大选的政党组成,旨在巩固"民主、自由、多党制"。20个参选政党有16个加入了该理事会,各党派委任两名代表担任理事。理事会主席与国务大臣平级,副主席与秘书长与各部大臣平级,并担任政府顾问。其职责是制定国家发展政策,对法律草案提出意见,致函参议院驳回国会审批的法案等。理事会每月召开一次例会,每6个月与首相召开一次会议。

② 《柬埔寨人均GDP增至1679美元》,《高棉日报》2020年1月7日,登录时间:2020年1月31日,https://www.facebook.com/pages/category/Media-News-Company/%E9%AB%98%E6%A3%89%E6%97%A5%E6%8A%A5-124023714419000/。

③ 中国驻柬埔寨大使馆经济商务处:《2019年柬埔寨接待外国游客增长明显》,2020年3月3日,登录时间:2020年3月5日,http://cb.mofcom.gov.cn/article/jmxw/202003/20200302941222.shtml。

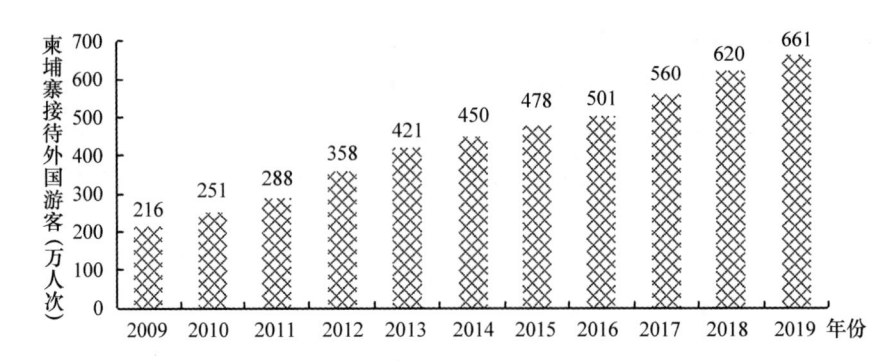

图 2　2009—2019 年柬埔寨接待外国游客情况

资料来源：柬埔寨旅游部。

### 2. 经济增速略微放缓

2019 年 2 月，欧盟正式启动撤销对柬埔寨"除武器外一切免税"关税优惠程序。① 由于柬埔寨经济对外贸及外国投资的依赖程度较高，外部经济环境恶化导致其经济面临下行风险。多家机构预测，2020 年柬埔寨 GDP 增速将放缓，国际货币基金组织及亚洲开发银行预测其增速为 6.8%，世界银行预测为 6.9%。柬埔寨经济财政部和央行预测为 6.5% 和 7%。②

### 3. 多措并举力促经济增长

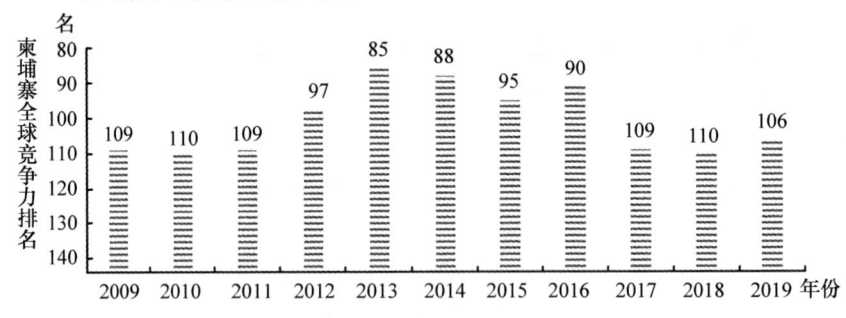

图 3　2009—2019 年柬埔寨全球竞争力排名

资料来源：世界经济论坛，The Global Competitiveness Report。

---

① "除武器外一切免税"（Everything but Arms），简称 EBA。2020 年 2 月 12 日，欧盟正式宣布决定撤销柬埔寨部分产品出口优惠待遇，约占柬埔寨出口欧盟产品总额的 20%，将于 2020 年 8 月 12 日生效。

② 受"新型冠状病毒肺炎'COVID–19'"的影响，柬埔寨政府近期预测 2020 年 GDP 增长率将放缓至 6% 左右。

《2019年全球竞争力报告》① 显示,柬埔寨排第106位,综合得分52.1分。政府先后推出《2019—2025年金融包容性国家战略草案》《2020—2022三年滚动公共投资计划草案》《2019—2023年国家发展战略计划》《2019—2023年农业发展战略》,以促进经济增长,实现发展多元化。

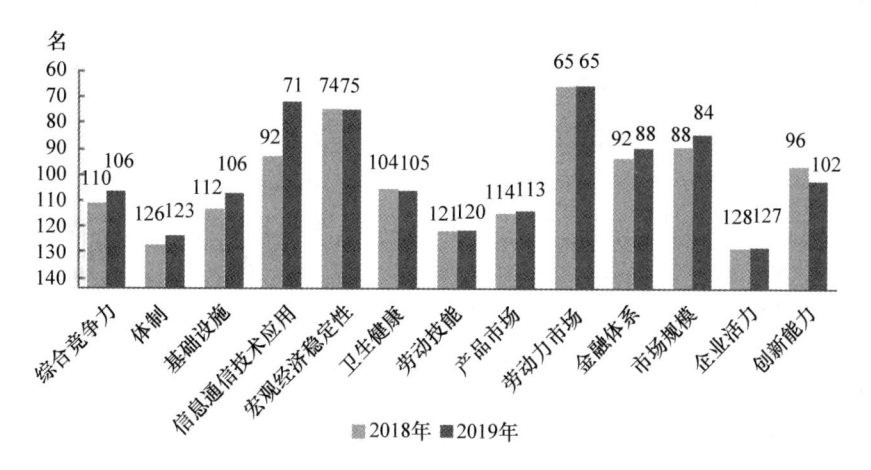

**图4 2018年与2019年柬埔寨全球竞争力评价各指标排名对比**

资料来源:世界经济论坛,The Global Competitiveness Report。

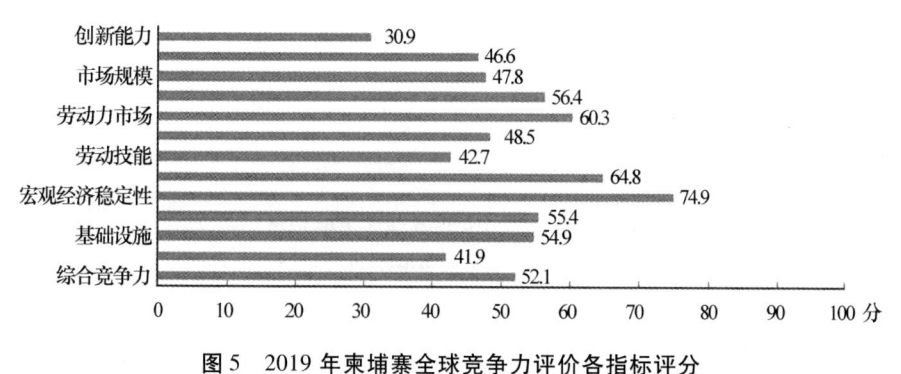

**图5 2019年柬埔寨全球竞争力评价各指标评分**

资料来源:世界经济论坛,The Global Competitiveness Report。

---

① 由《世界经济论坛》发布,共有144个国家和地区接受调查,综合得分满分100分。

### (三) 社会民生及反腐治安

**1. 扶贫攻坚成效显著**

柬埔寨贫困率已由2004年的53.5%降至2019年的10%，失业率仅0.3%。① 人均GDP由2013年的1042美元增至2019年的1679美元。制衣厂、制鞋厂工人的最低工资标准从2013年的61美元涨至2019年的182美元，人民生活水平进一步提高。

**2. 重拳打击洗钱贪腐**

2019年柬埔寨再次被列入洗钱国家"灰名单"②。"透明国际"公布的"2019年全球国家清廉指数"③ 显示，柬埔寨排第162位，分值20分。3月，柬埔寨央行发布《2019—2023年反洗钱和反恐怖融资国家战略》④，6月，国家警察总署启动打击洗黑钱专项行动。政府亦积极采取多项措施预防打击腐败，处理了一批大案要案，逮捕了菩萨省国土规划与建设局局长、副局长，驻中国昆明领事馆前任领事等贪腐官员。

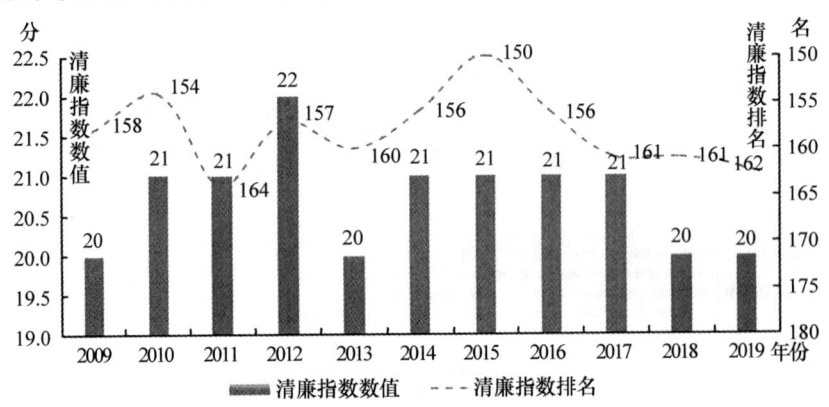

**图6　2009—2019年柬埔寨清廉指数**

资料来源：透明国际发布的"全球国家清廉指数"。

---

① 《柬埔寨扶贫攻坚战成效显著》，《柬华日报》2019年5月12日，登录时间：2020年1月31日，http://jianhuadaily.com/20190512/52656。

② 由金融行动特别工作组（Financial Action Task Force，FATF）发布。

③ 《2019年清廉指数》，透明国际，2020年1月，登录时间：2020年1月31日，https://www.transparency.org/cpi2019?/news/feature/cpi-2019。共有180个国家/地区接受调查。分值：0—100分，0分表示最贪腐，100分表示最清廉。

④ 《柬发布新国家策略 欲扫除"洗钱天堂"恶名》，《柬中时报》2019年3月14日，登录时间：2020年1月31日，https://cc-times.com/posts/4414。

3. 强效整治网络赌博

为净化柬埔寨投资环境，保障社会长治久安，促进经济良序发展，8月，政府下令整治非法网络赌博，停止颁发新网络博彩执照，原有执照到期后不再延期，并从2020年1月1日起全面禁止网络赌博。

## 二 2019年中国与柬埔寨的双边合作

2019年是两国建交第二个甲子开局之年，签署《中柬命运共同体行动计划》，启动"中柬文化旅游年""中柬联合执法年"活动，两国在"一带一路"框架下全方位地推进政治、经济、安全、人文和多边五大领域的深入交流，广泛合作，成绩斐然。

### （一）政治外交合作

2019年，两党两国领导人频频互访，政治互信不断增强，《中柬命运共同体行动计划》为双边关系的未来发展擘画了崭新的蓝图。

1. 两国高层互访频繁，政治领域高度互信

2019年1月，中国习近平主席会见了来访的洪森首相，李克强总理与洪森首相举行会谈，两国发表联合公报，同意加快"一带一路"倡议和"四角战略"对接。[①] 3月，中国外交部副部长孔铉佑出访柬埔寨，并参加了中柬政府间协调委员会第五次会议秘书长会晤。4月，柬埔寨洪森首相访华并参加第二届"一带一路"国际合作高峰论坛，其间两国正式签署《中柬命运共同体行动计划》，将双边关系推向历史新高度。5月，习近平主席会见了来京出席亚洲文明对话大会的西哈莫尼国王。同月，中联部部长宋涛会见了来访的柬埔寨人民党高级干部考察团。6月，全国政协副主席万钢访柬，与洪森首相就两国友好关系、科技合作及推动"一带一路"建设等深入交换意见。9月底，洪森首相在金边出席中国驻柬大使馆国庆招待会，西哈莫尼国王与莫尼列太后在北京出席了庆祝中华人民共和国成立70周年招待会，彰显出中柬之间的

---

① 中国外交部：《中华人民共和国政府和柬埔寨王国政府联合新闻公报（全文）》，2019年1月23日，登录时间：2020年1月31日，https://www.fmprc.gov.cn/web/ziliao_674904/1179_674909/t1631782.shtml。

密切关系及特殊友谊。

两国始终坚定地支持相互核心利益与关切。中国一贯尊重支持柬埔寨根据自身国家利益选择的独立政策和发展道路。针对欧盟威胁要取消柬埔寨的 EBA 待遇，中国始终支持柬埔寨政府和人民维护主权独立与国家尊严的努力，反对利用贸易手段干涉他国内政。[①] 柬埔寨坚定地奉行一个中国政策，反对任何形式的"台独"分裂活动；同时支持中国政府为维护香港和平、秩序及国家安全所采取的必要措施。[②]

2. 构建中柬命运共同体，创新型国际关系典范

《中柬命运共同体行动计划》是中柬友好关系史上新的里程碑。2016 年 10 月，习近平主席在访柬期间首次提出打造两国高度互信、休戚相关的命运共同体，获得柬方高度赞同与积极响应。2018 年 1 月，李克强总理访柬，两国就携手打造具有战略意义的命运共同体达成一致。2019 年 1 月，洪森首相访华，双方同意尽快制订行动计划。4 月 28 日，《中柬命运共同体行动计划》正式签署，标志着中柬全面战略合作伙伴关系达到了历史新高度。《中柬命运共同体行动计划》全面涵盖政治、安全、经济、人文、多边五大领域，具体而言，经济合作包括经贸投资、交通能源、产能工业、农业水利等 13 个领域，人文合作包括文化旅游、教育卫生、科技创新、资源环境、公共关系等 11 项内容。[③]《中柬命运共同体行动计划》将成为今后五年指导中柬全面战略合作伙伴关系发展的纲领性文件。

中柬命运共同体是中国共产党十九大提出"推动构建人类命运共同体"以来达成的首个国家间命运共同体。打造中柬命运共同体不仅有助于推动两国关系更加成熟、密切、稳固，同时将对构建中国与周边国家、亚洲，乃至人类命运共同体具有重要的示范意义和强大的引领作用。《中柬命运共同体行动计划》在两个社会制度、政治体制和意识形态不同的国家之间签署，表明相互尊重、平等相待，合作共赢、共同发展的"中国方案"已付

---

[①] 中国外交部：《中方支持柬维护主权独立和国家尊严》，环球网，2020 年 2 月 12 日，登录时间：2020 年 2 月 14 日，https : //world. huanqiu. com/article/9CaKrnKpkM7。

[②] 《柬埔寨支持中国在香港问题上的立场》，《柬华日报》2019 年 11 月 24 日，登录时间：2020 年 1 月 31 日，http : //jianhuadaily. com/20191124/67930。

[③] 《共同构建牢不可破的中柬命运共同体》，新华网，2019 年 5 月 15 日，登录时间：2020 年 1 月 31 日，http : //www. xinhuanet. com/globe/2019 – 05/15/c_ 138054870. htm。

诸现实，并获得成功，为构建新型国际关系创立了典范。

### (二) 经贸投资合作

现阶段中国是柬埔寨最大的投资国、贸易伙伴国、援助国、债权国、进口来源国及旅游客源国，两国在贸易、投资、税务、农业、工程等多领域展开了富有成效的积极合作。

#### 1. 双边贸易增长稳健

表1　　　2011—2019\*年中柬进出口贸易额（中国出口为正）　　（亿美元）

| 年份 | 进出口总额 | 出口额 | 进口额 | 比去年同期增减（%） | | |
|---|---|---|---|---|---|---|
| | | | | 进出口额 | 出口额 | 进口额 |
| 2011 | 24.99 | 23.15 | 1.84 | 73.50 | 71.80 | 96.80 |
| 2012 | 29.23 | 27.08 | 2.15 | 17.00 | 17.00 | 16.80 |
| 2013 | 37.74 | 34.10 | 3.64 | 29.10 | 67.9 | 26.00 |
| 2014 | 37.58 | 32.75 | 4.83 | -0.39 | -3.99 | 33.54 |
| 2015 | 44.30 | 37.63 | 6.67 | 21.70 | 15.00 | 38.00 |
| 2016 | 47.59 | 39.28 | 8.31 | 7.43 | 4.38 | 24.59 |
| 2017 | 57.90 | 47.80 | 10.10 | 21.66 | 21.69 | 21.54 |
| 2018 | 73.90 | 60.10 | 13.80 | 27.63 | 25.73 | 36.63 |
| 2019 | 85.27 | 72.03 | 13.23 | 27.8 | 32.30 | 7.70 |

\* 2019年为1—11月统计数据。
资料来源：中国海关。

近年来，中柬双边贸易呈持续增长态势。据中国商务部统计，2019年1—11月，两国贸易额为85.27亿美元，同比增长27.8%。其中，中国出口额为72.03亿美元，增长32.3%，进口额为13.23亿美元，增长7.7%。中柬贸易额及中国出口额增速在东盟十国中排名第一，柬埔寨出口额增速名列第四。5月9日，柬埔寨香蕉出口中国首发仪式在金边举行，5月22日，首批香蕉运达上海，这是柬埔寨新鲜水果首次直接出口中国，是两国推动互利合作的成功实践。10月，李克强总理在会见贺南洪副首相时表示，愿与柬方推进双边自贸协定谈判。11月，第二届中国国际进口博览会在上海举行，柬埔寨作为主宾国展销了大米、胡椒、腰果等特产,受到中国消费者的青睐。2019 年,柬埔寨出口中国大米约 22.2 万吨,较 2018 年增长 35%,中国已成为柬埔寨第一大米出口市场。①

表 2　　　　2019 年 1—11 月中国与东盟十国双边贸易增速　　　　(%)

| 国别 | 进出口增速 | 国别 | 进口增速 | 国别 | 出口增速 |
| --- | --- | --- | --- | --- | --- |
| 柬埔寨 | 27.8 | 柬埔寨 | 32.3 | 缅甸 | 36.1 |
| 缅甸 | 21.6 | 老挝 | 29.6 | 马来西亚 | 11.1 |
| 老挝 | 17.4 | 越南 | 16.0 | 老挝 | 8.9 |
| 马来西亚 | 12.4 | 缅甸 | 15.2 | 柬埔寨 | 7.7 |
| 越南 | 8.0 | 菲律宾 | 14.8 | 文莱 | 5.0 |
| 菲律宾 | 7.9 | 马来西亚 | 14.3 | 新加坡 | 2.4 |
| 新加坡 | 6.5 | 新加坡 | 9.3 | 泰国 | 1.6 |
| 泰国 | 2.9 | 泰国 | 4.3 | 印度尼西亚 | -0.9 |
| 印度尼西亚 | 1.9 | 印度尼西亚 | 4.2 | 越南 | -2.4 |
| 文莱 | -51.0 | 文莱 | -60.1 | 菲律宾 | -3.7 |

资料来源:中国海关。

**2. 投资税务合作深化**

据中国商务部统计,2019 年 1—9 月,中国企业对柬埔寨投资 4.18 亿美元,同比下降 11%。柬埔寨对华投资 0.57 亿美元,同比增长 283%。② 据柬埔寨发展理事会统计,2016 年至 2019 年前 8 个月,中国对柬埔寨投资累计 79 亿美元,相当于柬埔寨国内生产总值的 35%。投资省份主要位于沿海地区,其中西哈努克省约 20 亿美元,国公省约 4.7 亿美元,贡布省约 1 亿美元。③ 柬埔寨国土、城市规划与建设部报告显示,2000 年至 2019 年第一季度,外国对柬埔寨建筑业累计投资 56 亿美元,

---

① 中国驻柬埔寨大使馆经济商务处:《柬埔寨 2019 年对华大米出口创新高》,2020 年 1 月 3 日,登录时间:2020 年 2 月 9 日,http://cb.mofcom.gov.cn/article/jmxw/202001/20200102927848.shtml。

② 中国商务部亚洲司:《2019 年 1—9 月中国—柬埔寨经贸合作简况》,2019 年 11 月 29 日,登录时间:2020 年 2 月 9 日,http://yzs.mofcom.gov.cn/article/t/201911/20191102918105.shtml。

③ 《中国在柬埔寨投资排名第一》,Fresh News,2019 年 10 月 11 日,登录时间:2020 年 2 月 13 日,http://cn.freshnewsasia.com/index.php/en/13234-2019-10-11-03-55-28.html。

中国累计投资24.95亿美元，排名第一。

2019年1月1日，《中华人民共和国政府和柬埔寨王国政府对所得避免双重征税和防止逃避税的协定》正式生效。根据该协定，在柬中资企业涉及股息分配、贷款利息、特许权使用费和技术服务费的柬埔寨境内预扣税，将从14%降至10%。① 中国香港与柬埔寨的相关协定也将于2020年1月1日生效，将吸引更多的中国投资者赴柬投资。8月，柬埔寨中国商会②与柬埔寨国家税务总局成立"中柬税务合作机制会议"，该会议将增进双方税务合作，促进双方更加直接、高效沟通，深化两国经贸合作。

3. 农业互补硕果累累

加快农业发展是柬埔寨"四角战略"的首要目标，与中国"一带一路"农业领域的合作正在提升柬埔寨农业发展的整体水平。2019年4月，两国在第二届"一带一路"国际合作高峰论坛上签署了《关于中国购买40万吨柬埔寨大米的合作谅解备忘录》。6月，中信建设有限公司与柬埔寨商务部签署《促进柬埔寨稻谷生产与大米出口计划优惠贷款协议》，将合资在柬埔寨11个省份兴建12座谷仓及10个大型烘干设备，共同促进柬埔寨稻米产业发展，扩大大米出口。5月，两国分别在金边和上海举行了柬埔寨香蕉输华首发和接收仪式，将为其他农产品出口中国积累经验。③ 6月，两国启动推进柬埔寨杧果输华的工作计划，11月底，中国海关总署完成杧果果园检疫评估工作。11月，两国农业部门召开第二届中柬农药管理技术交流会，签署了《中柬农药管理技术合作的谅解备忘录》，推动了两国农药领域的合作。

4. 援柬工程进展顺利

柬埔寨经济财政部报告显示，截至2019年7月，中国政府累计向柬埔寨提供援助60亿美元，包括44亿美元优惠贷款。其中28.65亿美元援助用于修建道路和桥梁，已在柬埔寨修建29条公路，全长2888公

---

① 《柬中免双重课税协议 今年起正式生效》，柬中时报，2019年2月27日，登录时间：2020年1月31日，https://cc-times.com/posts/4220。

② 柬埔寨中国商会（Chinese Chamber of Commerce in Cambodia）是经柬埔寨政府批准，依法注册成立的在柬中资企业组织，是唯一在中国驻柬埔寨大使馆直接领导下的中资企业团体。

③ 中国驻柬埔寨大使馆经济商务处：《2019年中柬农业合作要事回顾》，2020年1月15日，登录时间：2020年2月9日，http://cb.mofcom.gov.cn/article/zwrenkou/202001/20200102930318.shtml。

里，建成 8 座桥梁，全长 8 公里。① 1 月，由中国贷款 2.59 亿美元的金边第三条环城公路开始修建。3 月，中国贷款援建的首条高速公路——"金边—西哈努克省高速"正式动工。同月，中国再向柬埔寨提供 1.66 亿人民币援助，用于首相府友谊大厦修复，首相府大楼技术援助，以及向柬埔寨海关总局援助扫描仪。② 7 月底，中国援建的柬埔寨国家体育场项目看台落成，预计 2020 年底竣工，将作为柬埔寨举办 2023 年东南亚运动会的主体育场。10 月，中方向柬方移交了援建完成的国家地理实验室，实验室的建成将提升柬埔寨矿产资源勘探开采技术。

### （三）军事安全合作

2019 年，两国军队密切合作，在联合训练、维和扫雷等方面的成果丰硕。执法部门紧密协作，在联合执法、打击跨境犯罪行动中成效显著。

1. 军事交往日益密切，共建世界和平

2019 年 1 月，中国海军舰艇编队访问柬埔寨西哈努克港（下文简称"西港"），加深了两国海军的交流与合作。3 月，"金龙—2019"联合训练在柬埔寨贡布省举行，联训以反恐暨人道主义救援为主题，提升了官兵能力，深化了两军合作。中央军委联合参谋部副参谋长、国防大学军事管理学院院长、中央军委国际军事合作办公室代表团、中国军事检察院检察长先后访柬，进一步推动了两国军事领域的合作与交流。6 月，中方再向柬方提供总价值约 500 万元人民币的扫雷器材和人道主义物资。③ 10 月，柬埔寨国防大臣迪班率团访华，出席第七届世界军人运动会开幕式及第九届北京香山论坛，并与国务委员兼国防部长魏凤和展开会谈。此外，长期以来，联合国驻黎巴嫩临时部队中的中柬维和部队还共同协作，在黎巴嫩边境执行维和与扫雷任务。中柬军事合作持续深入，军事互信不断巩固，多领域、深层次的务实合作将为世界和平发展，以及地区安全稳定做出贡献。

---

① 《中国累计援柬 28.65 亿美金用于修建道路桥梁》，《柬华日报》2019 年 9 月 4 日，登录时间：2020 年 2 月 13 日，http://jianhuadaily.com/20190904/62154。

② 《中国向柬援助 1.66 亿用于维修总理府友谊大厦》，凤凰网，2019 年 7 月 26 日，登录时间：2020 年 1 月 31 日，http：//news.ifeng.com/c/7oczYpwH8NT。

③ 《中国援助柬埔寨扫雷物资交接暨授勋仪式在金边举行》，中国国防部，2019 年 6 月 25 日，登录时间：2020 年 1 月 31 日，http：//www.mod.gov.cn/action/2019 – 06/25/content_4844242.htm。

## 2. 安全合作开启新篇章，联合执法成效显著

中柬两国领导人在1月发布的联合公报中将2019年定为"中柬执法合作年"。3月29日，国务委员、公安部部长赵克志与柬埔寨副首相兼内政大臣萨肯共同出席"中柬执法合作年"启动仪式，并签署工作方案与执法合作行动计划。9月初，柬埔寨警察总监涅沙文访华，双方签署了《中华人民共和国公安部和柬埔寨王国内政部关于成立执法合作协调办公室的谅解备忘录》。① 9月底，中柬执法合作协调办公室在金边正式成立，进一步提升了两国执法合作效率及打击跨国犯罪水平。近一年来，两国警方紧密合作，多次展开专项行动，截至10月，柬埔寨警方缉捕并遣返中国籍犯罪嫌疑人1000余名，含非法网络赌博335人、电信诈骗155人②，以及一批外逃通缉犯。联合执法聚焦两国人民反应强烈、社会影响恶劣，尤其是重点地区的非法网络赌博、电信诈骗、涉毒涉黑等违法犯罪，开展联合打击行动，加强情报信息交流、人员经验分享，已取得阶段性成果。2020年两国将继续深化执法领域合作，携手构建中柬安全命运共同体。

### （四）人文领域交流

习近平主席指出："国之交在于民相亲，民相亲在于心相通。"两国以文化旅游年为契机，加强两国人文交流合作，厚植中柬友好民意基础，取得了一系列丰硕成果。

#### 1. 赴柬游客稳步增长，人文交流蓬勃开展

为落实两国领导人达成的重要共识，1月30日，"2019中柬文化旅游年"在金边开幕，将中柬文化与旅游合作交流推上新台阶。自6月起，为简化出入境手续，柬埔寨移民总局正式启用新版柬埔寨文、中文、英文三语入境卡，受到中国游客普遍欢迎。6月2日至8日，中国文化和旅游部、柬埔寨旅游部、文化艺术部联合组织2000名中国友好使者前往金边、暹粒等地开展文化旅游年庆祝活动，推动了中柬文化、旅游、经济等多领域的交流与合作。目前每周往返两国间的航班约有

---

① 中国公安部：《中柬执法合作年取得阶段性成果》，2019年9月20日，登录时间：2020年2月9日，https://www.mps.gov.cn/n2253534/n2253535/c6689840/content.html。

② 中国公安部：《中柬执法合作年取得阶段性成果》，2019年9月20日，登录时间：2020年2月9日，https://www.mps.gov.cn/n2253534/n2253535/c6689840/content.html。

500 架次①，为中柬人民相互来往提供了交通便利。在文化旅游年的带动下，2019 年柬埔寨共接待中国游客 236 万人次，同比增长 16%，排名赴柬外国游客首位。

2019 年，两国文化和旅游部门合作举办了一系列丰富多彩的文化旅游交流活动，如 2 月在金边、暹粒及西哈努克市举行的"感知中国·江苏文化周"，11 月举办的以"山水相依·命运相连"为主题的澜湄文化旅游交流暨中老柬历史古迹自驾游，及第四届中柬优秀电影巡映等，为柬埔寨民众提供了体验和感受中国文化的机会。4 月至 5 月，柬埔寨国家博物馆精选一批文物赴华参加"殊方共享·丝绸之路国家博物馆文物精品展"及"亚洲文明联展"等活动。5 月，在亚洲文明对话大会期间，柬埔寨文艺团体的精彩演出也激起了中国观众的浓厚兴趣，使中国人民加深了对高棉文化的了解，推动了高棉文化在中国的传播。②

2. 教育合作硕果累累，援柬医疗造福百姓

2019 年，中国通过合作办学，提供奖学金，建立孔子学院，援建医院，提供医疗援助等方式，与柬埔寨在教育卫生领域开展了广泛的合作与交流。4 月初，五所中国大学③与西哈努克港工商学院签订《联合办学合作备忘录》。5 月底，中国教育国际交流协会与柬埔寨劳动和职业培训部共同主办中柬职业教育合作会议，7 月，贵州举行中国—东盟职业教育国际论坛，中柬两国 74 家政府、院校、行业、企业单位共同成立"中国—柬埔寨职业教育合作联盟"，推动了两国职业教育领域的交流。8 月，中国驻柬大使向 185 名柬埔寨学生颁发了 2019—2020 学年中国政府奖学金录取通知书。自 1998 年以来，累计有近 3000 名柬埔寨学子赴华深造，推动了柬埔寨人力资源的发展。④ 12 月，由广西桂林电

---

① 《柬埔寨—中国达成共识加强航空领域全面合作关系》，Fresh News，2019 年 8 月 27 日，登录时间：2020 年 1 月 31 日，http://m.cn.freshnewsasia.com/index.php/en/13016-2019-08-27-19-04-21.html。

② 《中柬人文交流之花绚烂绽放》，人民网，2019 年 12 月 29 日，登录时间：2020 年 2 月 13 日，http://paper.people.com.cn/rmrb/html/2019-12/29/nw.D110000renmrb_20191229_1-03.htm。

③ 无锡商业职业技术学院、江苏大学、江苏师范大学、江苏农牧科技职业技术学院与江西工贸职业技术学院。

④ 《柬埔寨 185 名学生获 2019 年中国政府奖学金》，新华网，2019 年 8 月 12 日，登陆时间：2020 年 2 月 9 日，http://m.xinhuanet.com/2019-08/12/c_1124867748.htm。

子科技大学与马德望大学合作共建的柬埔寨第二所孔子学院在马德望揭牌成立,将为深化两国人民友谊、密切两国文教合作贡献积极力量。

2019年3月,由中国政府提供3.1亿元人民币援建的特本克蒙省医院开工,建成后将拥有300张床位,成为该省医疗水平最高的现代化综合医院。① 截至2019年10月,在两国医务工作者的共同努力下,"爱心行"援柬儿童先心病救助项目已为3.8万多名儿童开展了筛查,发现疑似患者313例,共为52名儿童免费成功进行了手术。② 12月,"柬埔寨磅湛省消除白内障致盲行动"项目圆满闭幕,该项目从2018年5月启动,由广西6家医院承办,共实施白内障手术6208例,为当地百姓带来了光明。长期以来,中国协助柬埔寨完善基础医疗体系,派遣多个医疗队赴柬为百姓治病疗伤,赢得了柬埔寨人民的广泛赞誉,已成为增进两国友谊的"民心工程"。

### (五) 多边领域合作

2019年,中柬两国在多边领域紧密协作,双方相互尊重主权和独立,在联合国、东盟、东亚合作、澜湄合作、亚太峰会等多边场合秉持公道,坚守正义,相互支持,有效维护了两国以及广大发展中国家的共同利益。③ 尤其是在中国发起的澜湄合作中,柬埔寨作为重要的参与方,密切与中国的协调与合作,在澜湄合作建设与发展中发挥了拥护者的响应支持作用,践行者的示范引领作用,以及合作者的协同配合作用。2019年2月,第二批澜湄合作专项基金签约仪式在柬埔寨外交部举行,此次柬埔寨签约19个项目,获得766万美元资金援助,涵盖农业、旅游、电信、教育、文化交流等多个领域。这些项目的顺利实施,将提高柬埔寨人民的生活水平,并在教育、健康、旅游等领域为柬埔寨

---

① 《中国提供3.1亿元援建医院 造福特本克蒙省人民》,柬中时报,2019年3月1日,登录时间:2020年1月31日,https://cc-times.com/posts/4248。
② 《中柬"爱心行"先心病救助项目赢得当地民众广泛赞誉》,海外网,2019年10月8日,登录时间:2020年1月31日,http://m.haiwainet.cn/middle/3542291/2019/1008/content_31641247_1.html。
③ 《共同构建牢不可破的中柬命运共同体》,新华网,2019年5月15日,登录时间:2020年1月31日,http://www.xinhuanet.com/globe/2019-05/15/c_138054870.htm。

带来诸多裨益。① 未来，两国将在"一带一路"框架下，通过澜湄合作不断巩固和提升中柬全面战略合作伙伴关系。

## 三 2020年中国与柬埔寨合作展望

### （一）中柬合作的不足之处与改进建议

2019年两国合作中尚存一些不足和隐忧，有待改善。

**1. 柬贸易逆差逐年扩大，需加快双边自贸谈判**

柬埔寨在中柬两国贸易中长期处于逆差地位，将加剧国际收支失衡和外汇流失。柬埔寨出口以农产品为主，且出口量较低，如2019年向中国出口大米22.2万吨，未达40万吨配额。2019年12月，中柬双方已完成自贸谈判联合可行性研究，2020年1月将展开正式谈判。自贸协定的签订，将有助于减少柬埔寨在两国贸易中的逆差。而一旦失去EBA（除武器外全部免税）优惠，打开中国市场，对于柬埔寨增加出口，保持经济增长尤为重要。

表3　　　　　双边贸易及柬埔寨贸易逆差统计　　　　（亿美元;%）

| 年份 | 双边贸易额 | 柬埔寨进口额 | 柬埔寨出口额 | 贸易逆差额 | 增长率 |
|---|---|---|---|---|---|
| 2014 | 37.58 | 32.75 | 4.83 | 27.92 | -8.34 |
| 2015 | 44.30 | 37.63 | 6.67 | 30.96 | 10.89 |
| 2016 | 47.59 | 39.28 | 8.31 | 30.97 | 0.03 |
| 2017 | 57.90 | 47.80 | 10.10 | 37.7 | 21.73 |
| 2018 | 73.90 | 60.10 | 13.80 | 46.3 | 22.81 |
| 2019* | 85.27 | 72.03 | 13.23 | 58.8 | 26.99 |

*2019年为1—11月统计数据。

资料来源：中国商务部。

**2. 撤销EBA，制造业存隐忧，中柬联手共同应对挑战**

中柬经贸联系紧密，欧盟撤销柬埔寨EBA待遇，将波及在柬中资

---

① 《澜湄合作专项基金柬埔寨新项目签约》，新华网，2019年2月14日，登录时间：2020年2月9日，http：//www.xinhuanet.com/world/2019-02/14/c_1124115330.htm。

制衣厂、制鞋厂，计划赴柬投资，及上游原材料供应商等一批中国企业。两国政府应采取适当措施，共同应对挑战。柬埔寨政府已采取简化海关程序，减少出口费用等措施，以降低企业负担。中国可向柬埔寨提供必要援助，继续鼓励中国企业赴柬开展投资，扩大投资领域，为柬埔寨经济发展和民生改善提供积极帮助。

3. 涉华话题屡有发生，交流机制有待升级

近年来，涉华话题常被柬埔寨反对势力及别有用心国家借题发挥、恶意炒作。2019年，在柬埔寨社会反响较大的"西港黑帮""西港楼房坍塌事故"、所谓"中国将在柬埔寨建立军事基地"等事件，屡次将中国推上柬埔寨国内舆论的风口浪尖。两国应当高度重视并妥善处理涉华话题。首先有效管控和利用媒体，严厉打击虚假不实消息；其次建立舆情监管和应对机制，及时处理影响两国关系的不良事件。此外，两国亟待建立高级别人文交流对话机制①，以促进中柬命运共同体建设。

## （二）2020年中柬合作发展展望

2020年是全面落实《中柬命运共同体行动计划》的关键之年，重要合作领域包括以下三个方面。

1. 推进自贸协定谈判

自贸协定谈判是2020年两国合作的重要工作。双边谈判将就货物贸易、原产地规则、海关程序和贸易便利化、技术性贸易壁垒、卫生与植物卫生措施、服务贸易、透明度、"一带一路"合作、电子商务及相关法律事宜等一系列事项展开谈判与磋商。② 柬埔寨尤其希望尽快在2020年内达成该协定，以促进其农产品出口中国。自贸协定谈判完成后将进一步促进两国间投资、经贸及服务合作。

2. 促进中柬资金融通

2019年柬埔寨发布《2019—2023年国家发展战略规划》，预计需

---

① 截至2019年底，中国已先后与俄罗斯、美国、英国、法国、德国、欧盟、印度尼西亚、南非8个国家和组织建立了高级别人文交流机制。
② 中国驻柬埔寨大使馆经济商务处：《中国—柬埔寨自贸协定第一轮谈判在京举行》，2020年1月21日，登录时间：2020年1月31日，http://cb.mofcom.gov.cn/article/jmxw/202001/20200102932463.shtml。

要 599 亿美元投资。中资银行①应继续发挥金融的桥梁作用，协助中企赴柬投资，支持柬埔寨商品出口，加大对基础设施建设、交通能源、农业水利等领域的融资支持，保障在柬"一带一路"重大项目的顺利实施。此外，两国自贸协定达成后，促进在双边贸易和投资中使用人民币结算，签订中柬货币互换协议，将对推广人民币国际化及柬埔寨"去美元化"产生积极作用。

3. 突破能源领域合作障碍

近年来，柬埔寨国内电力需求不断加大，现有发电能力仍有较大缺口。2019 年世界能源理事会发布的《全球能源指数报告》②显示，柬埔寨是进步最快的国家，极具发展潜力。柬埔寨政府已将太阳能作为未来优先发展方向，在国际市场上具有竞争优势的中国企业应重视潜力巨大的柬埔寨光伏市场。此外，2019 年 7 月，柬埔寨颁布《石油法》，为实现油气商业化开采，成为新兴能源输出国提供了条件。两国可在能源合作领域实现突破。

---

① 指中国进出口银行、中国国家开发银行、中国银行、中国工商银行等。
② 世界能源理事会通过能源安全、能源平衡及环境可持续性三个维度对国家/地区提供可持续能源的能力进行评估排名。

# 2019年中国与印度尼西亚合作发展报告

孟瑞森 王 玮*

2019年，印度尼西亚总统佐科连任，继续奉行稳健的经济政策，印尼经济呈现出平稳发展的态势。中国和印尼保持着双边高层交往势头，积极推进贸易、文化、跨境经济合作，两国在"一带一路"框架下的合作取得了丰硕成果。

## 一 印度尼西亚2019年形势简评

### （一）政治

1. 2019年总统选举结果出炉

2019年，印尼总统大选两组候选人分别为1号正副总统候选人佐科—马鲁夫和2号正副总统候选人普拉博沃—桑迪阿加。其中佐科·维多多代表印尼斗争民主党，普拉博沃·苏比安托代表大印尼运动党。

印度尼西亚选举委员会2019年5月21日凌晨2点正式公布2019年印尼总统选举结果，宣布1号正副总统候选人佐科—马鲁夫为2019年总统大选的获胜者，得票率为55.5%。2号正副总统候选人普拉博沃—桑迪阿加的得票率为44.5%。

同时举行的2019年印度尼西亚议会选举，有九个政党达到国会4%的门槛。这九个政党分别为斗争民主党（19.33%）、大印尼运动党（12.57%）、专业集团党（12.31%）、民族觉醒党（9.69%）、民主国

---

\* 孟瑞森，广西大学国际学院对外汉语系、中国—东盟研究院印尼研究所讲师；王玮，广西大学国际学院对外汉语系、中国—东盟研究院印尼研究所讲师。

民党（9.05%）、繁荣公正党（8.21%）、民主党（7.77%）、国家使命党（6.84%）和建设团结党（4.52%）。

在本次选举结果公布后不久，2号正副总统候选人普拉博沃—桑迪阿加竞选团队表示，由于选举存在舞弊和不公正现象，普拉博沃将不会接受选举委员会公布的结果，并向宪法法院起诉2019年大选的选举结果。

印度尼西亚宪法法院2019年6月27日通过裁定，全部驳回普拉博沃—桑迪阿加针对总统选举结果提起的诉讼。印度尼西亚选举委员会随即在6月30日召开全体会议正式宣布，佐科—马鲁夫当选2019—2024年印尼正副总统，将于10月20日宣誓就职。

2. 佐科总统就职连任

佐科·维多多2019年10月20日在印尼首都雅加达宣誓就职，正式开始他的第二个总统任期。在随后发表的简短就职演讲中，佐科承诺将把发展人力资源、创造就业机会列为第二任期的执政重点。

总统就职仪式10月20日下午在印尼人民协商会议大楼内举行。在人民协商会议主席班邦·苏萨迪欧的见证下，佐科与副总统马鲁夫·阿明宣誓并签署就职文书。

佐科在就职演讲中提出"印尼要在建国100周年时成为世界前五大经济体"的宏伟发展目标。他表示，到2045年独立100周年时，印尼国内生产总值将达到7万亿美元，相信这个目标有可能实现，但需要付出艰苦努力，需要更高的工作效率。他表示将在未来5年的任期中率领政府全力确保发展目标的实现。

佐科还表示，人力资源培养是政府的首要任务，将努力培养熟练和掌握技术的劳动力，同时将利用技术手段，让教育资源触达全国的各个角落。①

佐科在其第二个任期内将继续推进印尼的经济建设。除了继续推动大型基础设施建设项目外，还将大力开发人力资本，通过建立更多职业学校为国家发展储备充足的技术人才。他承诺要加快推进"工业4.0"计划，扶植本地制造业，降低印尼经济对大宗商品出口的依赖。在民生方面，他承诺将提高社会福利支出。

---

① 《印度尼西亚连任总统佐科宣誓就职》，中国网，2019年10月21日，http://news.china.com.cn/2019-10/21/content_75321200.htm。

佐科将推动印尼各领域改革持续走向深入,但新政府同时也面临着挑战。

首先,印尼是一个长期面临较大经常账户赤字的新兴经济体,境外资本对维持该国货币和金融市场的稳定性至关重要。近来,印尼资本外流导致其货币印尼盾对美元的汇率大幅贬值,吸引外资也呈现出停滞不前之势。如何防范资本外流所带来的风险,以及如何吸引更多的外资流入,将是新政府亟待解决的重要课题。

其次,在印尼全国约1.27亿劳动人口中,有1/3处于不充分就业状态。在全球经济增长放缓、不确定性增加的背景下,新政府需要出台更多措施,进一步刺激经济增长,创造更多就业机会。

最后,根据计票结果,在4月17日举行的印尼国会选举中共有九个政党进入新一届国会。这些政党诉求不一,新国会预计将呈现出"碎片化"特征。佐科所在的斗争民主党还需要联合其他几个政党才能在国会中占据多数。鉴于内阁席位需要在多个政党之间分配,新政府的决策和执政效率将受到一定影响。①

3. 南海部分海域主权争议

2019年12月30日,印尼抗议中国一艘渔政船进入南海部分海域(印尼称"纳土纳群岛",认为该海域为其专属经济区)。2020年1月3日,印尼政法安全统筹部部长马福特与政法安全统筹部相关部门就印尼所称"纳土纳群岛"附近海域安全局势问题举行协调会议。2020年1月8日,印尼总统佐科在能源与矿产资源部部长阿里芬、总统府幕僚长穆尔多科、国军总司令哈迪及土地改革和空间规划副部长苏利亚的陪同下乘坐总统专机抵达该海域。中国外交部发言人耿爽在2020年1月8日例行记者会上就印尼方表示已向南海部分海域派遣战机和军舰强调,中国与印尼不存在领土主权争议,双方在南海部分海域存在海洋权益主张重叠,中方希望印尼方保持冷静,愿同印尼方面继续妥善处理分歧,维护好两国关系和地区和平稳定大局。

4. 印尼迁都进展

2019年4月29日,印尼政府召开局部内阁会议,进一步讨论将首

---

① 《佐科连任印尼总统 未来面临诸多挑战》,新华社,2019年5月21日,http://news.cctv.com/2019/05/21/ARTItVuzOBBaLEkdBLtCX7NH190521.shtml。

都迁出爪哇岛的计划,该问题已成为一个战略问题。考虑到雅加达作为首都的负担日益沉重,政府已选择在爪哇岛以外建立一个新的行政首都,但仍会维持雅加达国际金融中心的重要地位。政府将召开后续会议,讨论迁都计划中的城市设计和技术问题,以及与新首都建设有关的总体规划。

8月26日,佐科总统在雅加达总统府召开的新闻发布会上宣布,新首都将坐落在东加里曼丹省,由北佩纳扬巴塞尔(Penajam Paser Utara)和库台卡塔内加拉(Kutai Kartanogara)两个地区组成。迁都耗资预计达466兆印尼盾。

5. 推动强化反腐败工作

佐科总统在第一个任期内,出台了一系列反贪法规以加速打击贪污腐败行为,并卓有成效地铲除贪腐行为。佐科政府发布的三轮加速反贪法规包括:(1) 2015年第7号总统指令,内含96项反贪条款,其中31项是推动利用先进科技杜绝贪腐,诸如运用网上申办护照以及以现代化科技来增加非税收的国家收入(PNBP)。(2) 2016年第10号总统指令包含31项反贪腐条款,其中有运用诸如互换税务资料,以及规定政府部门乃至地方政府,施行全面的非现金交付税务措施。(3) 2018年第54号总统条例包含由5名部长共同签署的文件,内含11项防止贪腐措施,其中9项涵盖了利用先进科技信息手段来打击贪腐行为。[①]

## (二) 外交

在外交方面,2019年,随着佐科总统获得连任,在其第二个任期内,印尼将继续实施当前务实的外交政策,并努力提升印尼在本地区和伊斯兰世界的地位以及在国际社会的影响力。

1. 致力于升级多边主义合作以及东盟合作

2019年,印尼坚持全球治理集体领导原则,致力于在多边合作共赢框架下维护地区和平与繁荣,积极与欧亚经济联盟、西非经济共同体等国际组织就多边主义和全球治理、中印尼合作等问题展开合作。佐科总统2019年6月在日本大阪举行的G20峰会上提出了经济发展和全球

---

① 《千岛日报》2019年1月9日。

金融问题，投资以及发展数字经济和人工智能三个重要问题。佐科总统出席了在泰国曼谷举行的2019年东盟峰会、中国—东盟（10+1）领导人会议以及东盟与中日韩（10+3）领导人会议，认为东盟与中日韩的战略伙伴关系是区域和平稳定的关键。

2. 致力于在联合国安理会发挥作用

印尼已成为2019—2020年联合国安理会非常任理事国，并于2019年5月至2020年中期担任联合国安理会主席国。为此，印尼驻联合国安理会代表团力量自2018年10月以来不断得到加强。在担任联合国安理会非常任理事国期间，维护和平、铲除恐怖主义、促进区域组织和联合国之间的协同作用，以及巴勒斯坦问题成为印尼关注的重点。

3. 继续努力加强印太区域架构

2019年，印尼政府发起了印尼—非洲基础设施对话、印尼—南太平洋论坛、印度—太平洋海事对话、印尼—拉丁美洲和加勒比商业论坛、太平洋博览会，以及印尼—维谢格拉德国家论坛等活动。佐科致力于推动东盟在印度洋—太平洋框架下与中国展开合作，聚焦互联互通和基础设施建设，并将在2020年举办印度洋—太平洋基础设施和联通性论坛。

### （三）经济

1. 印尼经济总体发展情况

2019年，印度尼西亚经济运行基本平稳，同比实际增长5.02%，低于2018年的5.17%，四年来首次出现减速。印尼中央统计局局长苏哈里扬托指出，这主要是受全球贸易局势紧张、世界多个主要经济体增长放缓和大宗商品价格波动等因素的影响，增幅较上年回落0.15个百分点。其中，第一季度同比实际增长5.07%，第二季度同比实际增长5.05%，第三季度同比实际增长5.02%，第四季度同比实际增长4.97%。

2019年，印度尼西亚名义GDP为1583.39万亿印尼盾，按平均汇率折算约为1.12万亿美元，仍然是东盟各国中唯一一个经济总量超过1万亿美元的国家。

2019年印度尼西亚人均名义GDP为5901.5万印尼盾，同比增长5.4%，扣除价格因素后，实际增长3.7%，增幅较上年下滑0.2个百分点。

印度尼西亚GDP规模及增速

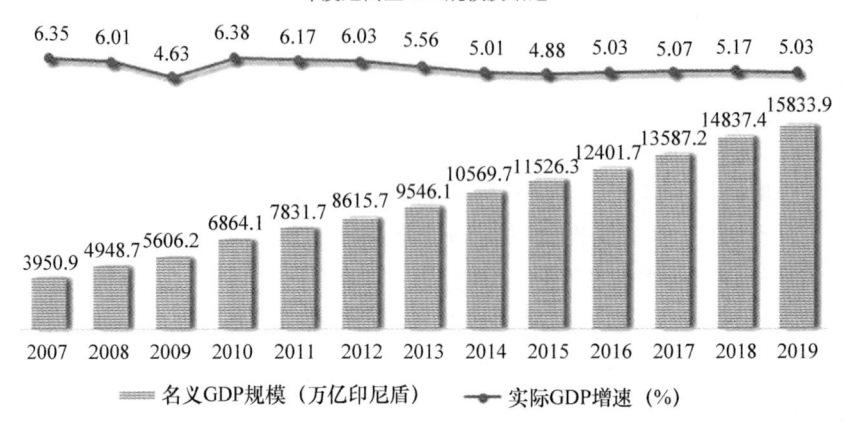

图1 2007—2019年印度尼西亚GDP增长率（%）

资料来源：印度尼西亚统计局。

印度尼西亚人均GDP水平及增速

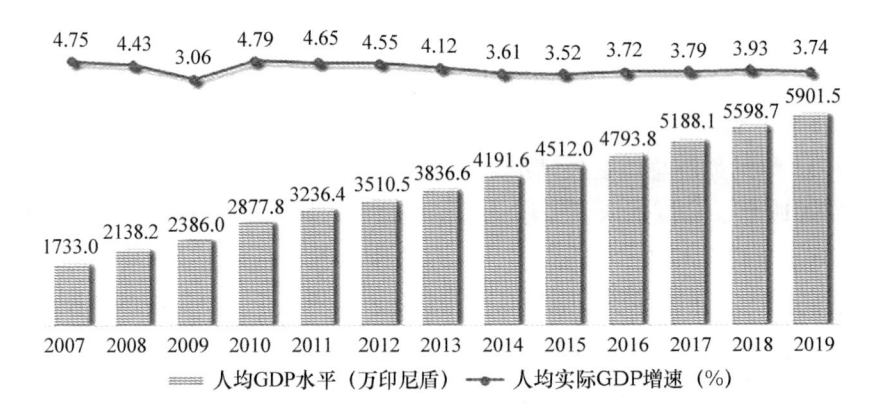

图2 2007—2019年印度尼西亚人均
GDP水平及增长率（%）

资料来源：印度尼西亚统计局。

2. 进出口贸易情况

2019年1—9月，印尼货物进出口额为2494.6亿美元，比上年同期下降8.6%。其中，出口额为1236.8亿美元，比上年同期下降8.4%；

进口额为 1257.8 亿美元，比上年同期下降 8.8%。贸易逆差 21 亿美元，比上年同期下降 27.5%。

2019 年 1—9 月，中国、日本和美国是印尼的前三大贸易伙伴。2019 年 1—9 月印尼对三国出口额为 197.7 亿美元、119.8 亿美元和 129.6 亿美元，分别下降 1.7%、19.5% 和 6.7%，三国合计占印尼出口总额的 36.2%；同期，印尼自上述三国进口额为 325.7 亿美元、118.4 亿美元和 69.2 亿美元，其中自中国进口增长 0.3%，自日本和美国进口分别下降 10.6% 和 7.7%，三国合计占印尼进口总额的 40.8%。美国为印尼最大的贸易顺差来源地，1—9 月顺差额为 60.4 亿美元，下降 5.4%。此外，对印度的贸易顺差额为 53.2 亿美元，下降 17.3%。印尼贸易逆差主要来源国除中国外，还有新加坡和泰国，1—9 月，印尼对新加坡和泰国的贸易逆差额分别为 26.9 亿美元和 23.2 亿美元。

从分类来看，矿产品和动植物油脂是印尼的主要出口商品，2019 年 1—9 月，其出口额分别为 284.7 亿美元和 123.3 亿美元，下降 20.2% 和 19.2%，两类产品合计占印尼出口总额的 33%。另外，机电产品和纺织品及原料出口额为 100.4 亿美元和 97.8 亿美元，分别下降 7.9% 和 2.4%，占印尼出口总额的 8.1% 和 7.9%。贱金属及其制品的出口额为 97.9 亿美元，增长 3.4%，占印尼出口总额的 7.9%。在进口方面，机电产品、矿产品是印尼的主要进口商品，1—9 月进口额为 340.4 亿美元和 179.8 亿美元，分别下降 3.7% 和 26%，两类商品合计占印尼进口总额的 41.4%。此外，贱金属及其制品的进口额为 144.1 亿美元，微增 0.4%；化工产品的进口额为 127.5 亿美元，下降 7.9%；塑料橡胶的进口额为 80.8 亿美元，下降 4%。这三类产品分别占印尼进口总额的 11.5%、10.1% 和 6.4%。

**（四）社会、文化**

1. 自然灾害频发

2019 年，印尼共发生 3721 起自然灾害，其中包括地震、森林火灾、火山喷发、山体滑坡、洪水、干旱、风灾等。2019 年，自然灾害导致了 477 人死亡、109 人失踪、3415 人受伤、6111901 人撤离、72992 间房屋倒塌、15747 间房屋受到严重损害等。此外，自然灾害还完全破坏了 1119 所学校、211 个医疗机构和 681 座教堂。自然灾害不仅破坏了许多基础设施，损坏了人民的住宅，也给印尼经济带来一定程度的损失。在自然灾害频发的情况下，印尼在2019年成立了国家级和地方级救援组织以便及时应对突发事件，还计划在各地方成立减灾机构和自然灾害管理机构。同时成立红十字协会，在突发事件发生时能够及时向人民提供帮助。

2. 恐怖主义活动

印尼国内仍面临着严重的极端主义和恐怖主义渗透的局势。2019年10月，政法安全统筹部部长维兰托在下乡视察时被恐怖组织成员行刺受伤，以及2019年11月13日北苏门答腊省棉兰市一警察局发生自杀式爆炸袭击，这些都反映了恐怖主义和激进主义之猖獗。印尼国家反恐局（BNPT）称，印尼大规模恐怖主义组织网遍布国内八个省：亚齐省、北苏门答腊省、万丹省、西爪哇省、中爪哇省、东爪哇省、西努沙登加拉省和东南苏拉威西省。为有效防范和打击恐怖主义活动，印尼国家反恐局局长苏哈迪呼吁所有政府机构，包括军方、警方、检察院和法院，共同努力打击恐怖主义，相关部门应在打击恐怖主义方面采取预防和执法措施。

3. 社会骚乱

2019年5月21日印尼大选结果公布后，因不满选举结果，首都雅加达等地发生骚乱，造成人员伤亡。2019年8月19日，印尼西巴布亚省马诺克瓦里（Manokwari）市发生骚乱事件，抗议巴布亚大学生8月16日在东爪哇省玛琅和泗水市进行示威时所遭受的不良对待。

4. 雅加达空气污染问题

雅加达再次成为全球空气质量十分差城市之一。2019年，在世界空气污染严重城市中，雅加达排名第五。雅加达市民因空气污染而蒙受经济损失达51.2万亿印尼盾。印尼总统佐科要求雅加达省长阿尼斯推广电动公交车以改善空气质量，雅加达也要求市民使用公交车以减少私家车上路，以及实施汽车单双号限行交通管制。

5. 世界文化遗产

印尼西苏门答腊Sawahlunto Ombilin煤矿区2019年7月8日入选世界文化遗产名录。

## 二　2019年中国与印度尼西亚的双边合作概况

2019年是中国与印尼确立全面战略伙伴关系6周年，双方在政治、外交、经济、安全和文化等方面的合作取得了丰硕成果，中印尼全面战略伙伴关系得到稳步健康发展。

### （一）双边政治外交合作

印度尼西亚总统佐科于2015年访华时与中国达成了"海洋发展伙伴"的共识，对接印尼"全球海洋支点"战略和中方"海上丝绸之路"；2019年，在中印尼共同努力之下，两国高层互动频繁，"一带一路"倡议合作得到了进一步充实和深化，区域综合经济走廊建设不断推进。

1. 4月25日，中国国家主席习近平在人民大会堂会见访华的印度尼西亚副总统卡拉。习近平指出，近年来两国以共建"一带一路"为契机，双边关系取得新进展，各领域合作成效显著。双方要继续弘扬睦邻友好，在涉及彼此核心利益和重大关切问题上相互支持，把握好两国关系的正确航向。共建"一带一路"和"全球海洋支点"对接是新时期两国合作总纲。双方要尽快明确重点合作领域和方向，落实好雅万高铁等重点合作项目。中国提出构建相互尊重、公平正义、合作共赢的新型国际关系，目的是对当今世界存在的问题给出中国方案，这同64年前中印尼共同倡导的"万隆会议十项原则"一脉相承。双方要密切沟通协调，共同维护发展中国家的正当权益，携手共建人类命运共同体。卡拉转达了印度尼西亚总统佐科对习近平的热情问候。卡拉表示，印尼是"一带一路"国际合作的重要伙伴，愿同中国加强贸易、投资、教育等领域的交流合作，开展好"区域综合经济走廊"建设，以助力印尼的工业化进程。印尼愿同中方一道，坚定地维护多边主义，共同促进世界和地区的和平、稳定与繁荣。

2. 6月28日，在日本大阪出席二十国集团领导人第十四次峰会期间，中国国家主席习近平会见了印度尼西亚总统佐科。习近平指出，明年是中印尼建交70周年，我们要再接再厉，共创新时期两国互利共赢、携手发展的新局面。双方要加强治国理政经验交流，建设好雅万高铁、"区域综合经济走廊"，拓展职业培训合作，推动共建"一带一路"合作提质升级。中方愿同东盟国家开展智慧城市、数字经济等合作，让科技引领、创新驱动成为两国和地区发展的新动力。习近平指出，构建新型国际关系和人类命运共同体，同64年前的万隆精神一脉相承。在当前形势下，中国和印尼更要在国际舞台上加强协调和协作，维护公理和正义。佐科表示高度重视印尼同中国的合作关系。印尼方愿同中方共建"一带一路"，深化经贸关系，推进雅万铁路等重点项目建设，密切在多边框架内的沟通配合，支持东盟国家深化同中国的协调合作。

3. 7月初，印度尼西亚总统佐科建议成立一种特别的基金机构，用于管理中国企业在印尼境内落实"一带一路"建设的贷款或投资基金。印尼海事建设统筹部部长卢胡特7月2日晚间在雅加达表示，这种特别基金会或有关的基金不能获得政府的保证，他说："因为我们在4月25日至27日举行的第二届'一带一路'国际合作高峰论坛上签署的合同，都是以'企业对企业'（B to B）方式进行的。虽然如此，成立专门管理'一带一路'在我国建设项目的特别基金会极为重要，因为中国企业的投资数额非常大，我方有责任协助监管这种基金，以便能具体落实有关的基础设施建设项目。"他说："中方提出的'一带一路'倡议，尤其是21世纪海上丝绸之路方面的基础设施建设，更与我国的全球海洋支点相对接，而且我国在这方面成为唯一的东盟受惠国。"根据海事建设统筹部有关基础设施方面的部长助理查玛鲁汀（Ridwan Djamaluddin）所说，印尼代表在第二届"一带一路"高峰论坛上签署了30项基础设施建设合同，价值共约911亿美元。

4. 7月30日，中国国务委员兼外交部部长王毅30日在泰国曼谷会见印度尼西亚外长蕾特诺。王毅表示，中方重视印尼的国际地位和作用，双方是友好邻邦，有着广阔的合作前景。二十国集团领导人大阪峰会期间，习近平主席同佐科总统会晤，达成新的重要共识。我们愿同印尼筹备好下阶段重要的高层交往，推动双方合作迈上新台阶。今年的东亚合作系列外长会即将举行，中方愿同印尼等东盟国家一道，团结一致，加强合作，聚焦东亚与亚洲，共同促进本地区繁荣稳定。蕾特诺表示，印尼愿同中方密切高层交往，增进政治互信，推动两国关系不断发展。佐科总统期待访华并出席第二届中国国际进口博览会。

5. 应印度尼西亚政府邀请，中国国家主席习近平特使、国家副主席王岐山10月18日至21日赴印尼首都雅加达出席佐科总统连任就职仪式并对印尼进行友好访问，分别会见佐科总统、卡拉副总统和印尼新当选副总统马鲁夫。在会见佐科时，王岐山首先转达习近平主席对佐科总统连任就职的热烈祝贺、亲切问候和良好祝愿。王岐山表示，中国和印尼是好邻居、好朋友、好伙伴，同为亚洲乃至世界发展中大国，两国关系的重要性超越双边范畴。中方赞赏佐科总统致力于推动中印尼全面战略伙伴关系，积极支持和参与"一带一路"倡议与印尼发展战略对接。两国元首关心和支持的雅万高铁项目进展顺利，已成为双方基础设施建设合作的典范。相信在未来五年里佐科总统将继续带领印尼取得更大的发展成就，中印尼关系也会更上一层楼。佐科表示，感谢习近平主席派特使出席就职仪式，这充分体现出中印尼之间的密切关系。热烈祝贺新中国成立70周年，祝愿中国更加繁荣昌盛，为维护世界和地区和平稳定做出更大贡献。印尼新政府愿进一步巩固中印尼全面战略伙伴关系，推进"全球海洋支点"构想与"一带一路"倡议对接，与中方加强区域经济走廊合作。

6. 11月18日、19日，印尼华裔总会在北京成立驻中国办事处并举办了"首届印尼—中国企业发展与合作论坛"，此次活动是为了搭建沟通平台、共筑合作桥梁，促使项目对接、成果落地，促进"区域综合经济走廊"建设和印尼工业化进程，促成两国乃至东盟各国企业在贸易、投资、教育等领域的交流与合作。此次论坛以"新时代·新印尼·新机遇"为主题，举办了新闻发布会、品牌展示、项目合作洽谈等主题活动。

## （二）双边经贸合作

2019年，印度尼西亚与中国的经济合作进一步加强。据印尼中央统计局1月15日发布的贸易报告，2019年1—12月，中印尼非油气产品贸易额为704.3亿美元，同比增长1.14%；其中印尼出口中国的金额为258.5亿美元，同比上升5.98%，占印尼非油气对外出口总额的16.68%，连续第四年居印尼出口目的地首位；印尼自中国进口的金额为445.78亿美元，同比下降1.47%，占印尼进口总额的29.95%，在印尼进口来源地中居首。紧随中国的是日本（155.9亿美元）和泰国

（94.1亿美元），来自东盟与欧盟国家的非油气进口额各为2.9亿美元和12亿美元。中国依然是印度尼西亚最大的贸易伙伴。

在投资方面。根据印尼投资统筹机构（BKPM）的统计数据，2019年，印尼落实投资809.6万亿盾（539.7亿美元），同比增长12.2%，完成当年投资目标的102.2%。其中，中国（包括香港）对印度尼西亚的实际投资为76亿美元，占全年外国投资总量的27%，超越新加坡和日本，位居第一。2019年，中国大陆对印尼已落实的投资额达到47.4亿美元，较2018年的23.7亿美元增加了一倍。与2018年全年外资来源份额相比，新加坡外资份额占比下降8.3个百分点，中国内地外资份额占比上升8.6个百分点，日本外资份额占比下降1.4个百分点，中国香港外资份额占比上升3.4个百分点。中国在印尼的投资涉及基础设施、通信设备、建筑、能源开发等领域，其中基础设施建设仍为主要方面。1月底，印中经社文合作协会主办专题讲座，海洋统筹部部长卢胡特呼吁中国企业到印尼投资。代表性的项目有：2月15日，POLLUX集团确定中国承包商青建集团兴建Gangnam District项目，合同总值达2兆盾，含8栋公寓楼、水上乐园和饮食品拱廊建设。4月16日，水电八局承建的印尼庞卡兰苏苏火电项目3号机组投煤发电一次性成功，在实现重大里程碑节点的同时，缓解了当地用电紧缺的局面，得到了项目业主和监理的高度赞许。此前的2019年1月17日，该项目3号机组已实现并网发电一次性成功，但由于码头和输煤系统尚未建完，暂时未能进入商业运行。5月14日，在中印尼双方见证下，印尼雅万高铁瓦利尼隧道顺利贯通，成为印尼历史上第一条贯通的高铁隧道。5月17日，印尼多种矿业公司与中国五矿集团公司商讨合作兴建电动汽车的电池厂。5月20日，印尼鹰航与华为签署合作协议，华为将为其提供高科技基础设施。6月，中兴通讯与印尼最大的数字电信运营商Telkom签署了5G合作谅解备忘录。中兴通讯称，这份谅解备忘录展示了中兴通讯和Telkom对在印尼建设5G网络和探索新的5G领域的承诺。7月上旬，受中美贸易战影响，比亚迪电动汽车制造商和江淮商务车制造商有意将工厂迁至印尼。8月31日，中企投建的印尼首个大学主题公寓项目开工。9月17日，11家中企瞄准印尼，有意把家具厂房迁至中爪哇省。9月26日，中方承建雅万高铁首座连续梁顺利合拢，预计2021年6月通车，年底施工进度预计达四成。10月30日，广西路桥工程集团投资

17.1万亿盾为印尼多个基础设施项目提供贷款或注资加股,双方已签署合作备忘录。

在金融方面。2月25日,印度尼西亚银行北京代表处正式启用,是印度尼西亚银行全球第五家代表处。印度尼西亚银行行长佩里·瓦尔基约、印尼驻华大使周浩黎、中国人民银行国际司副司长张正鑫出席启用仪式。瓦尔基约在致辞中表示,印度尼西亚银行海外代表处的设立是印尼央行机构改革的重要举措之一,中国是印尼贸易、投资和旅游等方面最大的伙伴,印度尼西亚银行北京代表处的开设对于进一步促进两国的经贸关系具有重要意义,并将发挥积极作用。7月17日,中国银行雅加达分行获得印尼2019年度"最佳外资银行"称号。7月27日,印尼媒体报道,印尼财政部负责政府债券发行的主管Loto Srinaita Ginting表示,政府正考虑发行熊猫债券(panda bonds)——人民币债券,以开拓新的债券市场。而中国移动支付工具走进印尼的过程则堪称一波三折。3月18日,两家印尼私营银行(联昌国际商业银行和中亚银行)表示准备通过中国数字钱包支付宝和微信支付进行交易。10月29日,据媒体报道,中亚银行与支付宝和微信的合作因技术原因推迟至2020年,微信支付已与印尼国家银行和印尼联昌国际商业银行合作。11月底,印尼国家银行表示欲放弃合作,要与本国国有企业合作开发LinkAja。2020年1月1日,微信支付在印尼获得运营许可,正式在印尼开展业务,支付宝则仍在审批中。

在贸易方面。2019年,由于中美之间贸易战,中国与印尼的贸易往来受到了一定程度的影响。2月初,印尼海事建设统筹部部长卢胡特称,印尼经济决策不会朝向美国抑或中国。3月13日,经济统筹部部长达尔敏表示,中美贸易战对印尼向中国的出口造成严重影响。6月10日,财政部部长英卓华称,上半年印尼出口因为中美贸易战受到严重影响,需要寻找新的出口市场,发展投资事业和国内消费市场。6月下旬,印尼农业部对中国进口农产品充斥印尼国内市场的谣言进行了驳斥,称印尼方面出口农产品至亚洲数国包括中国的数量有增长的迹象。8月2日到3日,《区域全面经济伙伴关系协定》部长级会议在北京举行,印尼贸易部部长Enggartiasto Lukita透露,中国政府答应印尼关于减少两国贸易赤字的要求,包括加速审核6家印尼燕窝出口商的资质,以及批准印尼60家公司的对华出口。从8月19日起,印尼政府对来自印度、中国台湾地区和中国大陆的聚酯短纤维课以额外进口税，从 8 月 20 日起，印尼政府对来自中国的合成长丝纱线产品课以反倾销进口税，期限都为三年。9 月，中国福清市和中爪哇三宝垄市之间的货物港口开始联通。11 月 12 日，印尼国家天然气公司与中国石化集团公司签署采购协议，2020 年向中国销售液化天然气，随后印尼国家天然气公司表示这一合同可能会延长至 2025 年。11 月 26 日，印尼驻华大使表示，在北京召开的中国国际进口博览会上印尼获得很多中国企业的进口订单，总价值约 25 亿美元。11 月 27 日，2019 年中国医疗健康（印尼）品牌展在雅加达开幕。12 月 9 日，由辽宁省政府主办，辽宁商务厅和印尼中华总商会承办的中国辽宁—印尼经贸交流推介会在雅加达举行。

**（三）双边旅游合作**

2019 年，中国与印尼在旅游方面的交流协作得到了继续深化。全年双方主办了一系列旅游推介活动，签署了多项相关协议，推出了面向游客的优惠政策。5 月 2 日，印尼旅游部与抖音合作推广国内旅游，抖音成为旅游部官方社交媒体联合品牌伙伴，向全球展示印尼美景。6 月 28 日，首届"中国印尼文旅投资产业峰会"在巴厘岛举办。7 月 15 日，印尼旅游部和印尼驻中国大使馆联合举行"新巴厘岛"旅游目的地推介会，详细介绍了 10 个堪比巴厘岛的印尼旅游胜地。7 月 22 日，中印尼旅游合作媒体对话会在登巴萨举行。12 月 28 日，印尼巴迪航空开通深圳至巴淡岛航线。2019 年底，据印尼媒体报道，印尼旅游部部长阿利夫表示，由于近两年来放宽旅游政策，促使旅游经济等措施取得显著成果，目前到印尼的中国游客人数在外国总游客人数中占比最高。印尼旅游部门的研究数据显示，1 月到 8 月，到访印尼的中国游客已经超过 98 万人次。印尼政府及旅游业一直致力于吸引更多的国外游客，尤其是中国游客到印尼旅游，近几年来也颇见成效。

**（四）双边安全合作**

2019 年，中印尼的安全合作进一步深化，合作方面不仅包括人道主义减灾救援，还包括双方军队友好往来、联手打击国际犯罪等。2018 年 12 月 27 日，中国驻印尼大使馆公使衔参赞孙伟德代表中国红十字会向印尼万丹省海啸受难者捐赠 10 万美元的救援资金，他强调："作为印尼最亲密的邻国,当印尼人民需要帮助时,中国将随时提供帮助。如果印尼方面需要,中国政府和中国人民愿意以一切形式提供进一步的援助。"7月,印尼气象、气候和地球物理局与成都高新减灾研究所签署正式合作协议,决定采用成都高新减灾研究所的全套技术系统建设印尼地震预警网,8月15日,双方联合建设印尼地震预警系统,启动仪式在雅加达举行。这套系统建成后,将大幅提升印尼的地震预警能力。9月7日,印尼海军"毕玛苏吉"号风帆训练舰访问上海,这是印尼海军舰艇第二次访问上海。9月14日,中国陆军第80集团军某合成旅维和步兵排赴印尼参加东盟防长扩大会维和演习。11月28日,中印尼警方联合打击跨境电信网络诈骗,共逮捕80名嫌犯,有力地打击了针对中国人的电信网络诈骗犯罪。

## 三 中国与印度尼西亚双边合作中的问题与挑战

### (一) 经贸合作方面的问题和挑战

长期以来,中国和印度尼西亚在经贸合作方面最大的挑战是双边贸易失衡。据印尼统计局统计,2019年1—9月,印度尼西亚与中国双边货物进出口额为523.4亿美元,下降0.5%。其中,印尼对中国出口额为197.7亿美元,下降1.7%,占其出口总额的16%;印尼自中国进口额为325.7亿美元,增长0.3%,占其进口总额的25.9%。印尼方贸易逆差达128亿美元,增长3.6%。

从贸易货物品种来看,矿产品和动植物油脂是印尼对中国的主要出口商品,1—9月的出口额分别为76.2亿美元和25.5亿美元,其中矿产品出口下降3.1%,动植物油脂出口增长9.8%,各自占印尼对中国出口总额的38.6%和12.9%。贱金属及其制品对中国出口额为24.9亿美元,增长5.3%,占印尼对中国出口总额的12.6%,为印尼对中国的第三大类出口商品。对中国出口的第四和第五大类商品是纤维素浆和化工产品,1—9月出口额为17.6亿美元和16.8亿美元,分别下降13.5%和5.6%,合计占印尼对中国出口总额的17.4%。2019年,通过磋商,中国采取了一些措施加大从印尼进口货物的力度,但总体来看,两国贸易中印尼的逆差依然将长期存在。

此外，2020年初，新冠肺炎疫情的蔓延，对两国经贸合作的影响十分明显。印尼狮航从2月1日起暂停了所有往返中国的航班，自2月4日起，印尼暂停从中国进口食品以防止新冠病毒经过货物传入印尼。报道称，巴厘岛有80%的华语导游因为中国游客减少而失去工作。2月7日，印尼贸易部部长颁布了2020年有关暂时禁止从中国进口活体动物的第10号贸易部部长条例。2月中旬，卢胡特表示中国的新冠肺炎疫情一旦受控，印尼政府将即刻加紧把印尼产品出口到中国。他透露说，新冠肺炎疫情对印尼制造业并没有带来太大的影响，但对旅游业带来了很大的负面影响。根据印尼央行的数据，由于新型冠状病毒肺炎疫情的暴发，年初印尼旅游业月损失达5亿美元。2月22日，农业部部长称，受新型冠状病毒肺炎疫情的影响，印尼农业产品的贸易受阻，导致在2020年2月对中国出口的棕榈油数量仅达84000吨，比2019年同期下降了77.27%。尽管1月24日印尼交通部部长称雅万高铁项目进度不会因为新冠肺炎疫情而受到影响，但自3月2日起雅万高铁项目还是决定停工14天。疫情的蔓延和持续都为两国在2020年的经贸合作带来了巨大的负面影响，目前还很难判断这些影响将持续到何时。

**（二）政治合作方面的问题和挑战**

1. 印尼国内保守政治思潮和"大国博弈"因素或会对两国合作造成负面影响。自佐科上任以来，中印尼两国全面拓展各领域务实合作和友好交流，推动两国关系不断迈上新台阶。不过，由于印尼国内保守政治思潮和"大国博弈"因素的影响，中印尼关系在持续走向深入的过程中也难免受到了一些挑战。从国际层面上说，作为新兴发展中国家，印尼基于本国利益需求，实施大国平衡战略，与中国、美国和日本等大国都积极发展关系。而在激烈的国际竞争中，中印尼合作也存在着不少变数。而从国家层面上看，在印尼国内，有不少声音说中国和印尼之间的投资合作被政治化，只对中国投资者有利。此前也有大量中国劳工涌入并抢走印尼人饭碗的虚假新闻在该国网上传播，激起了反华情绪。印尼国内保守政治思潮和党派之争可能会对中印尼合作产生潜在威胁。

2. 南海部分海域主权纠纷问题或会给两国合作带来不稳定因素。2018年12月30日，印尼抗议一艘中国渔政船进入南海部分海域（印尼方认为，该海域为其专属经济区域），印尼外交部就此事会见中国驻印尼大使。印尼国内部分政治和宗教势力借此事表达对中国的不满，提出政府应该将相关海域主权问题提交联合国、敦促政府重新评估与中国的投资伙伴关系、要求印尼政府重新审查与中国相关的所有协议、对相关海域进行军事部署等主张。当地时间1月8日，印尼总统佐科在政府和军方高层官员的陪同下乘坐总统专机到达这一海域。两国在这一海域上的主权争议给2020年两国的合作与交往投下了阴影。

3. 印尼国内安全局势依然不稳。2019年，印度尼西亚发生多起恐怖主义事件，如2月初频繁发生的汽车被烧案、JAD组织计划在大选期间袭击警察、6月和11月发生的针对警察的自杀式炸弹袭击，等等。这些恐怖事件不仅对印尼国民造成了恐慌，也严重影响了包括中国在内的在印尼投资的许多国家对印尼局势的信心。中国需要继续与印尼加强反恐合作，采取相对应的措施，以防范极端势力给两国的政治及经济等合作带来的风险。

## 四 2020年中国与印度尼西亚双边合作展望

### （一）继续密切高层交往，不断增进政治互信

2020年是中国和印尼建交70周年，双方要利用这一契机，继续保持高层交往的良好势头，巩固深化战略互信，加大各层级对话沟通，为两国关系的发展提供强有力的政治引领和政策保障，并在此基础上不断巩固两国之间的战略互信，进一步建设各层级、各领域的对话和沟通机制，不断推进两国之间的政治互信与政策合作，发展两国友好关系，增进两国人民福祉，为建设和平稳定繁荣发展的亚洲秩序，构建人类命运共同体做出贡献。

### （二）深化落实战略对接，拓展务实合作空间。

双方应持续深化落实中方"一带一路"倡议同印尼"全球海洋支点"构想的对接，扎实推进雅万高铁和印尼"区域综合经济走廊"两大标志性项目的合作。继续扩大印尼优质产品对华出口，使两国进出口贸易趋于平衡。继续深化两国在经济、人力资源、金融、科技、农业、防务等新兴和战略性领域的合作。2019年，两国在金融、旅游、投资、

电子商务等领域的合作有许多新进展,接下来需要进一步拓展合作空间,不断造福两国人民。

### (三)推进文化教育合作,促进人民友好交流。

"国之交,在于民相亲。"加强两国的关系,增进两国人民之间的友好往来,文化的交流与合作往往具有更强大、更持久、更广泛的力量。双方要特别重视两国青年一代的友好交往和互相理解。为消除误会与偏见,加强相互理解,双方要持之以恒地拓展人文领域交流的深度、广度,筑牢两国友好关系的民意基础,在促进"民心相通"方面付出更大努力。

### (四)拓展协调合作领域,谋求更多共同利益

2020年的新冠肺炎疫情,对全世界各国人民的健康都构成了威胁,对全球的经济都造成了极大的影响,也对全世界各国合作应对突发公共安全事件提出了考验。在这一背景下,双方应当积极拓展包括医疗卫生事业在内各项工作的合作领域,为构建更加安全、稳定、繁荣的区域和世界不断努力,共同维护两国和发展中国家的共同利益,促进地区与世界的和平发展。

### (五)加强潜在风险研究,增强防范风险的能力

印度尼西亚是东盟人口最多的国家,也是中国重要的战略合作伙伴之一,人口特别是华人人口众多,民族构成多元,宗教问题错综复杂,政治局势复杂多变,国内安全问题比较突出,在历史上与中国的关系也是阴晴不定,目前还存在部分海域的主权纠纷,应当作为我国东盟研究的重点国家之一。对印度尼西亚各个领域进行持续深入细致的研究,有益于双方友好合作关系的持续稳定发展,合理防范合作中的各种潜在风险,提高应对各种情况的能力。

# 2019年中国与老挝合作发展报告

何 政[*]

## 一 2019年老挝形势简评

2019年,老挝在政治上不断加强党的建设,政局继续保持稳定,在外交上不断扩大对外关系,外交环境持续向好;经济增长总体态势发展良好;社会文化发展缓慢,非传统安全因素有所显现。

**(一)政治形势**

老挝政治发展依然着重于加强反腐、健全各项法律法规以及公务员行政能力建设。

1. 健全和完善各项法规,加强反腐及执法力度,取得一定的成效

近年来,老挝一直推动健全和完善各项法律法规,先后出台和修订了《税收管理法》《灾害管理法》等七项法律法规,为国家运转提供制度保障。政府也一直决心采取严厉措施打击腐败,敦促执法机构创造条件,使各行各业的人都能参与反腐败斗争。[①] 在政府的努力下,老挝在2019年全球腐败指数(CPI)的排名中居第130名位,比2018年高出两位,成为东南亚少数腐败现象越来越少的国家之一。同时,为增强反腐动力和能力,加强与周边的缅甸、泰国等国家寻求在反腐败领域的合作。

---

[*] 何政,广西大学中国—东盟研究院老挝研究所所长。
[①] Get Everyone Involved in Fight against Corruption, Anti-graft Body Says, Vientiane Times,[2019-02-01], http://www.vientianetimes.org.la/freeContent/FreeConten_Get_everyone_27.php.

**2. 加强公务员队伍与电子政务建设，提高工作效率**

鉴于国家部门规模太大，公务员太多，为更好地精简政府机构，削减财政开支，老挝 2019 年压缩招聘公务员人数，推动政府官员参加电子政务培训，强化电子政务建设，提高公务员素质和工作效率。此外，老挝政府发布了一项关于公务员道德规范的新法令，以加强公务员队伍建设。

**3. 外交上不断扩大对外关系**

2019 年，老挝先后与圣马力诺和刚果正式建交，至此，老挝已与全球 142 个国家建立了外交关系。整体来看，2019 年在外交上，老挝继续加强与中、越等社会主义国家的关系，深化与泰国等东南亚国家的关系，提升与日、韩、美、欧等发达国家的关系，继续拓展与俄罗斯的外交关系。

**（二）经济发展**

纵观 2019 年，老挝经济增长放缓，但前景光明，着重于水电开发、数字经济发展、营商环境改善以及金融证券市场建设。

**1. 经济增长总体放缓，旅游业成绿色增长急先锋**

2019 年，据国际货币基金组织统计，老挝国内生产总值（GDP）增长 5%，达到 164.1 亿美元，人均国内生产总值达到 2164 美元（Wind 数据）。导致 2019 年经济发展速度下降的主要因素是，在全球经济放缓的背景下，老挝多省遭受洪水袭击、干旱和动植物疾病，以及老挝实施的经济结构调整，发展绿色经济，减少经济对自然资源过度依赖政策的影响，导致税收收入不足。但老挝政府通过改善旅游设施、调控住宿价格、提高服务人员素质等举措，并未使旅游业受到影响。老挝新闻文化旅游部数据显示，2019 年前 9 个月约有 340 万名游客赴老挝旅游，较去年同比增长 11%。老挝有信心实现全年游客突破 450 万人次大关的目标。[①]

**2. 着重加强水电开发，数字经济成发展新亮点**

2019 年初，老挝已有 61 座电站实现发电，总装机容量约 7200 兆瓦，其中，大中型水电站 32 座，15 兆瓦以下小型水电站 21 座，燃煤电

---

① 《2019 年赴老挝旅游人数有望实现预期目标》，中国驻琅勃拉邦总领馆，2019 年 10 月 25 日。

站1座，替代能源发电厂2家，太阳能发电厂5家。老挝计划在2019年建成12座水电站。据老挝工贸部进出口司统计，2019年电力出口额约为10.65亿美元。泰国是老挝最大的电力进口国，购买的能源价值超过10.1亿美元，其次是越南，超过4600万美元。①2019年老挝经济发展的新亮点是推动数字经济发展。随着全世界走向数字经济时代，建设数字经济已经成为老挝国家发展不可或缺的部分，数字经济已成为老挝优先发展领域。为此，老挝还加强金融证券市场建设。2019年，老挝主要通过改革支付体系、加强银行管理、股票市场建设和发行债券等方式加强金融证券市场建设。

3. 改善商业运营环境，注重绿色增长

2019年5月，老挝人民革命党中央委员会通过了一项决议，根据决议，改善商业和投资环境是政府必须走的道路之一，因为这是老挝保持经济增长的先决条件。2019年老挝改善商业环境的努力包括简化审批流程、引入《服务章程》、开启单一窗口和同意设立解决与改善营商环境有关的特别工作组委员会等。老挝的跨境贸易便利化排名从2018年的第124位攀升至2019年的第76位，提高了48位。这一进展使老挝在东盟成员国中名列第四，仅次于马来西亚、新加坡和泰国。老挝政府除承诺继续努力改善商业环境外，还致力于推动老挝走绿色发展道路，把实施国家绿色增长战略视为其优先任务之一。2019年初，老挝政府发布了《2019年国家社会经济发展规划实施指引》，制定了新的国家发展愿景。为推动绿色增长，老挝政府考虑征收环境污染税；将旅游业列为推动国家未来几年绿色可持续发展的关键部门；鼓励推动环境友好和可持续发展的水电项目。

**（三）社会文化及安全**

2019年，老挝在社会文化发展方面着重于农村发展、改善儿童营养、加强城市治理以及推动教育改革和改善医疗服务等，取得了良好成效。

1. 促进农村发展，提高粮食安全

农村发展是老挝社会经济发展规划中确定的优先发展项目，政府一

---

① 《老挝能源出口激增，去年电力出口额超10亿美元》，万象时代中文网，2020年3月2日，https://mp.weixin.qq.com/s/WRVwppq2XzEeZ5p2roFZVA。

直支持通过促进粮食安全和农村发展来消除贫困和饥饿。老挝加强与合作伙伴的联系,增强应对气候变化的能力,并批准增加5000亿基普的资金,用于修复农业基础设施,以确保粮食安全。老挝还联合各发展伙伴国家推动加强农村经济发展,如世界银行批准向老挝提供2250万美元的减贫基金,重点用于改善生计和农业基础设施。

2. 加强城市治理和环境管理,推动智慧城市建设

2019年,老挝对城市治理和环境管理的力度明显加大。综合来看,老挝重点从缓解城市交通拥堵、增强交通安全和改善城市环境等方面加强了治理。老挝首都万象市交通拥堵日益严重,为缓解城市交通拥堵,提升城市交通效率,2019年,老挝政府推动对城市道路进行规划改造,包括修葺和拓宽一些主要道路,在行人出入多的区域安装红绿灯和交通指示牌,并在道路上绘制交通线,以规范行车等。为增强其经济竞争力,老挝政府将建设智慧城市列入2019年政府议程。

3. 毒品贩卖、人口犯罪、洪涝、疾病、未爆炸弹等非传统安全问题尤为凸显

毒品问题是老挝经济社会安全发展的障碍。2019年,老挝政府推动密切与国际组织的合作,通过禁毒特别小组加强打击非法毒品,首个数字取证实验室在公安部开放,该实验室将专门分析从跨国有组织犯罪、网络犯罪和野生动物犯罪调查中得出的数字证据。为纪念10月12日全国禁毒日,老挝政府焚毁了查获的700多公斤非法毒品,被焚烧的毒品中包含苯丙胺385.94公斤,大麻干8公斤,冰毒37公斤等。老挝政府加强对跨境犯罪的打击力度,与越南、柬埔寨、新加坡等国签署合作谅解备忘录,推动联合打击跨国犯罪,尤其是实施严厉的打击非法移民政策。

老挝是自然灾害较为频发的国家。2019年9月,老挝两个中部省份和四个南部省份遭受了严重的洪灾,造成了大范围的破坏,有76.5万人受到洪水影响,近19.5万人流离失所,政府估计大约需要3万亿基普来修复洪水所造成的破坏,并使受灾社区恢复正常。[①] 受洪灾影响,老挝约105206公顷的稻田被毁坏,老挝将无法实现2019年440万

---

[①] 《老挝已有76.5万人受到洪水影响,近19.5万人流离失所》,万象时代中文网,2019年11月7日,http://www.xinhuanet.com/world/2019-11/14/c_1125231958.htm。

吨的生产目标，老挝农林部申请下调 2019 年水稻生产目标。

传染疾病也是影响老挝非传统安全非常重要的一个方面。2019 年老挝登革热疫情较为严重。据老挝卫生部门 11 月发布的数据，本年已累计约 3.77 万个登革热病例，其中 74 人死亡，虽然已到旱季，但老挝登革热病情持续高发。与 2018 年同期相比，老挝登革热患者约 5600 人，死亡 15 人。①

未爆炸弹是影响老挝民众生命安全和生活十分重要的非传统安全问题之一。

2019 年，老挝在清除未爆炸弹方面面临资金短缺的困境，清除未爆炸弹的工作进展缓慢。根据老挝国家未爆炸弹计划年度会议发布的信息，2019 年，政府还需要额外的 450 万美元，以便有效地开展未爆炸弹清除工作，包括地雷调查、排雷以及风险教育和受害者援助。

## 二　中国与老挝的双边合作

2019 年是中老不断丰富全面战略合作内涵的一年。这一年是中老建立全面战略合作伙伴关系 10 周年，中老关系一直持续向前发展着，双方签署了关于构建中老命运共同体行动计划和一系列新的合作文件，开启了中老关系务实求进的新时期，把两国合作推向新的高度。

### （一）政治合作

1. 党际高层领导密切交往，加深了双方的友谊与关系

两国领导人互访频繁，双方都把发展两国关系置于重要地位，致力于推动两国全面战略伙伴关系长期稳定健康发展，打造牢不可破的命运共同体。双方在政治、边境安全、经济贸易、文化教育、旅游、禁毒等方面进行全面交流与合作，在地区和国际事务中的配合也十分成功。中老关系稳步推进，两国多领域合作进一步深化，达到了前所未有的新高度。

2019 年，老中签署了构建命运共同体行动计划。中老务实合作潜

---

① 《老挝今年已有 74 人死于登革热》，新华网，2019 年 11 月 14 日，http：//www.xinhuanet.com/world/2019-11/14/c_1125231958.htm。

力巨大，去年双方贸易实现逆势增长。中方愿同老方一道推进重大基础设施项目建设，深化金融、农业等领域合作，欢迎更多的老挝优质农产品进入中国市场。中方支持本国有实力、讲信誉的企业赴老挝投资兴业，支持老方改善民生的努力。中方支持老方办好澜沧江—湄公河合作第三次领导人会议，愿同包括老挝在内的东盟国家一道，推进区域经济一体化，推动2019年如期签署区域全面经济伙伴关系协定（RCEP），共同促进本地区的和平稳定与发展繁荣。2019年是中老建立全面战略合作伙伴关系十周年，老挝本扬主席于4月25日至5月1日对中国进行国事访问，并出席第二届"一带一路"国际合作高峰论坛，可以说，中老两国政治互信较高，中老双边关系继续保持稳定发展。

2. 中老两国在军事安全领域合作不断拓展，共同维护地区安全

2019年6月，中国人民解放军南部战区与老挝人民军边防部队在中老边境地区共同开展第二届中老边境国防友好交流活动，其间举行了两军首次反恐联合演练。8月，中老两军举行了人道主义和医疗联合救援演习，包括在演练设计、行动规划、人员编组、救援行动和物资供应等方面进行合作，加深了两军的密切合作与友谊。

**（二）经济合作领域不断扩大**

随着中老两国经济的快速发展，双方经贸合作成绩显著，中资企业对老挝投资迈出可喜步伐，一批有实力的中资企业进入老挝市场，投资领域不断扩大，投资方式呈现出多样化。主要投资领域包括矿产、水电、农林、房地产、园区开发和酒店业等。

1. 中老双边贸易逆势增长

伴随着"一带一路""澜湄合作"以及中老铁路的顺利推进，中老务实合作得到加强，中老在经贸方面的合作进一步发展。2019年全年中老贸易创下历史新高，双边贸易额达39.2亿美元，同比增长12.9%，增幅在东盟国家中排名第四。其中，中国对老挝出口额为17.6亿美元，同比增长21.2%；中国从老挝进口额为21.6亿美元，同比增长7.0%。[①] 老挝对华出口的商品主要有木材、矿物、橡胶及橡胶

---

① 中国驻老挝经济商务参赞处：《2019年全年中老贸易创下历史新高》，2020年2月14日，http://la.mofcom.gov.cn/article/jmxw/202002/20200202936010.shtml。

制品、铜及铜制品和化肥等物资。

2. 中老双向投资开始有了新的互动和增长

据中国商务部统计,2019 年,中国对老挝非金融类直接投资达 118200 万美元,位居东盟国家第三,全球第九。① 2019 年,中国对老挝派出劳务人员 24979 人,位居东盟国家第二,全球第八。②

3. 中老工程承包合同额稳步增长

据中国商务部统计,2019 年 1—11 月中国对老挝工程承包新签合同额达 18.8 亿美元,同比增长 25.9%。中国对老挝工程承包完成营业额达 40.8 亿美元,位居东盟国家第三,全球第八。③

4. 中老两国在能源矿产电力领域的合作逐渐走向深入

在能源矿产电力领域的合作主要有 2019 年 12 月中国电建签订老挝色贡 2 变电站输变电项目合同。

2019 年 11 月 29 日,海螺集团在老挝建成第一条水泥熟料生产线——琅勃拉邦海螺项目一期日产 2500 吨熟料生产线正式点火;10 月 10 日,中国能建葛洲坝国际公司与老挝王氏投资有限公司在老挝首都万象签署阿速坡 300 兆瓦光伏项目 EPC 合同,合同金额约为 4.5 亿美元。该项目是目前老挝最大的光伏电站。2019 年 6 月 15 日,中国机械工程公司签署 3.45 亿美元老挝波里坎塞光伏项目合同。2019 年 2 月 18 日,中国能建葛洲坝集团承建的老挝南涧水电站工程正式移交,提高了老挝北部电气化率,促进了当地经济发展和当地民生改善。

在矿产领域,中农国际钾盐开发有限公司(简称"中农国际")积极响应国家"境外找钾"战略,经过近十年的深耕,在老挝钾盐板块率先取得重大突破,取得老挝甘蒙省 35 平方公里、折纯氯化钾资源量 1.52 亿吨的钾盐矿开采权,并成为第一家实现境外钾盐项目工业化生产的企业,取得了较好的经济效益,为"走出去"的境外钾盐开发中资企业作出表率。

---

① 《2019 年我对老投资额位居东盟第三》,http://la.mofcom.gov.cn/article/jmxw/202002/20200202936014.shtml。
② 中国驻老挝经济商务参赞处:《2019 年我对老派出劳务人员达 24979 人》,2020 年 2 月 14 日,http://la.mofcom.gov.cn/article/jmxw/202002/20200202936010.shtml。
③ 《2019 年 1—11 月我对老工程承包新签合同额达 18.8 亿美元》,中华人民共和国驻老挝人民民主共和国大使馆经济商务参赞处,http://la.mofcom.gov.cn/article/jmxw/201912/20191202924832.shtml。

5. 中老金融合作步伐稳步推进

2019年11月22日,老挝中央银行、银联国际、老挝外贸银行等9家机构举行股东协议签约仪式,成立合资公司"LAPNet",共同运营老挝国家银行卡支付系统。该系统作为中国援外项目,第一期于2015年上线,银联国际通过提供技术支持参与系统设施建设和后续运维服务。此次银联国际参与合资公司运营,目的在于持续助力老挝金融基础设施建设。早在2012年,老挝央行获得中国对外援助资金,以建设其国内金融交换清算统一网络平台。2015年,银联国际作为承建方,参与建成了老挝国家银行卡支付系统,帮助当地实现银行卡交易的跨行转接与清算功能,并负责此后3年的系统运维。此次,老挝央行邀请银联国际成为合资公司股东,在系统维保服务到期后继续提供技术服务,保障系统稳定运行,推动开通跨行转账、网上交易、移动支付等功能。目前,已有12家老挝主流银行接入该系统,未来将扩大到老挝所有的商业银行。参与老挝合资公司运营,是银联国际创新国际业务拓展模式、支持"一带一路"金融基础设施建设的新尝试:一是以技术支持的方式推动"一带一路"沿线支付网络互联互通,服务中老两国人员往来;二是以合资公司模式实现系统运营管理的深入合作,有利于持续保持该系统的技术先进性,提升运营质量和效率;三是以升级系统服务能力方式推动本地业务创新发展,下一步银联国际将依托该系统,加快推动银联数字化支付产品落地,并与老方开展综合服务平台建设等合作。

6. 除稳步推进中老铁路建设外,中老也开展系列高速公路等基建合作

2019年,伴随着"一带一路""澜湄合作"以及中老铁路的推进,中老关系进入了历史上非同寻常的时期,中国成为老挝最大的投资国、第二大贸易伙伴和第一大援助来源国。2019年,中老铁路建设稳步推进,捷报频传,是年底已完成铁路基础设施建设工程80%以上的进度,为2021年12月全线开通奠定了坚实基础。此外,2019年10月,由中企承建的老挝沙湾拿吉省道路项目顺利完工,所有这些"一带一路"基建项目让老挝受益良多。

7. 旅游合作成为中老经济合作的新热点

2019年还是"中国—老挝旅游年",中老双方在旅游年框架下,举办了旅游推介、论坛、培训、文艺演出、美食推介等交流与合作项目。

此外,双方还共同设计旅游线路,打造旅游品牌,促进中老双向旅游人数增长。旅游业是老挝的主要收入来源之一,发展旅游业是老挝政府的关键产业。虽然访问的旅游人数没有达到预定的目标,但2019年访问老挝的中国游客有102万人次,与2018年同比增长了27%。① 2020年老挝政府还希望通过此举吸引更多的中国游客,以扩大双方旅游产业的发展与合作。

**(三) 社会发展**

1. 中老在会展论坛交流合作方面有了新的突破

2019年11月21日,第三届中老投资洽谈会在昆明国际会展中心成功举办,中老投资洽谈会签约金额超13亿元人民币;2019年9月3日至7日,由老挝工业与商贸联合会主办的"老挝—中国(广西)民营企业促进投资论坛"在老挝首都万象成功举办,加强中国广西民营企业与老挝的交流合作。②

2. 中老在援助扶贫方面合作加强,受到老方的欢迎和认可

2019年是老挝实现摆脱欠发达状态目标的关键一年,2019年10月23日,中国政府《援老挝农村扶贫设施建设项目实施纪要》签署仪式在万象举行,该项目是援老八大工程项下启动的第一批试点项目,是中国对老援助工作的重要组成部分,主要建设内容为在老挝境内选择约30个村修建供水系统、设立医疗卫生点、通电照明、安装数字电视等。该项目在建成后将显著提升老挝农村地区百姓的生活水平。③

**(四) 科教文卫合作**

1. 信息通信领域合作得到加强

中老双方地缘相近、人文相亲、经济优势互补性强,信息通信领域合作基础坚实、空间广阔,中方与老方进一步深化合作,持续加强网络

---

① 《2019年赴老国际游客人数猛增9%》,http://www.zgmh.net/Article_show.aspx? id=5012。
② 消费日报网,2019年9月5日。
③ 《〈援老挝农村扶贫设施建设项目实施纪要〉签署仪式在万象举行》,中华人民共和国驻老挝人民民主共和国大使馆经济商务参赞处,http://la.mofcom.gov.cn/article/zxhz/201910/20191002906844.shtml。

基础设施建设，共同推进网络信息技术应用普及，联合开展紧缺人才培养，共享数字经济发展红利。2019年12月13日，《援老挝邮电技术学院项目可行性研究工作现场考察会谈纪要》在万象签署，标志着中老关于邮电信息技术人才培养合作的加强。此外，东南亚铁塔公司与老挝磨丁经济特区签约，共建共享推进智慧城市建设。东南亚铁塔公司携手海诚集团，与老挝磨丁经济特区签署通信基础设施共享服务和智慧城市项目合作协议，这也是东南亚铁塔公司在老挝的首个通信基础设施统筹共享的综合性重大项目。

2. 教育合作更上一个台阶

教育合作是两国务实合作的重要领域，中方每年均向老方提供各类奖学金及培训名额，为培育老挝经济社会发展人才作出了重要贡献。目前老挝不仅是中国在东南亚提供政府奖学金最多的国家，2019年还成为中国在全球援外培训计划中提供名额最多的国家。2019年6月26日，老挝国立大学孔子学院综合楼移交启用仪式举行，为满足老挝民众特别是青年学生学习汉语、了解中国的美好愿望和迫切需要，应老挝政府请求，中方决定帮助老方建设孔子学院综合楼。经过双方的共同努力，新大楼顺利完工并交付使用，这是中老传统友谊的宝贵结晶，是中老全面合作的重要成果，是中老命运共同体精神的生动体现。老挝国立大学孔子学院作为双方教育培训合作的一线平台，不仅出色地完成了教学任务，还培养了185名本土汉语教师。孔子学院成为老挝人民了解中国的窗口、两国文化交流的平台、老中民心相通的桥梁，为老挝国家发展培养了更多的人才。此外，老挝北部首次举行了HSK汉语水平考试，提升老挝人的汉语水平。除了高校外，中老两国还在政府和公司层面进行了相关领域的培训。2019年9月，"老挝—中国职业技术教育培训基地"落户万象，专门针对相关领域进行职业化培训。2019年7月，第三期澜湄国家新闻官员及媒体记者培训班在云南昆明举行，老挝方共有4人参加。老挝赴华留学生人数，2018—2019学年共有10000人，且呈持续增长之势。①

3. 中老人文交流领域得到扩大

2019年人文交流得到扩大，中国和老挝合作制作的电影《占芭花

---

① 《老挝赴华留学生人数超10000人 仍在持续增长》，https：//new.qq.com/omn/20191011/20191011A0LT3100。

开》在万象正式首播；《万象时报》通过不同的媒体平台发布中文在线新闻；援老挝国家电视台三频道改造项目移交仪式在万象举行，所有这些无不说明中老在文化传媒等领域的合作不断加深和扩大。

## 三 2020年中国—老挝合作展望

2020年是新冠肺炎疫情大流行的一年，任何国家都难以置身事外，唯有世界各国联合起来抗击疫情，才是真正的出路。相信中老合作将继续向纵深领域全面发展，中老关系将会在牢不可破的全面战略伙伴关系下继续稳步前行。

为加强两国的进一步合作，建议在以下几方面做好工作。

1. 中国应大力宣传和倡导推进人类命运共同体建设，弘扬社会主义制度战胜疫情的优越性，共创人类公共卫生共同体。更重要的是，利用中国抗击疫情的经验，在中老两国间建立起联防联控的公共卫生合作机制，共同应对突发和重大挑战，形成守望相助、患难与共的关系，携手抗击疫情，践行构建人类命运共同体理念。

2. 控制好中国在老挝的重大合作项目的安全性，特别是"一带一路"的标志性项目中老铁路的安全，严防死守，确保中老铁路不受本次疫情及域外国家干扰的影响，顺利推进并圆满完成工程建设，树立好中国大国有担当、负责任的国际形象。

3. 做好中国对老挝"友好城市""友好省份"的地方互助抗击疫情的帮扶工作，真正做到地方和民间层面的相互帮助和友好往来。可以利用广西、云南等有实力的企业及个人以非政府形式开展交流互助合作，疫情的防控可以提高老挝"数字经济"等新基建的发展，由于受到疫情的影响，在线教育、远程办公、数字金融和云服务等数字服务行业企业涌现出了投资机会。在老挝疫情低风险区利用现代互联信息技术帮助老挝尽快有序复工复产，恢复发展经济。期待在新冠肺炎疫情过后，中老双方共同努力，尽快完成RCEP协议的签订，造福中老及东盟各国。

# 2019年中国与马来西亚合作发展报告

毛 薇 林千子[*]

2019年,马来西亚在政治、外交、经济和民生等方面都做出了积极的努力,为实现"2030共享繁荣愿景"提供了新动力。2019年,是中马建交45周年,也是中马关系回暖的一年。中马双方以高层交往为引领,巩固加强双边政治和经济互信,推动多种形式的经济合作,积极开展民生、教育、文化和旅游合作,携手共创5G时代,不断推进中马关系再上新台阶。

## 一 2019年马来西亚形势

### (一)政治

1. 党派间政治角力洗牌

2019年,马来西亚希盟政府面临内忧外患的局面,党派间角力局面激化。在希盟政府内部,人民公正党的内斗不断白热化,党内领袖丑闻屡发。在2019年第一季度结束后,马来西亚民政党所公布的希盟政府绩效评估报告显示:希盟政府总体表现中规中矩。在第一季度所做的63项政策和决策中,31.7%的有正面回响,46.1%的回响好坏参半,22.2%的有负面影响。从单月数据来看,对政策效果持正面看法的比例逐月下降,持负面看法的比例逐月上升。[①]

---

[*] 毛薇,广西大学中国—东盟研究院马来西亚研究所副所长、博士;林千子,广西大学国际学院硕士研究生。

[①] 《希盟政府绩效报告 民政党:表现没不及格》,透视大马,2019年4月12日,https://www.themalaysianinsight.com/chinese/s/147313。

在希盟政府外部，希盟政府也承受了来自其他党派的不小压力。2019年9月14日，马来西亚巫统与伊斯兰党正式结盟，结束了两党间长约42年的敌对状态，并以推翻希盟政府为终极任务。① 在2019年马来西亚国会议席的补选中，希盟以4胜5败的成绩惜败于马华公会②，这也从某些方面表明，执政一年的希盟政府正失去马来西亚人民的支持。

2. 反贪工作稳步推进

2019年1月29日，以马哈蒂尔为领导人的希盟政府正式出台《2019年至2023年国家反贪大蓝图》（NACP）计划，力图在未来五年内肃清历史遗留的贪污腐败问题，杜绝马来西亚国内贪污文化。这一计划涵盖6大领域、22项策略以及115项反贪污倡议。其中的6大领域包括：加强政治透明度及廉正、提升公共领域传递系统效率、实施更透明的采购程序、强化法律和司法系统的公信力、培育更有制度的管理执法单位，以及在企业界灌输更好的作业管理。③ 截至2019年7月，该蓝图中15%的反贪污倡议得到落实，马来西亚国会议员不再允许被委任为除国库控股公司以外的官联公司的董事局主席或成员，马来西亚工程局下的所有建设项目合约不再通过直接谈判颁布，而改用公开招标方式进行。④

2019年，马来西亚反贪污委员会大有作为：彻查多个领域，公布大马议员财产明细，委派反贪委员会官员至各州政府，与私人机构携手反贪；同时，重点审查了前任政府遗留的贪污问题，并追讨与马来西亚前任首相纳吉有牵连的一马发展公司（IMDB）所涉海外资产。截至2019年6月，马来西亚反贪委员会成功追回一马发展公司资金约9.19亿令吉。⑤

---

① 《巫伊相隔40年后再携手 瞄准大选重夺政权》，透视大马，2019年9月12日，https：//www.themalaysianinsight.com/chinese/s/182568。
② 《2019年国内十大新闻回顾：政治角力洗牌 纳吉世纪审讯》，《东方日报》2020年1月1日，https：//www.orientaldaily.com.my/news/teji/202001/01/320961。
③ 《5反贪大蓝图6领域22策略》，《东方日报》2019年1月29日，https：//www.orientaldaily.com.my/news/nation/2019/01/29/277159。
④ 《半年已落实15% 反贪蓝图反应良好》，《诗华日报》2019年7月18日，http：//news.seehua.com/?p=465831。
⑤ 《反贪会至今已追回逾9亿资金》，《诗华日报》2019年6月21日，http：//news.seehua.com/?p=458601。

### 3. 关注青年议题

2019年7月，马来西亚国会通过联邦宪法修正案，决定将原定21岁的投票年龄降至18岁。这是马来西亚继2007年将选举委员会委员退休年龄延长至66岁以来，第一次在朝野双方未占2/3多数的情况下，成功修改宪法。① 这一举措目的在于帮助18—20岁的青年群体拥有利用选票维护自身权利，促使政客关注大马青年所面临的高失业率、低薪工作环境、公共奖学金变贷学金等已被忽略多年的青年议题。

### 4. 共享繁荣愿景

2019年10月，时任大马总理马哈蒂尔出台《2030年共享繁荣愿景》，承诺所有不同收入阶层、种族、政治、地区，都将获得公正、公平和包容的经济分配，确保马来西亚成为永续发展国家。② 此愿景强调公平享有成果的原则，优先考虑B40低收入人群、经济转型群体、原住民、沙巴和砂拉越土著、残疾人士、青年、妇女、儿童以及老年人等群体。通过考虑个别经济及环境背景差异的限制，帮助弱势群体恢复社会经济地位，最终实现国家经济更大的增长。

## （二）外交

### 1. 以外交合作巩固国防安全

一方面，马来西亚政府积极通过外交手段解决国际纠纷。对于马来西亚与新加坡在领土、领空方面的争端，希盟政府通过外长会面、成立专门工作小组、部长级技术磋商、领导人非正式会议等方式，努力缓和2019年频起波澜的马新关系；2019年11月，马来西亚还与印度尼西亚签署边境主权备忘录，旨在解决两国之间存在的三个突出的边界问题。③

另一方面，马来西亚政府还在边境安全、罪犯引渡上加强了与邻国的外交合作。如2019年3月，马哈蒂尔在"马来西亚—文莱第22次年度领导人磋商会议"上与文莱方面签署罪犯引渡合作谅解备忘录。同

---

① 《投票年龄降至18岁 马来西亚距离民主更进一步》，马来西亚民主行动党网站，2019年7月17日，https：//dapmalaysia.org/cn/statements/2019/07/17/13961/。

② 《敦马：让马崛起成新"亚洲之虎" · 2030愿景 共享繁荣》，《星洲日报》2019年10月5日，https：//www.sinchew.com.my/content/content_2126510.html。

③ 《马印签解决边界课题备忘录》，透视大马，2019年11月21日，https：//www.themalaysianinsight.com/chinese/s/199237。

月，马哈蒂尔还承诺通过马来西亚、印尼和菲律宾的三边合作协议（TCA），应对恐怖主义和暴力极端主义①；2019 年 4 月，马泰两国同意建立边境围墙，每公里需耗费 100 万令吉。②

2. 积极推进双边和多边经济合作

一方面，马来西亚政府重视通过外交促进本国棕油的对外贸易，积极参与多边经济合作。在 2019 年 1 月举办的东盟—欧盟部长会议期间，马来西亚就以棕油为优先议题，与欧盟成员国展开探讨，呼吁欧盟及其成员国帮助马来西亚发展可持续的棕油、传播准确的信息并公平对待棕油出口③；在 2019 年 3 月访问巴基斯坦时，时任首相马哈蒂尔也希望巴基斯坦继续进口更多的马来西亚棕油和棕油产品；2019 年 11 月，马来西亚积极参与的区域全面经济伙伴关系协定（RCEP），在经历了 7 年的拉锯战后结束谈判，区域经济一体化进程实现了一次大迈进。④

另一方面，马来西亚政府也通过积极外交，为本国引进先进技术，推进双边自由贸易发展。2019 年 5 月，马来西亚宣布与日本加强智能制造合作，协助马来西亚中小企业使用智能制造科技⑤；2019 年 6 月，马来西亚与韩国启动双边自由贸易协定谈判，推进了马哈蒂尔与韩国总统文在寅于同年 3 月会面的成果。⑥

3. 在国际议题上担当积极角色

2019 年 12 月，马来西亚政府在吉隆坡发起举办 2019 年吉隆坡峰会，邀请全球伊斯兰国家，共同讨论伊斯兰教和穆斯林课题，旨在解决伊斯兰世界和穆斯林社群所面对的包括伊斯兰恐惧症、内战、"伊斯兰

---

① 《通过马印菲合作协议 敦马：应对恐怖主义》，《联合日报》2019 年 3 月 8 日，https://eunited.com.my/195724/。
② 《马泰同意建边境围墙 旺阿兹莎：每公里耗费 100 万令吉》，《东方日报》2019 年 4 月 1 日，https://www.orientaldaily.com.my/news/nation/2019/04/01/285045。
③ 《外长向欧盟重申 大马棕油可持续发展》，《东方日报》2019 年 1 月 26 日，https://www.orientaldaily.com.my/news/nation/2019/01/26/276831。
④ 《RCEP"大迈步"利好经济全球化和区域经济一体化》，新华网，2019 年 11 月 4 日，http://www.xinhuanet.com/world/2019-11/04/c_1125192158.htm。
⑤ 《王建民：大马和日本加强智能制造合作》，透视大马，2019 年 5 月 3 日，https://www.themalaysianinsight.com/chinese/s/151874。
⑥ 《大马及韩国启动双边自由贸易协定谈判》，透视大马，2019 年 6 月 28 日，https://www.themalaysianinsight.com/chinese/s/164010。

国"间自相残杀等在内的问题。①

### (三) 经济

1. 中美贸易战影响深重

据马来西亚厂商联合会统计,马来西亚约有50%的出口商品被纳入中国出口美国的最终商品,2017年有12%或1080亿令吉的出口额,受美国对中国关税的间接影响。② 正如图1数据所示,2017年至2019年的马来西亚进出口额同比增长率总体呈下降趋势,且在2019年基本处于负值状态,国际贸易不景气。

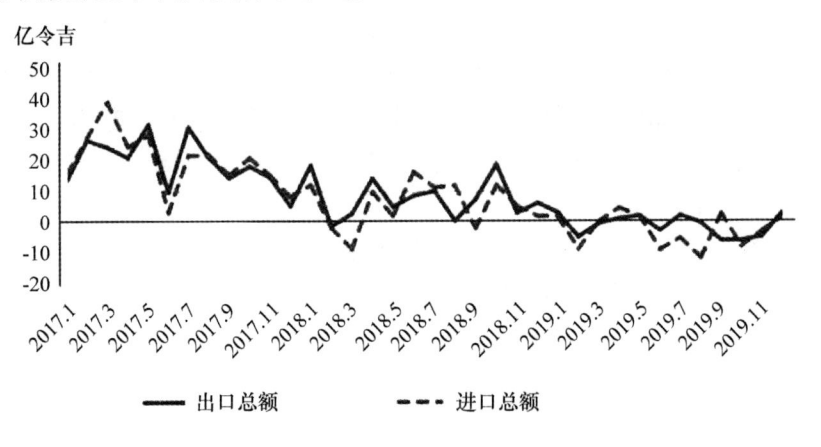

图1 马来西亚进出口总额变化(同比)

资料来源:Wind数据。

由于持续的中美贸易战、中东地缘担忧、全球财政紧缩和油价波动等因素的综合影响,2019年对于马来西亚而言,充满挑战。如图2数据显示,自2017年第三季度以来,马来西亚的季度GDP同比增长始终呈现下降趋势,并在2019年第四季度达到了三年来的最低点。

---

① 《敦马:"吉隆坡峰会"无意取代伊组织》,《东方日报》2019年12月19日, https://www.orientaldaily.com.my/news/nation/2019/12/19/319401。
② 《厂商联:美中贸易战冲击大马,出口降0.08%,GDP跌0.02%》,e南洋,2019年1月3日,https://www.enanyang.my/news/20190103/%E5%8E%82%E5%95%86%E8%81%94%E7%BE%8E%E4%B8%AD%E8%B4%B8%E6%98%93%E6%88%98%E5%86%B2%E5%87%BB%E5%A4%A7%E9%A9%AC-%E5%87%BA%E5%8F%A3%E9%99%8D-08-gdp%E8%B7%8C0-02/。

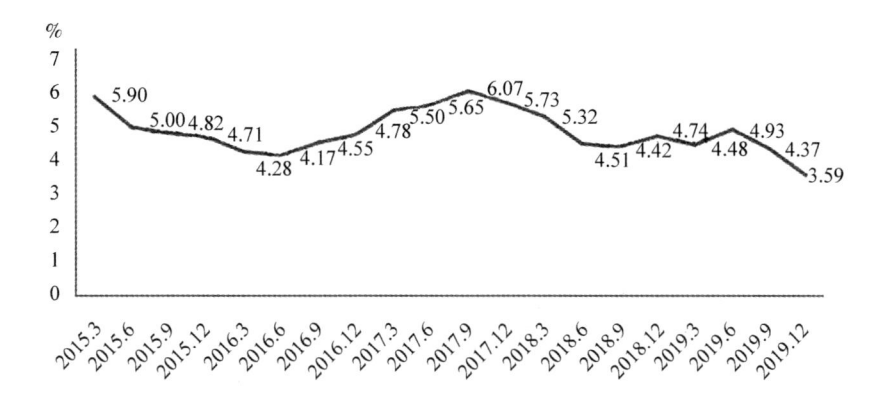

**图 2 马来西亚季度 GDP 同比增长率（不变价）**

资料来源：Wind 数据。

从马来西亚制造业的经济表现中也能看出中美贸易战的波及性影响。如图 3 所示，马来西亚制造业生产价格指数（PPI）当月同比自 2017 年 9 月美国对中国启动"301 调查"之后便出现持续下跌，又在 2018 年 3 月之后始终呈负增长，表明大宗商品价格降幅较大。而马来西亚制造业采购经理人指数（PMI）在 2019 年也持续低于 50% 的荣枯分水线，表明制造业增长缓慢，行业表现不景气，经济呈现收缩态势。

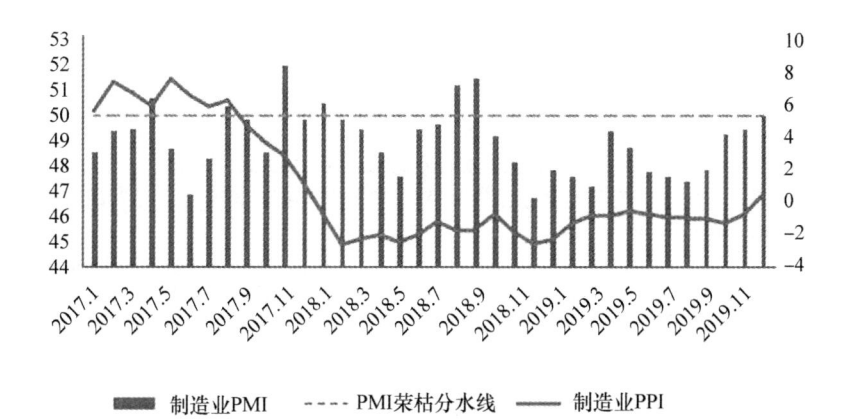

**图 3 马来西亚制造业当月同比 PMI 与 PPI**

资料来源：Wind 数据。

### 2. 积极发行债券吸引外资

希盟政府在2018年9月接管马来西亚政权的同时，也接手了来自上任政府的大规模债务。为了缓解马来西亚政府的财政负担，马来西亚从2019年起开始在国外市场发行以政府为担保的外国债券。

2019年3月，马来西亚在日本债券市场发售74亿令吉的10年期"武士债券"，最终吸引了超过117亿令吉的认购额，获得超额认购。发行债券所获得的资金，将用于兴建学校、医院、道路建设及其他公共基建项目①；同时，中国建设银行建议马来西亚在中国市场发行"熊猫债券"，马来西亚政府已在2019年7月就此与中方进行细节洽谈。②

除此以外，马来西亚国家银行也在2019年5月宣布出台几项措施，包括加强回购、为投资者提供有效的对冲平台等，目的在于提高本国债券市场和外汇市场的效率、流动性和可及性。③

### 3. 旅游业收入保持稳定

尽管制造业和国际商品贸易受到中美贸易战的波及和影响，2019年马来西亚旅游业仍保持稳中向好态势。据马来西亚旅游、艺术及文化部的数据，2019年首季，马来西亚就成功吸引了近700万名外国游客来马观光旅游，总计赚取214亿令吉的旅游收入④；截至2019年9月，到访马来西亚的游客数量也较2018年同期增长3.7%，总人数达20109203人次，游客消费较2018年同期增长6.9%。⑤

---

① 《武士债券超额认购·发售74亿 吸引117亿资金》，《星洲日报》2019年3月8日，https：//www.sinchew.com.my/content/2019-03/08/content_2019311.html。

② 《发行熊猫债券 财长与多家银行洽谈》，《诗华日报》2019年7月2日，http：//news.seehua.com/？p=461483。

③ 《国行宣布提高市场流动性和准入的措施》，The Edge Financial Daily，2019年5月17日，https：//www.theedgemarkets.com/article/%E5%9B%BD%E8%A1%8C%E5%AE%A3%E5%B8%83%E6%8F%90%E9%AB%98%E5%B8%82%E5%9C%BA%E6%B5%81%E5%8A%A8%E6%80%A7%E5%92%8C%E5%87%86%E5%85%A5%E7%9A%84%E6%8E%AA%E6%96%BD。

④ 《大马首季赚214亿旅游收入》，《东方日报》2019年6月9日，https：//www.orientaldaily.com.my/news/nation/2019/06/09/293683。

⑤ "Minister: Jan-Sept 2019 Tourist Arrivals up 3.7pc Compared to Same Period in 2018," Malay Mail，[26 Nov]. 2019，https：//www.malaymail.com/news/malaysia/2019/11/26/minister-jan-sept-2019-tourist-arrivals-up-3.7pc-compared-to-same-period-in/1813566。

### (四)民生

在民生方面,马来西亚政府重点关注学生、妇女和 B40 群体。自希盟政府执政以来,就大力推进教育体制改革,其中便有"零辍学生"(PSMC)十点计划,截至 2019 年 4 月,已有约 26.1% 的中学生重返校园①;同时,马来西亚政府还积极关注妇女以及 B40 群体的发展和社会保障问题。2019 年 3 月,马来西亚乡村发展部宣布设立"企业家实现策略希望基金",拨付 2000 万令吉协助提升女性企业家比例。而对于家庭妇女,马来西亚政府也制订了"家庭主妇公积金计划",截至 2019 年 8 月,已有 123737 人次登记参与该计划,妇女福利得到了更全面的保障。②

除此之外,马来西亚卫生部还推出了"B40 群体健康检查计划(PeKa B40)",计划让所有 50 岁以上的生活援助金受惠者及其配偶,获得免费体检的资格,总计获 1 亿令吉拨款,预计可让 80 万人受惠。③

## 二 2019 年中马合作述评

### (一)政治外交

#### 1. 中马关系回暖

2019 年是中马建交 45 周年,中马关系在希盟政府执政后进入了新的阶段。尽管在 2018 年希盟政府执政后,马方重新检讨和冻结了一批由上任政府批准的与中国相关的大型基建计划,使得中马关系一度陷入僵持状态,但在 2019 年,经过协商和沟通,中马关系出现回暖,两国关系依然是友好交往的典范。

2019 年 4 月,马来西亚时任总理马哈蒂尔到访北京,出席第二届"一带一路"倡议国际合作高峰论坛,并在开幕式上致辞。这是马哈蒂

---

① 《不畏争议落实改革 教育部达 9 绩效》,《东方日报》2019 年 4 月 29 日,https://www.orientaldaily.com.my/news/nation/2019/04/29/288910。
② 《12 万人登记主妇公积金计划》,《东方日报》2019 年 10 月 19 日,https://www.orientaldaily.com.my/news/nation/2019/10/19/311240。
③ 《B40 群体健康检查计划 明日正式上路》,《东方日报》2019 年 4 月 14 日,https://www.orientaldaily.com.my/news/nation/2019/04/14/286837。

尔在上任一年内的第二次访华,也是一次收获颇丰的出访。在此次中马领导人会面前后,中马多月僵化的双边关系恢复正常,马方搁置的东海岸铁路和马来西亚城两个中方项目重新启动,中方也向马来西亚承诺在5年内增购190万吨、价值45.6亿令吉的棕油订单,为陷入困境的马来西亚棕油业带来了希望。①

2. 深化国防外交

一方面,中方在2019年积极推进与马来西亚的反恐合作。2019年6月,中国外交部率中国公共外交协会代表团、新疆维吾尔自治区政协主席等一行人前往马来西亚进行交流,重点与马来西亚媒体交流了新疆的经济发展、反恐和去极端化等问题,中方也对马来西亚去极端化的独创措施和经验深感兴趣。②

另一方面,2019年中马两国在南海问题上积极沟通,同意努力建立海上问题双边磋商机制。几十年来,南海问题一直是中国与东盟国家之间争端的源起,也常有西方国家意图通过操纵南海问题来分化中国与东盟国家间的关系。对此,中马双方在2019年也作出了积极努力。

2019年9月,马来西亚外交部部长塞夫丁访华,并与中国外交部部长王毅在北京举行会谈,双方同意做好五方面工作,包括妥善处理分歧和争议,共同维护南海的和平稳定。同时,中马双方还一致同意建立海上问题双边磋商机制,为双方针对海上问题进行合作对话提供新平台③;2019年11月,中国国务院总理李克强出席第十四届东亚峰会,重申了中国愿与东盟各国为维护南海持久和平而作出努力的决心,表达了对"南海行为准则"磋商早日达成的期盼,呼吁域外国家作为非南海问题当事方,应切实尊重并支持地区国家所作出的努力。④ 时任马来西亚总理马哈蒂尔在此期间也对该问题进行了回应,以不点名方式批评

---

① 《马中关系掀新篇章》,e南洋,2019年4月29日,https://www.enanyang.my/news/20190429/%e9%a9%ac%e4%b8%ad%e5%85%b3%e7%b3%bb%e6%8e%80%e6%96%b0%e7%af%87%e7%ab%a0%e5%8d%97%e6%b4%8b%e7%a4%be%e8%ae%ba/。

② 《中国盼与大马深化合作反恐》,《东方日报》2019年6月20日,https://www.orientaldaily.com.my/news/nation/2019/06/20/295095。

③ 《马中外长会面5方面深化合作》,《东方日报》2019年9月12日,https://www.orientaldaily.com.my/news/nation/2019/09/12/306173。

④ 《李克强在第14届东亚峰会上的讲话(全文)》,新华网,2019年11月5日,http://www.xinhuanet.com/politics/leaders/2019-11/05/c_1125196187.htm。

某些域外国家操纵南海问题、拉拢东盟国家与中国交恶的意图，也表达了对协商解决南海问题的盼望。①

### （二）经贸合作

1. 大型中资合作项目得以重启

2018 年马来西亚大选实现政党轮替后，出于高债务负担和成本考量，马来西亚政府宣布暂停包括东海岸铁路和马来西亚城计划在内的多项中资项目，并开展相关审查。2019 年，经过中马双方数轮的谈判和磋商，以东海岸铁路计划和马来西亚城计划为代表的大型中马合作项目得以继续推进。

2019 年 4 月 12 日，中国和马来西亚签署东铁计划补充协议，协议在重新制定东铁修建路线的同时，将东海岸铁路第一和第二阶段的修建成本从 655 亿令吉降至 440 亿令吉。② 同时，中马双方还同意成立合资企业来共同管理、运营和维护东铁，马来西亚方面也利用签署东铁附加协议的机会促使中国从马来西亚进口棕油。同月，时任大马总理马哈蒂尔到访中国，见证两国签署棕油相关了解备忘录。中方同意自 2019 年起，在五年内向马来西亚增购至少 190 万吨食用油，并按每吨 600 美元的平均价格，达成共 45.6 亿令吉的交易总额。③

而相较东海岸铁路项目规模更大、暂停时间更长，已被终止两年的中企参与的马来西亚城项目，也在 2019 年 4 月 19 日被宣布重启。2019年 12 月，由中国中铁股份有限公司旗下全资子公司"中国铁路工程（马来西亚）有限公司"参与组建的联营体，与马来西亚财政部下属企业 TRX City 签署协议，决议收购马来西亚城项目 60% 的股权④，大马城

---

① 《"拉拢东盟国与中交恶"敦马抨一些国家试图操纵南海问题》，《星洲日报》2019 年 11 月 4 日，https：//www.sinchew.com.my/content/content_2141100.html。

② 《马中签署补充协议 东海岸铁路续开跑》，《东方日报》2019 年 4 月 12 日，https：//www.orientaldaily.om.my/news/nation/2019/04/12/286544。

③ 《大马将售更多棕油至中国》，The Edge Markets，2019 年 4 月 26 日，https：//www.theedgemarkets.com/article/%E5%A4%A7%E9%A9%AC%E5%B0%86%E5%94%AE%E6%9B%B4%E5%A4%9A%E6%A3%95%E6%B2%B9%E8%87%B3%E4%B8%AD%E5%9B%BD。

④ 《中企参与联营体收购"马来西亚城"项目 60% 股权》，新华网，2019 年 12 月 17 日，http：//www.xinhuanet.com/2019-12/17/c_1125358159.htm。

项目正式实现重启。

2. 中马贸易波动，电商合作促贸易发展

截至 2019 年，中国已经连续 10 年成为马来西亚最大的贸易伙伴国①，中马双边贸易在近年来的发展态势也在稳中向好发展。

如图 4 所示，自 2010 年中国与东盟签订自由贸易协定以来，中马贸易在 2010 年达到了 42.8% 的同比增长后，两国贸易增长幅度减缓。虽然在 2015—2016 年受全球经济增长放缓等因素的影响，中马贸易额显著下滑，但两国贸易额在 2017 年迅速恢复，出现稳态增长，并在 2019 年达成了 10 年来的最大交易额，总计 1239.62 亿美元。

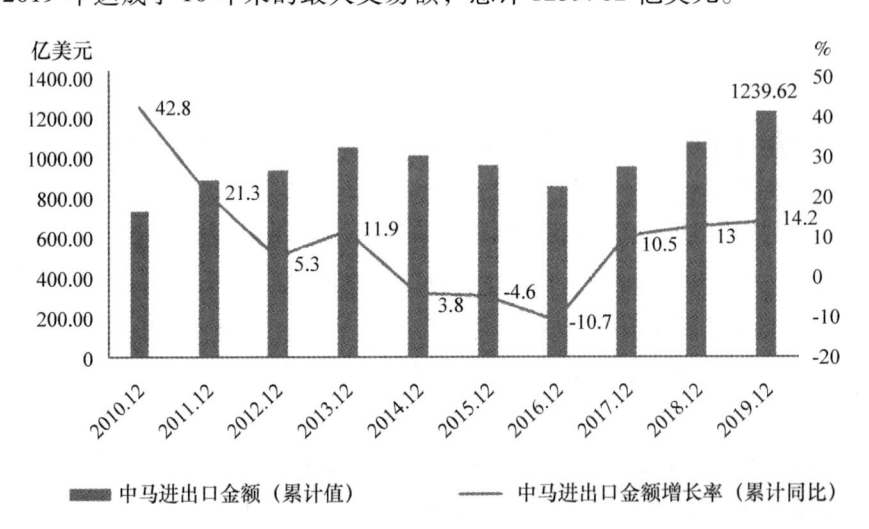

**图 4　中马十年来进出口额及增长率变化**

资料来源：中国海关总署。

近年来，中马贸易始终呈现出贸易顺差，两国的主要贸易商品如图 5 所示。图 5 分别展示了 2019 年马来西亚对华出口以及自华进口的前几位主要商品类别，主要包括：动植物油脂、矿产品、化工产品、塑料及橡胶、机电产品、贱金属及制品、纺织品及原料。其中，"动植物油脂"（即棕油）是马来西亚对华单向出口的一项较为特殊的商品。

随着中国电子商务行业的迅猛发展，中马经贸合作在 2019 年出现

---

① 《平衡贸易 财长呼吁中国多购棕油》，《东方日报》，2019 年 2 月 18 日，https://www.orientaldaily.com.my/news/nation/2019/02/18/279455。

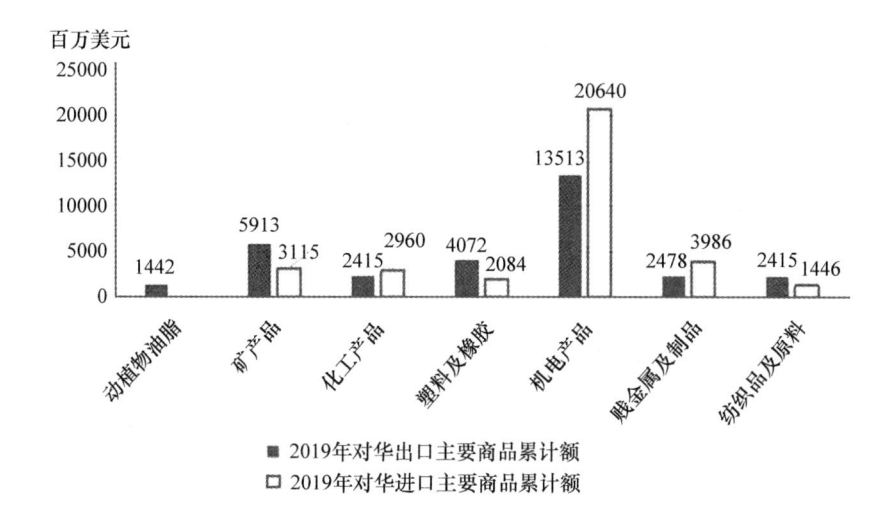

```
百万美元
25000
                                         20640
20000
15000
                                  13513
10000
         5913
5000            3115      2960  4072            3986
    1442            2415      2084      2478        2415 1446
    动植  矿产品  化工产品  塑料及橡胶  机电产品  贱金属及制品  纺织品及原料
    物油
    脂
```

■ 2019年对华出口主要商品累计额
□ 2019年对华进口主要商品累计额

**图 5  2019 年马来西亚对华进出口主要商品额**

资料来源：Wind 数据。

新路径和新动力。

2019 年 5 月 30 日，中国海关总署发布"关于允许马来西亚冷冻榴莲进口的公告"①。2019 年 6 月 4 日，阿里巴巴集团紧随其后，宣布马来西亚猫山王榴莲将首次以冷冻带壳形式进口中国，并将在天猫、盒马、淘宝吃货三大平台联合首发。② 2019 年 9 月，阿里巴巴集团与马来西亚政府联手启动"第二届马来西亚周"，利用淘宝直播平台和网红人气推广马来西亚产品，创下了 3 秒 100 万元人民币销售额、10 分钟 500 万元人民币销售额的战绩。③ 同月，马来西亚贸工部部长达尔·雷金在南宁出席"中国—马来西亚跨境电商嘉年华"，期盼通过与中国邮政广西分公司的合作，借助邮政公司遍布中国的强大配送网络和服务，为马来西亚产品打开进入中国各城镇的线上和线下大门。

---

① 中国海关总署网站，http：//www.customs.gov.cn/customs/302249/302266/302269/2467186/index.html。

② 《阿里巴巴：中国消费者可网购榴莲》，《东方日报》2019 年 6 月 4 日，https：//www.orientaldaily.com.my/news/nation/2019/06/04/293191。

③ 《阿里巴巴大马周 淘宝网红销量惊人》，中国报，2019 年 9 月 22 日，https：//www.chinapress.com.my/20190922/%E9%98%BF%E9%87%8C%E5%B7%B4%E5%B7%B4%E5%A4%A7%E9%A9%AC%E5%91%A8-%E6%B7%98%E5%AE%9D%E7%BD%91%E7%BA%A2%E9%94%80%E5%94%AE%E6%83%8A%E4%BA%BA/。

2019年11月,阿里巴巴还在马来西亚举办了"双11"暖场活动。随后购物节首个小时的数据显示,在十大出口国家和地区成交额排行榜中,马来西亚位列第七。①

3. 双边投资下降,地方政府合作带来投资新动力

据中国商务部数据,2019年前三季度,中国企业对马投资5.33亿美元,同比下降41.5%,马来西亚企业对华投资0.46亿美元,同比下降74%。在工程承包合作上,中国企业在马新签工程承包合同额53.4亿美元,同比下降15.8%,完成营业额39.9亿美元,同比下降18.3%。② 这一数据明显表明,马来西亚政府在2018年下半年至2019年上半年对于中资项目的叫停,以及马中关系在希盟政府上任一年间的一度僵持,使得双方投资者信心受到了一定的影响。

然而,就在马哈蒂尔于2019年4月访华,并宣布重启暂停已久的东海岸铁路项目和大马城计划后,中马地方政府开始组团进行互访活动,寻求合作与投资机会,中马地方政府互动增加,为中马经贸合作带来了投资新动力。

2019年4月15日,马中企业家联合会与山东省电力企业协会、广东省能源协会签署战略合作框架协议,为中马两国企业在电力市场上的合作进行努力③;2019年9月,马来西亚彭亨州政府率团到中国进行工作访问,走访中国—马来西亚钦州产业园(CMQIP),同时出席在南宁举办的2019年中国东盟博览会(CAEXPO),并在此期间与中国6家企业顺利签署谅解备忘录,为彭亨州带来总值13.86亿令吉的中国投资。④

自2019年11月起,中国与马来西亚的地方政府部门开始了抱团式的频繁互访交流。

11月11日,马来西亚"一带一路"委员会与佛山市进出口商会签

---

① 《天猫双11狂欢节·大马成交额高居第七》,《星洲日报》2019年11月11日,https://www.sinchew.com.my/content/content_2144810.html?fbclid=IwAR0vywsPuBbyJfOF02h89QaJzCMbNGxNlnHFaYJaA3b3Jqzyn7KSGhp0xYM。

② 中国商务部亚洲司:《2019年1—9月中国—马来西亚经贸合作简况》,2019年11月29日,http://yzs.mofcom.gov.cn/article/t/201911/20191102918106.shtml。

③ 《马中企业家联合会助中企投资大马 推动电力市场》,透视大马,2019年4月15日,https://www.themalaysianinsight.com/chinese/s/147990。

④ 《中国6企业签署谅解备忘录·为彭亨招来13.8亿投资》,《星洲日报》2019年9月20日,https://www.sinchew.com.my/content/content_2118997.html。

署合作备忘录，结成友好协会，携手推动大马和佛山市之间的经贸合作。11月12日，"一带一路"丝路明珠江西·马来西亚产业园项目合作签约，马来西亚桂商总会与广西农业农村厅就清真认证服务达成合作。11月13日，中国甘肃省商务厅副厅长王颖玲率领27人经贸代表团，在马中总商会举办"中国（甘肃）马来西亚投资贸易推介会暨中马企业对接会"，与马来西亚本地企业共拓商机。11月19日，山东"一带一路"产能合作说明会在马来西亚举行，马来西亚柔佛州在广州推广"2020柔佛州旅游年"。11月20日，主题为"孔子家乡，好客山东"的山东旅游推介会在马来西亚举办。12月17日，云南常务副省长宗国英率团访问马来西亚，出席马来西亚—中国（云南）经济合作交流早餐会，与马来西亚商协会及企业代表团交流，共同探讨马来西亚与云南经济合作的新机遇。12月22日，广东省政协副主席林雄率广东省代表团访问马来西亚，与马来西亚中华总商会进行了热烈交流，并表示马来西亚是广东省企业"走出去"寻找投资落户地点的最佳选择。

2019年末，中马地方政府的密切往来与交流，将帮助中马双方吸引更多的投资，极大地推动中国与马来西亚之间的经贸合作。

### （三）民生、文化、教育、旅游合作

1. 联手打击跨国诈骗集团

2019年11月20日，马来西亚移民局在赛城展开突击取缔行动，破获马来西亚国内有史以来最大的一起网络外汇诈骗案，在行动中逮捕了680名中国籍男女。中国驻马大使随后表示，中方愿帮助马方共同打击涉及中国公民的跨国犯罪集团；11月28日，新加坡、马来西亚、中国香港和中国澳门四地警方联手捣毁一个跨国互联网爱情诈骗集团，涉案金额总计约1771万令吉。同日，马来西亚内政部部长慕尤丁在曼谷出席第十三届东盟打击跨国犯罪部长级会议（AMMTC）及其系列会议期间，与中国公安部副部长王小洪举行了双边会议，讨论了关于打击网络诈骗、非法赌博等跨境网络犯罪的双边合作。

2. 文化合作成果丰硕

2019年是中马建交45周年，中马双方相关部门围绕此开展了丰富的文化交流活动。2019年1月17日，中国驻马来西亚大使馆举行乙亥年新春招待会，中方与大马外交部共同启动了马中建交45周年系列

活动。

在青年文化交流方面,中国驻马来西亚大使馆、马来西亚—中国友好协会(简称"马中友好协会")、马来西亚青年理事会等主办方在5月5日启动了"马来西亚青年领袖友好丝路行"。活动以"丝绸之路"为主题,选择"丝绸之路经济带"的重要节点银川、西安等地作为来自马来西亚各界20余名青年领袖的访问地,邀请青年领袖们参加5月11日在西安开幕的"第四届丝绸之路国际博览会",并安排马来西亚青年与当地穆斯林青年互动,体验中国穆斯林文化。

在图书影像出版方面,中马两国在2019年也有着密切的往来。7月1日,马来西亚与中国签署关于合拍国际动画电影《影子王》的协议,耗资约6000万令吉,是中马合拍投资额最大的一部3D动画电影;12月4日,马来西亚名望文化影业集团和中国乐风文化传播有限公司签署马中系列文化项目战略合作协议,约定双方将在5年内制作价值30亿令吉的文化娱乐项目。同日,马来西亚汉文化中心与广东省南方出版传媒集团及旗下广东科技出版社签署协议,宣布将合作出版马来文《美丽中国》丛书,这是中国粤港澳大湾区在海外合作出版领域上的新里程碑;12月8日,中国中央广播电视总台在马来西亚首都吉隆坡举行马来语媒体品牌推介活动,同期发布了与马来西亚语文局合作出版的马来语书籍《带你游西安》和《中国古典智慧故事》,并举办了落地广播节目《你好》、新媒体节目《感知中国》的受众见面活动。

3. 教育合作稳步推进

一方面,中方在2019年继续积极为马来西亚学生提供赴华留学机会。中国国务院总理李克强于2015年11月21日在马来西亚出席第十八次中国—东盟领导人会议时提出,在已向东盟十国提供中国政府奖学金名额的基础上,在2016—2018年新增1000个新生名额(其中每年对马来西亚新增50个名额),该新增计划在2018年末到期。2019年1月15日,中国驻马来西亚大使馆发表书面声明,将继续为留华学生争取更多的奖学金名额;6月20日,中国驻马大使馆宣布于2019年度一次性发放5000令吉的《中国大使馆留华奖助学金》开始申请,资助人数为20名,由马来西亚留华同学会进行审核及分发。

另一方面,中马两国在2019年也致力于合作培养专科技术型人才。6月9日,中国广核集团(CGN)通过其在马来西亚的子公司中广核能源国际机构（CGNEI），在马来西亚设立旨在培养本地再生能源人才的培训机构；6月10日，马来西亚人力资源部宣布与中国高等技术职业学院合作，计划培养5G技术和铁路技术专门人才；6月13日，马来西亚拉曼大学学院与广州铁路职业技术学院、广东卓越前程教育服务有限公司签署协议备忘录，并与中铁东方国际集团（CREC）和中国中车（马）有限公司（CRRC）签署谅解备忘录，旨在使2019年报读拉曼大学工程专业的学生有机会在三年课程的最后6个月到中国开展学习与实习。

4. 旅游合作深入发展

一方面，中马双方在2019年积极开展旅游推介和交流活动。2019年1月3日，广州市旅游局携手南方航空，在南航吉隆坡办事处挂牌成立"广州旅游推广中心"，旨在宣传广州旅游资源和城市形象，传播中国岭南文化；9月19日，马来西亚雪兰莪州在广西南宁举行旅游推介会；9月22日，中国文化旅游之夜活动在马来西亚国家大剧院成功举办；11月19日，马来西亚柔佛州政府在广州举办"2020柔佛州旅游年"活动。11月20日，山东省政府在马来西亚举办"孔子家乡，好客山东"旅游推介会。

另一方面，中马游客免签入境政策也在2019年逐步推广。2019年8月9日，中国驻马大使馆表示，马来西亚公民持护照前往中国海南旅游，可免办签证，并允许在海南省内停留30天。同样地，马来西亚公民赴中国香港、澳门参加当地旅行团，并从港澳出发前往广东珠三角地区旅游且停留不超过6天，可以免签入境。若马来西亚公民赴桂林旅游，参加当地有资质的旅行团并从桂林机场入境，也可办签证入境，并停留6天。

**（四）开启5G合作**

2019年，中国与马来西亚科技合作的重点在于发展5G技术。2月26日，马来西亚电信公司明讯与中国华为技术有限公司签署谅解备忘录，计划与华为合作开展5G实验；5月28日，马来西亚移动电话服务公司Digi与中兴通讯（马来西亚）有限公司签署谅解备忘录，并发表联合声明，愿通过合作实验使5G技术在马来西亚成为现实；10月22日，马来西亚竞优国际（IFCA MSC Bhd）与华为服务（香港）有限公司签署谅解备忘录，共同探讨人工智能、大数据和创新技术知识共享项目。

除此之外，中马的科技交流也以其他方式持续进行着。2019年12月14日，马中企业家联合会牵头举办"中国智能科技展览会"，总计有来自中国和马来西亚的30家公司参展，中方企业展示了来自中国的智慧城市解决方案、无人机和各类智能机器人应用，旨在让马来西亚各方能更了解中国智能科技及服务产品，从而把更多中国先进的产品与技术引进马来西亚。在展会期间，启迪之星（马来西亚）和中国电信（马来西亚）签署合作备忘录，启动"GO Global"计划，为中国企业"出海"提供更为全面的支持。

## 三 2020年中马合作展望

### （一）2019年中马合作的不足与改进建议

2019年，中马在各领域的合作进展较为顺利、成果显著，但仍存在一些不足和待改进之处。

1. 双边经济互信有待加强

从2019年中马合作的经济数据中可以看出，东海岸铁路计划和马来西亚城计划在2019年上半年的长时间搁置，产生了包括本地工人失业、境外投资者信心削弱等负面效应。追溯这两个重大项目被叫停的原因，在很大程度上与腐败和项目所带来的高额债务有关。

此番东铁停工、谈判、重启事件，本质上是以希盟政府为代表的马来西亚政权转变经济合作模式意愿的传达。中马两国政府应该抓住契机，将今后两国合作中的曲折化解为促进双方交流对话的契机，建立常态化的交流机制。同时，避免此类叫停事件的再次发生，中马政府应加强在合资项目中的政府调查、监督和沟通工作，增强双边经济互信，保障民心相通，从而促进双边经济合作的进一步推进。

2. 两国双园发展不均衡

马中关丹产业园和中马钦州产业园是中马两国十分重要的合作项目，但自两国双园运行以来，由于双边产业园城市配套能力不一致，以及希盟政府叫停两大中资项目后马中关丹产业园联合理事会活动暂停，中马双园迄今为止仍呈现出发展不均衡的状况。对此，中马双方应努力确保"两国双园"联合理事会的独立性，不应使联合理事会的运作过多地受当局政治或舆论倾向的影响，保证"两国双园"在遭遇更大的危机时仍可如期推进园区发展。两国相关部门也应该重视建设东盟产业平台，加强两园区间的互补合作，为两园建立更深层次的合作机制，以"大园"带动"小园"，走向共同繁荣发展。

**（二）2020 年中马合作发展展望**

1. 以中马文化旅游年为契机，推动两国关系发展

2020 年是中马两国政府共同确定的"中马文化旅游年"，这在促进两国文化旅游交流合作的同时，也能为中马两国相关行业带来商机。中马两国政府应该努力将"一带一路"倡议、海上丝绸之路经济带与文化产业、旅游产业相结合，着力推进两国文创产业交流，增加两国人民的文化了解，在推动两国文创和文化旅游产业发展的同时，带动地区产业的发展。

2. 提升经济合作透明度，降低双边投资风险

中马双方在开展项目合作的同时，应该重视开展项目质量的双方互检和第三方监督，积极展开双方会谈，促进合作项目透明度的提升，最终降低出现由于经济或政治原因而突然中断项目的风险。中马两国应考虑建立具有中立性质，并有国家权力背书的咨询机构，帮助有关部门、投资者、项目开发方应对跨境合作中所遇到的不同税务和监管要求，评估项目所在地的政治和政策风险，分析并帮助企业应对文化差异，为两国双边跨境投资者提供最优的保障。

# 2019年中国与缅甸合作发展报告

陈瑶雯　何欢　李杰　王鹏宇[*]

## 一　2019年缅甸国内形势回顾

2019年，缅甸民盟政府推进宪法改革，努力推动民族和解进程，推行"先睦邻，后大国"的外交政策，国内局势较安全平稳，受内战以及中美贸易摩擦的影响，2019年缅甸国内经济增速有所放缓，接受外商投资有所减少。与此同时，缅甸旅游业迎来了高速发展，反腐运动的民意基础不断增强。

### （一）政治外交方面

2019年，缅甸民盟政府继续推动宪法修改，努力推动民族和解进程，主动寻求罗兴亚难民问题的解决方案，并积极同亚洲国家发展良好的外交关系。

1. 2020年大选前，缅甸的政治力量和权力结构

2019年6月，缅甸联邦选举委员会宣布，2020年底将进行新一届大选。缅甸目前有合法政党98个①，自2016年民盟执政以来，缅甸社会中活跃的政治力量比以前明显增多，包括军人集团、民盟、其他合法

---

[*] 陈瑶雯，广西大学中国—东盟信息港大数据研究院助理研究员。何欢，广西大学商学院博士研究生。李杰，广西大学国际学院硕士研究生。王鹏宇，广西大学国际学院硕士研究生。

① 李晨阳：《缅甸2020年大选前瞻》，参考网，2019年9月7日，http://www.fx361.com/page/2019/0907/5516264.shtml。

政党、各类社会团体、佛教僧侣、媒体、工会、学生等。①

在当今的缅甸，虽然自民盟上台执政以来，其影响力出现下降，但是有着军方背景的巩发党同样表现欠佳。由于缅甸并不存在能与之抗衡的第三大政党，民盟和军方仍处于缅甸政治权力结构的重要位置。民盟在立法、行政和司法方面具有更大的优势，但它尚无法完全支配立法和行政事务，而且它在某些少数民族邦的执政出现了一些困难。而2008年的宪法规定，缅甸军方在国防和安全事务上没有对民盟政府让渡权力的义务，民盟政府的话语权较少。也正因如此，民盟政府一直在寻求修改宪法以削弱军方的政治影响力和特殊利益，从而在缓解与西方关系的同时获得更多的民意。2019年7月17日，缅甸修宪委员会公布了对宪法进行近3800项修改的建议。②

预计2020年底的缅甸大选，民盟政府有很大概率会继续获胜，但所获得的议会席位相比上届将减少。在大选前，民盟与巩发党的竞争或趋激烈，其围绕各种议题的分歧将随着大选的临近而不断深化，缅甸政局将出现一定程度的波动。

2. 缅北、若开等地武装冲突再起，民族和解进程前路漫漫

缅甸自取得国家独立以来，缅北地区持续存在着多支少数民族独立武装（民地武）。2019年，缅甸是在各种枪声、炮声之中度过的。而若开邦则是枪炮声最严重的地区，2019年甚至可以称为"若开之年"。

2019年1月4日是缅甸的独立节，若开军突然袭击了若开邦帝洞的四个警察哨所，战火一度波及历史名城妙乌。随后国防军与若开军发生了激烈的冲突，又引发了缅北武装的武力袭击。8月15日，缅北联合阵线袭击了政府军一所军事学院，造成12人死亡，导致缅北局势骤然紧张。缅北武装组织与缅甸政府军的冲突在随后的一周内导致19人死亡，2000多人逃离。③ 12月23日，缅甸政府军攻击若开军的据点，被若开军扣押的布帝洞地区的民盟地方主席耶登被炸死。在过去一年里，缅甸军方与若开地区武装组织若开军冲突不断，已经导致数万人逃离若

---

① 李晨阳：《当前缅甸的政治力量与权力架构》，《世界知识》2018年第18期。
② 《2020年大选临近，缅甸近期政治法律、武装冲突、社会安全等风险综述》，搜狐新闻，2019年7月26日，https://www.sohu.com/a/329401783_284463。
③ 《缅北爆发武装冲突19死逾2000人逃难》，《联合早报》2019年8月22日，http://www.zaobao.com/news/sea/story20190822-982832。

开邦。地方武装冲突的不断发生也导致罗兴亚难民问题再度严重，进而加剧了缅甸民盟政府与西方世界的紧张关系。

若开的乱局不仅体现在武装冲突上，还体现在政治立场的分歧上。2019年3月19日，若开族政客、原若开民族党主席在若开邦耶底道举行的"若开国覆灭233年纪念"活动上，发表了应以武力手段和政治手段"取回政权"的言论，此举引起了巨大的骚动。埃貌被地方法院以"叛国罪"和"损害国家声誉罪"判处22年有期徒刑。若开军司令的妻子的父亲是若开民族党籍若开邦议会主席。若开民族党在若开邦议会里占据着大多数席位，控制着若开邦议会。埃貌的入狱和若开邦议会主席之女的被捕都进一步撕裂了若开族和缅族之间的关系。①

3. 缅甸外交形势变化趋势

2019年缅甸继续奉行"先睦邻、后大国"的外交原则，与日本、中国、印度、新加坡、俄罗斯和东盟增进沟通，高层互访频繁。

2019年4月，国务资政昂山素季前往中国参加第二届"一带一路"国际合作高峰论坛和北京世园会开幕式。同月，缅甸海军派军舰参加在青岛举行的庆祝中国人民解放军海军成立70周年海上阅兵活动。2019年8月，文在寅对缅甸进行了国事访问，这也是韩国总统时隔7年对缅甸进行的国事访问。文在寅在缅甸首都内比都与缅甸总统温敏举行会谈，随后与缅甸国务资政昂山素季会晤，就加强两国合作以及韩国企业扩大进军当地的有关方案进行了讨论。同年10月20日，缅甸国务资政昂山素季赴日参加日本新天皇的即位大典，并进行了为期5天的访问。在此期间，她参与了日方举办的第二届缅甸投资论坛会议，并在此论坛上致开幕词，向来自日本全国各地的企业家们介绍了缅甸的投资环境及目前迪拉瓦经济特区的投资情况。在大典举行之日，昂山素季会见了（同样是来参加此次天皇即位大典的）不丹王国国王，与之商谈了发展两国之间友好关系、增进两国之间文化交流等问题。在此之前，缅甸国防军总司令敏昂莱也曾赴日进行友好访问。而在国务资政访日结束后，缅甸宣传部部长又启程赴日访问。缅

---

① 亨凯：《中缅关系的2019年——习近平访缅前的回顾》，缅华网，2020年1月11日，http://www.mhwmm.com/Ch/NewsView.asp? ID = 43724。

甸政要们频繁出访日本，反映了缅甸十分重视与日本的关系，希望加强同日本在各方面的友好往来。

2020年1月18日，中国国家主席习近平受邀对缅甸进行国事访问，在内比都同缅甸国务资政昂山素季举行正式会谈并会见了缅甸国防军总司令敏昂莱。此次访问深化了缅中胞波情谊和两军关系，推动了"一带一路"和缅中经济走廊建设。①

4. 罗兴亚难民问题陷入僵局，缅甸与西方世界关系持续紧张

2017年缅甸对罗兴亚穆斯林发动军事镇压，造成数千人丧命，导致约74万名罗兴亚人逃至邻国孟加拉国。联合国调查人员2019年作出结论，缅甸政府对待罗兴亚人的方式足以构成灭绝种族罪。2018年11月，冈比亚向国际法院递交诉状，指责缅甸当权者对境内信奉伊斯兰教的罗兴亚人采取了种族灭绝行径，违反1948年海牙公约。2019年12月，缅甸政府国务资政昂山素季在海牙国际法庭出庭申辩，否认有关缅甸军队对罗兴亚人进行种族屠杀的指控。2020年1月23日，位于荷兰海牙的国际法院裁定，要求缅甸政府采取初步措施保护罗兴亚人。② 对此，联合国秘书长古特雷斯曾表示，种族灭绝受害者所应享有的正义应该得到伸张。

2019年12月，美国宣布加强对缅甸军政权的制裁，将包括缅甸国防军总司令敏昂莱在内的4位军事领袖列入黑名单。美缅关系的持续紧张也进一步导致缅甸政府的外交策略发生改变，缅甸政府高层与亚洲国家领导人之间互访越发频繁，缅甸与中、日、韩、俄等国关系不断升温。

5. 缅甸中央银行副行长梭登辞职

缅甸中央银行（CBM）副行长梭登8月27日在国会发表讲话时被问到缅甸中央银行对难以偿还贷款企业的立场，以及央行在约见企业主之后是否有解决方案的问题。梭登指出，中央银行有责任确保银行业遵守金融监管，并且有监督银行接受存款的义务。根据缅甸中央银行2017年7月发布的一项裁决，私营部门银行必须通过清算透支贷款来

---

① 《习近平对缅甸进行国事访问》，中国外交部，2020年1月18日，https://www.fmprc.gov.cn/web/ziliao_674904/zt_674979/dnzt_674981/xzxzt/xjpdmdjxgsfw_699053/。

② 《国际法院令缅政府保护罗兴亚人》，《联合早报》2020年1月24日，http://www.zaobao.com/news/world/story20200124-1023617。

清理其贷款账簿，这导致大量未偿还贷款被无限期延缓，使得近期市场对企业债务违约和还款能力的担忧再次升温。

梭登补充道："即使企业可能做得不好，银行也不能忽视不良贷款的问题。企业主和银行可以协商在六个月内重组企业，但如果利息和本金在两三年内未付，就不能再进行协商，银行必须采取行动。"即银行在发放新贷款时应更加严格，并加大力度向失信的贷款人追讨债务。

而缅甸中央银行一开始认为梭登在国会对银行业发表的评论造成了市场的波动，需要进行再次澄清，然而，随后缅甸中央银行又认为他的言论是适当的。但梭登还是在9月向中央银行提出辞呈。

## （二）经济贸易方面

2019年，缅甸经济增速放缓，国内生产总值（GDP）增速从2018年的6.8%降至2019年的6.5%，外国直接投资（FDI）仅达到官方预期目标的70%。缅甸经济还受到全球经济增长放缓和中美贸易战所带来的不确定性的打击。但缅甸政府也采取了渐进式措施来提振经济。政府推动了经济各领域的进一步自由化，并采取措施解决缅甸的电力短缺问题。政府还宣布了新的减税和免税措施，旨在增加国库收入和提升经济活力。

2019年，尽管缅甸若开邦危机仍在持续，冈比亚还向国际法院提起诉讼，损害了缅甸作为投资目的地的形象，但政府仍努力吸引外国直接投资，包括在各省邦举行了一系列投资论坛，目的是吸引投资者到若开邦和钦邦等农村地区投资。

1. 产业

众所周知，缅甸农业是国家的主要产业，其收益占国家GDP的60%，从事农业的劳动力占全国的65%，但农业领域的外商投资额只占总投资额的0.5%。缅甸国家投资委员会发布的数据显示，2016—2017财年至2018—2019财年，缅甸农业领域只吸引了1.54亿美元的外商投资，占缅甸外商投资总额的0.5%。为了缓解农业领域吸引外资不足的问题，缅甸于2019年先后举办缅甸曼德勒国际农业技术设备展、2019年缅甸农业农机展会、缅甸仰光农业展览会、第九届缅甸国际农业及家禽畜牧展览会等，旨在向外界展示缅甸农业的发展潜力与多样性。

表1　　　　　　　　缅甸农业外商投资额　　　　　　（亿美元）

| 财年 | 额度 |
|---|---|
| 2010—2011 | 1.3875 |
| 2011—2012 | 0 |
| 2012—2013 | 0.0965 |
| 2013—2014 | 0.20269 |
| 2014—2015 | 0.39666 |
| 2015—2016 | 0.0718 |
| 2016—2017 | 0 |
| 2017—2018 | 1.34845 |
| 2018—2019 | 0.19119 |

资料来源：缅甸中文网。

水产也是缅甸的重要行业，所涉范围相当广泛，长期以来，水产业就分为捕捞业及养殖业两大部分，而捕捞业又有淡水鱼捕捞工作及近海、远洋捕捞工作之分。根据渔业工作局的统计资料，缅甸全国各地参与水产业工作的人员（包括专业性及兼职性的人员）共有320万人，连同水产品工厂、饲料工厂的工作人员及销售人员也计算在内的话，从业人员达到350万人之多，在全国范围内，除了农业领域之外，是从业人员最多的一个行业。除为全国人民提供丰富的水产食品之外，在对外贸易方面，也是民间企业中的第三大创汇行业。

在养殖业方面，根据缅甸渔业工作局2018年的数据，全国各种鱼类饲养池面积达247007英亩，虾池面积达244338英亩，鱼虾饲养池面积共计491345英亩。这些养殖的鱼虾除供应国内人民消费之外，每年出口额也达1亿多美元。①

表2　　　　　　　　缅甸水产品出口及创汇

| 年度 | 水产品出口（吨） | 创汇（亿美元） |
|---|---|---|
| 2006—2007 | 343126.61 | 4.6816 |
| 2007—2008 | 351652.05 | 5.6102 |

---

① 数据取自缅华网。

续表

| 年度 | 水产品出口（吨） | 创汇（亿美元） |
| --- | --- | --- |
| 2008—2009 | 324710.54 | 4.8323 |
| 2009—2010 | 375092.43 | 4.9659 |
| 2010—2011 | 373892.71 | 5.5552 |
| 2011—2012 | 386981.32 | 6.5385 |
| 2012—2013 | 376845.69 | 6.5284 |
| 2014—2015 | 338290.59 | 4.8225 |
| 2015—2016 | 368970.89 | 5.0263 |
| 2016—2017 | 438706.51 | 6.0582 |
| 2017—2018 | 568227.33 | 7.1172 |
| 2018—2019 | 590094.93 | 7.2002 |

资料来源：缅甸中文网。

2. 投资

2019 年 1 月，缅甸举办了投资峰会，并将制造业、成衣业、水产业、住宅、旅游、教育、健康、电力 8 个领域定为优先发展领域，将仰光省、曼德勒省、伊洛瓦底省、孟邦、若开邦、克伦邦、钦邦、掸邦、德林达依省和实皆省 10 个省、邦定为优先推荐投资地。① 缅甸也于 2019 年 6 月 26 日成立了缅甸投资促进委员会。

根据世界银行公布的《2018 年营商环境报告》，缅甸的营商环境在 190 个经济体中排第 171 位。而 2019 年 10 月最新发布的《2020 年营商环境报告》显示，缅甸的排名已经提升至第 165 位，并成为营商环境改善成绩突出的 20 个国家之一。缅甸在开办企业、注册资产、办理施工许可、执行合同和保护少数投资者五个方面的改进较突出，如开办企业这一项从 2018 年排名第 152 位提升至目前的第 70 位。②

《缅甸之光》公布的数据显示，2018—2019 财年，缅甸公民的投资额为 16945.6808 亿美元，国外企业家对缅甸的投资额为 41.5847 亿美元。截至 2019 年 9 月 30 日，缅甸已注册的工业私营企业共有 51661 家，其中有 8324 家大型企业、11673 家中型企业以及 31664 家小型企业。从商品

---

① 驻曼德勒总领馆经商室：《缅甸在内比都召开 2019 投资峰会》，http://mandalay.mofcom.gov.cn/article/jmxw/201901/20190102831479.shtml，2019-1-29/2020-2-22。
② 中华人民共和国驻缅甸联邦共和国大使馆经济商务处数据。

领域来看,生产食品与饮料的企业超过半数,其次是生产建筑材料、油矿产品、服装等的企业。截至2019年12月底,共有50个国家和地区在12个领域进行了投资,投资较多的国家分别为新加坡、中国和泰国。

表3　　2019年1—7月世界各国(地区)对缅甸的投资额　　(亿美元)

| 国家或地区 | 投资额<br>(至2019.3.31) | 投资额<br>(至2019.7.31) | 4个月的增加额情况 |
| --- | --- | --- | --- |
| 新加坡 | 208.4040 | 218.5169 | 10.1124 |
| 中国内地 | 205.0007 | 208.0108 | 3.0101 |
| 泰国 | 112.0888 | 113.0360 | 0.9472 |
| 中国香港 | 81.2267 | 82.7666 | 1.5399 |
| 英国 | 45.2132 | 45.2841 | 0.0709 |
| 韩国 | 39.5303 | 39.6567 | 0.1264 |
| 越南 | 21.6360 | 21.6520 | 0.0160 |
| 马来西亚 | 19.6312 | 19.6312 | — |
| 荷兰 | 15.5489 | 15.5489 | — |
| 日本 | 11.8832 | 12.0846 | 0.2014 |
| 共计 | 760.1630 | 776.1878 | 16.0248 |

资料来源:缅甸《镜报》《缅甸新光报》数据。

其中,石油和天然气为投资较多的领域,占总投资的27%。其他还有电力领域占26.15%,制造业领域占14.07%。①

表4　　缅甸国内企业家对缅甸国内各行各业的累计投资情况　　(亿缅元)

| 行业 | 至2019年3月31日的投资额 | 至2019年7月31日的投资额 |
| --- | --- | --- |
| 房地产与建筑物行业 | 41728.5090 | 42829.8475 |
| 交通与通信行业 | 33662.6154 | 34345.5288 |
| 旅行社暨旅游工作行业 | 19521.8602 | 19820.2348 |
| 建筑行业 | 10751.8312 | 10751.8312 |
| 工业区兴建行业 | 8629.0391 | 8998.2890 |

① 缅甸《镜报》《缅甸新光报》数据。

续表

| 行业 | 至2019年3月31日的投资额 | 至2019年7月31日的投资额 |
|---|---|---|
| 能源行业 | 6761.2658 | 6761.2658 |
| 养殖与水产行业 | 3542.7828 | 3655.8765 |
| 采矿业 | 1970.9151 | 1970.9151 |
| 农业 | 525.3440 | 530.3440 |
| 其他 | 30651.0711 | 32285.8070 |

资料来源：缅甸国家统计局。

表5　　　　缅甸国内投资额与国外企业家在缅甸的投资额　　　（亿美元）

| 财政年度 | 缅甸国内投资额 | 国外投资额 |
|---|---|---|
| 2011—2012 | 2415.7553 | 46.4446 |
| 2012—2013 | 11746.2529 | 14.1946 |
| 2013—2014 | 17157.5226 | 41.0706 |
| 2014—2015 | 12069.2197 | 80.1053 |
| 2015—2016 | 59332.4556 | 94.8612 |
| 2016—2017 | 16044.6010 | 66.4981 |
| 2017—2018 | 39780.9513 | 57.1809 |
| 2018年财政过渡期 | 9954.0201 | 17.6471 |
| 2018—2019 | 16945.6808 | 41.5874 |

资料来源：缅甸国家统计局。

3. 贸易

作为一个农业国，缅甸对外出口产品主要是大米、豆类、玉米及橡胶等农产品，另外就是来料加工（CMP）类的成衣产品，还有就是天然气、玉石及一些矿产品等。因为基础建设的需要，一些大型建设项目所需要的器材，属于投资性质的原料、日用品等都要从国外进口。

2018—2019财政年度缅甸对外贸易总额达到350亿美元，2019—2020财政年度直到2020年1月为止，贸易总额也达到了131.01亿美元，其中，民间私营企业的贸易额就达到112.95亿美元，占贸易总额的86%，占据了绝对的主导地位。① 本财年缅甸对外贸易逆差额从30多亿

---

① 数据取自缅华网。

美元缩小到 11 亿美元，但仍高于政府预期的 5 亿美元。

表6　　　　　　　　2019 年 9 月缅甸外贸数据　　　　　　（亿美元）

| 贸易种类 | 出口额 | 进口额 | 贸易总额 | 顺/逆差 |
| --- | --- | --- | --- | --- |
| 正常贸易 | 8.8701 | 12.2164 | 21.0865 | -3.3643 |
| 边境贸易 | 5.2598 | 2.5768 | 7.8366 | +2.6830 |
| 共计 | 14.1299 | 14.7932 | 28.9231 | -6633 |

资料来源：缅甸国家统计局。

表7　　　　　　　2018—2019 财年缅甸对外贸易总额　　　　　（亿美元）

| 贸易种类 | 出口额 | 进口额 | 贸易总额 | 顺/逆差 |
| --- | --- | --- | --- | --- |
| 正常贸易 | 97.6281 | 150.0204 | 247.6485 | -52.3923 |
| 边境贸易 | 72.0035 | 30.5568 | 102.5603 | +41.4467 |
| 共计 | 169.6316 | 180.5772 | 350.2088 | -10.9456 |

资料来源：缅甸国家统计局。

消除贸易逆差并不是一件容易的事，缅甸由于资源匮乏，基础设施建设落后，国内各行各业的发展都离不开器材及原料的进口。尽管服装和天然气需求的上升推动了出口的增长，反映了当地工业的增长和缅币汇率的稳定，但进口下降可能表明缅甸经济放缓，消费者支出减少，企业投资减少。

在贸易伙伴方面，2018—2019 财年中国仍为缅甸最大的贸易伙伴国，是唯一一个双边贸易规模超过 100 亿美元的国家，且双边贸易额和缅甸方进口额均超出第二大贸易伙伴国的两倍。其他重要的贸易伙伴有泰国、新加坡、日本、印度、美国、印度尼西亚、马来西亚等国家。缅甸与前十大贸易伙伴的贸易额占缅甸对外贸易总额的比例超过了 80%。

另外，据《缅甸环球新光报》6 月 14 日报道，为提高出口产品的附加值，缅甸商务部发布指令，准许外资企业出口加工过的粮食等 7 类商品。这 7 类商品分别是肉类、鱼，加工过的粮食，桑皮纸等纸类，种质，精炼金属，以蔬菜和水果为原料的半成品及成品，木质家具。不过，外资企业出口肉类和鱼、加工过的粮食等商品需要从相关部门获得许可证。

4. 物价

缅甸国家统计局数据显示，在2019年一年时间里，缅甸食品类物价上涨了7.97%，住房租金和维护费上涨了30.81%，香烟和酒精饮品类上涨了7.91%，家用物品价格和维护费用上涨了6.63%，医疗费用上涨了8.21%，休闲及文化类费用上涨了12.27%，教育费用上涨了4.08%，餐饮类上涨了5.42%，综合物品类上涨了10.71%，非食品类物品上涨了10.04%。

以2012年为基础年计算得到的2019年10月的消费者价格指数（CPI）显示，食品类为173.39，非食品类为142.56，所有种类综合为160.58。对比2018年10月的指数，2019年的指数增加了8.72%。①

5. 税收

根据10月生效的缅甸联邦税法，政府将税率从最高的30%降至最低的3%。根据该税法，未申报的收入必须直接用于资本资产投资或商业。

缅甸是东盟税收较低的国家之一，税收仅占GDP的8%，而全球平均水平为15%。缅甸政府每年的财政收入有限，难以为基础设施建设提供资金，以吸引外国投资。因此，此次减税背后的原因是，在帮助弥补基础设施融资缺口的同时，寻求资金重新注入经济领域。

缅甸计划与财政部副部长吴茂茂温，在向议会提交2019年税务法草案时表示，2019年，国家预计能获得税收78690亿缅币，接近80000亿缅币。收税的领域包括国内产品和民众消费方面的税收；收入方面、所有权方面的税收；开采国有资源的税收，以及关税等。其中，国内产品与民众消费方面的税收，包括烟酒税、商业税、许可证费用、缅甸昂巴列彩票奖、特殊商品税、珠宝税以及旅游执照等9种，预计能获得税收40000多亿缅币。此外，吴茂茂温还表示，国家税务的征收，不单单只是考虑某一方面，而是会从各方面进行考虑。2019年联邦税务法草案，将继续在议会中进行讨论。②

6. 利率

缅甸计划与财政部降低了小额贷款和储蓄利率，以支持这个快速增

---

① 缅甸国家统计局。
② 引自缅甸中文网。

长的行业。最高贷款利率从30%降至28%，存款利率从15%降至14%。在缅甸，约有180家本土和外资小额信贷机构为约300万缅甸人民提供服务，该领域具有极大的开发潜力，因为还有约1200多万人民仍然生活在贫困中。

7. 金融

2019年缅甸股市交易额较2018年有所增长。《妙瓦底报》1月6日报道，据缅甸仰光证交所统计分析获知，2019年缅甸仰光证交所的个股成交额达130亿缅元，相比2018年股票买卖和大宗交易额有所增加。2019年以大宗交易方法买卖交易1502764股，总产值为81.6221891亿缅元，其中越南第一投资管理公司买卖10513股，成交额为1.0986085亿缅元。越南迪拉瓦自由贸易区控投公共性有限责任公司（MTSH）买卖771251股，成交额为25.6675806亿缅元，越南中国公民金融机构（MCB）买卖721000股，成交额为54.856亿缅元。[①]

银行领域和保险领域的自由化都在不断推进，2019年11月，缅甸央行宣布向45家在缅设立代表处的外资银行发放新一轮牌照，共有5家国外的保险公司以及6家外资和本地合资的保险公司拿到了经营牌照，表示缅甸保险领域实施自由化迈出了第一步，银行普惠金融业务也得到了进一步的发展。

8. 数字经济

在过去5年里，缅甸的电信行业发展迅猛，目前缅甸大约90%的手机用户使用的是智能手机，政府认为，这是发展电子商务、数字支付的绝佳机会。[②] 2019年缅甸制定了数字经济路线图并成立了数字经济发展委员会（DEDC）。根据该路线图，缅甸未来将重点发展九个优先领域：教育、卫生保健、农业渔业和牲畜业、旅游和酒店、制造业和中小企业、金融服务、技术和创业生态系统、数字贸易、运输和物流，其目标是2020年将商业领域的数字化转型提高10%，2025年提高到30%。缅甸政府希望通过数字经济的发展，实现国家的数字化转型，引入数字政府以及数字贸易和创新。

---

① 缅甸《妙瓦底报》2019年1月6日。
② 《缅甸政府力推数字经济发展》，缅华网，http://www.mhwmm.com/Ch/News-View.asp?ID=36502。

### （三）社会文化方面

2019年，一方面，随着落地签政策的实施以及缅甸古城蒲甘被列入世界遗产名录，缅甸旅游业迎来了井喷式发展。另一方面，社会各界人士的反腐热情不断提高，缅甸腐败文化得到了改善。然而，罗兴亚难民的回国之日仍旧遥遥无期。

1. 缅甸政府签证新规促缅甸旅游业迎来高速增长

在过去的一年中，尽管缅甸政府因为罗兴亚难民问题而遭到西方社会的普遍指责，但这似乎没有影响缅甸旅游业的高速发展。2019年，缅甸在全球20个增长快速的旅游目的地中排名最前。联合国世界旅游组织的报告称，缅甸是表现极佳的十大新兴旅游目的地。缅甸旅游联合会下属的缅甸旅游营销部报告指出，该国旅游业同比增长40.2%。

为方便游客出入，缅甸政府出台了新规定，给予中国、日本、韩国以及一些东南亚国家的居民免签证入境权。根据缅甸酒店与旅游部公布的数据，2019年前8个月，入缅中国游客人数为194.2万人次，与去年同期相比增加114.5万人次。①

尽管缅甸在许多领域都具有巨大的旅游潜力和吸引力，但该行业的许多产业仍有待开发。此外，与邻国相比，缅甸的年接待旅客人数相对较少，甚至还不如老挝。这主要是由于其历史因素和政治局势所造成的。然而，在军政府将权力移交给民盟之后，旅游业的游客人数有所增加，2012年，游客人数首次突破了百万大关。2013年，制定了旅游业总体规划，2020年的目标是750万名游客。

2. 腐败文化在一定程度上得到改善

在近半个世纪的军政府统治下，缅甸被多个贪污监督机构列为世界上最腐败的国家。自2010年以来，经过一系列由准平民政府推行的改革，缅甸的反腐形势有所改善。根据透明国际（Transparency International）发布的2019年腐败感知指数②，缅甸在全球180个国家中排第130位，仅比去年上升两位，然而，2010年该组织称，缅甸是仅次于索马

---

① 《缅甸酒店与旅游部：2019年入缅中国游客已达194万》，中国新闻网，2019年10月30日，http://www.chinanews.com/hr/2019/10-30/8993665.shtml。

② Corruption Perceptions Index 2019, Transparency International, 2019, https://www.transparency.org/cpi2019?/news/feature/cpi-2019.

里的全球第二大腐败国家。缅甸行政协调会2019年5月对公职人员腐败问题进行了一项调查。调查结果显示，腐败行为在政府工作人员中仍然猖獗。其中有近90%的调查参与者表示，除非贿赂官员，否则他们在与政府做生意时会遇到各种困难。

近年来，缅甸社会尤其是当代年轻人对于反腐的支持愈发强烈。2019年7月，缅甸反贪委员会（ACC）的工作人员宣布了新的招聘计划，来应聘者相对往年人数激增，其中大部分是应届毕业生以及年轻人群体。而缅甸首都内比都以及第二大城市曼德勒也出现了类似的反应。这无疑将为未来政府继续加大反腐力度提供强有力的民意基础和民意支持。

3. 罗兴亚难民返缅问题陷入僵局

自2017年8月，逃入孟加拉国的罗兴亚人的遣返问题不仅没有得到及时解决，反而加剧了。目前的情况是民盟政府强调说，它在接受罗兴亚逃亡者的归还方面做得很好，并且批评孟加拉国政府不积极进行合作。缅甸方面表示可以接受有确凿事实根据的、确实曾经在缅甸居住过的难民重返缅甸，而不接受那些没有事实根据的、想趁机混进缅甸讨生活的非法偷渡人士入境。这一点在缅甸方面是有"前车之鉴"的。"出去三万，回来五万"，这是20世纪孟加拉族裔人士不断上演的一出戏码。而孟加拉国政府批评缅甸政府在难民问题上表现不积极，甚至无作为。

孟缅双方经过冗长的谈判，终于达成了一项协议：缅甸方面在8月22日开始接受第一批3450名难民的回返，然而，直到当天下午日落西山，也不见有任何难民进入。这是因为缅甸地方武装阿拉干罗兴亚团结军（ARSA）要求难民在获得充分的公民身份和包括在缅甸与国际社会的保证下返回缅甸，由于缅甸政府无法轻易给予流亡在孟加拉国的罗兴亚难民公民身份，最起码无法在不经检验的情况下直接向难民颁发身份证，所以ARSA组织约束甚至恐吓罗兴亚难民不要返回缅甸。

与此同时，以美国为首的一些西方国家继续向缅甸民盟政府以及军方进行施压，相继制裁了多位缅甸高官。在可预见的时间里，难民返缅问题仍无法解决。这无疑将进一步增加了难民未来的不确定性，为缅孟两国未来的沟通合作蒙上一层阴影。不过令人欣慰的是，截至2019年

8月7日，联合国难民属已经为超过50万名罗兴亚难民发放了具有生物识别功能的防欺诈身份证。这为未来难民获得正式缅甸公民证件奠定了基础。

4. 缅甸古城蒲甘被列入世界遗产名录

2019年7月6日，联合国教科文组织在阿塞拜疆巴库举行的会议上批准将蒲甘列入世界遗产名录的提议，这是缅甸继古骠国遗址（Pyu Ancient Cities）后的第二个世界遗产。距蒲甘首次被提名为世界遗产，已经时隔了24年。其实蒲甘古城早在1995年就被提名为世界遗产，但由于当时军政府无视专家对保护古迹的建议，因此申遗未能成功。直到2011年缅甸进行民主改革后，才重新将这一工作提上日程。

国际古迹与遗产理事会（ICOMOS）和国际自然保护联盟（IUCN）建议将蒲甘列入《世界遗产名录》，并指出蒲甘具有重要的历史象征意义，至今仍是佛教圣地。而缅甸当局也已经实施了新的文化遗产法，并撤回了一些之前"不适当的保护措施"。

蒲甘是缅甸曼德勒省一个具有悠久历史的地区。从9世纪到13世纪，这里是蒲甘王国，是现代缅甸的前身。根据缅甸国家博物馆的数据，这座古城尚存3500多座的佛塔、寺庙、修道院、防御工事和其他古迹。它还有考古遗址和古代水管理系统的遗迹。不幸的是，在2016年地震中，许多建筑物遭到破坏，这也为蒲甘申遗蒙上了一层阴影。不过，缅甸政府已承诺，到2028年将考古遗址中的所有旅馆转移至专门的旅馆区域。而履行这一承诺并达到其他保护目标将成为蒲甘维持其世界遗产地位的重要标准。

蒲甘的申遗成功将带动缅甸旅游业的进一步发展，自北部若开邦危机和罗兴亚难民问题出现以来，缅甸的国际形象一度大跌，来自欧美的游客骤然减少。而蒲甘的申遗成功将为缅甸重新吸引来自世界各地的游客。

## 二 2019年中国与缅甸合作回顾

2019年，缅甸与西方国家关系持续紧张，丝毫没有改善的迹象，而中缅两国关系继续保持着良好的发展势头，高层互访不断。经济贸易往来不断加深，中缅经济走廊项目加速推进，与此同时，中缅旅游业欣欣向荣，文化交流日趋多元化。

### （一）政治外交关系

在过去一年里，缅甸与以美国为首的西方国家的关系不断恶化，出现了严重的倒退，这事实上推动其对华合作采取了更加务实的态度。自古以来，中缅两国就是守望相助的友好邻邦，两国友谊源远流长，常以"胞波"（兄弟）相称。近年来，中缅两国积极推动共建"一带一路"和中缅经济走廊，继续深化全面战略伙伴关系。中方在缅甸和平进程、若开邦等问题上不断给予缅方支持与帮助，贡献中国智慧。

1. 缅甸高层频繁访华出席活动

2019 年 4 月，缅甸国务资政昂山素季来华出席第二届"一带一路"国际合作高峰论坛和北京世园会开幕式，她在分论坛上发表演讲的时候表示自己是带着友谊来的，而她非常感谢中国朋友在危难时候对缅甸的帮助。我们通过昂山素季的表态可以看到她的真心实意，缅甸确实通过参与"一带一路"获益良多，不仅让缅甸走向了发展的快车道，还让缅甸在国际上的地位不断提升。随后，习近平主席在北京人民大会堂会见了昂山素季并指出，中缅"胞波"情谊深厚，共饮一江水，是命运共同体。[①] 在新的形势下，中国愿意同缅甸深化传统友谊，增进务实合作，推进两国关系继续向前发展。值此中缅建交 70 周年之际，双方应继续增进各层级人文交流，深入落实在民生方面的务实合作，不断巩固中缅传统友谊。中国方面愿意同缅方携手共同保障中缅两国边境地区长久的和平与稳定。2019 年 8 月，中国外交部部长王毅在北京同缅甸国务资政部长觉丁瑞举行会谈。王毅表示中方坚定支持缅甸推进国内和平进程，期望通过各方协商延续缅北地区停火局面。觉丁瑞表示，缅甸将全力推进国内和平与民族和解过程，早日恢复局势稳定，保障缅中边境地区的和平与安宁。[②]

与此同时，近年来，中缅两军关系发展势头良好，高层互访不断。2019 年 4 月，缅海军派军舰参加在青岛举行的庆祝中国人民解放军海

---

[①] 《习近平会见缅甸国务资政昂山素季》，新华网，2019 年 4 月 24 日，http://www.xinhuanet.com/2019 -04/24/c_ 1124411835. htm。

[②] 《王毅同缅甸国务资政部长觉丁瑞举行会谈》，外交部，2019 年 8 月，https://www.fmprc. gov. cn/web/wjbz_ 673089/sp/t1692463. shtml。

军成立70周年海上阅兵活动。随后，习近平主席在人民大会堂会见了缅甸国防军总司令敏昂莱。

2019年12月，为避免陷入因即将到来的关于难民问题的国际法庭审判所带来的不利外交处境，缅甸政府以中缅建交70周年为契机，向中国国家主席习近平发出了国事访问的邀请，以期进一步加强同中国的外交关系，避免陷入外交孤立的境地。

2. 习近平主席出访缅甸，助力中缅建交70周年

2020年1月17日至18日，习近平主席应邀对缅甸进行国事访问。在此次访问中，缅甸和中国签署了数十项协议，其中大多数旨在通过陆路和海上网络将亚洲与非洲和欧洲连接起来，以促进贸易并刺激经济增长。习近平主席和缅甸国务资政昂山素季见证了33项协议和基础设施项目谅解备忘录的签署，大多数协议都是为了加强中缅经济走廊建设。其中包括缅甸若开邦西部的一个深海港口项目协议。该项目是由中国中信集团牵头、泰国Charoen Pokphand集团支持的皎漂经济特区的一部分。此协议使中国打通进入印度洋的战略通道，并减少了对马来西亚、印度尼西亚和新加坡之间狭窄而拥挤的马六甲海峡海上贸易的依赖。该协议还包括在两国边界开发一个经济特区，并在缅甸最大的城市仰光附近建立一个新城市。中国还向缅甸提交了一条连接中国昆明与若开港口高速铁路的可行性研究报告，计划将中国云南省与缅甸第二大城市曼德勒相连，并延伸至缅甸若开邦和仰光。它被视为"一带一路"倡议下的战略经济走廊。但是，这次访问并没有解决缅甸北部克钦邦密云水坝项目问题，此项目曾因大批缅甸民众以不满聚居地迁移和大部分水电站电力输送回中国而一度被缅甸政府叫停。

3. 缅甸与中国就派遣工人的相关问题进行磋商

根据缅甸劳工总局的统计，有30万缅甸国民在其他国家工作。其中缅甸政府已与泰国、韩国和日本签订了双边劳工协议。但是，由于中缅之间没有正式的劳工协议，造成在很长一个时期内，缅甸来华务工人员遭受了不平等的剥削和贩卖。中国雇主经常要求在华工作过一段时间的缅甸工人在缅甸找到更多的工人，并对这些没有受到法律保障的缅甸劳工进行持续剥削。然而，尽管来华务工存在着种种风险，但许多缅甸农民工仍然选择到中国"冒险"，因为在中国，体力劳动的最低工资是每月40万克朗，而缅甸的最低日工资是4800克朗。

缅甸政府表示，虽然缅甸工人没有被正式允许在中国工作，但是每天有近 20000 名缅甸国民在掸邦的缪斯镇穿越两国边境，前往中国境内的工作岗位。另据统计，目前共有 10 万左右的非法缅甸工人在中国务工。

针对这种情况，中国政府本着人道主义精神，于 2019 年 7 月主动邀请缅甸相关单位就缅甸劳工问题签署备忘录，以使缅甸来华务工人员的权益能够得到中国法律的保护。目前谈判仍处在初期阶段，预计还需要一段时间才能达成协议。

**（二）经济贸易关系**

1. 贸易往来频繁，中国稳居缅甸第一大贸易伙伴地位

中缅两国双边贸易往来频繁，中国连续多年都是缅甸第一大贸易伙伴。据中国海关总署统计数据，2019 年，中国和缅甸进出口额是 1289.1 亿元人民币（约合 180.47 亿美元），同比大幅增长 28.5%；出口额为 849 亿元人民币，增长 22.1%；进口额为 440.1 亿元，增长了 42.8%。[①] 其中，中国从缅甸进口额增长达 42.8%，缅甸农产品正大量出口中国。

缅甸稻谷协会表示，2020 年缅甸将对华出口 20 万—25 万吨大米，这是因为 2019 年中国将缅甸对华大米出口配额从 10 万吨升至 40 万吨；还有水果，中国是缅甸最大的水果出口市场，占其水果出口总量的 95%。此外，缅甸还希望继续扩大对华水果出口，正在争取牛油果、香蕉等的对华出口证书。

2. 中企对缅投资项目日益增多

在中国的海外项目计划中，东南亚等国也是重要的参与对象。如今缅甸不仅在大米、原油等出口贸易上顺风顺水，还因中企的大量投资而带来了不少的就业机会和经济潜力。近年来，中缅双方不断拓宽合作领域，涵盖基础设施、电力能源、纺织制衣等诸多行业，中国对缅甸投资额逐步上升。2019 年前 9 个月，中国企业对缅投资 1.5 亿美元，而缅甸也把国内众多的基建项目交由中企承建，2019 年同期中企在缅新签

---

① 《2019 年中国和缅甸进出口总值大幅增长 28.5%》，央广网，http://news.cnr.cn/native/gd/20200115/t20200115_524938696.shtml。

工程承包合同额为47.7亿美元（约合328亿元人民币），同比增长238.1%。① 2019年9月23日，中缅投资合作工作组会议在内比都举行，中缅双方讨论了未来5年的合作发展规划，着重推动港口、铁路、公路等重大基础设施项目建设，充分推动民生项目的开展，并达成了共识。

2019年，中国石油天然气集团计划将在缅甸开设数十个加油站，进一步扩大其零售石油业务。与此同时，缅甸还希望让中企继续帮助其实现全国通电的目标。据人民网报道，2019年1月11日，由中国国家电网公司承建的缅甸北克钦邦与230千伏主干网联通工程竣工，通过这一工程，可以把缅北丰富的水电输送至缅甸南部经济较为发达、用电较为旺盛的地区，预计每年可输送电量约55亿度。作为缅甸经济中心的仰光省，用电需求占缅甸全国总需求的40%以上，当地的达吉达燃气电厂便是由中企承建的，该电厂2019年的总发电量为7.65亿千瓦时，提供仰光用电量的15%，为仰光市及周边地区4.2万多户家庭提供稳定的电力。②

3. 中缅经济走廊稳步推进

近年来，缅甸积极参与"一带一路"建设。2017年和2019年，缅甸国务大臣昂山素季参加了在中国举行的首届"一带一路"国际合作峰会和第二届"一带一路"国际合作峰会，并与中国领导人就建设"一带一路"与中缅经济走廊达成共识。在2019年2月21日至22日召开的第二届中缅经济走廊论坛上，双方就务实合作进行了充分探讨，达成了更多共识，提出了24个合作项目，并同意加快中缅经济走廊和克钦边境贸易区等9个项目的推进工作。中国将充分利用自身在技术、资金、产能方面的优势大力协助缅甸进行相关项目的建设，为两国的持续发展提供动力。在2019年4月第二届"一带一路"国际合作高峰论坛上，中缅双方签署了《中缅经济走廊合作计划（2019—2030）谅解备忘录》，标志着中缅经济走廊建设又推进了一大步，未来一批建设项目

---

① 《中国驻缅甸大使陈海：习近平主席访缅将极大推动两国关系提质升级》，中国青年网，http://news.youth.cn/sz/202001/t20200114_12169061.htm。

② 取自人民网、金十数据。

将陆续落地实施。①

2019年12月，中国外交部部长王毅会见了缅甸国务大臣昂山素季，表示中国愿与缅甸共同将中缅经济走廊建设推向更深层次，进入实质性的建设阶段，推动一批项目落地，展现"一带一路"建设的重要成果。双方达成共识，将继续不断加强中缅双方的高层交往，加快推进中缅经济走廊建设，重点推进中缅边境经济合作区、皎漂经济特区等标志性项目的建设进程，让两国人民看到实实在在的建设成果。

木姐—曼德勒铁路是中缅经济走廊框架下的标志性项目。2018年10月，中缅两国签署了木姐—曼德勒铁路项目可行性研究备忘录，2019年4月，中国即向缅甸运输和通信部部长递交了该项目的可行性报告。随后，中缅双方签署了备忘录，确认开始规划实施该项目。木姐位于缅甸北部，靠近云南，是缅甸最大的边境贸易口岸，而曼德勒是缅甸的第二大经济中心，该铁路的建设具有重大的经济意义。按照规划，木姐—曼德勒铁路全长约421公里，列车设计时速大约为160千米/小时，建成之后，中缅两国的铁路可以无缝连接。该铁路的建成将对中缅贸易合作产生重大意义，进一步推进了贸易便利化的发展。②

当前中缅边境经济合作区项目也在不断推进中，2019年1月30日，缅甸允许使用人民币作为结算货币进行国际支付，使得中国与缅甸之前的贸易投资、经贸合作更为便利。

中缅经济走廊建设将直接促进缅甸工业、制造业的加速发展，尤其是曼德勒工业园、仰光新城、皎漂经济特区的制造业将优先获得快速发展。伴随着缅甸基础设施的不断完善，会吸引更多的外资进入缅甸，对推动缅甸经济腾飞会产生十分重要的积极影响。此外，伴随着交通和能源基础设施的大幅改善，缅甸的旅游潜力也将得到更好发挥，旅游业对促进缅甸经济腾飞将起着越来越重要的作用。

4. 孟中印缅经济走廊建设进展缓慢

"孟中印缅经济走廊"发起于1999年的孟中印缅地区合作论坛。2013年5月，国务院总理李克强在访问印度期间提出了共同建设"孟

---

① 《中缅经济走廊开启实质性规划建设》，人民网，https：//baijiahao.baidu.com/s？id=1656113039321547424&wfr=spider&for=pc。

② 数据取自光明日报、新浪财经。

中印缅经济走廊"倡议，得到印度、孟加拉国、缅甸三国的积极响应。孟中印缅经济走廊连接东亚、南亚和东南亚三个次区域，是"一带一路"建设的重点项目。2017年11月，中国提议从中国云南、中缅边境以南至曼德勒，然后至仰光新城，在中缅之间建设一条"人形"经济走廊。此举得到缅方高度赞赏，双方于2018年9月签署经济走廊合作文件。一大批重点项目相继取得早期收获。2019年6月，孟中印缅地区合作论坛第十三次会议在中国云南举行，四国与会代表一致表示将进一步深化合作。① 但总体来说，由于区域四国之间政治互信不足，孟中印缅经济走廊进展缓慢，长效机制尚未建立，目前主要是推动以中缅经济走廊为主的双边合作，中缅铁路昆明至大理段已开通运营，大理至瑞丽段正加快建设，昆明开通了与仰光、内比都、曼德勒的航线，芒市与曼德勒的航线已于2019年1月开通。

中缅双边经贸合作成果丰硕，与两国高度的政治互信是分不开的，"胞波"友谊源远流长，中缅两国一直是好邻居、好朋友、好伙伴。70年来，中缅关系在相互尊重、相互信任、相互帮助的基础上不断发展，逐步形成了全方位、多层次、宽领域的合作格局。

**（三）社会文化关系**

1. 落地签政策的实施吸引了大量中国游客入缅

自2018年10月1日起，缅甸正式对中国游客实施落地签，这一政策的出台迅速在中国掀起了赴缅旅游的热潮。根据缅甸外交部的通知，缅甸对持普通护照短期赴缅甸旅游的中国公民试行落地签政策，将延期一年至2020年9月30日。2018—2019财年缅甸国家规划上半年第（9/2019）号报告显示，入缅观光的国际游客数量达216万人次，其消费额达11亿美元（1美元≈7.03元人民币）。其中中国的游客最多，达到了总游客数的1/3。② 截至2019年8月，中国到缅甸的游客人数为194.2万人次，与2018年8月相比增加了114.5万人次。缅甸旅游协会主席表示，预计在2020—2021年，中国到缅甸旅游的人数将达到200

---

① https://baijiahao.baidu.com/s?id=1636097343788555732&wfr=spider&for=pc。
② 《中国游客成缅甸旅游市场救星 占总游客三分之一》，中国新闻网，2019年8月6日，https://m.chinanews.com/wap/detail/zw/hr/2019/08-06/8918416.shtml。

万人次。① 这主要源于2018年10月缅甸对中国放宽了签证规定,来自中国的游客增加了,2019年中国游客入缅数量比去年增幅超过了100%。

2. 两国文化交流多元化

伴随着近两年来中缅关系进入蜜月期,两国文化交流逐渐多元化。2019年1月16日,由中国国务院新闻办公室、云南省人民政府、缅甸宣传部等单位主办的中缅文化周系列活动在缅甸曼德勒举办。当天,"中华乡愁书院"在曼德勒落户、新知华文书局举办了中国主题图书新春展销、中国饮食文化体验活动和中缅文化交流展等一系列精彩纷呈的活动,在当地刮起了"中国风"。② 11月22日,第六届中国云南—缅甸合作论坛在缅甸内比都举行。该论坛以"共谋滇缅合作新路径,共创中缅经济走廊新未来"为主题,由缅甸外交部和云南省人民政府共同举办。12月11日,中缅科技合作科普交流会晤在瑞丽市举行,双方就继续加强在产业科技、教育科普、医疗防疫、能源利用等方面的合作以及共同搭建科普文化合作与技术交流机制达成共识,双方代表签署了会晤纪要。2020年1月17日晚,习近平主席在内比都第二国际会议中心出席中缅建交70周年庆祝活动暨中缅文化旅游年启动仪式,并表示:"'胞波感情重,江水溯源长',在双方共同努力下,中缅友好交往和合作发展的历史潮流,一定会像同宗同源的中国澜沧江和缅甸伊洛瓦底江一样,跨过崇山峻岭,越过激流险滩,始终奔腾向前。"③

3. 中国援修缅甸蒲甘他冰瑜佛塔

2016年8月,蒲甘古城遭受里氏6.8级的大地震,400多座佛塔建筑不同程度地受损,包括建于1144年、高达65米的他冰瑜佛塔。他冰瑜佛塔的三、四层受损十分严重,券洞回廊上出现了大量裂缝,右侧的外墙也出现了偏移,整座佛塔全靠底座撑着,内部已经非常脆弱,一旦施加外力则非常容易坍塌。④

---

① 《2019年赴缅甸的中国游客已达194万》,中国—东盟博览会,http://www.caexpo.org/index.php?m=content&c=index&a=show&catid=120&id=238339。
② 本报记者:《中缅文化周系列活动在缅启幕》,《云南日报》2019年1月17日第1版。
③ 暨佩娟:《习近平出席中缅建交70周年系列庆祝活动暨中缅文化旅游年启动仪式》,《人民日报》2020年1月18日第1版。
④ 赵益普:《蒲甘忘不了中国的支持》,《人民日报》2020年1月22日第16版。

应缅甸方面的邀请，中缅将就蒲甘他冰瑜佛塔修缮展开充分合作。2017年5月，中缅双方签署了《中华人民共和国国家文物局和缅甸联邦共和国宗教与文化部关于开展缅甸蒲甘古迹震后修复保护合作的谅解备忘录》；2018年9月，中缅双方签署了援助修复他冰瑜佛塔协议。为防止他冰瑜佛塔在暴雨中遭受二次损毁，中国专家2019年4月开始抢险加固工作，在高温湿热中奋战三个月，抢在雨季来临前给佛塔"上了保险"。在他冰瑜佛塔应急修复工作完成以后，2019年7月，蒲甘古城被联合国教科文组织列入《世界遗产名录》，双方的共同努力取得了重大成效。在蒲甘古城的申遗过程中，中方专家提供了大量的技术方面的支持，这对最终申遗的成功起到了至关重要的作用。缅甸总统温敏在视察蒲甘古城时表达了对中国无私帮助的由衷感谢，表示蒲甘人民忘不了中国的支持。

## 三 2020年中国与缅甸合作展望

展望未来，中缅两国将继续携手共建中缅命运共同体，推进中缅经济走廊建设，发挥高层交往的引领作用，加强各层级沟通协调，同时两国人民的文化交流更加多元化、常态化。

**（一）2019年中缅合作存在的问题**

2019年中缅两国关系迎来了蜜月期，然而，其中仍然存在着不确定因素。

1. 政治外交关系方面存在的问题

（1）缅北问题成为中缅边境的不稳定因素

缅北问题历来是缅甸国内局势动荡的根源之一，也扰乱了中缅边境的和平与稳定。早在2015年3月就发生过缅甸军机越境误炸中国平民的事件，从而造成了两国边境的紧张局势。2019年8月，缅甸军方技术大学遭火箭弹袭击，缅北警察哨所、缉毒站遇袭，有人员死伤。驻缅甸的中国使馆发表的新闻公报提到，武装袭击造成了人员死伤事件，破坏了缅北的和平与稳定，对此中国方面表示坚决反对。中国方面十分重视中缅边境地区的和平与稳定，坚定支持缅甸国内的和平进程，希望能延续缅北地区的停火与和平局面，中国方面将为此继续发挥积极的作用。

**(2) 中缅关系继续走高但仍然存在不确定性**

虽然近年来由于罗兴亚问题使得西方与缅甸逐渐走向对立，进而也促使缅甸的外交策略向靠近中国改变，中缅关系迎来了蜜月期，然而其中仍存在着不稳定的因素，一方面是由于密云水电站问题以及莱比塘铜矿事件，缅甸民众对华仍然存在一些偏见，这也为未来中缅经济走廊建设埋下了隐患。另一方面是一旦西方对于缅甸的制裁压力消退，缅甸的对外政策有可能会回到之前的大国平衡外交上。在中缅关系发展的关键时期，应积极、务实地解决两国之前的实际问题，推动两国深入合作，真正形成中缅共同体。

**2. 经济贸易关系方面存在的问题**

**(1) 政治动荡加大投资风险**

缅甸是一个多民族、多宗教、有着发生武装冲突危险的国家，政治局面的动荡使得中国对缅甸的投资面临着诸多不确定风险。随着2020年大选的到来，缅甸的民盟与巩发党竞争日益激烈，中资企业和中资项目可能会成为政党攻击的对象。此外，缅甸若开邦等地经常发生武装冲突，使得中资企业投资者的人身安全受到严重威胁，直接影响中缅重大项目的开展。中国近年来大力推动"一带一路"建设，中缅经济走廊建设也已提到日程上。而中缅高铁木姐—曼德勒段已在进行勘探工作，这时缅北地区的不稳定因素势必会影响中国的切身利益，中国方面需要积极主动地进行斡旋工作，而不应该在此问题上保持沉默。

**(2) 金融发展约束项目合作**

缅甸是个经济比较落后的国家，金融发展水平非常低。金融市场发展迟缓、金融体制和服务都较落后，金融环境不佳，这使得中国企业前往缅甸投资面临着较高的金融风险。一方面，缅甸缺乏有效的汇率形成机制，使得汇率波动较频繁，使得中资企业面临着汇率波动的风险，造成收益的损失。另一方面，投资项目融资难，缅甸2015年才允许外资银行进入，但融资规模依旧难以满足需求，中资企业只能在国内融资，但又因为项目评估不便以及政治风险较大，往往融资成本较高，增加了赴缅甸投资的难度。

**(3) 劳工问题带来管理难题**

缅甸劳动力资源相对丰富，但近些年也出现了劳动力大量外流的情况，这导致一些大型的基础设施项目没有丰富的劳动力来完成。而且缅甸劳工素质普遍较低，技术人才短缺，许多劳工比较散漫、工作效率低，不习惯加班加点，这些都给中资企业赴缅投资造成了一定的困扰，难于管理。此外，由于多种外国势力的影响，缅甸劳工非理性诉求也不断增多，再加上一些非政府组织的策划，少数劳工的行为演变成大规模有组织的罢工、示威，甚至打砸抢等暴力事件，近年来缅甸国内因劳资纠纷而引发的罢工事件频繁发生，给中国企业赴缅投资带来新的挑战。①

（4）西方国家的抹黑阻碍着中缅合作

近年来，由于美国等域外势力对中国以及"一带一路"倡议的抹黑，鼓吹"中国威胁论"，也给中国与缅甸的合作带来了阻碍。与西方对缅甸的援助相比，中国对缅甸的援助是实实在在的，但中国习惯了"做好事不留名"，这就导致了中国对缅甸的帮助并不能广为缅甸人所知。特别是缅甸人民不了解实际情况，容易被西方舆论误导，有碍中缅关系的发展。西方使用其舆论话语权，不关注中国对缅甸所作出的贡献，而是歪曲和掩盖中国的形象，为西方利益服务。中国在缅甸的大部分项目都与资源开发有关，西方媒体很擅长利用这一点制造不利于中缅关系的言论。再加上民主化进程中审查制度的取消、言论的放松，负面声音更有可能得到传播。缅甸社会普遍存在着一种矛盾心理：既希望有更多的中国资金进入缅甸，又害怕中国抢占缅甸市场。

虽然中缅合作项目的推进对缅甸的整体经济发展产生了积极影响，但当地势力认为，这些项目抢夺了当地的发展权，并且更喜欢借助中国项目来获得更大的利益。当他们的要求没有得到满足时，就会坚决抵制合作项目。商业项目的政治化日益明显，一些中国项目成为无辜受害者。

3. 社会文化关系方面存在的问题

尽管西方社会对缅甸军方针对该国罗兴亚穆斯林少数群体的暴力运动表示谴责，罗兴亚人的流亡显然导致了来自欧洲和西方国家的游客人数下降，但缅甸的游客总人数仍在上升。这主要归因于2018年10月缅

---

① 孟萍莉、吴若楠：《中国企业对缅甸投资面临的风险及对策》，《对外经贸实务》2019年第10期。

甸对中国实行落地签政策，导致中国游客大幅度增加。

然而，中国游客的激增并没有使当地社区受益。中国旅行社从预订航班、酒店和旅行安排上控制着整个旅行过程。他们为游客提供低成本的旅游套票——通常被称为零美元或零预算旅游。因此，这几乎没有为缅甸当地民众带来好处。根据旅行团的介绍，参观者必须从与旅行社有联系的商店以较高的价格购买珠宝和纪念品。而中国游客不使用缅甸货币（缅元），而是使用人民币（元）和数字支付平台，如微信支付。而且，这些旅行套票不雇用在酒店和旅游部注册并获得许可的当地导游，而是雇用说缅甸语但对该国的旅游和历史了解甚少的中国导游。

尽管当地人对此的意见越来越大，但缅甸当局担心采取行动打击此类的旅游经营者，将会减少游客的到来。然而，这种模式显然是不可持续的，在未来的可预期时间里，缅甸政府应该会从邻国学习经验，比如效仿泰国政府，对零美元游客进行一定程度的打击，从而刺激本地旅游业的持续发展。

**（二）2020 年中国缅甸合作展望**

尽管两国关系发展中仍存在些许分歧和不确定因素，但共建中缅命运共同体仍是大势所趋。

1. 政治外交关系展望

中缅"胞波"情谊深厚。当前中缅两国关系已进入新的发展阶段，面临着新的发展契机。中缅两国应把握时机，努力开启双边关系的新时代，共同构建中缅命运共同体。加强对两国关系的政治引领，推动两国人文交流，增进两国人民感情，推动中缅关系迈上新台阶。

2020 年是中缅建交 70 周年，是两国关系迈向新高度的关键一年。一方面，中国通过"一带一路"以及中缅经济走廊、皎漂经济特区的建设，打通进入印度洋的战略通道，并减少了对马来西亚、印度尼西亚和新加坡之间狭窄而拥挤的马六甲海峡海上贸易的依赖。另一方面，中缅两国协议在共同边界上开发一个经济特区，并在缅甸最大的城市仰光附近建立一个新城市。此举将进一步提升两国经济文化交流，并将增强中国影响力向南亚的辐射。

展望 2020 年，虽然缅北问题、民地武装问题仍然存在，并会在很长的一段时间里对中缅关系有着一定的影响,但是一方面随着缅甸即将迎来的 2020 年大选,在可预见的时间里,地方局势将进一步趋于稳定。另一方面,由于中国有较多大型投资项目位于缅北地区,而中国对缅边境投资势必将带动当地经济社会的发展以及居民生活水平的提高,这在一定程度上将缓和缅北局势。以发展促和平,以和平保发展将是未来中缅两国的共识。

2. 经济贸易关系展望

未来中缅两国将会进一步加强经济贸易合作交流,继续发挥高层交往的引领作用,推动社会各界各层级间的沟通协调,构建长远的全面战略合作伙伴关系。

对于中缅经贸合作来说,中缅经济走廊建设意味深远,两国在"一带一路"大背景下加强合作潜力巨大。共建中缅经济走廊是一个巨大的系统工程,建设周期长,所涉及的投资量比较大,因此尽快形成成果、取得早期收获尤其重要。争取做到在项目上以短养长,以早期收获促长期建设,促进可持续发展。今后,随着中缅经济走廊框架逐渐从概念化向重大规划建设、实质性建设阶段转移,中缅经济合作区、中缅边境合作建设将催生一批经济合作区项目的落实,使得两国在互联互通、电力与能源、交通、农业、金融、民生等领域的务实合作得以不断深化,真正将红利带给两国人民。欧美特别是英国,亚洲的日本、韩国、印度、东南亚的一些国家长期以来在缅甸都有不少投资,这些国家目前对投资缅甸的积极性也很高,这样第三方市场合作就有了良好的基础。中缅两国应以共建中缅经济走廊为平台,积极主动地邀请欧美国家、亚洲其他国家以及世界上其他有兴趣的国家共同参与中缅经济走廊建设,通过平等合作,最终实现互利共赢。

3. 社会文化关系展望

在过去的一年里,由于缅甸对华签证政策的改变,方便了旅客到缅旅游,中国游客到缅游览人次比往年翻了一倍,缅甸对华旅游相关产业也愈来愈完善与成熟。2020 年,中缅将启动文化旅游年,此举有望进一步促进中缅两国人文交流,增进两国人民的"胞波"情感,推动两国非官方组织的合作与交流。

除旅游外,中缅在其他各个领域的人文交流成果也数不胜数:《红楼梦》等中国优秀影视作品、中缅合拍电视剧《舞乐传奇》等在缅甸热播；2019年，缅甸有700多人申请中国政府奖学金……①未来中缅两国之间的传统文化交流将会进一步加深，真正在国门之间架起一道传播各自文化的桥梁，传承中缅友情，促进中缅民间相亲。中国在传播中华优秀文化的同时，应当重点强调"共赢"的理念，愿意同缅甸人民和睦相处、和谐发展、共享和平，从而为"一带一路"以及中缅经济走廊建设营造良好的氛围，拓展缅中两国文化领域的合作，深化两国人民之间的"胞波"情谊，促使两国关系更加巩固。

4. 中国政府援助缅甸抗击新冠肺炎疫情

截至2020年3月27日，根据缅甸卫生与体育部发布的信息，缅甸境内累计确诊感染新冠肺炎病例5例，隔离观察324例。缅甸积极采取防疫措施：为了防止传染，缅甸在公共场所设置了"一米政策"②。3月18日起，所有边境检查站都将暂停外国人入境服务。中国政府分别在3月17日、3月26日向缅甸援助抗击新冠肺炎疫情的医疗物资，包括新冠肺炎检测试剂盒、防护服、口罩和大米等。在援助医疗物资的同时，中国也在积极协调推动派遣医疗工作组协助缅甸开展疫情防治工作。

---

① 《共绘中缅文明交流新画卷》，新华网，2020年1月14日，http://www.xinhuanet.com//2020-01/14/c_1125461648.htm。

② 所谓"一米政策"就是在公共区域画好一米间隔的圆圈或者方格，留足安全距离。

# 2019年中国与菲律宾合作发展报告

缪慧星　王海峰　韦俊梅[*]

## 一　2019年菲律宾国内形势回顾

2019年是杜特尔特执政的第三年,在政治外交方面,菲律宾举行中期选举,杜特尔特阵营大获全胜;杜特尔特总统继续坚持大国平衡外交,近中俄、远美国。在经济方面,菲律宾经济增幅比上年下滑0.3个百分点,是2011年以来的最低增速;产业结构不断优化;对外贸易增幅不大,但吸引海外投资效果显著;金融发展状况稳定;财政赤字进一步扩大。在社会文化方面,人民生活水平不断提高,教育事业继续发展,但社会犯罪时有发生,公共卫生现状堪忧,自然灾害的破坏严重。

### (一)政治外交方面

1. 菲律宾举行中期选举,杜特尔特阵营大获全胜

根据现行菲律宾宪法,菲律宾总统杜特尔特的任期为6年,且不得连任。杜特尔特总统任职已达三年。2019年5月13日,菲律宾举行中期选举,这对杜特尔特而言是检验其执行成绩的"中期考核"。此前,杜特尔特执政联盟占据众议院多数,却没能完全掌控参议院,参议院曾多次否决总统的议案和政策。因而参议院选举尤为重要,菲律宾参议院

---

[*] 缪慧星:广西大学中国—东盟研究院副院长,广西大学中国—东盟研究院菲律宾所所长,讲师;王海峰:广西大学中国—东盟研究院菲律宾所助理研究员;韦俊梅:广西大学中国—东盟研究院菲律宾所研究人员。

共有24个席位,参议员任期为6年,其中有一半席位与总统同时选举产生,另一半席位则在中期选举产生。

2019年5月22日,菲律宾选举署公布了中期选举的最终结果。杜特尔特总统阵营获得了参议院12个席位中的9个。其中,4人来自执政党民主人民力量党,5人来自同属于执政联盟的国民党、基督教穆斯林民主力量党和菲律宾民主战斗党等党派,另外3个席位属于独立候选人。反对派提名的8名候选人全部落选。因此,在新一届参议院24个席位中,绝大多数席位来自总统杜特尔特阵营,反对派仅剩下4个席位。与此同时,执政联盟在中期选举中也获得众议院多数席位。① 值得关注的是,在此次中期选举中,杜特尔特三名子女投入选举,均高票当选。其中,被视为杜特尔特接班人、2022年可能问鼎总统大位的大女儿金莎拉大胜对手,成功连任达沃市市长。杜特尔特的长子保罗高票当选众议员,赛巴斯汀则在无对手的情况下,成功当选达沃市副市长。

2. 坚持大国平衡外交,近中俄、远美国

2019年,菲律宾杜特尔特政府继续坚持大国平衡外交政策,呈现出亲近中国、俄罗斯,疏远美国的态势。

在美国方面,2019年,杜特尔特延续此前两年"花式"态度,拒绝访问美国。2019年3月1日,美国国务卿蓬佩奥访问菲律宾,并向菲律宾总统杜特尔特保证支持菲律宾在南海的立场。菲律宾国防部部长洛伦扎纳质疑是否有必要这样做,警告可能会引来不可预见的后果。在访菲期间,蓬佩奥邀请杜特尔特访问美国,再次遭到拒绝。11月初,美国新任国防部部长埃斯珀访问菲律宾,大力推销"印太战略",作为美国高级官员埃斯珀首次公开提出《菲美共同防御条约》适用范围包括南海。12月17日,杜特尔特拒绝了美国总统特朗普关于参加2020年美国—东盟峰会的邀请。

在日本方面,菲律宾与日本是"特殊战略合作伙伴"。2019年,菲律宾与日本保持着密切的高层互动,杜特尔特先后两次访问日本。5月30—31日,杜特尔特赴日本东京参加东亚未来会议,并对日本进行访

---

① 《菲律宾执政联盟赢得议会中期选举胜利》,2019年5月23日,http://www.xinhuanet.com/2019-05/23/c_1124529971.htm。

问，菲日双方聚焦马尼拉地铁等日本资金支持的大型基础设施建设项目，达成合作共识。10月22日，杜特尔特参加日本德仁的天皇即位仪式。在访问期间，杜特尔特的发言人帕尼诺强调"菲律宾—日本友谊的黄金时代已经开始展现"。

在俄罗斯方面，杜特尔特自上任以来重视与俄罗斯的关系，与俄罗斯建立起了良好的双边关系。2019年10月1日至5日，菲律宾总统杜特尔特在其任期内第二次访问俄罗斯。菲律宾与俄罗斯就扩大安全与防务合作，打击恐怖主义、极端主义和跨境犯罪等议题取得诸多共识，两国签署了价值6.2亿菲律宾比索（约合1215万美元）的商业协议。

### （二）经济贸易方面

1. 宏观经济状况

按照菲律宾官方发布的数据，2019年，菲律宾经济连续第三年下行，全年经济实际增速为5.9%，增幅比上年下滑0.3个百分点，是2011年以来的最低增速。[①] 菲律宾2019年名义GDP为186130亿比索，同比增长6.8%。按2000年不变市场价格计算，菲律宾2019年实际GDP为97506亿比索，同比增长5.9%，并没有达到政府提出的6%—7%的全年目标，但在东盟各国中其实际GDP增长率仍排名前列。[②] 菲律宾人均名义GDP为171906比索，同比名义增长5.2%，在扣除价格因素后，实际增长4.3%，增幅较上年下滑0.3个百分点。从支出情况来看，居民最终消费支出增长率变化不大；政府最终消费支出增长率和资本形成增长率近几年来起伏较大，且2019年度数据相较上年均有所下降；出口增长率以及进口增长率和往年相比有很大幅度的下降，主要是由于国际局势动荡以及持续的中美贸易紧张局势造成的。在就业方面，菲律宾近几年来形势良好，就业率逐年走高，2019年就业率为95%，较上年度增长0.3个百分点。在通货膨胀方面，菲律宾2018年度通货膨胀率为5.2%，为近年来最高水平。菲律宾央行通过升息政策，稳定物价，抑制持续走高的通货膨胀，并取得了不错的成果，2019

---

[①] 菲律宾统计局：http://www.psa.gov.ph/。
[②] 新浪网，https://k.sina.com.cn/article_6862376589_199078e8d0010120dv.html。

年通货膨胀率降至 2.1%。并达到了央行定下的 2%—4% 的年度通胀目标。①

表 1　　　2014—2019 年菲律宾主要经济年度指标对比　　　（%）

| | 实际GDP增长率 | 人均GDP增长率 | 居民最终消费支出增长率 | 政府最终消费支出增长率 | 资本形成增长率 | 出口增长率 | 进口增长率 | 就业率 | CPI增长率 | 政府支出增长率 | 政府收入增长率 |
|---|---|---|---|---|---|---|---|---|---|---|---|
| 2014 | 6.10 | 4.30 | 5.42 | 1.74 | 4.38 | 11.28 | 8.68 | 93.20 | 4.10 | 5.40 | 11.21 |
| 2015 | 6.10 | 4.30 | 6.33 | 7.55 | 18.38 | 8.50 | 14.62 | 93.73 | 1.40 | 12.57 | 10.50 |
| 2016 | 6.90 | 5.10 | 7.00 | 8.40 | 23.70 | 10.70 | 18.50 | 94.53 | 1.80 | 14.29 | 4.12 |
| 2017 | 6.70 | 5.00 | 5.80 | 7.30 | 9.00 | 19.20 | 17.60 | 94.28 | 3.20 | 10.76 | 12.62 |
| 2018 | 6.20 | 4.60 | 5.56 | 13.01 | 13.19 | 13.44 | 15.97 | 94.68 | 5.20 | 20.71 | 15.25 |
| 2019 | 5.90 | 4.30 | 5.77 | 10.47 | 9.93 | 3.19 | 2.06 | 94.95 | 2.05 | 11.42 | 10.08 |

资料来源：菲律宾统计局，http://www.psa.gov.ph/nap-press-release/data-series。

2. 产业结构情况

截至 2019 年第四季度，第一、二、三产业产值占比分别为 57.08%、34.41% 和 8.51%。② 从发展态势来看，菲律宾的产业结构不断优化，第三产业的比重不断上升，2017—2019 年的比重分别为 57.50%、57.79%、58.46%；第二产业基本保持稳定，2017—2019 年的比重分别为 33.96%、34.12%、33.79%；第一产业比重逐渐下降，2017—2019 年的比重分别为 8.53%、8.09%、7.75%。

3. 对外经济发展情况

菲律宾 2019 年的对外贸易总额约 124731 亿比索（以 2000 年不变价格计算），同比增长 2.58%，远低于 2018 年的同比增长率 14.79 个百分点；其中出口 57777 亿比索，同比增长 3.19%，进口 66954 亿比

---

① 菲律宾商务部，http://yzs.mofcom.gov.cn/article/ztxx/201912/20191202922279.shtml。
② 菲律宾统计局：http://www.psa.gov.ph/nap-press-release/data-series。

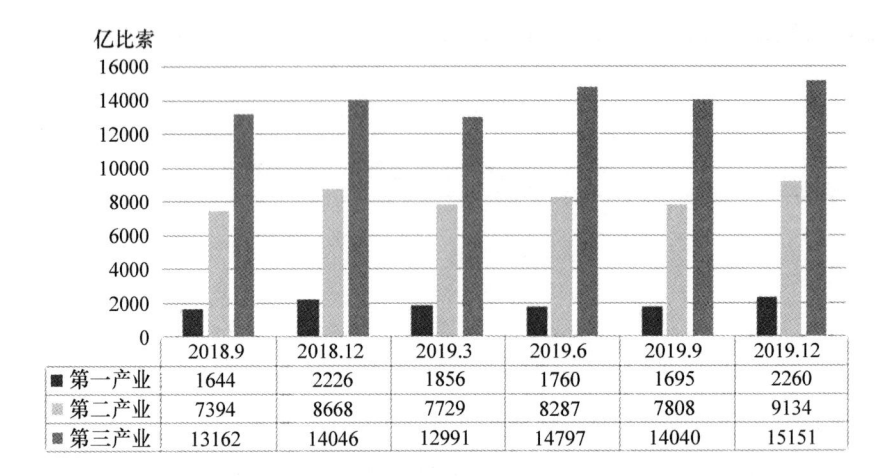

| 亿比索 | 2018.9 | 2018.12 | 2019.3 | 2019.6 | 2019.9 | 2019.12 |
|---|---|---|---|---|---|---|
| 第一产业 | 1644 | 2226 | 1856 | 1760 | 1695 | 2260 |
| 第二产业 | 7394 | 8668 | 7729 | 8287 | 7808 | 9134 |
| 第三产业 | 13162 | 14046 | 12991 | 14797 | 14040 | 15151 |

图1 2018Q3—2019Q4 菲律宾三大产业季度增加值
（以2000年不变价格计算）

资料来源：由菲律宾统计局资料整理而得。

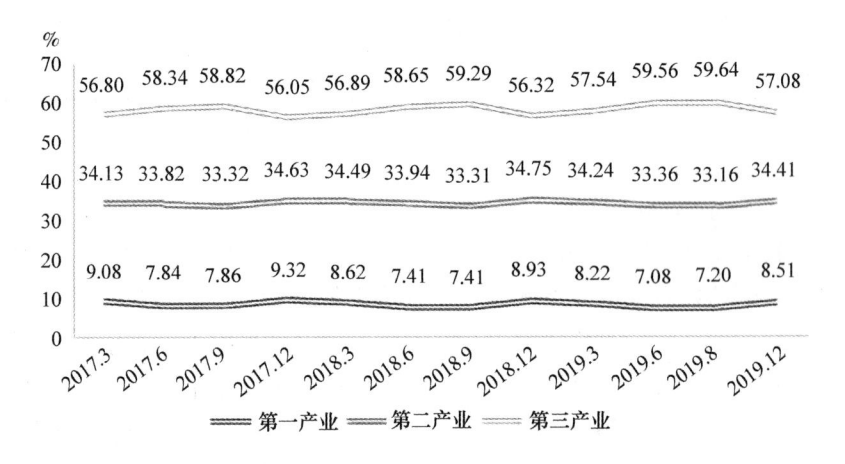

| % | 2017.3 | 2017.6 | 2017.9 | 2017.12 | 2018.3 | 2018.6 | 2018.9 | 2018.12 | 2019.3 | 2019.6 | 2019.8 | 2019.12 |
|---|---|---|---|---|---|---|---|---|---|---|---|---|
| 第三产业 | 56.80 | 58.34 | 58.82 | 56.05 | 56.89 | 58.65 | 59.29 | 56.32 | 57.54 | 59.56 | 59.64 | 57.08 |
| 第二产业 | 34.13 | 33.82 | 33.32 | 34.63 | 34.49 | 33.94 | 33.31 | 34.75 | 34.24 | 33.36 | 33.16 | 34.41 |
| 第一产业 | 9.08 | 7.84 | 7.86 | 9.32 | 8.62 | 7.41 | 7.41 | 8.93 | 8.22 | 7.08 | 7.20 | 8.51 |

图2 2017—2019年菲律宾三大产业季度增加比重

资料来源：由菲律宾统计局资料整理而得。

索，同比增长2.06%。① 可以看到，2019年菲律宾对外贸易总额相比于2018年增长幅度并不大。

2019年，菲律宾官方批准的外国投资总额（以下简称FI，即For-

---

① 菲律宾统计局，http://www.psa.gov.ph/statistics/national-summary-data-page。

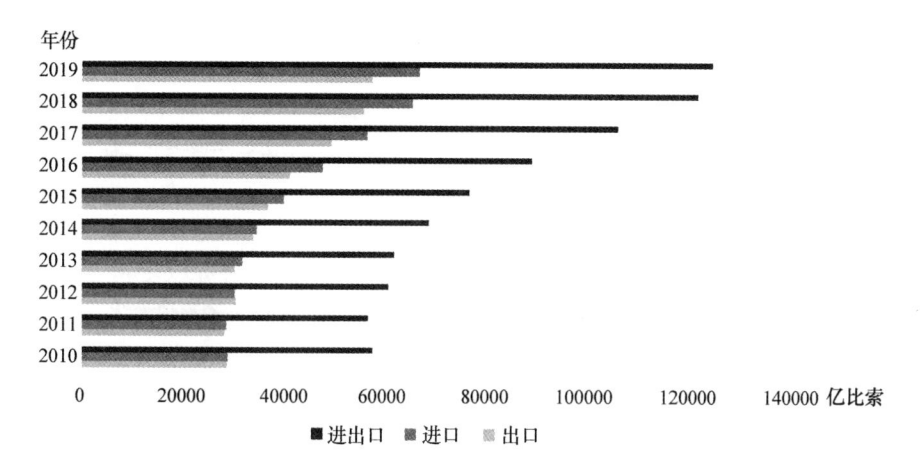

**图 3　2010—2019 年菲律宾进出口贸易情况对比**
**（以 2000 年不变价格计算）**

资料来源：由菲律宾统计局资料整理而得。

eign Investments）全年达 3901 亿比索，2018 年 FI 为 1833 亿比索，同比增长达 112.8%。

#### 4. 金融发展情况

（1）宏观金融环境

截至 2019 年 12 月，菲律宾货币 M1、M2、M3 和 M4 分别为 44983 亿比索、122838 亿比索、129470 亿比索、149483 亿比索，当月同比增长 15.7%、10.9%、11.4%、9.8%。[①]

（2）金融结构发展情况

菲律宾金融体系以银行业为主导，非银行金融机构所占比例较低。截至 2019 年 12 月，菲律宾金融系统总资产 227227 亿比索，同比增长 9.84%，其中，银行资产 187122 亿比索，同比增长 8.42%；非银行资产 40105 亿比索，同比仅增长 5.44%，低于银行业的增速。

#### 5. 财政状况

2019 年，菲律宾政府财政收入达 31374 亿比索，高于 2018 年 28501 亿比索约 10.08 个百分点；政府财政支出达 37977 亿比索，高于 2018 年 34084 亿比索约 11.42%；财政赤字为 6602 亿比索，增长

---

① 菲律宾中央银行：http://www.bsp.gov.ph/statistics/sdds/dcs.htm。

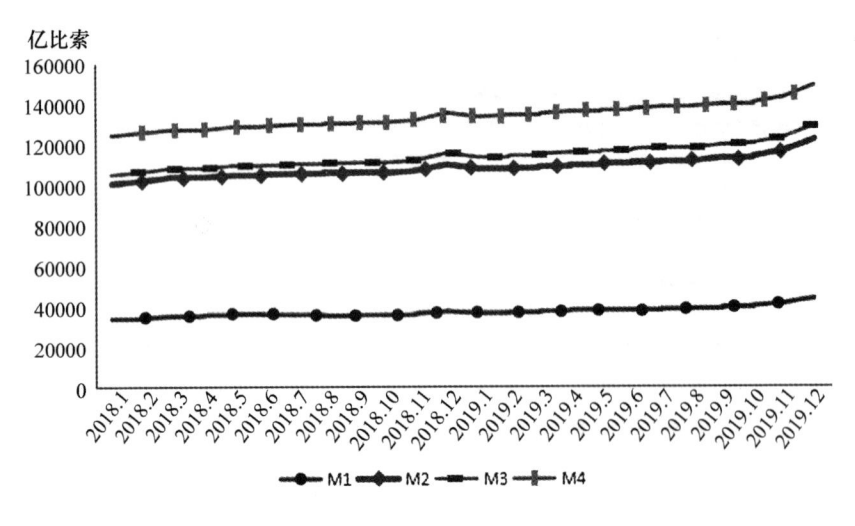

**图 4　2018—2019 年菲律宾月度货币存量**

资料来源：由菲律宾统计局及菲律宾中央银行数据整理而得。

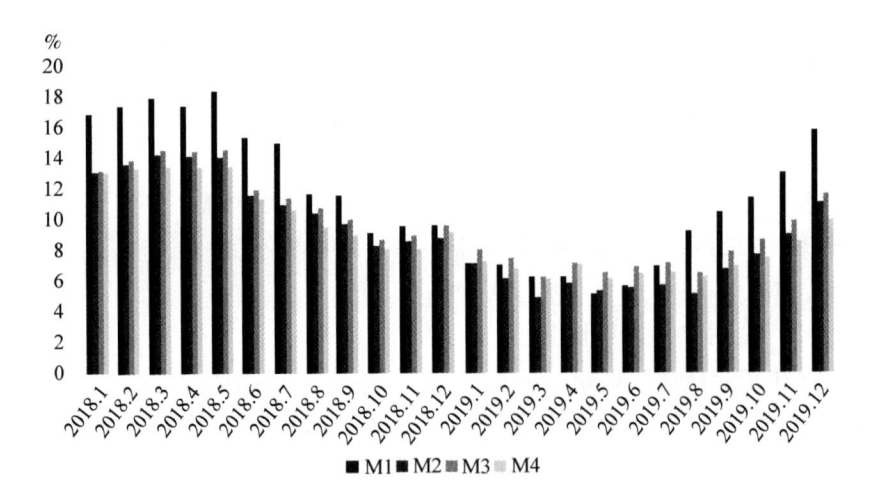

**图 5　2018—2019 年菲律宾货币月度同比增长率**

资料来源：由菲律宾统计局及菲律宾中央银行数据整理而得。

18.27%，且 2020 年财政赤字有进一步扩大的趋势。①

---

① 菲律宾财政部，https://www.treasury.gov.ph/?page_id=4221。

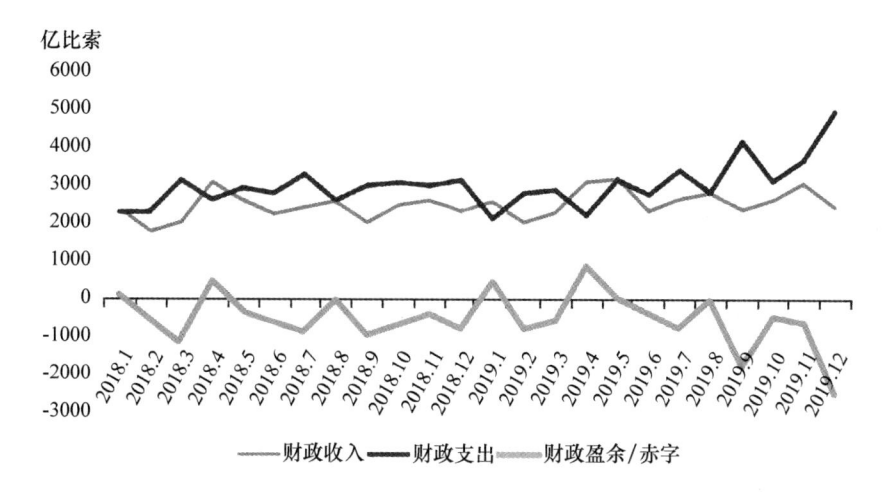

图 6　2018—2019 年菲律宾政府月度收支状况对比

资料来源：由菲律宾统计局及菲律宾财政部数据整理而得。

### （三）社会文化方面

**1. 人民生活水平不断提高**

为了改变贫穷的面貌，菲律宾政府通过实施大规模基础设施投资计划和推动"菲律宾社会援助计划"，给贫困家庭提供就业机会，发放福利金。另外，通过积极参与"一带一路"倡议和发展中菲关系，全面发展经济，提高就业率，降低贫困人数。但是菲律宾部分偏远地区仍然无法供应电力，使用童工现象普遍，低龄少女怀孕现象严重，这些都制约着脱贫计划的进展。

**2. 教育文化事业继续发展**

2019 年，菲律宾高等教育事业有了一定的进步。在最新泰晤士世界大学排行榜和 QS 世界大学排行榜上，菲律宾的大学均有了明显进步。2019 年，菲律宾有 8 名科学家入选亚洲百强，说明菲律宾科学研究实力显著增强。

**3. 爆炸犯罪时有发生**

值得关注的是，菲律宾南部地区各类犯罪时有发生，比较突出的是爆炸犯罪。这些爆炸案件多为菲律宾南部棉兰老岛等地区活跃的多个极端武装组织所制造的。菲律宾是受恐怖主义影响严重的国家，在 2019 年全球恐怖主义指数中排名第九，是前十名中唯一的东南亚国家。①

4. 极端自然灾害频发

2019年，菲律宾共遭受了21场台风的侵袭，造成人员伤亡和财产损失。12月2—3日超强台风"北冕"所造成的破坏尤为巨大。2019年，菲律宾遭遇6级以上的强震五起。

5. 公共卫生现状堪忧

2019年对菲律宾影响巨大的流行病是麻疹和登革热。它们的特点是范围广、时间长、病例多、致死率高、多见于儿童等。据世界卫生组织统计，2018年7月到2019年6月，菲律宾在受麻疹影响十分严重的国家中排第3名。菲律宾登革热死亡率在亚洲国家中居于首位，尽管菲律宾登革热病例数低于邻国印尼、越南和泰国，但死亡病例却最多。除此之外，非洲猪瘟、脊髓灰质炎在菲律宾也呈小规模流行状态。

## 二 2019年中国与菲律宾合作回顾

### （一）政治外交关系

1. 元首引领，中菲关系不断迈上新台阶

自2016年菲律宾杜特尔特上台担任总统以来，中菲关系实现转圜、巩固、提升，双边合作不断取得新成果。2019年中国与菲律宾首脑互动频繁，引领双边政治外交关系深入发展。2019年3月20日，菲律宾外长洛钦访华，为总统杜特尔特访华做前期准备沟通工作，与中国国务委员兼外长王毅在北京会面。双方就下一步的高层交往与各领域合作达成广泛共识，并同意以两国元首重要共识为指引，着力做好四个"推进"：推进"一带一路"合作；推进海上合作；推进东亚合作；推进多边合作。②2019年4月25日，第二届"一带一路"国际合作高峰论坛召开，菲律宾总统杜特尔特访华，中国国家主席习近平、国务院总理李克强分别会见了菲律宾总统杜特尔特。中菲双方就中国"一带一路"倡议与菲律

---

① 《2019年全球恐怖主义指数对外发布》，2019年11月20日，https://www.prnasia.com/story/265348-1.shtml。

② 《王毅：着力做好四个"推进"，推动中菲关系不断迈上新台阶》，2019年3月20日，https://www.fmprc.gov.cn/web/gjhdq_676201/gj_676203/yz_676205/1206_676452/xgxw_676458/t1646930.shtml。

宾"大建特建"发展战略对接，海上合作等问题达成多项共识。①

2019年8月29日，菲律宾总统杜特尔特同年再度访华，国家主席习近平会见杜特尔特。中菲双方持续推进"一带一路"倡议与"大建特建"规划对接，聚焦基础设施建设、工业园区、电信、能源等领域重大合作项目；继续坚持通过合作而非对抗的方式和平解决南海争议，致力于推动各方尽早达成"南海行为准则"；双方还宣布成立油气合作政府间联合指导委员会和企业间工作组，推动共同开发取得实质性进展。② 2019年中国国家主席习近平与菲律宾总统杜特尔特作为中菲两国最高元首两度进行会谈交流，开展首脑外交，有助于增加两国政治互信，发挥双方在"一带一路"倡议与"大建特建"发展规划对接，和平解决南海问题，海上合作方面的重要作用。在两国元首引领和不懈努力推动之下，中菲关系稳步迈上新台阶。

2. 海上合作取得共识，共同开发油气资源

2019年4月3日，中国—菲律宾南海问题双边磋商机制（BCM）第四次会议在菲律宾马尼拉举行，双方就近期南海形势、海上活动等问题交换了意见，秉持合作态度探讨处理问题的方法，重申继续开展合作并商谈促进信任措施。③ 2019年7月23日，中国外交部副部长罗照辉与菲律宾外交部副部长马纳罗在马尼拉共同主持第二十二次中菲外交磋商。中菲双方表示将加强协调沟通，推动东亚区域合作取得更大发展；同意继续坚持中菲两国领导人关于妥善处理南海问题的共识，不断加强海上对话，推进包括油气资源共同开发在内的海上合作；继续致力于同其他东盟国家一道，全面有效落实《南海各方行为宣言》，积极推进"南海行为准则"磋商进程，维护南海和平稳定。④

2019年7月30日，中国国务委员兼外交部部长王毅与菲律宾外长洛钦在泰国曼谷举行会谈。菲律宾外长洛钦表示，菲方愿同中方开展海

---

① 《习近平会见菲律宾总统杜特尔特》，2019年4月25日，https://www.fmprc.gov.cn/web/gjhdq_676201/gj_676203/yz_676205/1206_676452/xgxw_676458/t1657773.shtml。
② 《习近平会见菲律宾总统杜特尔特》，2019年8月29日，https://www.fmprc.gov.cn/web/gjhdq_676201/gj_676203/yz_676205/1206_676452/xgxw_676458/t1693011.shtml。
③ 《中国—菲律宾南海问题双边磋商机制第四次会议召开》，新华网，2019年4月3日，http://www.xinhuanet.com/world/2019-04/03/c_1124324452.htm。
④ 《中菲举行第22次外交磋商》，2019年7月23日，https://www.fmprc.gov.cn/web/gjhdq_676201/gj_676203/yz_676205/1206_676452/xgxw_676458/t1682652.shtml。

上油气开发合作。① 2019年10月28日，中华人民共和国和菲律宾共和国南海问题双边磋商机制（BCM）第五次会议在北京举行。双方通过BCM推进海上务实合作，探讨妥善管控和处理分歧的方式方法，不断增进对话与互信，为促进双边关系健康稳定发展和南海和平稳定发挥了重要作用。② 2019年12月16日，中国国务委员兼外交部部长王毅在马德里出席亚欧外长会议期间会见菲律宾外长洛钦。中菲双方表示愿认真落实两国元首重要共识，根据《中菲关于油气开发合作谅解备忘录》精神，积极推动中菲油气资源开发合作取得实质性进展。③

中菲就海上问题达成重要共识，以及一系列务实且互利共赢的合作，进一步增加双方政治互信，有助于维护南海的和平与稳定。美国特朗普政府推动和布局"印太战略"，意图遏制中国。菲律宾作为美国在太平洋西岸重要的军事盟国，在美国"印太战略"中占据着重要的战略地位，因而特朗普政府试图拉拢菲律宾。2019年7月30日，中国国务委员兼外交部部长王毅与菲律宾外长洛钦在泰国曼谷举行会谈。菲律宾外长洛钦表示，东盟聚焦本地区发展繁荣，致力于维护东盟的中心地位，不应参与任何带有地缘遏制色彩的所谓战略。④ 菲律宾作为中国—东盟关系协调国，其外长洛钦关于"东盟不应参与任何带有地缘遏制色彩的所谓战略"的表态，也在一定程度上表明杜特尔特政府不愿像阿基诺三世政府那样成为美国推行"亚太再平衡战略"的"马前卒"。菲律宾政府对于美国特朗普政府"印太战略"的态度从侧面反映出中菲关系的稳步向前，政治互信经得起考验。

## （二）经济贸易关系

### 1. 中菲经贸合作伙伴关系不断深化

2019年4月25日至27日，在第二届"一带一路"国际合作高峰论

---

① 《王毅会见菲律宾外长洛钦》，2019年7月30日，https://www.fmprc.gov.cn/web/gjhdq_676201/gj_676203/yz_676205/1206_676452/xgxw_676458/t1684522.shtml。
② 《中国—菲律宾南海问题双边磋商机制第五次会议联合新闻稿》，2019年10月18日，http://new.fmprc.gov.cn/web/wjbxw_673019/t1711339.shtml。
③ 《王毅会见菲律宾外长洛钦》，2019年12月16日，https://www.fmprc.gov.cn/web/gjhdq_676201/gj_676203/yz_676205/1206_676452/xgxw_676458/t1724894.shtml。
④ 《王毅会见菲律宾外长洛钦》，2019年7月30日，https://www.fmprc.gov.cn/web/gjhdq_676201/gj_676203/yz_676205/1206_676452/xgxw_676458/t1684522.shtml。

坛上，中菲两国签署了产能和投资合作交流等协议。4月，博鳌亚洲论坛在菲律宾马尼拉举行，中菲商界充分探讨了合作与投资事宜，并表示要落实两国领导人所达成的重要共识，进一步推进"一带一路"建设。同时，中菲双边贸易中的农业贸易合作不断深化。2019年4月，中国农业部与菲律宾农业部达成共识，双方将继续积极落实《中菲农业合作计划（2017—2019）》，不断深化农业合作。第二届"一带一路"国际合作高峰论坛与博鳌亚洲论坛等取得的成果表明，中菲两国的经贸合作伙伴关系正不断深化，这将为两国未来的经贸合作提供更为广阔的前景。

2. 经贸合作便利性进一步提高

2019年，亚航、南航、菲律宾泛太平洋航空与宿务太平洋航空等多家航空公司新开设昆明—长滩岛、卡里波—澳门、卡里波—成都、卡里波—昆明、宿务—澳门、宿务—广州、成都—薄荷岛、宿务—上海、马尼拉—深圳、克拉克—广州、张家界—马尼拉、成都—长滩岛、合肥—加利莫、宜昌—加利莫、泉州—克拉克与泉州—宿务16条航线，新航线的开通为中菲经贸文化等的交流合作提供了十分便利的条件，未来将更好地满足中菲两国之间旅游及商务交流等活动的开展。

除此之外，2019年7月16日，杭州机场正式开通至菲律宾马尼拉的全货机航线；8月21日，广西北部湾港至马尼拉集装箱班轮直航航线正式开通。这两条货物航线的开通，将为中菲两国之间进出口货物提供全新的路径和便捷的服务，特别是杭州至马尼拉航线的开通，将有力地推动中菲两国跨境电商产业发展，更好地服务于"一带一路"建设。

在中菲两国经贸合作伙伴关系不断深化与经贸合作便利性提高等有利条件的推动下，中国企业与菲律宾的合作也不断取得新进展。2019年4月，菲律宾和中国企业签署了总额121.65亿美元的19份商业投资与贸易协议，预计将创造21165个工作岗位，这些项目涵盖了能源、基础设施建设、粮食、电信、农产品、旅游业和经济区及工业园发展等多个领域。

3. 双边贸易总量持续稳步增长

根据中国海关数据，2019年，中菲进出口总额约为609.29亿美元，比上年增长9.18%；中国向菲律宾出口总额为407.59亿美元，比上年增长15.84%；中国向菲律宾进口总额约为201.7亿美元，比上年下降2.19%。从贸易差额上看，2019年，中国对菲律宾贸易顺差规模进一步扩大，顺差额为205.89亿美元，较去年增加60.26亿美元，中菲双边贸易不平衡问题依旧突出。此外，根据中国海关HS编码分类，2019年中菲双边贸易中占比前十章目的商品如表2所示。

表2　　　　2019年中菲双边贸易进出口额前十章目概况

| 中向菲进口前十章目 | 中对菲出口前十章目 |
| --- | --- |
| 85章 电机、电气、音像设备及其零附件 | 75章 镍及其制品 |
| 84章 核反应堆、锅炉、机械器具及零件 | 78章 铅及其制品 |
| 26章 矿砂、矿渣及矿灰 | 66章 伞、手杖、鞭子、马鞭及其零件 |
| 08章 食用水果及坚果、甜瓜等水果的果皮 | 76章 铝及其制品 |
| 74章 铜及其制品 | 27章 矿物燃料、矿物油及其产品、沥青等 |
| 27章 矿物燃料、矿物油及其产品、沥青等 | 88章 航空器、航天器及其零件 |
| 90章 光学、照相、医疗等设备及零附件 | 79章 锌及其制品 |
| 39章 塑料及其制品 | 56章 絮胎、毡呢及无纺织物、线绳制品等 |
| 29章 有机化学品 | 67章 加工羽毛及制品、人造花、人发制品 |
| 03章 鱼及其他水生无脊椎动物 | 53章 其他植物纤维、纸纱线及其机织物 |

资料来源：由中国海关总署相关数据整理而得。

根据表2，从中菲双边贸易的产品结构来看，进出口占比前十章目商品仅第27章相同，即矿物燃料、矿物油及其产品、沥青等，表明中菲双边贸易产品结构相似性较2018年有较大的改善①，贸易互补性显著提高。

2019年，中菲两国在经贸合作领域所取得的成果表明，两国友好交往与睦邻友好合作是符合两国人民利益的根本选择。未来，在"一带一路"进程加快与经贸合作便利性不断提高等有利因素的影响下，中菲双方的经贸合作交流将迈向更高台阶。

---

① 根据中国海关总署相关数据，2018年，中国向菲律宾进口占比前十章目分别为（按HS编码分类）85章、84章、26章、08章、74章、90章、27章、29章、39章、03章；中国对菲律宾出口占比前十章目分别为（按HS编码分类）85章、84章、27章、72章、73章、87章、61章、39章、52章、64章。据此，在2018年双边贸易中，进出口前十章目中有4个章目均相同，贸易相似程度较高。

### (三) 社会文化关系

1. 教育合作卓有成效

华人华侨积极推动汉语教育。马尼拉王城里有一所儿童教育中心，每天有两三百人在此学习汉语，它是由华侨建立的非营利课外活动中心，招收对象为普通甚至贫困家庭的菲律宾儿童，五年来，为汉语和中国文化被菲律宾人所接受贡献了力量。

孔子学院积极推动汉语教育。菲律宾雅典耀大学孔子学院举行数字化国际汉语教育研讨会，探索"互联网+汉语+中华文化"的汉语国际教育新模式。活动引入AR、VR等新科技，时尚新颖，吸引了菲华各界人士。科技和教学的融合，增添了汉语和中华文化的魅力。孔子学院主办第十八届"汉语桥"菲律宾赛区决赛，提高了汉语在菲律宾的影响力。始于2019年4月为期53天的菲律宾华裔学生学中文夏令营在福建厦门举办，菲律宾华裔学生借此机会学习汉语、体验中华文化，游历大好河山，跟老师、同学建立了深情厚谊，深刻感受了祖籍国先辈们所创造的灿烂文化。菲律宾教育部也积极与中国相关部门合作，加强教育部门基础设施建设，尤其是通过普通话培训提高菲籍英语教师的能力和质量，加强两国文化交流。

除语言教育外，中菲两国在其他文化方面也进行了沟通交流。菲律宾大学中国图书中心建立了亚洲文化中心，为亚洲各国文化的研究和交融提供了平台。中国华侨出版社则以开设"侨心书苑"的方式捐赠图书，弘扬中华文化。福建中医药大学在菲设立"中国—菲律宾中医药中心"，推动中医走向世界。

2. 旅游合作开花结果

自中菲两国签署《中华人民共和国政府与菲律宾共和国政府文化合作协定2019年至2023年执行计划》以来，双方积极落实文件内容，在旅游安全、旅游基础设施建设、旅游产业投资、互相给予签证便利等方面加强沟通与合作。

2019年中菲旅游合作的显著成果是双方积极增设航线，以满足游客日益增长的出游需求。这些航线从菲方目的地来看，以宿务、卡利博、长滩岛等旅游集散地或景区为多；从中方目的地来看，以上海、广州、昆明、成都等一线城市或南方省份省会城市为主。这说明了中菲之间的新增航线主要是为了满足中国游客赴菲旅游的需求。2019年菲律宾入境游客共826万人次,超过了820万人次的目标,比上一年增长15.2%。在菲律宾外国游客中,中国大陆排名第二,达到174万人次,增长近四成。①

3. 减贫合作温暖人心

中菲双方在消除贫困方面进行了务实合作。中国驻菲律宾大使馆积极参与中菲两国减贫合作,2019年向菲律宾捐赠广播设备、相机、电脑、全地形车等菲方急需的物资。苏禄省贺洛社恐袭事件发生后,大使馆向受害者捐赠500万元人民币,提升了中国在菲律宾民众中的国家形象。

授人以鱼,更要授人以渔。中方改善菲律宾贫困人口的生产生活困境,帮助他们自主走出贫困。中国国家电网在菲律宾边远地区实施"光明乡村"扶贫通电项目,这一民生援助项目为边远贫困地区铺设太阳能电池板,为当地带来光明。国家电网希望这一项目成为可复制的模板项目,将其推向菲律宾各地,加深两国人民的友谊。

## 三 2019年中国与菲律宾合作展望

### (一) 2019年中菲合作存在的问题

1. 政治外交关系方面存在的问题

2018年中菲两国关系升级为"全面战略合作伙伴关系"。2019年,中菲关系在两国元首外交的引领之下,朝着平稳向好的方向发展。尽管中菲两国政府对于增进两国政治互信,和平解决海上争端,共同开发油气资源有着高度的共识,并且签署《中菲关于油气开发合作谅解备忘录》等文件,进行务实高效的谈判磋商。但是必须看到,南海问题涉及两国主权争端,其复杂性涉及两国国内国际诸多方面的因素,在短期内两国难以完全解决这一问题,因而是长期影响两国政治外交关系的负面因素。

南海问题对两国政治外交关系的影响主要体现在以下三方面:第

---

① 《菲旅游部:2019年赴菲律宾中国大陆游客同比增长近四成》,环球网,2020年2月18日,https://baijiahao.baidu.com/s?id=1658848992932282430&wfr=spider&for=pc。

一，南海问题始终影响着两国的政治互信。菲律宾国内存在民族主义者，反对杜特尔特政府的势力，经常借用南海议题制造反华舆论，对于中菲在海上油气合作项目产生阻力。阿罗约政府时期中菲关系处于黄金发展阶段，两国也曾就南海问题达成多项共识，开展渔业等合作，但最终因菲律宾国内政治变化而搁浅。第二，南海问题是美国、日本等域外大国介入的重要议题。美国特朗普政府与日本、澳大利亚、印度联合布局"印太战略"，势必通过各种手段拉拢战略位置极为重要的菲律宾。通过南海问题拉拢菲律宾是其可以利用的十分有效的手段之一。第三，南海问题高度敏感，在渔业等方面容易产生摩擦，进而对南海合作产生不利影响。

2. 经济贸易关系方面存在的问题

2019年中菲双边贸易总额持续稳步增长，但以往经贸合作中存在的问题并没有得到解决，并且由于菲律宾自然灾害与中美贸易战等的影响，中菲双边贸易出现了一些新的问题。从贸易数额来看，与越南、马来西亚、泰国、新加坡和印度尼西亚相比，中菲双边贸易在东盟国家中仍旧处于中下游水平。[①] 同时，在菲律宾自然灾害严重等国内因素与中美贸易战等国际因素的双重影响下，2019年中国从菲律宾的进口额出现了下降趋势，比去年下降2.19%，这无疑将加重两国间双边贸易不平衡状况，不利于双边贸易的可持续发展。

3. 社会文化关系方面存在的问题

在教育合作方面，目前中菲教育合作多体现在中方为菲方提供留学生教育上，菲方的教育资源优势没有被充分利用。菲律宾英语教育资源非常丰富。中国英语教师资源缺口巨大，应该把菲律宾英语教师引进中国，实现双方教育资源互补。

在旅游合作方面，赴菲律宾推介旅游资源的地区还很少，目的地为中国著名景区的航线还不多。旅游合作过于单一，需要中菲双方携手开发。

在民心相通方面，菲律宾人对美国人普遍持积极欢迎的态度，对中国持中立或负面的态度。随着"一带一路"的推进，在极大地促进经

---

① 根据中国海关总署相关数据，2019年，中国与东盟十国双边贸易额排名依次为（从大到小）越南、马来西亚、泰国、新加坡、印度尼西亚、菲律宾、缅甸、柬埔寨、老挝、文莱。

济发展的同时，也给菲律宾民众带来了一些困扰和担忧，甚至出现了一些抵制活动。菲律宾人民缺少了解中国和中国人民的机会，对中国的信任度普遍较低。这些还需要双方共同努力加以改进。

**（二）2020 年中国菲律宾合作展望**

1. 政治外交关系展望

2016 年，菲律宾杜特尔特总统执政以来，中菲两国元首在双边和多边场合每年至少保持两次元首会晤，对于推动两国关系全面发展有着重要作用，2018 年中菲关系升级为"全面战略合作伙伴关系"，2019 年双边关系在元首外交的引领之下，进一步向前迈进。2020 年是中菲两国建交 45 周年，两国关系面临诸多有利的发展机遇。两国必将通过举办多种形式的外交活动来纪念与回顾中菲建交 45 周年所取得的诸多成就，增进了解，增加友谊，增强政治互信，推动双边关系向好发展。中国国家主席习近平与菲律宾总统杜尔特也很有可能延续前三年的首脑外交，通过正式访问或者利用多边舞台实现元首会晤，在涉及两国重大而又敏感的问题上达成共识，推动两国关系取得更大进步。

2020 年，中菲将根据两国元首所达成的一系列重要共识，以及《中菲关于油气开发合作谅解备忘录》等重要文件，在以下三方面取得重要进展：第一，继续推进中国"一带一路"倡议与菲律宾"大建特建"发展规划对接，落实和扩展重要合作项目；第二，继续积极推动中国—菲律宾南海问题双边磋商，和平解决南海问题，增进共识，加强海上合作，推动油气开发合作取得重要进展；第三，在中国—东盟框架之下，继续全面有效落实《南海各方行为宣言》，积极推进"南海行为准则"磋商进程。此外，随着新冠肺炎疫情在中国的暴发以及蔓延，2020 年中菲在共同"抗疫"进程中相互支持，有助于增进相互理解，增加双方的政治互信，扩大两国民众的友谊。

2. 经济贸易关系展望

在第二届"一带一路"国际合作高峰论坛与博鳌亚洲论坛等重要成果的推动下，中菲两国经贸合作关系将进一步深化。但 2020 年出现了新冠肺炎疫情这个不可抗力，菲律宾经济将会受到严重影响，菲律宾联合银行首席经济学家阿松森在研究报告中表示，如果新冠肺炎疫情持续约 6 个月，菲律宾国内生产总值（GDP）增长将放缓至 6% 以下。据菲律宾国家经济与发展署估计,在吕宋岛全境实施的隔离措施可能导致GDP减少0.298万亿至1.1万亿比索,相当于GDP的1.5%至5.3%。如果菲律宾政府不采取挽救措施,2020年菲律宾实际GDP增长率将降至-0.6%至4.3%,菲律宾经济可能出现负增长。这个百年不遇的情况,对于中菲经济合作来说,既有挑战也有机遇。在情况可控的条件下,中菲双方如果继续提升双边贸易互补性,务实进行海上油气开发合作,菲律宾为吸引中方投资提供更优惠的条件,相信中国会携手菲律宾一起走出困境。

3. 社会文化关系展望

中菲社会文化合作在有些方面推进得很快,如教育培训合作。但在另外一些方面的合作还没有深入推进,如体育合作、青年交流等。共同举办体育赛事,能够搭建两国民众互相了解、互相信任的平台。青年交流是民心相通的重要组成部分。互派青年访问,能够增进青年对中菲两国的理解,增加青年之间的交流合作,真正实现民心相通。另外,2019年底新冠肺炎疫情在武汉暴发,菲律宾于2020年1月30日确认首例新冠肺炎病例,随后愈演愈烈,于3月16日宣布全国进入灾难状态。受疫情影响,菲律宾旅游和出口遭受损失,中菲两国在某些领域开展的社会文化合作将会受到影响。中菲双方在疫情防控物资上展开了通力合作、互相支援,疫情初期菲律宾向中国捐赠疫情防控物资,之后中国向菲律宾捐赠外科口罩。2020年,中菲两国需要在物资支援、疫情防控等方面展开合作,以共同战胜疫情;也需要在社会文化的其他方面展开更加深入的合作,以降低疫情对两国社会文化所产生的冲击。

总之,2020年中菲各方面合作都将受到新冠肺炎疫情的巨大影响,不过双方合作的潜力很大,加上两国高层的支持,政府部门的引导和民众的积极参与,相信中菲合作必将结出累累硕果。

# 2019年中国与新加坡合作发展报告

陈才建　卢　薇　王艺桦[*]

## 一　2019—2020年新加坡形势述评

### （一）政治

2019年是新加坡开埠200周年，同时也是临近大选的一年，党派势力暗流涌动，反对党开始为大选预热，李显龙政府也做了相应的应对。在军事上，继续增强军备力量，提高军队威慑力，加强民众对国防力量的信心。在政策上，重视企业发展，推行新经济措施，关注民生，加强基础设施建设。在法律上，颁布多项法案，着重弱势群体、网络安全、宗教和谐及公民隐私等几方面。在外交上，积极参与区域和全球事务，继续着重发展与美、中等周边国家的关系，与马来西亚的争端取得了较大的进展。

新加坡作为一党长期执政、多党并存的资本主义国家和移民国家，政治形势一向较为平稳，综观面临大选的2019年，新加坡党派发展开始有了新的变化，多股政治势力凝聚在一起，向执政的人民行动党施加竞选压力。开年初，新加坡李氏家族丑闻再次引爆网络，新加坡总理李显龙与其弟李显扬针锋相对，法庭上你来我往。此外，2018年财务顾问梁实轩与李显龙的纠缠还未了结[①]，随后又传出反对党领袖陈清木领

---

[*] 陈才建，广西大学中国—东盟研究院新加坡所副所长、副研究员。卢薇、王艺桦，广西大学中国—东盟研究院新加坡所研究人员。

[①] 《梁实轩控告李显龙总理滥用法庭程序败诉》，《联合早报》2019年3月15日，https://www.zaobao.com/news/singapore/story20190315-940029。

头组建新政党——新加坡前进党,该党还获原民主进步党秘书长方月光及李显扬的支持,这股新组成的政治力量频繁走访集选区,发表对人民行动党不利的言论,为执政的人民行动党增加竞选压力。与此同时,工人党也不甘示弱,频频发声表明对大选的野心,这使得新加坡人民执政党的第四代领导班子压力倍增。

为应对这巨大的选举压力,人民进步党也采取了相应措施,在年初的财政预算案上,发放大选花红,提高人民福利。2019年2月18日,新加坡2019年财政预算案正式公布,在本次预算案中,新加坡政府斥资61亿新元推出"立国一代"配套,加强了对老年人口的重视程度;发放"开埠200周年纪念花红",使较低收入的新加坡人获得额外消费税补助券和就业入息补助计划的补助,加强了对弱势群体的关注,对弱势群体提供更多的援助。调整入境免税限额、柴油税、消费税、碳税等一系列基础政策,为国家财政创造收入,同时采取收紧外劳政策,加强本国公民就业,提高新加坡公民最低工资。

2019年5月1日,财政部部长王瑞杰出任新加坡副总理兼财政部部长,为大选的走向定基调,同时也意味着人民行动党第四代领导团队开始登上新加坡的政治舞台。

### (二) 经济

据新加坡贸工部公布的数据,2019年,新加坡国内生产总值(GDP)增长0.7%,这是自2009年以来最慢的年度增速,也低于2018年的3.1%。远低于预期的2.5%,几乎等于没有增长。这主要是新加坡电子产业的下滑,影响了新加坡制造业的发展,整个制造业产值在2019年萎缩了1.4%,从而使其GDP的增速下降。①

1. 制造业整体下滑

2019年第四季度,新加坡的电子、运输工程、化工和一般制造业集群的产值萎缩,使制造业产出下降2.3%。

该季度生物医学制造业和精密工程集群的产出有所增长。2019年全年,制造业增长了-1.4%,与2018年7.0%的增长率相比大幅逆

---

① 本部分的所有数据包括表格的数据均由作者陈才建根据新加坡贸工部公布的数据整理。

转。该行业的萎缩是由于电子、精密工程、运输工程和化学品集群的产量下降所致。

第四季度,生物医药制造业集群的产出增长了8.1%,这得益于医药和医疗技术领域的增长。由于活性药物成分(api)和生物制品的生产水平提高,制药板块扩大了7.1%。由于医疗器械出口需求增加,医疗技术板块增长10%。

由于半导体(下降8.8%)、计算机外围设备(下降20%)和信息通信与消费电子(下降6.2%)等细分市场产出的下降,电子类股第四季度萎缩7.8%。相比之下,数据存储和其他电子模块及组件部门的产出分别增长23%和0.6%。整个2019年,由于全球半导体需求疲弱以及全年与中美贸易冲突相关的不确定性,电子产业集群萎缩7.4%。

在精密模块和零部件(PMC)以及机械和系统领域产出扩张的支持下,精密工程集群在第四季度增长了6.3%。2019年全年,精密工程集群萎缩2.5%。

一方面,受海洋与海洋工程板块产出下降25%的拖累,运输工程板块第四季度收缩6.3%。后者是由于近海和造船活动水平下降所影响的。另一方面,航空和陆路运输部门分别增长了12%和7.2%。这归功于航空航天部门商业航空公司维修和保养工作量的增加。2019年全年运输工程集群收缩了1.8%,这是因为海洋与海洋工程部门的产出下降超过了航空和陆路运输部门产出的扩张(见表1)。

表1　　　　2019年新加坡各行业对制造业增长的贡献率　　　　(%)

| 行业 | 普通制造业 | 生物制药 | 化工 | 交通工程 | 精密工程 | 总制造业 | 电子产业 |
|---|---|---|---|---|---|---|---|
| 贡献率 | 0.1 | 1.9 | -0.2 | -0.2 | -0.4 | -1.4 | -2.7 |

第四季度,化工类股萎缩8.2%,所有板块的产出水平均较低。该集群业绩不佳的主要原因是石化和特种化学品部门,由于定期的工厂维修关闭,这两个部门分别收缩了13%和7%。2019年全年化工板块产量下降2.0%(见表2)。

表2    2018年和2019年新加坡各制造业的增长率对比    （%）

| 行业 | 普通制造业 | 生物制药 | 化工 | 交通工程 | 精密工程 | 总制造业 | 电子产业 |
|---|---|---|---|---|---|---|---|
| 2018 | 0.8 | 6.0 | 5.0 | 15 | 4.8 | 7.5 | 7.5 |
| 2019 | 2.0 | 12.5 | -2.0 | -2.0 | -2.5 | -1.8 | -8.0 |

2. 金融业虽然出现了增长，但同比下降近一半

2019年全年，新加坡的金融行业增长4.1%，较上年的7.2%有所下降。

（1）商业银行业

2019年，商业银行总资产/负债增加8.7%，达到1.4万亿美元。国内非银行贷款和同业拆借都有所扩大，向非银行客户提供的信贷增加了210亿新元（3.1%）。

2019年，企业贷款增长5.9%，较上年的4.1%有所改善。为商业目的向专业和私人提供的贷款减少，但非银行金融机构、一般商业部门和建筑施工部门贷款的强劲增长抵消了这一点。

表3    2019年新加坡各非银行客户行业的银行贷款及垫付款的增长    （%）

| 行业 | 金融机构 | 一般商业 | 建筑业 | 运输和通信 | 制造业 | 专业人士 | 住宅贷款 | 其他 | 整体 |
|---|---|---|---|---|---|---|---|---|---|
| 增长率 | 11.1 | 6.6 | 5.1 | 3.4 | 2.0 | -1.4 | -1.7 | 3.8 | 3.1 |

与此同时，由于住房和股票融资贷款减少，消费贷款收缩1.3%。在负债方面，2019年非银行客户存款总额增长8.9%，高于2018年的3.5%。截至2019年底，非银行存款总额为6840亿美元，高于前一年的6280亿美元，原因是对定期存款的强劲需求。

（2）保险业

2019年，直接寿险业加权新业务保费总额增长7.8%，达53亿美元。2019年，单笔保费业务下降10%，达140亿美元，常规保费业务增长16%，达39亿美元。总的来说，直接寿险业的净收入从2018年的5.88亿美元增加到28亿美元，主要原因是投资收入增加。

在一般保险业领域，2019年保费毛额小幅上升5.6%，为170亿美元，其中离岸和国内业务分别占120亿美元和43亿美元。2019年，普通保险业实现营业利润3.73亿美元，较2018年增长155%。这是因为与2018年相比，承销业绩有所改善。

（3）股票市场

2019年，基准海峡时报指数（STI）上涨5.0%，在全球经济增长放缓和不确定性增加的情况下，全球央行的宽松货币政策起到了支撑作用，部分原因是美国对华贸易紧张。2019年该指数的走势主要是由与美中关系发展相关的情绪变化所推动的。有迹象显示，中美两国将达成一项协议，这标志着紧张局势停止进一步升级，这种情绪最终在年底有了更坚实的基础。2019年以来，美联储（FED）和欧洲央行（ECB）等全球央行也进一步调整政策，显示出支持增长的意愿增强。

（4）外汇市场

2019年，英镑和日元对美元分别升值3.9%和1.0%，欧元则下跌2.2%。英镑跑赢大盘，因英国和欧盟成功谈判达成英国退出欧盟的协议，导致英国脱欧不确定性减少。

因日本央行全年保持货币政策相对不变，日元小幅上涨。美国联邦储备委员会决定在年内实施三次降息，令美元承压，而在接近2019年底时，中美贸易紧张局势有所缓解，也降低了对美元的避险需求。欧元区增长乏力和通胀数据导致欧元表现不佳。

3. 商品贸易总额整体下降了3.2%

2019年第四季度，新加坡商品贸易总额同比收缩5.3%，此前一季度下降6.7%。相比之下，第四季度服务贸易总额同比增长2.5%，延续了第三季度0.6%的增速。2019年全年，新加坡商品贸易总额从2018年的1.1万亿美元下降3.2%，为1.0万亿美元。与一年前相比，由于油价下跌，石油贸易下降了13.9%，而非石油贸易则下降了0.3%。与此同时，商品进出口总额分别下降4.2%和2.1%。

整体服务贸易从2018年的5438亿美元增至2019年的5509亿美元，增幅为1.3%。2019年，服务业出口增长2.2%，服务业进口小幅增长0.4%。

（1）商品出口

第四季度商品出口总额同比下降4.2%，此前一季度下降7.3%。

表4  2018年和2019年新加坡商品贸易及进出口增长率的对比　　（%）

| 项目 | 总商品贸易 | 商品出口 | 本地出口 | 石油出口 | 非石油出口 | 再出口 | 商品进口 | 石油进口 | 非石油进口 |
|---|---|---|---|---|---|---|---|---|---|
| 2018 | 9.2 | 7.9 | 8.4 | 17.1 | 4.2 | 7.4 | 10.6 | 18.6 | 8.3 |
| 2019 | -3.2 | -4.2 | -10.5 | -12.9 | -9.2 | 2.3 | -2.1 | -13.5 | 1.5 |

商品出口总额下降的原因是国内出口，第四季度收缩了12%，较第三季度13%的降幅略有放缓。相比之下，再出口增长了2.8%，较上季度的1.7%有所反弹。2019年整年，商品出口总额下降4.2%，扭转了2018年7.9%的增幅。

（2）商品进口

第四季度非石油进口同比下降1.9%，此前一季度下降2.3%。非石油进口下降的原因是电子产品（下降0.7%）和非电子产品（下降2.5%）的下降。集成电路、部分个人电脑和电容器的进口减少导致了电子产品进口的下降。与此同时，非电子产品进口下降，原因是非货币黄金、飞机零部件和其他特种化学品进口的下降。

第四季度石油进口同比收缩20%，延续了上季度18%的降幅。从数量上看，石油进口下降了6.9%，此前一季度下降了4.4%。全年非石油进口增长1.5%，低于2018年的8.3%（见表4）。石油进口下降14%，与2018年19%的增长率形成逆转。

4. 服务贸易

（1）服务业出口

第四季度服务业出口同比增长4.5%，高于第三季度的1.9%。这主要得益于其他商业服务、金融服务和维修服务出口分别增长5.8%、9.1%和24%。相比之下，运输服务出口收缩了2.1%。全年服务业出口增长2.2%，低于2018年16.6%的增幅（见表5）。受2019年其他商业服务（5.1%）、金融服务（4.4%）和维修服务（14%）出口增加的影响，服务业出口总额上升。运输服务出口下降（-2.1%）部分抵消了这些增长。

（2）服务业进口

第四季度服务业进口同比增长0.6%，而第三季度则下降了0.8%。服务业进口增长主要是由于金融服务、旅行服务和保险服务进口的支撑,分别增长18%、3.0%和18%。相反,运输服务进口下降了2.3%。

2019年全年,服务业进口小幅增长0.4%,增速低于2018年的8.7%(见表5)。由于2019年金融服务(19%)和旅行服务(2.5%)的进口有所回升,整体服务业进口增长。运输服务进口(下降1.1%)和知识产权使用费(下降2.8%)的下降部分抵消了上述增长。

表5　　2018年和2019年新加坡服务贸易及进出口增长的对比　　(%)

| 项目 | 服务贸易总额 | 服务业出口 | 服务业进口 |
| --- | --- | --- | --- |
| 2018 | 12.5 | 16.6 | 8.7 |
| 2019 | 1.3 | 2.2 | 0.4 |

### (三)社会

2019年,在新加坡经济前景并不乐观的前提下,国内就业率有所上升,人均收入增速放缓,人口老龄化加剧,生育率继续下跌。新加坡推进智慧城市网络建设,继续提升国家竞争力,并持续推进基础设施建设。

**1. 就业人数有所增长,但失业率保持基本稳定**

根据新加坡人力部人力研究和统计部发布的数据,新加坡本地居民就业率继续增长,更多居民在专业服务、金融和保险服务、信息通信、社区及个人服务领域找到了工作,而外籍人员的就业增长主要受到建筑业复苏的刺激,建筑业工作许可证持有者增加,但其他行业,如制造业和批发贸易等行业因受到经济疲软的影响,就业率呈现出下滑趋势。[①]

2019年第四季度当地居民总就业人数增长了16600人,低于第三季度的21700人,但高于2018年同期的14700人。全年就业人数增长了55200人。外籍人员就业增长(14900人)低于2018年外籍人员就业增长(16300人)。其中25岁到64岁的居民就业率达80.8%,比去年同期增加了0.5%。但是15岁至24岁的居民就业率从去年6月的34.5%下降到2019年的33.9%。新加坡人力部指出,这意味着在经济前景不乐观的情况下,雇主在聘用时更加谨慎,年轻学生较难找到兼职

---

① 《新加坡2019年劳动力报表出炉,就业率和高收入增加》,新加坡新闻头条,2019年12月1日,https://toutiaosg.com/新加坡2019年劳动力报表出炉,就业率和高收入增加/。

工作。65 岁以上居民就业率达 27.6%，高于去年同期 26.8%，说明新加坡促进老年人就业养老的政策，效果正在逐步显现。

包括雇主公积金缴纳率在内的员工实际收入中位数增长 2.2%，比 2018 年的 4.4% 减少一半。但过去五年实际收入的中位数年增 3.8%，高于之前五年的年增速。在同等条件下女性收入比男性少 6%。①

2019 年裁员总人数为 10700 人，与 2018 年的 10730 人保持同等水平，但是 2019 年第四季度裁员 2700 人，略高于第三季度的 2470 人和 2018 年同期的 2510 人。总失业率从 2.2% 提升到 2.3%。

2. 人口老龄化加剧，生育率持续下跌

2019 年新加坡公布的《2019 年人口简报》显示，截至 2019 年 6 月，新加坡总人口达到了 570 万人，同比增长了 1.2%，高于 2018 年和 2017 年 0.1% 的增幅。但是 2014 年至 2019 年的人口总增长率为 0.8%，与 2009 年至 2014 年的涨幅 1.9% 相比，有放缓的趋势。②

其中常住人口年龄中值持续上升，由 2018 年的 40.8 岁增至 2019 年的 41.1 岁。65 岁以上居民人口比例，由 13.7% 上升至 14.4%。本地出生公民总数为 32413 人，比去年略增 0.2%，但是新加坡居民总生育率（TFR）从 2017 年的 1.16 下降至 1.143。

人口老龄化加剧，生育率下跌，使得新加坡政府更加重视养老和医疗等领域的政策保障及财政投入，以及实施大力鼓励居民生育，放宽移民政策等措施以缓解未来人口老龄化的社会状况。

3. 人才竞争力水平提高

在 2019 年的世界人才报告中，新加坡的人才竞争力在全球排名第十，比 2018 年上升三名。新加坡是亚洲地区唯一进入前十名的国家。在投资与发展、人才吸引力和人才准备度上，新加坡分别排全球第 25 位、第 20 位和第 1 位。③

另外，英国教育机构 EF 发布的 2019 年全球英语（非英语国家）

---

① 《2019 年新加坡劳动力市场概况》，境外就业网，2020 年 3 月 11 日，http://www.job361.com/cn/news/1214_9_news.html。
② 《刚刚，2019〈新加坡人口简报〉出炉！对移民的态度是……》，新加坡眼，2019 年 9 月 25 日，https://www.yan.sg/20109nianxinjiaporenkoujianbaochulu/。
③ 《IMD2019 世界人才报告，新加坡成全球十大最吸引人才经济体》，A 计划学习狮城篇，2019 年 9 月 25 日，https://baijiahao.baidu.com/s?id=1650613385354604777&wfr=spider&for=pc。

熟练程度指标（EF EPI）报告显示，新加坡成人英语熟练程度在全球排名第五，在亚洲的25个国家和地区中排名第一。①

## 二 2019—2020年中国与新加坡的双边合作

### （一）双方政治热点及高层互访

2019年是中新建交第29年，经过29年的曲折发展，现阶段的中新关系总体上呈现出积极发展的势头，充满活力，属于合作共赢的双边关系。

1. 从中美贸易战看中新关系的转变

在制度、经济、地缘政治、国土面积、人口、国际局势等因素的制约下，中国与新加坡所处地位不同，双边关系始终处于一种不对称的地位。中新关系同时还受到国际局势变动的影响，尤其是经常随着美国对华策略的变化而发生波动。在2019年中美贸易战急速升温的情况下，新加坡在中美之间显得更加被动，这样的被动使得新加坡在对华关系上发生了根本性的转变，这种转变体现在以下两个方面。

由亲近美国逐步向中立乃至亲近中国转变。过去新加坡一直以谋取实际利益为主，在中美关系中长期处于亲近美国的状态，但随着近些年来中国的迅速崛起，巨大的利益吸引着新加坡从美国的队伍中慢慢抽身，开始秉持中立乃至亲近中国的立场。在本次中美贸易战中，新加坡不断向世界发声，表示美国应接受中国崛起，不要迫使小国在中美间做选择，并呼吁大国保持冷静，希望两国尽早达成贸易协议，打造"合竞"的关系，让两国在竞争的同时也能够携手展开互惠互利的合作，以便达成建设性关系，共同实现稳定的全球秩序。面对中美贸易摩擦的升级，新加坡再次发声，希望能在中美两国之间搭建桥梁，鼓励中美保持协作精神，同时自身也做好准备应对中美贸易摩擦进一步升级，继续保持中立不站队原则。另外，新加坡还肯定了"一带一路"倡议的重要性，认为"一带一路"建设有利于增进合作，抑制全球不确定性。

积极为中美关系的修复搭建桥梁。由于中美贸易战的影响，新加坡

---

① 《全球非英文母语国家排名出炉：新加坡英语水平居亚洲第一》，新浪网，2019年11月19日，http://k.sina.com.cn/article_3974550866_ece6d55200100kogt.html?from=edu。

经济遭受重大打击，第二季度经济仅增长0.1%，同比萎缩3.4%，长此以往很可能会陷入技术性衰退中。① 因此新加坡在中美关系中积极牵线搭桥，先是联合中美等46国签署《新加坡调解公约》②，再围绕支持跨境商业调解这一话题携手中美等20多国签订《新加坡公约》。③ 赴美国访问的新加坡国防部部长黄永宏在第七届里根国防论坛上答复与会者询问时表示，大多数东盟国家不希望在美国和中国之间选边站，而是希望中美两国和其他大国都参与区域事务发展。④

2. 高层接触频繁，中新关系日渐成熟

2019年，中新两国领导人的频繁交往反映了两国领导人对双边关系的高度重视，显示了中新双边关系的重要性。这种重要性绝不仅仅局限于双边之间。新加坡是世界上除中国外主要以华人为民族主体的国家，拥有绝好的地理位置，扼守马六甲海峡南入口的咽喉，是亚洲与西欧的连接点，是东南亚乃至东亚地区最具经济和军事价值的港口要塞。而中国则是世界上最大的发展中国家，两国关系本身就对世界有着巨大影响。从贸易方面看，新加坡作为世界贸易中转站，中国是世界第一贸易大国，凡是涉及货物贸易，或是涉及全球经济和金融形势，都需要双方的合作。在中美贸易战的关键节点上更需要两国密切的合作，如果中新关系动荡不安，亚洲和整个世界的货物贸易将会受到极大影响。

因此在美国对华贸易制裁手段越发严厉的情况下，感到自身利益受严重威胁的新加坡，一改往日亲美的常态，4月25日，新加坡总理李显龙访华出席"一带一路"国际合作高峰论坛及世界园艺博览会，在会上两国签署了成立新加坡—上海全面合作理事会、加强第三方市场合作实施框架、实施原产地电子数据交换系统、海关执法合作以及设立联

---

① 《副总理王瑞杰：新加坡经济目前料不会陷入全年衰退》，Channel News Asia，2019年7月12日，https：//www.channelnewsasia.com/news/business/singapore-not-expecting-full-year-recession-now-heng-swee-keat-11714986。

② 《中美等46国签署〈新加坡调解公约〉》，《联合早报》2019年8月7日，https：//www.zaobao.com/znews/singapore/story20190807-979119。

③ 《尚穆根：支持跨境商业调解 中美等20多国将签〈新加坡公约〉》，8 word，2019年7月30日，https：//www.8world.com/news/singapore/article/singapore-convention-on-mediation-879736。

④ 《黄永宏：东盟不希望选边站 盼中美参与区域发展》，8word，2019年12月9日，https：//www.8world.com/news/singapore/article/ngenghen-china-us-asean-996811。

合投资平台五份谅解备忘录，为双边务实合作注入了新的动力。在随后的第十八届香格里拉对话会上，新加坡副总理王瑞杰与中国国防部部长魏凤和举行会晤①，就亚太地区热点安全议题展开讨论，为之后双方关系的进一步发展埋下伏笔。

9月10日，中共中央政治局委员、重庆市委书记陈敏尔率中共代表团访问新加坡。② 在访问新加坡的过程中，中方表示重庆和新加坡应继续加强合作、推进经济增长和可持续发展，联合推出数据专用通道，实现双边数据互联互通。培养互信平台融合，推动区域联通，加强三方面合作，培养两地人民与官员之间的互信，相信重庆能成为中国西部的数据枢纽以及衔接东南亚和中亚的地理枢纽。同时新加坡国立大学在中国成立第二个海外研究院——新加坡国立大学重庆研究院，2020年将在重庆两江新区投入运作，为重庆培养和输送具有国际视野和创业精神的顶尖人才。

10月14日，应中国国务院副总理韩正的邀请，新加坡副总理兼财政部部长王瑞杰率团访华③，为巩固两国关系，开拓新的合作领域，签署新加坡—中国自由贸易升级协定。该协定规定将进一步简化通关手续，运用风险管理、信息技术等手段为双方企业提供高效快捷的通关服务，共同维护双边贸易秩序。其中，中新原产地电子联网将成为中国首个与东盟成员实现电子联网，帮助双方进一步提升通关时效和实现无纸化，提高了货物贸易的自由化程度。升级协议中还就金融监管合作达成谅解，中国银行保险监督管理委员会和新加坡金融管理局将通过常规监管信息交流就各自审慎监管框架发展情况等双方共同感兴趣的议题开展合作，进一步推动两国监管机构更好地服务金融机构，增强监管机构的交流和互信。在服务领域，新加坡承诺将进一步实施市场开放，双方对投资保护、争端解决等作出了较为全面的规定，在保护投资者合法权益和维护东道国政府的管理权之间保持较为适当的平衡。

---

① 《联合早报》，《第18届香格里拉对话会在新加坡召开》，2019年6月2日，https://www.zaobao.com/news/singapore/story20190602 - 961352。

② 《中共中央政治局委员、重庆市委书记陈敏尔于9月10日至13日率中共代表团访问新加坡》，Business Time，2019年9月12日，https://www.businesstimes.com.sg/government-economy/singapore-chongqing-deepen-ties-with-project-deals。

③ 《联合早报》，《新加坡副总理兼财政部长王瑞杰率团访华》，2019年10月14日，http://www.zaobao.com/beltandroad/news/story20191014 - 996932。

3. 北京香山论坛为中新军事外交开新局

2019年10月21日,新加坡国防部部长黄永宏出席北京香山论坛①,借此机会中国和新加坡签署更新版的防务协定,以此提升双边防务合作,扩大双边军事演习,相互提供后勤支持,两国设立防长定期对话机制,再次确定中新友好防务关系。

2020年新加坡与中美两国仍旧保持良好的外交关系,努力在中美两国之间周旋,面对疫情,新加坡对中国开展的抗疫工作表示认同②,并伸出援手为中国提供抗疫物资③,同时呼吁各国与中国齐心协力共同克服挑战,在疫情期间,新加坡还邀请中国参加新加坡航展,中国空军八一飞行表演队应邀参展。④

(二) 双方经济、贸易、投资合作

1. 政府间合作项目快速发展

中新两国政府间合作自1994年第一个项目苏州工业园建设以来一直都在进行,并且取得了良好的效果。本报告重点描述以下两个政府间合作项目。

(1) 中新(重庆)战略性互联互通示范项目和国际陆海贸易新通道建设成果丰富

该项目发展至2019年8月,签约的合作项目达到182个,金额共计达到264亿美元。所牵涉的项目范围从刚开始的四大板块,即金融、航空、信息通信、交通物流扩展到了旅游、医疗和教育等板块。

在金融领域,通过跨境发行债券、不动产信托投资、跨境贷款等形式,为106个项目跨境融资104.4亿美元,占总金额的比例超过1/3,其中,64亿美元由重庆市企业所得,融资成本相比重庆市的其他融资要低大约1.4%。剩余的40.4亿美元融资则分布在陕西、四川、青海、

---

① 《新加坡国防部长黄永宏出席北京香山论坛》,新华网,2019年10月21日,http://www.xinhuanet.com/mil/2019-10/21/c_1210319580.htm。
② 《李显龙总理:武汉肺炎疫情是公共卫生事件 因疫情排华愚昧且不合逻辑》,《联合早报》2020年2月2日,http://www.zaobao.com/znews/singapore/story20200202-1025519。
③ 《新加坡将为中国提供2万个新冠病毒诊断试剂盒》,《联合早报》2020年2月7日,http://www.zaobao.com/realtime/singapore/story20200207-1027098。
④ 《中国空军八一飞行表演队应邀参加新加坡航展》,新华网,2020年2月6日,http://www.xinhuanet.com/expo/2020-02/06/c_1210463335.htm。

广西、新疆、云南等省区。新加坡的一些金融企业也纷纷落户重庆，特别是新加坡富登金控公司与中国银行合作在重庆开设了三家银行，专注于为水库区域、农业以及中小企业提供品种多元化的金融服务。中新一些金融公司合资成立了多只基金，投资于大数据、物流等领域，资产规模达近12亿美元。重庆砂之船公司甚至以发行房地产投资信托的形式在新加坡交易所上市，是中国西部的第一家，为西部公司实行跨境融资提供了榜样和经验。此外，金融服务形式也在创新、发展，如金融科技的应用、贸易融资"出口双保通"等创新业务逐渐开展起来。

在物流领域，新项目的启动和建设进程加快。首先，多家不同形式的中新合资物流公司成立并开始运营。如中新互联互通（重庆）物流发展有限公司、中新（重庆）多式联运物流发展有限公司，还有注册资金达2.5亿美元的新加坡辉联集团、斐格瑞集团与重庆埔程物流有限公司成立的合资公司，专注于重庆与世界各地的物流网络建设。新加坡环通物流集团与重庆渝新欧公司共同出资成立中新环通（重庆）多式联运公司，专注于国际航空物流和铁路的集装箱拼单业务。值得一提的是，除了中新双方的合作以外，欧洲最大的内河港口运营商德国杜伊斯堡港口集团也在重庆与新加坡港务集团开展合作，这为发展物流供应链增添了新的力量。2019年7月，作为国际陆海贸易新通道的冷冻集装箱铁海联运首次试运营，装满海鱼的两个冷冻集装箱以铁路海运联运的方式从越南经过陆海新通道运到重庆，需要8天时间，比经过东海运抵重庆少了24天，大大节约了时间，也节约了运输成本。此外，重庆交运集团还与新加坡的veriTAG公司、Y3科技公司合作建立了跨境物流、贸易和供应链平台。该平台利用大数据分析，使其业务更加准确和便捷。

在航空领域，第一，为更好地提高商业服务水平、借鉴新加坡樟宜机场先进的管理经验，重庆机场与樟宜机场合资建立了中新（重庆）机场商业管理公司，共同管理机场中的停车、广告、餐饮和零售业务。第二，重庆机场将重庆至新加坡的航班时刻调整得更加趋于合理，并把班次从原来的每星期5个航班增加到每星期14个航班，大大方便了双方人员的往来。第三，为了配合重庆航空业的发展，加强航空物流、维修、租赁和培训航空副业的服务能力，双方合资建设了航空产业园，使航空产业的基础设施及配套产业更加完善。第四，重庆航空从新加坡中银航空租赁有限公司租赁并开始运营7架空客A320飞机，这既增加了重庆航空的运营能力，也降低了航空的运营成本。第五，为了更好地利用新加坡在飞机维修方面的优势和资源、学习新加坡在大型飞机维修方面的先进技术和管理经验，重庆方面正与新加坡新科宇航积极探讨在重庆建设飞机维修中心，以为西部航空公司的飞机特别是空客A320提供先进的维修服务。

该项目下的信息和通信也取得了积极的进展。首先，经过中国工信部的批准，开通了重庆和新加坡的互联网数据专用通道，将使双方应用互联网数据通信更加便捷和快速，以促进两地经济和社会的快速发展。其次，为更好地借鉴和学习新加坡智慧城市的建设经验，重庆与新加坡合作在重庆的两江新区、渝中区和荣昌区分别建设了悦来新城智慧城、景区人流监控系统和智慧畜牧三个项目，目前已经完成了验收工作，准备投入运营。最后，新加坡信息科技公司新科电子、DCFrontiers公司和新加坡报业控股集团也分别在重庆以独资或合资形式设立了总部和研发中心、中新企业大数据平台、项目平台，使得双方的数据经济合作上了一个新的台阶。

在人文交流领域，在中国"一带一路"倡议互联互通的"五通"中，民心相通也是重点建设方面。民心相通需要更加密切的人文交流。因此，中新（重庆）战略性互联互通示范项目也在关注这方面的建设。2019年，重庆市人力社保局就加强职业技能人才的培养与交流与新加坡工艺教育局签署了合作协议。重庆市委组织部为了使重庆市的干部进一步了解新加坡的文化，学习其先进的管理理念，与新加坡外交部签署《关于领导干部培训合作谅解备忘录》，使他们在新加坡得到更好的培训。重庆市文旅委为了加大双方的旅客互访、共同合作展开旅游规划、开发景点，也与新加坡旅游局签订了备忘录。此外，中新合资建设的重庆莱佛士国际医院于2019年开始运营，该医院更加注重提高其星级管理水平和给患者提供高品质的医疗、保健以及养老方面的服务，使双方的人文交流向更广阔的方向发展。

国际陆海大通道建设存在的问题：首先是在硬件设施上，需要继续建好多式联运的基础设施，特别是港口与铁路的连接问题。好消息是继大通道上的港口——广西钦州港的港口铁路于2019年6月通车之后，广西另外一个港口——北海铁山港的港口铁路专线也于2020年4月正式开通，解决了通道的"最后一公里"问题。其次是要解决物流中各式联运的标准化问题，以便在多式联运中能便利地衔接。最后是在软件问题上，跨境运输的海关通过手续、查验程序还有待优化，应使其更加便利化和透明化。此外，贸易信息化建设也要进一步加强，如果在货物到达海关之前，相关的信息就已经在海关处理完毕，只等查验合格，那么就会大大缩短通关的时间，促进货物的快速流动。

（2）中新天津生态城稳健发展

中新天津生态城从2008年开始建设，至今已有12个年头，已从当初的1/3盐碱荒滩、1/3污染水面和1/3废弃盐田发展成为如今的"2018中国最具幸福感生态城"和"无废城市"建设特例区。中新天津生态城的定位就是要建设成为生态理论创新、展示先进的生态文明和节能环保技术使用平台，为中国和世界上的其他城市提供生态文明可持续发展的榜样。中新天津生态城的建设和发展就一直秉持着这样的理念。

秉承此理念，华为于2018年与天津生态城建立了战略合作关系，并先后建立了华为滨海基地、华为海洋网络有限公司，使华为的人工智能技术为解决生态城的智能交通问题派上了用场，也使华为公司的海洋通信研发有了很好的基础。此后，德国罗伦士（中国）有限公司在生态城建立了艾奈斯（天津）汽车智能科技有限公司，致力于智能汽车的改装、研发。京东、腾讯等互联网企业也入驻生态城。2019年10月，新加坡著名的房地产公司吉宝置业与生态城签署了战略合作协议，为加快智慧城市建设、智能产业发展注入了强大的动力。根据该协议，将建立一个双方合作平台以利于智慧城市建设的进行、建立场景应用研究基地、成立双方合作的智慧城市研究中心，将引进新加坡在智慧城市建设方面的管理经验，促进双方在智慧城市建设上的交流。①

2019年，中新天津生态城共引进了27个项目②，涉及的是智能文化旅游、智慧医疗健康、智能产品研究和开发、智能公交车、智慧城市

---

① 《中新合作步入新阶段 王瑞杰：新加坡乐于与其他城市合作推动生态城发展》，《联合早报》2019年10月17日，https://www.zaobao.com.sg/special/report/singapore/sg-cn/story20191017-997631。

② 《27个项目集中落户中新天津生态城 助智能产业跃升》，新华网，2019年12月4日，https://baijiahao.baidu.com/s?id=1651883047460137849&wfr=spider&for=pc。

建设等高新技术领域。在产业的带动下，天津生态城的 GDP、公共财政收入、税收收入、实际利用外资和服务业收入等经济指标都得到了快速提高。2019 年新增的企业达到了 1698 家，涉及的是智能科技、金融贸易、文化旅游、大健康产业领域，特别是阿里巴巴健康产业基金的入驻，为生态城的经济注入了强劲的金融资源，目前，在生态城注册的公司累计达到了 8377 家。

在项目建设方面，生态城共开工建设项目 96 个，如中新友好公园西区、北疆电厂淡化海水引入工程、临海新城水系联通工程、新源中心工业游等，开工建筑面积达 181 万平方米。

在生态城的旅游方面，原来的"一日游"拓展成为"多日游"，截至 2019 年 9 月底，游客的接待量达到了 600 万人次，同比增长了 40%，对生态城的消费起到了很大的拉动作用。

中新天津生态城建设始终坚持"统筹规划，统筹建设，统筹管理，统筹运维"的原则；贯彻"1+3+N"的主线。"1"是城市"大脑"，由数据中心、运营中心和安全中心构成，使城市可以自我学习、自我感知、自我修正，以协调城市的各个功能部门；"3"是指三个平台：数据汇聚、设施物联和用户认证，这些平台就像人体的神经系统一样把城市的人、财、物、信息畅通起来；"N"是指多个服务于企业、政府和群众的智慧模块，如环保、交通、民生、应急、政务和城管的智慧版。坚持一套"智慧城市指标体系"标准，该标准由 6 类、30 项指标共 73 项具体任务组成，坚持"以人为本、应用至上"的智慧城市建设理念。①

在未来的一年里，中新天津生态城将会加大建设力度，继续推动建设的项目达 579 个（其中 272 个续建、168 个新建，139 个前期项目），涉及产业（如中核工业大学、爱琴海商业综合体、华强产业区及配套区、清华电子产业园一期提升、华峰测控）、民生（如小学、幼儿园）、基础设施和住宅等领域。②

---

① 《中新天津生态城：打造智慧城市示范区》，人民网，2019 年 12 月 27 日，http://tj.people.com.cn/n2/2019/1225/c375366-33662456.html。
② 《中新天津生态城 2019 年建设计划出炉 579 个项目全面开启"新十年"建设征程》，中国发展网，2019 年 2 月 28 日，http://www.chinadevelopment.com.cn/news/zj/2019/02/1463002.shtml。

值得一提的是，中新天津生态城的成功建设和管理经验已经在中国其他城市开始复制和推广。如河北雄安新区在水治理方面就借鉴了天津生态城的经验。

2. 中新贸易合作得到加强

中国与新加坡2019年的双边贸易额为1006.7亿美元，比2018年增加了0.6%。其中，中国从新加坡进口额为516.3亿美元，比2018年增加了2.4%，中国向新加坡的出口额为490.5亿美元，比2018年减少了1.2%。在双边贸易中，中国逆差达25.8亿美元，从顺差到逆差，下降了243.2%。中国已经成为新加坡的第一贸易伙伴、第一进口来源国。[1]

中国出口新加坡最大的货物类别是机电类产品，然后依次是矿产品、贱金属及其制品。同样，机电产品也是中国从新加坡进口的最大类货物，依次是化工、塑料、橡胶以及矿产品。

在2019年的服务贸易方面，中国只是新加坡的第四大贸易伙伴，新加坡也只是中国的第九大贸易伙伴。就货物贸易而言，双方的服务贸易有一定的差距，主要原因是中国—新加坡自由贸易区协议升级版的有关服务贸易的条款到2019年10月才生效。运输是中国对新加坡输出的服务，占比约42%，依次为贸易的配套服务（12.2%）、商业管理服务（10.5%）、信息与通信服务（4.4%）。同样，运输也是中国从新加坡进口的最大服务贸易项目，占比为46.7%，然后依次为金融（12.8%）、保险（8.5%）、商业管理（6.9%）。在两国服务贸易方面，新兴领域得到快速发展，特别是在信息互联网领域的合作方兴未艾。如中国的阿里巴巴集团投资40亿美元入股新加坡乃至东南亚最大的电商LAZADA，百度公司与新加坡的亚洲移动公司共同投资智能交通和自动驾驶技术。中国的移动支付如支付宝、微信、银联等技术也在新加坡得到逐步推广。在中国，新加坡企管局携同新加坡食品企业联合会也入驻了天猫，成立了新加坡馆。新加坡的安德公司给北京天坛医院提供了核磁共振的大数据分析。[2]

---

[1] 《2019年12月新加坡贸易简讯》，商务部网站，2020年4月9日，http://swt.yn.gov.cn/swyw/dwmy/202004/t20200408_935721.html。

[2] 《中新"一带一路"合作成果专题之四——中新双边贸易稳步增长》，中国驻新加坡经济商务参赞处网站，2019年4月19日，http://sg.mofcom.gov.cn/article/dtxx/201904/20190402854556.shtml。

## 3. 中新投资合作力度加大

中国历年来都非常重视吸引外资,在众多新增外国投资中,新加坡居榜首,2018年新加坡对中国的实际投资额为52.1亿美元,比2017年增加了9.4%,投资项目达到了998个,比2017年增加了41.4%,主要涉及制造业、批发零售业和金融保险业等。据统计,目前,截至2018年底,新加坡在中国有近2.5万家企业,占中国外资企业的2.6%。2018年中国对新加坡的投资,除金融业外达35.5亿美元,比上一年增加了11%,主要涉及房地产业、金融保险服务业和批发零售业。截至2018年底,中国在新加坡大约有7500家企业。2018年启动的双方政府间投资项目和新川科技创新园、吉林食品区等项目也进展得非常顺利,并已经产生了良好的经济效益和社会效益。2019年,新加坡的盛裕集团(Surbana Jurong)和中国的丝路基金达成协议,共同建设资本达5亿美元的"中新投资平台",按照该协议的分工,盛裕集团将发挥其商业网络的优势,向平台提供东南亚基础设施绿地投资项目,经双方评估后,由丝路基金和盛裕集团下属的盛裕资本通过债券、股权等方式进行共同投资。这对促进"一带一路"倡议在东南亚地区的发展起到了很好的推动作用。① 此外,中国国际商会与新加坡的大华银行、证券交易所签订了合作备忘录,利用新加坡信任度高的资本市场,通过股权、债券等方式,协助商会的18万家企业会员在东南亚和全球进行投资。②

## 4. 中新合作机制保持通畅

新加坡—重庆"服务4.0"高峰论坛于2019年8月在重庆举办。该论坛的主题是"服务业与数字经济发展"。中国和新加坡两国的政府领导及企业界人士参加了论坛。这是新时代加强双方合作、扩大合作领域的很好的交流平台,对双方合作的深入开展起到了促进作用。③

新加坡总理李显龙率团出席2019年4月在北京召开的第二届"一

---

① 《丝路基金与新加坡盛裕集团成立共同投资平台》,中国驻新加坡经济商务参赞处网站,2019年4月30日,http://sg.mofcom.gov.cn/article/dtxx/201904/20190402859211.shtml。

② 《新加坡大华银行、新交所和中国国际商会签署合作备忘录》,中国驻新加坡经济商务参赞处网站,2019年5月3日,http://sg.mofcom.gov.cn/article/dtxx/201905/20190502859561.shtml。

③ 《新加坡—重庆"服务4.0"高峰论坛在渝举行》,重庆市人民政府网站,2019年8月29日,https://www.cqrb.cn/content/2019-08/27/content_206217.htm。

带一路"国际合作高峰论坛,发表了"'一带一路'合作:塑造更美好共同未来"的主题演讲,并分别会见了中国国家主席习近平和总理李克强。中新两国还签署了《加强第三方市场合作实施框架》《成立新加坡—上海全面合作理事会》《海关执法合作》《实施原产地电子数据交换系统》以及《设立联合投资平台》五项谅解备忘录,充实了双方的务实合作。①

作为双方合作机制重要组成部分的中新双边合作联委会第十五次会议、天津生态城联合协调理事会第十一次会议、苏州工业园区联合协调理事会第二十次会议和中新(重庆)战略性互联互通示范项目联合协调理事会第三次会议于2019年10月在重庆召开。中国副总理韩正和新加坡副总理王瑞杰共同主持了这四个双边合作机制会议。在这些会议上达成了以下共识:深化"一带一路"倡议下的金融支撑、互联互通、法律司法、第三方合作等领域的合作,扩大对"国际陆海新通道"的投资,升级重点合作项目,加强区域发展战略合作。加快自由贸易区升级版的建设、倡导多边经贸合作,促进世界经济体系朝开放型发展。②

中国(重庆)—新加坡经济与贸易合作论坛于2019年9月在新加坡举行。由重庆市委书记和新加坡贸工部部长陈振声共同主持此次论坛,这两位领导人在致辞中都提到了中新互联互通项目,一致认为,该项目的建设给合作双方的经济社会发展带来了巨大的动力,特别是大数据和人工智能在项目合作中的应用,将加速合作的进程。在此次论坛结束后,双方见证了中新(重庆)国际互联网数据专用通道的开通,也见证了关于深化重庆和新加坡合作的27项协议的签署。③

第二届中新(重庆)战略性互联互通示范项目金融峰会于2019年11月在重庆举行,共有六个分会场,它们的主题分别是:"金融科技促进普惠金融发展论坛""跨境投融资助力'一带一路'论坛""绿色金融助推绿色发展论坛""物流金融赋能陆海新通道论坛""供应链金融

---

① 《新加坡政商界积极参与第二届"一带一路"国际合作高峰论坛》,中国驻新加坡经济商务参赞处网站,2019年5月7日,http://sg.mofcom.gov.cn/article/ydyl/201905/20190502860350.shtml。
② 《韩正会见新加坡副总理王瑞杰并共同主持中新双边合作机制会议》,新华社,2019年5月7日,http://www.xinhuanet.com/2019-10/15/c_1125108328.htm。
③ 《中国(重庆)—新加坡经贸合作论坛举行》,新华网,2019年9月16日,http://www.cq.xinhuanet.com/2019-09/14/c_1124995434.htm。

创新与发展论坛"和"资产证券化推动'一带一路'基础产业发展论坛"。共有200多位来自中国和新加坡的政界、商界和学界的嘉宾参加了峰会，对双方金融服务业的创新合作和发展起到了推动作用。①

## （三）文化、旅游、教育等人文交流的合作

2019年，在当前科技日益进步以及国际体系发生结构性变革的大背景下，作为"一带一路"重要节点和海上"丝绸之路"重要枢纽的新加坡与中国除了在经济政治上进行合作交流外，两国在文化、旅游、教育、科技等领域的人文交流与合作也有更为密切的联系和发展。

### 1. 中新文化和旅游交流合作

新加坡《2019年第一季度旅游报告》显示，作为新加坡五大旅客来源地之一的中国，是所有旅游消费能力最强的，来自中国旅客的收益达10.9亿新元。② 2019年，也是中新文化交流频繁的一年，两国在文化交流方面取得了很多成果。

中新两国举办了多场文化活动，中国向新加坡民众直接展示了中国优秀的旅游和文化资源，让新加坡民众更加了解传统中国文化，认识现代化的中国，同时，新加坡也展现出自身优秀的旅游资源，吸引了更多中国游客前往新加坡旅游。文化和旅游相融合，在旅游发展中注入文化，以文化提升旅游品质，通过旅游这个载体，更好地交流两国的文化，这些都促进了两国更深入的相互认识和理解，促进了两国经济的发展，从而推进区域经济和平与发展。

2019年1月，"2019新加坡·中国江苏文化旅游年"在新加坡中国文化中心举行，该活动以一整年的旅游文化活动为推动中新人文交流注入新的动力。③ 这项活动也促进了新加坡中国文化中心与更多本地机构的合作、交流，为中新两国尤其是新加坡与江苏两地的友好关系发展锦上添花。2019年5月，新加坡中国文化中心和中国驻新加坡旅游办事

---

① 《中新金融峰会11月4日在渝举行 200余名重量级嘉宾将参会》，中国驻新加坡经济商务参赞处网站，2019年10月14日，http://sg.mofcom.gov.cn/article/ydyl/201910/20191002903864.shtml。

② 《新加坡旅游局：2019年第一季新加坡旅游报告》，搜狐新闻，2019年8月13日，https://www.sohu.com/a/333491714_665157。

③ 《2019新加坡·中国江苏文化旅游年启动》，新华网，2019年1月27日，http://www.xinhuanet.com/2019-01/27/c_1124049640.htm。

处联合在新加坡推出"中国旅游文化周"的首场活动——"2019 中国旅游玩家介绍会"①。在旅游文化周期间有多场中国文化和旅游推介、主题研讨、专题讲座与欣赏等活动,让新加坡民众体验了飞跃发展的、既时尚又美丽的中国。2019 年 11 月,"丝路风翰——百位中国书法博士作品邀请展"在新加坡中国文化中心举行,中国与新加坡书法界人士交流互动频繁,促进两国民心相通和两国人民的友谊。②

2019 年 10 月,合肥开通直飞新加坡的航线,不仅为往返两地学习的学生和经商创业的商务旅客带来时间和空间上的便利,而且为安徽乃至长三角地区游客赴东南亚旅游带来更多的利好和选择,更能促进安徽地区与新加坡之间的政治、经济、文化与旅游交流,同时也进一步助力合肥机场打造国际化航空枢纽。③

2. 中新教育合作与交流

中国与新加坡建交以来,随着两国间经贸、教育和文化等方面的交流合作愈加频繁,中国和新加坡间留学、人才交流、学术交流与合作的人数和次数都逐年上升。

新加坡是中国学生选择留学的主流国家之一。随着"一带一路"倡议的深入展开和亚洲国际地位的整体提升,前往新加坡留学的中国学生数目也有所上升。④ 同时,新加坡作为典型的城市国家,是世界第四大金融中心,无论是金融还是实体经济都有较强的发展潜力,投资面向全球,并深度参与国际贸易,所以新加坡大学的商科、金融会计、经济等学科一直备受国内学生及家长的青睐。同样,IT 产业在新加坡也一直保持着每年 15% 以上的人才增长需求,同时,新加坡将"智慧城市网络"计划纳入国家的发展战略当中,全面培养和吸收全球高质量 IT 人才,并吸引了世界一流的 IT 公司,如脸书(facebook)、阿里、腾讯等纷纷在新加坡设立区域总部,所以新加坡 IT 专业的申请学生数也有所

---

① 《2019 年"中国旅游文化周"在新加坡启动》,中国报道,2019 年 5 月 16 日,http://whzg.chinareports.org.cn/plus/view.php?aid=5766。

② 《百名中国书法博士作品在新加坡展出》,新华网,2019 年 11 月 27 日,http://www.xinhuanet.com//2019-11/27/c_1125277918.htm。

③ 《新加坡直飞合肥的新航线终于开通了》,新加坡眼,2019 年 10 月 22 日,https://www.yan.sg/xinjiapokaitongzhifeihefei/。

④ 《〈2019 中国留学生白皮书〉发布》,中国教育在线,2019 年 3 月 31 日,https://www.eol.cn/ceici/news/811/。

增加。此外,新加坡拥有世界知名院校——新加坡南洋理工大学等。[①]因此,2019年吸引了更多的中国留学生前往留学。

同时,2019年,中新两国也进行了多次多角度、多层次的人才、思想的合作交流。2019年2月,"一带一路"国际化人才培养高端论坛在新加坡南洋理工大学举行,南洋理工大学及中国20所高校的代表出席论坛,共商国际化人才培养战略,强调大学的独特地位和功能决定其必须承担起培养杰出人才的重要责任。利用好新加坡自身在"海上丝绸之路"中重要交通枢纽的位置优势,中新双方将为培养适应国内外新形势,通晓国际规则的合格人才,具有全球竞争力的高素质人才共同努力,最终达到合作共赢。[②]

2019年11月,中国人民大学与新加坡管理大学全球论坛在北京举办,其主题为"退休与积极老龄化"。中新两国学者与业界领袖对话,进行经验分享,助力老年人生活和生命质量的提高,促进经济发展和社会和谐。[③] 同期,新加坡举办了第四届国际学校汉语教学研讨会,进一步推动了新加坡等国际学校的汉语教学与研究。[④] 上海交通大学新加坡研究生院举行了揭牌仪式,进一步促进了中新两国在"一带一路"教育领域的合作。[⑤] 之后,中新两国还进行了加强两国学前教育交流与互鉴的活动。新加坡的孔子学院、孔子课堂及孔子学校也都为中新两国教育文化交流,增进两国人民的友谊贡献了力量。

3. 中新科技合作与交流

随着全球技术进步和数字化变革,自2018年起,新加坡提出"智慧城市网络"战略,2019年推进了相关项目的进行,中国和新加坡两国之间有关科技的交流合作活动更为频繁。

---

① 《2019新加坡留学大数据,了解2020年录取趋势》,搜狐新闻,2019年8月17日,https://www.sohu.com/a/334176264_576761。

② 《"一带一路"与国际化人才培养高端论坛在新加坡举行》,中国网,2019年2月25日,http://sl.china.com.cn/2019/0225/57086.shtml。

③ 《2019"中国人民大学—新加坡管理大学全球论坛"聚焦退休和老龄化问题》,新华网,2019年11月29日,http://www.xinhuanet.com/world/2019-11/29/c_1210375113.htm。

④ 《"第四届国际学校汉语教学研讨会"在新加坡举办》,《经济日报》,2019年11月27日,https://baijiahao.baidu.com/s?id=1651320989409685668&wfr=spider&for=pc。

⑤ 《上海交通大学新加坡研究生院在新加坡正式揭牌》,上海交通大学学术新闻网,2019年11月28日,https://news.sjtu.edu.cn/jdyw/20191129/116827.html。

2019年3月，新加坡受邀成为2019年浦江创新论坛的主宾国，进一步发展了中新两国科技伙伴关系，推动、引领了更高水平的国际科技合作，在生物医药、智慧城市网络、数字经济等创新技术领域进行交流对话。①

2019年9月，由新加坡国立大学苏州研究院、BLOCK 71 Suzhou及新加坡国立大学企业机构联合主办的"中国—新加坡国际科技交流与创新大会"在中国苏州举办。此次大会旨在打造一个高层次的国际科技创新交流平台，同时得到两国相关政府的大力支持，并成为推动中新两国创新创业合作的标杆活动。此次大会就老龄化科技应对、绿色智慧城市、生态修复、中新企业家论坛等多个话题展开对话交流。②

在第二届中新合作服务贸易创新论坛上，新加坡南洋理工大学的高新科技成果在中国实现转移转化，融通粤港澳大湾区各种创新资源，衔接各个产业，促进新加坡先进技术成果和中国企业、投资人、投资公司的深度对接，实现国际顶尖成果在粤港澳大湾区的落地转化，并服务于当地企业的创业转型升级和可持续发展。③

服务贸易是推动经济进一步增长的重要动力，也是中国推动开放型经济向更高层次经济转型升级的重要方向，自由贸易试验区带来的最大机遇就是高质量、高速度发展服务贸易。这些将进一步深化和推进中新合作，促进服务贸易创新发展高地建设，提升中国服务品牌影响力。中新两国将共享发展机遇，共创美好未来，中新两国的大小企业将携手并进，蒸蒸日上。

2019年新加坡金融科技节有"可持续性、金融和科技，未来金融，投资和全球市场机会，新兴科技"四大主题，旨在开展一系列的行业研讨与交流。其中，中国小米集团代表洪峰与新加坡副总理、财政部部长王瑞杰会面，双方围绕小米金融的业务发展、金融科技的先进成果和新

---

① 《新加坡正式受邀成为2019年浦江创新论坛主宾国》，人民日报海外网，2019年3月11日，https://baijiahao.baidu.com/s?id=1627702884234649277&wfr=spider&for=pc。

② 《邀请函——2019中国·新加坡国际科技交流与创新大会》，新加坡新闻头条，2019年9月18日，https://toutiaosg.com/邀请函-2019中国—·新加坡国际科技交流与创新大会/。

③ 《第二届中新合作服务贸易创新论坛暨首届金鸡湖现代服务业峰会召开》，光明网，2019年11月9日，http://difang.gmw.cn/js/2019-11/09/content_33307046.htm。

加坡金融科技的发展情况与潜在合作机会等,进行了良好沟通。①

此外,值得一提的是,中国华为打造的新加坡首个5G人工智能创新实验室在樟宜工业园正式投入运营。该实验室的主要业务是聚焦人才培训、创新研究及中心合作三个方面,促进中新科技交流、人才交流,增强两国科技和创新能力。②

## 三 2020年中国与新加坡双边合作展望

### (一) 中国与新加坡合作展望

随着中国"一带一路"倡议以及中新自由贸易区协议升级版的进一步实施和中国2019年3月15日通过的外商投资法的实施,中新两国的投资将会进一步扩大。外商投资法放宽外资准入市场,简化了外资审批程序、降费减税、优化外商投资环境等一系列条款,都会释放出强劲的动力。而中国的海南、上海、广西等自由贸易试验区、粤港澳大湾区、长三角区域一体化、京津冀协同发展等一系列战略的出台和实施,都将吸引新加坡加大对中国的投资力度。而2019年10月正式生效的中新自由贸易区协议升级版则对原协定的海关程序与贸易便利化、原产地规则、服务贸易、贸易救济、经济合作、投资六个方面进行了升级,还额外增加了竞争政策、电子商务和环境三个方面的内容,并明确了在"一带一路"框架下双方在"五通"(即政策沟通、设施联通、贸易畅通、资金融通和民心相通)方面的合作内容。新加坡已经连续参加了两届中国进口博览会,相信在2020年第三届中国进口博览会上,新加坡将会展示给世界人民更多的优质产品和服务,同时,也将带动中新两国的经贸合作迈上一个新的台阶。

### (二) 加强中新双边合作的政策建议

由于缺乏战略资源,新加坡经济对国际经济的依赖程度很高,这为其成为世界国际贸易、航运、金融中心奠定了坚实的基础,也为中新经

---

① 《2019年新加坡金融科技节开幕》,中国经济网,2019年11月14日,http://intl.ce.cn/sjjj/qy/201911/14/t20191114_33611571.shtml。

② 《华为在新加坡开设5G人工智能实验室》,中国新闻网,2019年12月3日,http://www.chinanews.com/cj/2019/12-03/9023260.shtml。

贸合作奠定了基础。未来，中新合作除继续有效开展现有的政府合作项目外，应加大民间合作的力度。

1. 由于新加坡出台了商业总部计划，对在新加坡注册的跨国公司和企业或将其总部搬迁到新加坡的公司进行奖励，并提供商业、技术和专业化的服务，帮助它们在新加坡开展业务。中国可以引导一些有实力的企业独资或者与新加坡企业合作投资设立国际运营总部或者研发中心，利用新加坡优越的地理位置、人才优势和国际化程度高的优势共同开拓包括东盟国家在内的全球市场。这是因为：首先，新加坡是世界上转口贸易强国，对世界各国船舶的航行、通关等贸易环节运作得非常成熟，效率非常高，这样可以节省时间和运输成本。其次，新加坡与东盟其他国家以及世界上大多数国家都实现了自由贸易，不存在诸如关税及非关税等贸易壁垒。最后，也是最关键的一点，就是其他东盟国家以及世界上绝大多数国家对新加坡制定的产品质量标准都非常认可，能够进口到新加坡的产品，也会得到这些国家的认可，这非常有利于开拓第三方市场，从而扩大企业的全球销售额。

2. 新加坡金融业具有很大优势，是世界第三大金融中心，金融服务业是新加坡经济的重要支柱之一。2018年金融服务业占新加坡生产总值（GDP）的13%左右（1970年代只占5%）、占总劳动人口的5.5%（意味着高增值行业）。超过1200家本地和外资金融机构在新加坡营业，为区域提供金融服务。因此，中国在金融领域需向新加坡借鉴建设经验，第一，建议将广西南宁面向东盟的金融开放门户作为加强中国与新加坡金融合作的试点，努力搞好金融软硬件的基础设施建设，如数据管理、通信系统、金融相关的法律、会计、信用评级人才的培养等，创立有利于国际人才与工作和生活的环境，诸如提供医疗、教育、文化、居住、交通便利等。第二，明确南宁金融核心区的定位、服务地区和对象，建立好相关的体制，创造公平、有序、法治、健康的金融竞争环境（如创建商业信托框架，为投资者提供新的投资工具，也促进资本市场的发展）。第三，建立健全与平衡的金融监管制度。理顺监管和发展的关系，两者相辅相成，树立监管的最终目的是确立发展的理念。第四，与新加坡合作，建立与区域各国的密切联系，提出城市发展的解决方案，提高南宁市项目发展与规划及执行的能力，建立具有国际水平的金融法律、司法与仲裁制度。与国际金融机构如世界银行、IMF等建立起战略伙伴关系，以发展本地的金融基础设施。第五，出台一些发展金融市场的奖励措施，以吸引更多的金融机构、金融产品、金融衍生品进入南宁金融门户核心区。

3. 中国与新加坡当前所涉及的高新技术合作以及海洋实质性合作很少。而新加坡是世界上第三大炼油中心，连伊朗这个世界产油大国的成品油都要从新加坡进口。新加坡拥有一个世界上最大的炼油厂，其年炼油量可达1亿吨。该基地的乙烯年产量达到中国的1/3。建议中国广西可以利用其境内钦州的石化基地，与新加坡有关方面接触，考虑共同开发北部湾海域的海洋石油资源。

# 2019年中国与泰国合作发展报告

岳桂宁[*]

## 一 引言

2019年，中泰两国关系平稳发展，各项双边合作事业顺利推进。以泰国军方为核心的泰国"人民国家力量党"政府（巴育政府）在赢得议会选举并合法执政后，延续了此前泰国政府对华友好的政策，表现出与中国深化双边战略合作伙伴关系的积极姿态，在各个领域加深了对华合作力度，使得中泰关系明显升温，两国友好合作又迈上了一个崭新的台阶。

在整个2019年，中泰两国实现了频繁的高层互访，经贸合作取得历史性进展，安全、文化合作也获得显著进步。两国在战略层面的亲密程度加强，而民间友好往来进展也良好，全年基本未发生严重打击两国关系的负面热点事件，此前泰国民间出现的部分厌华情绪得到缓解，中国对泰国普吉海难事件所造成的负面情绪也得以平息。泰国政府表现出对华友好合作姿态，两国民间也延续了"中泰一家亲"的友好关系。

虽然两国关系总体趋好，但由于泰国国内政治斗争日趋激烈，包括新未来党（2020年解散后改组为"前进团"）领袖塔纳通在内的部分泰国政治人物，恶意消费中泰关系，煽动反华情绪，公开支持"港独""台独"势力，将反华与反对泰国军政府进行概念捆绑，为原本一帆风

---

[*] 岳桂宁，广西大学中国—东盟研究院泰国研究所所长。合作者岳汉，广西大学中国—东盟研究院泰国研究所特约评论员，泰国网（www.TAIGUO.com）主编。

顺的中泰关系蒙上了一层不确定性的阴影。

## 二 政治合作

2019年中泰两国政治外交关系持续升温，两国高层互访频繁，就彼此的战略诉求进行相互支持，中方支持泰国作为东盟轮值主席国推动东盟区域一体化进程，而泰国也积极对接"一带一路"倡议，并对中国南海、香港、新疆等核心利益给予支持。两国传统友谊进一步加深，泰皇室及政府对中国70周年国庆予以高度重视，中方也对泰国对华友好的旗帜性人物诗琳通公主给予最高规格的表彰和嘉奖。卓有成效的政治互动，使中泰双方的战略伙伴关系得到进一步巩固。

**（一）中国国务院总理李克强访泰**

2019年11月，中国国务院总理李克强赴泰国参加东亚领导人系列峰会，并同时对泰国开展国事访问，泰国总理巴育隆重接待了李克强一行。

在出访过程中，李克强表示中方愿将"一带一路"倡议同泰国发展战略相衔接，实现共商共建共享。支持泰国"东部经济走廊"（EEC）建设，愿将此作为开展第三方市场合作的重要平台。中方鼓励本国企业按照市场化、商业化原则参与泰国的交通基础设施建设，用好跨境电子商务平台，扩大泰国大米等优质农产品对华出口。中方愿同泰方就经济特区、产业园区发展、推进减贫事业等交流经验。进一步促进两国民心相通，加强人员往来，深化教育、旅游等人文合作，让"中泰一家亲"亲上加亲。

李克强赞赏泰方担任东盟轮值主席国为促进中国—东盟关系发展所做的努力，特别是推动基本结束区域全面经济伙伴关系协定谈判。中方愿继续同包括泰国在内的东盟国家一道，推进区域经济一体化，推动中国—东盟关系和东亚合作迈上新台阶。

巴育表示，泰中关系发展顺利，两国高层交往密切。近年来，泰中在相互尊重、彼此信任、互利共赢的前提下，全面战略合作伙伴关系得到持续深化。这一点从泰中铁路、泰国三大机场高铁等一批互联互通重点项目加速推进中便可见一斑。

泰方将"东部经济走廊"同中国粤港澳大湾区建设相对接，欢迎更多中国企业来泰国投资建厂，开展电子商务、第三方市场、高速铁路、5G 技术、数字经济等领域的合作。李克强总理此次访泰进一步深化了两国全面战略合作伙伴关系，助推泰国"20 年国家发展战略"以及"泰国4.0"战略，帮助泰国更好地应对当前瞬息万变的全球经济与政治形势。

李克强到访泰国，展现了中国对中泰关系的重视，受到泰国官方的高度认可，尤其是在美国派遣低级别官员赴泰参加峰会的背景下，更凸显了中方的诚意和智慧，在深化两国合作的同时，也得到了泰国社会的正面认可。

### （二）诗琳通公主获颁"友谊勋章"

2019 年 9 月 29 日，泰国玛哈扎克里·诗琳通公主获授"友谊勋章"，由中国国家主席习近平亲自颁发。此举在泰国引起强烈反响，得到泰国华人华侨和泰国广大民众的真诚赞许。

诗琳通公主感谢习近平主席和中国人民，祝贺中华人民共和国繁荣昌盛。她在致辞中对中国进行了热烈的称颂。诗琳通公主表示：70 年前中华人民共和国的成立是世界近代史上具有里程碑意义的一件盛事。如今，中国作为一个经济强国，一座象征改革发展、社会进步和现代化的光辉灯塔，正以自信的姿态屹立于世界之林。过去 70 年见证了中国社会经历翻天覆地变革的伟大创举，也见证了中国人民面对经济、社会等方面的重重困难砥砺前行，最终战胜艰难险阻的伟大斗争。

由于诗琳通公主是泰国皇室及政界唯一一个为全体泰国人民所爱戴的公众人物，在泰国享有超越国家元首和君王的个人声望，因此中国此次向诗琳通公主颁发友谊勋章，起到了四两拨千斤的外交奇效，得到了泰国举国上下各阶层的一致赞扬，大大加深了泰国民众对中国的好感，提升了华人华侨在泰国的地位，极大地促进了中泰两国民间的友好情感。

### （三）巴育总理来华出席第二届"一带一路"国际合作高峰论坛

2019 年 4 月 26 日，第二届"一带一路"国际合作高峰论坛开幕式在北京举行，泰国总理巴育出席峰会，并阐明了泰国将继续积极参与

"一带一路"建设的意愿。

巴育表示,"一带一路"是促进亚洲和世界经济增长的重要倡议,泰国表示非常支持。"一带一路"寻求推进亚洲、欧洲、非洲的互联互通和共建"一带一路"国家之间的紧密关系,寻求通过不断增加贸易、投资和各类互联互通项目推进可持续发展,泰国同样追求这些目标,并将其写入了"20年国家发展战略"和"泰国4.0"规划中。

由于泰国积极对接"一带一路",越来越多的中国投资者表现出对泰国东部经济走廊的投资意愿,泰中铁路合作项目也取得进展。泰方清楚地认识到东南亚地区对于实施"一带一路"倡议的重要性,并希望在其中扮演重要的角色。

巴育访华在客观上促进了中泰经贸交流,直接推动了中泰两国政府层面及商贸领域的合作进程。更重要的是,泰方以此清晰地向中国传递了泰国愿积极对接"一带一路"的战略方向,使中泰双方都认识到泰国在"一带一路"建设当中所起的支点作用,增强了双方政府和企业参与投资和合作的意愿,进一步刺激了中泰两国经贸合作的发展。

## 三 经贸合作

2019年,中泰经贸合作内容不断丰富、领域不断拓展、水平不断提升。

双边贸易规模持续扩大。2018年,中泰双边贸易额为875亿美元,同比增长9.2%。2019年1—9月已达到664亿美元,保持着增长势头。① 自2013年以来,中国保持着泰国第一大贸易伙伴地位,两国进出口商品日益丰富,泰国的大米、橡胶、热带水果等受到中国消费者的欢迎。跨境电子商务合作为促进双边贸易发展提供了新的机遇。

投资合作水平显著提升。2019年,中方对泰国各类投资累计达85.6亿美元②,首次超越日本成为泰国第一大外资来源地。中国电商企

---

① 《中泰经贸合作推动两国全面战略合作伙伴关系深入发展》,中华人民共和国中央人民政府网,2019年11月8日,http://www.gov.cn/xinwen/2019-11/08/content_5450272.htm。

② 《中国去年成泰国最大外商投资国,数额超日本四倍》,泰国商业新闻(Thai Business News),2020年1月14日,https://www.thailand-business-news.com/economics/77543-investment-promotion-requests-exceeded-750bn-baht-in-2019.html。

业纷纷落地泰国。中泰铁路等重大基础设施合作项目进展顺利,建成后将有力地促进地区联通和沿线经济社会的发展。

多边合作稳步推进。双方正以泰国东部经济走廊建设为平台,支持两国企业按照商业原则,同日本等国的企业探讨推进务实合作。泰中罗勇工业园地处泰国东部经济走廊发展中心区域,已成为中国在东盟国家设立的境外经贸合作区的亮点,为中泰推进三方合作提供了有利平台。双方还将发挥自身优势,积极探讨在粤港澳大湾区、陆海新通道建设等框架下开展互利合作,吸引其他感兴趣的国家参与。

### (一) 中泰两国旅游合作遭遇困境

2019 年,中泰旅游合作在不利的环境中依旧保持着平稳的发展态势。由于泰铢升值,导致泰国旅游业在 2019 年增长乏力。但是在泰方一系列政策的刺激下,2019 年,中国赴泰游客依旧接近 1000 万人次,与 2018 年持平,中国游客仍旧占据泰国全年境外游客总数的 1/4 以上。

由于中美贸易战,国际游资寻找经常账户盈余良好的泰国为避风港,导致泰铢升值,造成泰国 2019 年旅游目标难以实现。入境游客开销减少,中国游客的消费下降,欧洲游客人数减少。泰国旅游局被迫下调 200 亿泰铢的增长预期,同时重新调整 2020 年的预期目标:总收入 2.43 万亿泰铢,增长 10%;入境游客 4200 万人次,国内游客 129 万人次,增长 10%。①

旅游业一直是中泰经贸合作的重点,也是泰国经济的主要支柱、动力之一。2019 年泰国旅游业和出口意外受到本币汇率升值的打击,2020 年又受到新冠肺炎疫情的影响,成为中泰经贸往来当中最大的短板。这将会刺激泰国政府不断加大对华开放力度,在可预期的未来中泰两国在这一领域的合作将会复苏并出现强势反弹。

### (二) 华为 5G 在泰成功落地

2019 年 2 月,不顾美方的压力,泰国推出华为 5G 测试平台(此为华为在东南亚地区的第一个 5G 测试试验平台)。该试验平台位于泰国

---

① 《泰铢上涨重创泰国旅游业》,中国驻泰国经济商务参赞处,2019 年 7 月 12 日,http://th.mofcom.gov.cn/article/jmxw/201907/20190702881325.shtml。

首都曼谷东南约90公里处的春武里试验基地。①诺基亚、爱立信和泰国电信等运营商也在该基地建立了5G实验室。

泰国数字经济部部长波切·杜隆卡威洛在实验基地发表讲话强调，5G试验平台项目是国家试验项目。此前，华为在泰国东部经济走廊发展计划项目包括设立一个价值2250万美元的云数据中心，作为泰国政府推进经济增长政策的核心内容，受到泰国工业联合会的高度评价，称赞华为的产品"既体面又实惠"。

2019年6月11日，华为斥资1.6亿泰铢在泰国农业大学泰国东部经济走廊特区拉差校区设立5G测试平台。泰国国家广播电视与通信委员会于2020年初和朱拉隆功大学合作，在曼谷设立这一5G测试中心。②接下来，国家广播电视与通信委员会还将和孔敬大学、清迈大学、宋卡王子大学合作，共同设立5G测试中心。

泰国国家广播电视与通信委员会秘书长塔功表示，泰国计划吸引包括中国华为以及美国的电信技术商，协助泰国发展5G技术所需要的基础设施和测试中心。而在全球5G电信方案供应商当中，只有华为同意和泰国国家广播电视与通信委员会以及朱拉隆功大学合作。与官方较为开放坦诚的合作态度，对泰国合作方的尊重和信任，以及华为自身过硬的技术实力和性价比，使得华为在泰国的5G发展上占得先机。

**（三）中企承建三大机场高铁工程**

2019年10月24日，泰国东部经济走廊连接曼谷廊曼机场、素万那普机场和罗勇府乌塔堡机场的高铁项目在泰国总理府举行协议签约仪式。此项目签约一方为泰国国家铁路局，另一方为泰国正大控股有限公司牵头组成的联营体"东部连接三机场高铁有限公司"，其主要成员及实际承建方为中国铁建股份有限公司。

这是泰国首个高铁投资类项目，也是泰国东部经济走廊特区的首个投建营一体化项目，共投资2245.44亿泰铢（约合524.16亿元人民币），总里程220公里，建设期5年，运营期45年。此项目在建设阶段

---

① 《泰国推出华为5G测试台 不顾美国敦促盟友禁用华为产品》，路透社，2019年2月8日，https：//www.reuters.com/article/thailand-5g-huawei-0208-idCNKCS1PX0NS。

② 《东盟第一家！华为泰国测试5G》，泰国网，2019年6月11日，https：//www.weibo.com/5704916395/Hyq52sPbi?type=comment#_rnd1586272621405。

将直接产生约 1.6 万个就业岗位,在未来 5 年内将产生约 10 万个就业岗位。① 此项目建成后,将推动沿线各站区域的城市化进程。

中国铁建作为高铁设计、建造的大型建筑产业集团,将承担项目 EPC 总承包任务。这是中国企业首次承建海外高铁投资类项目。泰国 EEC 连接三机场高铁项目的成功签约,是中国铁建在"一带一路"沿线参与重大项目合作的重要成果,将有力地推动中国高铁"走出去"的步伐,提升中国企业在泰国乃至东南亚地区交通基础设施领域的影响力。这个项目不仅是泰国重要的基础设施项目,同时也是中国"一带一路"和泰国 EEC 对接的一个重点项目。这是"一带一路"合作共赢的成功实践,对于中泰在高铁技术合作和推动地区互联互通方面具有重要意义。

**(四)朱林访华为泰国农产品开拓市场**

2019 年 9 月,泰国副总理兼商业部部长朱林·拉萨纳维率队赴中国广西南宁出席第十六届中国—东盟博览会和中国—东盟商务与投资峰会。

此次访华加强了两国关系,还给木薯、橡胶和水果等泰国农产品带来了出口中国的机会,中泰双方定下目标:在 2021 年将双边贸易额提高至 1400 亿美元。推动中方签署采购 200 万吨大米、20 万吨橡胶的采购备忘录,1 年内从泰国采购价值为 181 亿泰铢的木薯,以及为泰国水果拓展价值达 1 亿泰铢的市场,同时还促进了中国企业投资泰国宋卡府橡胶产业园。②

由于朱林本人为泰国民主党领袖,代表泰国民主党执掌泰国境内外贸易大权。此次朱林出访中国,带领大批泰国工商企业界代表与中方官员及企业界人士对接,不仅促进了中泰两国经贸往来,而且提升了民主党在泰国工商界的政治影响力,有助于泰国执政联盟当中的民主党与中国建立良好的政治互信。

---

① 汪瑾、林晓佩:《中企参与建设的连接泰国三大机场高铁项目签约》,新华网,2019 年 10 月 24 日,http://www.xinhuanet.com/2019-10/24/c_1125149113.htm。

② 《泰国副总理朱林访华加强贸易投资合作》,东盟博览,2019 年 10 月 18 日,http://tap-magazine.net/index.php/cn/2019/10/18/coop-investment-2。

## （五）中资企业承建泰国大型交通枢纽基建项目

除进展缓慢的中泰高铁，以及刚刚启动建设的"东部经济走廊三大机场高铁"之外，中资企业还在泰国承建了一系列大型交通枢纽基建项目。

中建（泰国）公司承建素万那普国际机场二期项目，并于2019年1月28日实现主体结构封顶。素万那普国际机场扩建工程是泰国政府的重点工程，对泰国旅游业的发展有着重要意义。中建承建的新候机楼是素万那普机场的一号卫星厅，建筑面积21.6万平方米，建筑长度1070米，建成后可使素万那普机场容纳客流量达到每年6000万人次。①

中港湾（泰国）承建泰国和黄兰查邦港D1、D2、D3码头工程一期、二期项目。该工程是全球首个实现轮胎式龙门起重机远程全自动操控的码头，也是泰国投资建设的最大集装箱码头。项目合同额约4.08亿元人民币，具体施工内容为长700米、宽36.45米的高桩梁板式码头扩建，工期24个月。项目建成后，将极大地提升黄兰查邦港的货运吞吐能力，进一步推动泰国东部经济走廊的发展。②

# 四 安全合作

2019年，中泰两国安全合作稳步发展。泰方在维持美泰军事同盟作为安全战略支柱的前提下，不断深化与中方的军事安全合作，推进军购，用中国武器装备逐渐取代泰国老旧的美式装备，并与中国人民解放军开展军事演练等交流活动。

在这一过程中，泰国军方与中国军方互动日趋密切，泰国向西方世界获取安全保障的传统策略逐渐改变，向军事安全上的中立政策回归，使中国的作用在泰国国家安全战略当中变得日趋重要。

2019年8月21日，中国空军多架战机飞抵泰国乌隆空军基地，参加中泰空军"鹰击—2019"联合训练，这是中泰两国空军第四次开展

---

① 《中企承建泰国素万那普机场新候机楼主体结构提前封顶》，驻泰国经济商务参赞处，2019年2月15日，http://th.mofcom.gov.cn/article/zxhz/201902/20190202834616.shtml。
② 《泰国和黄兰查邦港一期扩建工程开工》，中国交建二航局，2019年7月17日，http://www.cccltd.cn/news/jcxw/jx/201907/t20190717_97135.html。

联合训练。中泰空军"鹰击—2019"联合训练于8月中旬至9月上旬在泰国举行,旨在深化推动两国空军合作交流,检验战术战法,促进装备发展,提高部队实战化训练水平。

近年来,中泰空军开展了一系列务实交流合作。2015年、2017年和2018年,中泰空军在泰国相继举行了"鹰击"系列联合训练。2019年,中国空军首次派出部署滇东某地的歼-10C"第一旅"5架歼-10C/S型三代半战斗机、部署川西某地的运-9"第一团"的1架运-9型战术运输机、空军航空兵某部的1架空警-500型预警机参演。[①]

在演训科目上,泰国空军也对等地派出了JAS-39C/D"鹰狮"战斗机与Saab-340"爱立眼"预警机参战,演习内容包括在空战机动、战术编队、单机/双机空战对抗的基础上加入态势感知/体系对抗等"高级"战术内容,还增加了诸如对地攻击、战术运输/投送等演训科目。

## 五 文化合作

2019年中泰两国文化交流取得突破性进展,两国常规文化交流活动稳步开展,中国的文化产业产品在泰国国内市场上取得巨大反响,创新的技术条件和文化产业模式开拓了中国文化影响力在泰国的传播方式,起到了传统文化合作交流所难以取得的成就。

### (一)新媒体技术推动下的影视文化交流

2019年6月,中国腾讯公司在泰国推出视频流媒体服务WeTV[②],提供来自腾讯企鹅影视的泰国配音的中文原创内容,以及与当地合作伙伴创建的内容。这是腾讯首次在海外推出视频类服务,也是公司拓展海外市场的重要计划之一。

由于行业增速放缓,视频平台面临亏损,视频内容的生产面临着各种挑战,腾讯将海外市场作为拓展业务的方向。泰国移动电信产业基础较好,泰国每天人均上网时间为9个小时,其中有3.44个小时是在观

---

[①] 《歼10对抗泰国鹰狮战机 中距空战近格斗都压制对手》,新浪军事,2019年8月27日,https://mil.sina.cn/sd/2019-08-27/detail-ihytcern3858351.d.html?vt=4。

[②] 即腾讯视频的海外版本,腾讯视频在泰国被称为"WeTV"。

看视频。有 51% 的免费用户通过盗版频道收看外国视频，有 49% 的用户在正规授权频道观看视频，国民具有付费购买影视文化产品的习惯，因此腾讯首选泰国作为落地目标，将中国优秀的国产影视剧翻译为泰语，向泰国观众进行免费投放。

腾讯的努力，将一批中国优秀影视作品带进泰国观众的视野。《陈情令》等国产古装电视剧在泰国引发文化现象级的观看热潮，培养了一大批热爱中国文化的泰国普通青年观众，大大加深了中国文化对泰国社会的影响力。

**（二）传统影视产品推介合作**

2019 年 8 月 24 日，"第十四届中国电影节暨 2019 中泰影视交流周"在曼谷中国文化中心开幕。活动期间展映 4 部中国影片——《流浪地球》《曹操与杨修》《春天的马拉松》《21 克拉》，4 部中国电视剧——《纳米核心》《爱情碟中谍》《匆匆那年》《求婚大作战》及 4 部泰国影片——《飞人类之吻》《骑机男孩》《天堂之河》《爱不言语》。

中国电影登陆泰国，用影像搭建中泰人文交流的桥梁，中泰影视交流与合作越走越深，为推动中泰民心相通贡献了更大的力量，两国民众可以通过电影了解彼此的生活，进一步加强民心相通。

**（三）教育合作**

2019 年，中泰两国教育合作稳步开展，大批留学生赴对方国家求学，中国企业集团对泰国院校进行投资合作，使得两国教育产业交流得到进一步深化。

2019 年，中国企业家不断向泰国教育市场进军。中国企业家由地产投资转向泰国教育投资，并顺利控股部分泰国私立大学。中国财团控股泰国大学后，推出一系列专为中国留学生设立的专业服务和课程设计，中国赴泰留学生出现大幅度增长。

由于泰国新生人口下降，泰国大学生人数不断减少，导致许多泰国私立大学生源紧缺，目前泰国本土大学生数量正逐渐减少。因此，中国学生赴泰留学将为泰国教育发展提供生机。中国企业家入股泰国私立大学属于合法正规投资，也得到了泰国高等教育部的支持。

此外，开设泰语专业的中国大学也越来越多，且几乎实行 3+1 或

2+2的形式间接让中国学生赴泰留学，在吸取真正的泰国教育的同时也向泰国传播了中国的教育文化。这样的政策支持，使得两国教育资源真正得到了共享，为中泰两国教育提供了更大的便利。

2019年11月26日，中泰澜湄合作专项基金职业教育合作协议签署。根据协议，中方将资助泰方在澜湄合作框架下开展工业发展政策交流合作，设立澜湄合作专项基金，在5年内提供3亿美元支持泰国及湄公河流域国家的职业教育合作项目。

中泰两国借此可持续加强教育培训合作，为共建澜湄流域经济发展带、实现次区域经济可持续增长提供充足的人力资源保障，为本地区民众带来更多福祉，缩减次区域国家贫富差距，助力当地经济社会发展，建设面向和平与繁荣的澜湄国家命运共同体。

### （四）传统文化交流活动

2019年2月，泰国国家旅游局联合中国文化和旅游部、中国驻泰王国大使馆举办2019年泰国欢乐春节庆祝活动，由泰国诗琳通公主殿下亲自为活动开幕剪彩。此活动在深受年轻游客喜爱的各旅游目的地举行，包括2月4—6日在曼谷暹罗广场（Siam Squire）的活动，2月5—6日在仔清迈玛雅购物中心（Maya Lifestyle Shopping Centre）和尚泰普吉岛购物中心的活动。① 这三个地点都有突显中泰文化风貌的表演，包括不同的艺术形式，如剪纸和书法，还有售卖商品和美食的集市，以及有著名艺术家和明星参与的表演活动。

中国的文化表演来自7个省市，包括山西的杂技表演，云南的舞蹈表演，内蒙古的舞蹈表演，山东表演团的中国戏曲、舞蹈、杂技和中国功夫表演，黑龙江的舞蹈表演，黔东南苗族侗族自治州的舞蹈表演和福建的木偶戏。

泰国国家旅游局还支持并参与了13个举办春节庆典的大型华人社区的活动，这些引人入胜的活动都展现出了丰富的文化传统。包括但不限于曼谷的唐人街、清迈、乌隆他尼、呵叻、叻丕、大城、佛丕、素攀、芭堤雅、班赛艾、搁是仓、春武里、合艾春、普吉、董里等地每年

---

① 《2019年泰国欢乐春节2月1日正式启动》，泰国国家旅游局网站，2019年1月31日，http://www.amazingthailand.org.cn/Content/Index/shows/catid/92/id/248.html。

都举行此类活动。

2019年6月29日至7月1日，备受社会文化产业界瞩目的2019年"一带一路"中泰文化艺术博览会在泰国曼谷成功举办。来自中泰两国的文化艺术名家、社会各界来宾、和平友好使者和媒体记者等共计300余人参加了艺术博览会系列活动。

本届艺术博览会以庆祝中华人民共和国成立70周年和中泰建交44周年为契机，积极响应"一带一路"倡议，开启"一带一路"国家间"民族文化融合、文明互鉴、民心相通"帷幕，搭建"文化利益共同体"；以"文化走出去"的传播形式走出国门，繁荣东南亚文明古国间国际交流合作；并当好国际文化交流的使者，以"中国艺术"讲好中国故事，彰显"中国品牌，国家形象"，充分展示中国文化的博大精深、浓厚的中国艺术精神和民族文化传承，让独具特色的"艺术珍品"文化在国际市场上引领中国艺术风尚，让泰国人民进一步领略中国艺术与文化的魅力，增进中泰人民的友好交流。

## 六 2019年中泰交往中的负面因素

2019年，尽管中泰两国各项友好交往得以顺利开展，但是由于泰国国内政治局势的复杂性，泰国部分国内政治势力恶意消费中泰关系，发生了泰国部分反对派人士与中国香港"反修例运动"及"港独分子"相互勾结的事件，对两国友好关系造成了前所未有的新型威胁。

2019年9月，泰国青年社运领袖秦联丰在接受香港媒体专访时表示，今日香港，明日泰国，公开支持香港"反修例"运动，认为香港象征着民主的希望，并透露泰国许多年轻的政治反对派人士正在研究香港暴乱分子的手段，将香港动乱模式运用到泰国境内，对泰国军政府带来政治冲击。

秦联丰表示，泰国年轻社运人士认为，香港是争取民主与对抗极权的象征，香港的例子让越来越多的泰国年轻反对派人士受到激励。此外，秦联丰说自己因为支持香港"反修例"运动，泰国保守派与既得利益者担心他会害他们失去中国的订单与利益，因此在网络上严厉攻击他，许多泰国媒体也猛烈批评他，谴责他"介入"香港事务，还呼吁泰国年轻人不要把他当成榜样。此外，秦联丰自称因为出版了关于中国民主化运动的书，包括关于香港黄之锋与中国人权活动家刘晓波的著作，所以泰国当局视他为危险人物。

秦联丰不断宣扬泰国反对派应当学习香港动乱以打击泰国军政府的政治理念，并且多次制造事端，发动支持香港暴徒的泰国境内示威运动。从他的身上可以看出，泰国激进的青年政治反对派开始与香港暴乱分子相勾结，试图运用香港暴徒的行动方式，制造泰国国内政治局势的动荡，在对泰国巴育军政府进行攻击的同时，必定会严重打击中泰关系，使中国在泰国青年民众心目中的国家形象受到影响，十分值得中国的警惕。

## 七　中泰合作展望及建议

2019年中泰合作成绩斐然，取得了巨大的成就和稳步的推进，但是成就与隐患并存，泰国国内政治局势的复杂性会对中泰关系造成潜在威胁。部分泰国政治反对派将泰国军政府的稳固统治视为中国大力支持和援助的结果，自发地将泰国内部政治斗争解读为"自由世界"与"专治世界"在泰国境内的一场代理人战争。为此，许多新生代政治家和激进青年在反对军政府的同时高举反华大旗，对中泰关系造成了前所未有的潜在威胁。

中国应学会同泰国民众和舆论进行直接交流，向泰国在野政治反对派传达出清晰的信号，并重申中国不干涉别国内政，也不允许别国任何政治派系干涉中国事务的外交原则。由于中国外交事务及双边交流习惯与官方执政力量对接，往往忽视了在野政治派系及民间政治力量的态度，这是中国需要重视和改善的一个要点。

2020年暴发的新冠肺炎疫情，为中泰两国关系带来了新的挑战与机遇。泰国官方和民间对中国在抗击疫情过程中向国际社会给予的指导和援助深表期待和赞许，但是泰国国内也有部分舆论跟随西方，指责中国应该对疫情在西方及周边国家的蔓延承担责任。

在接下来的2020年，可以期盼中泰关系将保持良好的发展态势，在泰国的国家建设过程当中，中国的战略比重将持续上升。中国应当抓住泰国政治局势稳定的时机，在泰国面临全球性经济危机的时刻对泰国加以援助，并全方位地与泰开展经济合作，使两国在"一带一路"框架下形成更密切的命运共同体关系。

# 2019年中国与越南合作发展报告

金 丹[*]

2019年，越南在政治、经济、社会民生等方面都取得了显著成果，为越南完成2016—2020年五年计划增添了新活力。2019年，是中越建交69周年，也是中越建立全面战略合作伙伴关系11周年，双方保持着高层交往势头，积极推进经贸、跨境经济合作，拓展人文交流的广度和深度，不断开创双边关系新局面。

## 一 2019年越南形势述评

### （一）政治

1. 越共中央政治局首次就权力监督问题出台相关规定

2019年9月23日，越共中央政治局委员颁发了205-QĐ/TW（205号规定），就干部工作中的权力监督和防止跑官要官等问题作出了规定。该规定明确指出了跑官要官、袒护包庇等不法行为，对组织和个人存在跑官要官等问题所应承担的责任和处罚作出了规定。在越南即将举行各级党代会，积极筹备召开越共十三大的背景下，205号规定的有效实施有助于选拔品质良好、高素质和信誉高的干部担任领导职位。

2. 越南国家公共服务门户网站开通

2019年12月9日，越南国家公共服务门户网站正式投入运营。这是越南大力推进以人民和企业为服务中心的电子政务建设的重要里程碑。人民和企业只要用唯一账户登录网址（dichvucong.gov.vn）即可进

---

[*] 金丹，广西大学中国—东盟研究院越南研究所所长、博士。

入部级单位和省级单位的所有公共服务门户网站,实时关注行政审批事项的办理情况,对公共服务质量进行测评并提供反馈意见及建议,同时可进行所申报信息的再利用,以便节省办理时间,从而大大减少行政审批手续尤其是涉及多个部门的行政审批手续办理时间,节约社会成本等。

3. 从严处置违法违规党组织和高级干部

2019年,越南继续加强反腐败斗争,完善法律体系,更好地预防和严厉打击贪污腐败行为。本着违纪违规干部查处没有"禁区"、没有例外的原则,许多高级干部受到处罚。2019年,越南查处涉腐案件200多起,近500人被起诉,其中一些大案的涉案人涉嫌侵吞公共财产、大城市黄金地块、贪污国家财产,违反经济规定或利用职权为他人谋取利益。① 共有42名领导干部因失职失责,贪污腐败而被处分,其中刑事处分4人,行政处分38人。其中包括政府原副总理、原部长、副部长、省委副书记、省人民委员会主席,各国有集团和总公司的时任党委书记、原党委书记、原董事长、原总经理,省委常务委员会成员,国有集团和总公司党委常委会成员。②

### (二)外交

1.《越欧自贸协定》正式签署

2019年6月30日,越南与欧盟经过多年谈判后正式签署了《越欧自贸协定》(EVFTA)和《越欧投资保护协定》(EVIPA),这使越南成为与欧盟签署自贸协定的第一个亚太地区发展中国家。根据该协定,双方将消除货物贸易近100%的关税,这是越南所签署的自由贸易协定中自由化水平最高的一项。

2. 履行好美朝领导人会晤东道国的职责

2019年2月27—28日,越南首都河内成为举行美朝领导人第二次会晤的举办地。越南对该重大外交活动的精心准备和周密部署彰显了越南作为负责任的国家、参与引导国际关系并为地区和世界作出积极贡献

---

① 《反腐斗争取得成效》,越通社,2020年1月14日,https://zh.vietnamplus.vn/反腐斗争取得成效/107547.vnp。
② 《越通社评选出2019年越南十大国内热点新闻》,越通社,2020年1月23日,https://zh.vietnamplus.vn/越通社评选出2019年越南十大国内热点新闻/107924.vnp。

的国家形象。

3. 以192/193赞成票当选2020—2021年联合国安理会非常任理事国

2019年6月7日,越南获得联合国75年历史中创纪录的192张信任票,高票当选为2020—2021年任期安理会非常任理事国,这彰显出越南在国际舞台上的地位和威望日益提高,越南政府承诺将有效履行联合国安理会非常任理事国的职责,为地区与世界和平、稳定和共同繁荣作出贡献。

### (三) 经济

1. 高增长低通胀

2019年,越南国内生产总值增长率达7.02%,其中农林渔业增长2.01%,工业和建筑业增长8.86%,服务业增长7.30%。经济总量为2624亿美元,其中农林渔业占13.96%,工业和建筑业占34.49%,服务业占41.64%,税收占9.91%。2019年,越南全年价格指数增长只有2.79%,是过去三年来的最低水平。[1]

2. 增长质量继续改善

2019年,越南全要素生产率(TFP)对GDP增长的贡献率达46.11%,2016—2019年平均值达44.46%,远高于2011—2015年的平均水平(33.58%)。经济劳动生产率增长6.2%,为2016—2019年的最高水平。[2]

3. 出口额大幅上升,贸易顺差创下纪录

2019年,越南商品进出口总额达5169.6亿美元,增长率为8.1%,其中,出口2634.5亿美元,同比增长8.1%;进口2535.1亿美元,同比增长7%,贸易顺差99.4亿美元。[3]

4. 外资到位率创下新纪录

2019年,越南新批外资项目3883个,比去年增长27.5%,注册资

---

[1] 《2019年是越南经济的成功一年》,越通社,2020年1月25日,https://zh.vietnamplus.vn/2019年是越南经济的成功一年/107989.vnp。

[2] 《越南为实现2020年经济增长目标奠定更加稳固基础》,越南人民军队网,2020年1月24日,https://cn.qdnd.vn/cid-6158/7193/nid-567453.html。

[3] 《2019年越南全国实现贸易顺差达99.4亿美元》,越通社,2020年1月24日,https://zh.vietnamplus.vn/2019年越南全国实现贸易顺差达99.4亿美元/107976.vnp。

金 167 亿美元，比去年下降 6.8%，全年实际到位外资金额 204 亿美元。其中，加工制造业达 120.93 亿美元，占 72.2%；不动产投资达 18.18 亿美元，占 10.8%；批发零售、汽摩修理投资达 8.8 亿美元，占 5.3%；其余行业投资达 19.53 亿美元，占 11.7%。在吸引的外资中，韩国排第一位，其次是中国香港特区、中国大陆、新加坡、日本和中国台湾。①

5. 首次颁发有关吸引外资的决议

越共中央政治局于 2019 年 8 月 20 日颁发关于至 2030 年完善政策，提升外国投资合作质量成效的 50/NQ/TW 号决议。该决议明确指出，越南今后吸引外资的战略优先方向主要是吸引高新技术、绿色技术、现代化管理、附加值高、带动性强，对打造价值链和全球供应链发挥重要作用的项目。

6. 越南全球竞争力指数排名上升十位

根据世界经济论坛（WEF）10 月 9 日发布的《全球竞争力报告》，越南在全球竞争指数排行榜上从 2018 年的第 77 位升至第 67 位，上升了十位。越南首次在全球 141 个经济体的竞争力综合排名中跻身中上水平，越南也被评为在 2019 年全球竞争力指数中进步最大的国家。②

表 1　　　　　　　2015—2019 年越南主要经济发展指标

| 年度 | GDP 增长（%） | 工业生产指数增长（%） | 出口商品金额增长（%） | 进口商品金额增长（%） | 贸易差额（亿美元） | CPI 同比增长（%） | 第三产业总额增长（%） |
|---|---|---|---|---|---|---|---|
| 2015 | 6.68 | 9.80 | 8.10 | 12.00 | -32.00 | 0.63 | 9.50 |
| 2016 | 6.21 | 7.50 | 8.60 | 4.60 | 26.80 | 2.66 | 10.20 |
| 2017 | 6.81 | 9.40 | 21.10 | 20.80 | 27.00 | 3.53 | 10.90 |
| 2018 | 7.08 | 8.85 | 13.80 | 11.50 | 72.00 | 3.54 | 7.03 |
| 2019 | 7.02 | 8.86 | 8.13 | 7.00 | 99.40 | 2.79 | 7.30 |

资料来源：《2019 年是越南经济的成功一年》，越通社，2020 年 1 月 25 日。

① 《2019 年越南吸引外资创新纪录》，越南人民报，2019 年 12 月 26 日，https://cn.nhandan.org.vn/economic/investment/item/7515501-2019 年越南吸引外资创新纪录.html。
② 《2019 年越南十大经济热点新闻》，越通社，2020 年 1 月 26 日，https://zh.vietnamplus.vn/2019 年越南十大经济热点新闻/108007.vnp。

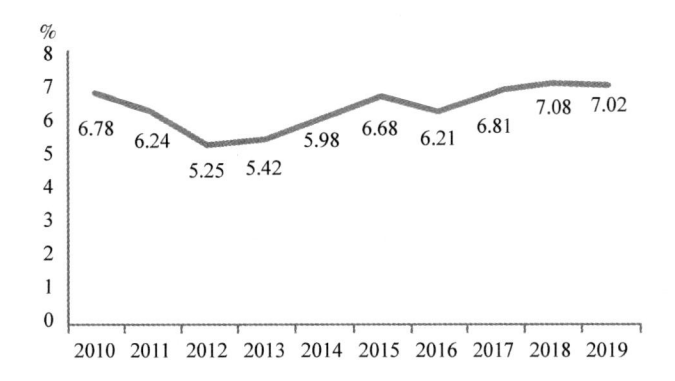

%
```
8
7        6.78                              6.68        6.81  7.08  7.02
6             6.24                  5.98         6.21
5                  5.25  5.42
4
3
2
1
0
  2010 2011 2012 2013 2014 2015 2016 2017 2018 2019
```

图 1　2010—2019 年越南 GDP 增长率

资料来源：越南统计总局。

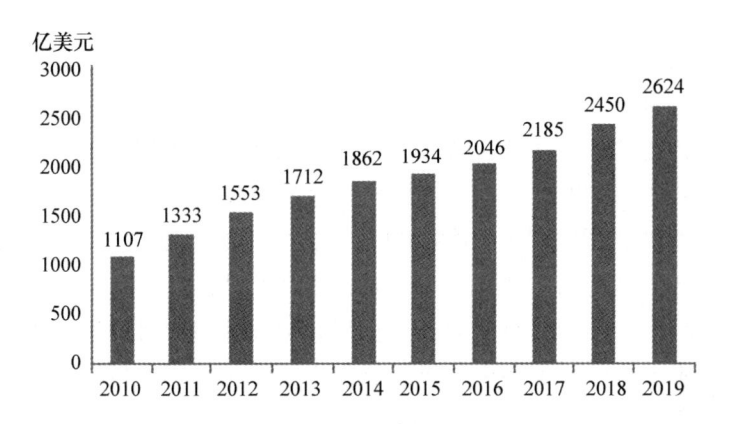

亿美元
```
3000                                                    2624
                                                  2450
2500                                        2185
                                      2046
2000                       1862  1934
                     1712
                1553
1500       1333
       1107
1000
 500
   0
    2010 2011 2012 2013 2014 2015 2016 2017 2018 2019
```

图 2　2000—2019 年越南经济规模

资料来源：越南统计总局。

## （四）社会民生、文化、体育、旅游

2019 年，越南在社会民生领域取得了重要进展，全国多维贫困户比例下降 1%—1.5%；城镇失业率为 2.93%；经过培训的劳动者比例达 61%—62%，其中获得证书的劳动者比例为 24%；医疗保险覆盖率为 90%；每万人口医院床位数（不含乡级医疗站的床位）为 27.5 张，截至 2019 年 12 月，全国 4806 个乡达到新农村建设标准，40 个省市的 664 个县中有 111 个县达到新农村建设标准。[①] 在文化方面，2019 年越南岱侬傣

---

[①] 《2019 年越南经济社会发展主要亮点》，中国商务部，2020 年 1 月 2 日，http：//www.mofcom.gov.cn/article/i/jyjl/j/202001/20200102927506.shtml。

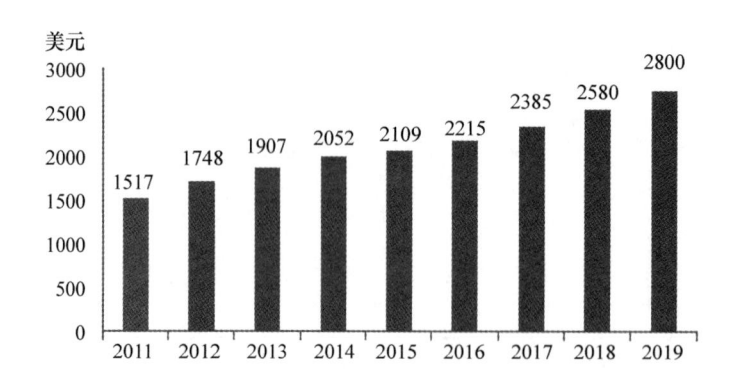

图 3　2000—2019 年越南人均 GDP

资料来源：越南统计总局。

三族天曲被正式列入人类非物质文化遗产名录。在体育方面，越南体育代表团参加第 30 届东南亚运动会并取得出色成绩，在 11 个国家排行榜上位居第二，这是越南体育代表团在历届东南亚运动会上取得最好成绩的一届。在旅游方面，2019 年越南接待国际游客量首次突破 1800 万人次，同比增长 16.2%，国内游客量达 8500 万人次，旅游营业收入达 720 万亿越盾（约合 313 亿美元），同比增长 6%，成为世界旅游增长较快的 10 个国家之一。2019 年，越南首次荣获"世界顶级文化遗产目的地"奖和"世界最佳高尔夫球场"奖两个世界级旅游大奖。越南美食首次荣获国际权威奖项——世界旅游大奖"亚洲最佳美食目的地"奖等。[1]

## 二　2019 年中越合作发展述评

### （一）政治外交

1. 高层互访频繁

4 月 25—27 日，越南政府总理阮春福抵达北京出席第二届"一带一路"国际合作高峰论坛开幕式、圆桌峰会和高级别会议等活动，并会见中国国家主席习近平、中央书记处书记王沪宁和国务院总理李克强，双方签署了有关官方发展援助、海关、文化等领域的一系列合作文件。

---

[1] 《2019 年文化、体育、旅游十大新闻事件出炉》，越通社，2020 年 1 月 10 日，https://zh.vietnamplus.vn/2019 年文化、体育、旅游十大新闻事件出炉/107406.vnp。

4月27日，越南工贸部部长陈俊英在北京会见了中国海关总署署长倪岳峰。双方就进一步促进双边贸易均衡、可持续发展措施进行了深入讨论，并同意尽早制定关于两国合作机制的备忘录草案。9月21日，越南政府副总理武德儋出席了在广西南宁市举行的第十六届中国—东盟博览会、中国—东盟商务与投资峰会，并与中国国务院副总理韩正和广西区党委书记鹿心社举行会谈，双方同意将为两国边境省区加强互利合作创造便利条件，中方愿意采取措施减少越南对中国的贸易逆差，越方愿意妥善解决中国企业在越南开展的项目中存在的问题等。11月3日，在泰国曼谷出席第三十五届东盟峰会及东亚合作领导人系列会议期间，越南政府总理阮春福会见了中国国务院总理李克强，双方强调要重视推动越中全面战略合作伙伴关系稳定和可持续发展，越方希望中方继续采取措施，改善正在猛增的越中贸易逆差现状，贸易口岸实现货物通关便利化，解决两国合作项目中仍存在的问题。

2. 政党、司法、人大、政协互学互鉴

在政党交往方面，7月21—22日，主题为"社会主义现代化进程中的一些规范性问题"的越南共产党与中国共产党第十五次理论研讨会在中国贵州省贵阳市举行，中越两党代表团相互通报各自党情、国情，并就推动两党、两国关系发展方向以及越共中央宣教部与中国共产党中央宣传部合作关系深入交换了意见。在司法合作方面，8月26日，中国十三届全国人大常委会第十二次会议决定批准《中国和越南引渡条约》，这个条约的批准和生效，有利于加强中越两国在司法领域的合作，有利于促进两国关系的进一步发展。在人大、政协方面，4月7日，"各国议会联盟"第140届大会全体会议在卡塔尔举行，中国全国人大常委会副委员长沈跃跃率团出席并会见了越南国会主席阮氏金银，双方表示将继续实现中国人大与越南国会关系多样化，推动各个领域的议会合作。7月11—12日，越南国会主席阮氏金银率团访问中国并分别会见了中国国家主席习近平和中国全国人大常委会委员长栗战书，习近平强调中国全国人大和越南国会交往互动频繁，合作成果丰硕，这为各自社会主义民主法制建设开拓了新思路，也为两国务实合作提供了保障，希望双方今后进一步密切交流合作，在加强民意引导、增进两国民众相互了解方面多做工作，为夯实中越关系民意基础作出更大贡献。

**3.《区域全面经济伙伴关系协定》(RCEP) 谈判加速**

2019 年,《区域全面经济伙伴关系协定》(以下简称 RCEP) 经历了三次谈判,三次部长级会议和一次领导人会议,取得了积极进展。6 月 25 日至 7 月 3 日,7 月 22—31 日和 9 月 19—27 日,RCEP 第二十六、二十七、二十八轮谈判分别在澳大利亚墨尔本、中国河南郑州、越南岘港市举行,经过这三轮谈判,已完成 RCEP 经济合作、中小企业、海关程序、贸易便利化、政府采购等几个章节的谈判,有关货物、服务、投资、知识产权等重要领域的观点也取得积极进展。此外,各国也完成了部分附录的谈判,把结束谈判内容总数提升至七个章节和三个附录。3 月 2—3 日、8 月 2—3 日和 9 月 8—9 日,RCEP 第五、六、七次部长级会议分别在柬埔寨暹粒、中国北京和泰国曼谷举行。经过这三次部长级会议,RCEP 取得了重要进展,在市场准入方面,超过 2/3 的双边市场准入谈判已经结束,剩余谈判内容也在积极推进中;在规则谈判方面,新完成金融服务、电信服务、专业服务三项内容,各方已就 80% 以上的协定文本达成一致,余下的规则谈判也接近尾声。11 月 4 日,第三次 RCEP 领导人会议在泰国曼谷举行,此次会议发表了领导人联合声明,宣布除印度之外的其他 15 个谈判方已经结束了全部 20 个章节的文本谈判,市场准入谈判也已实质性结束,这是区域经济一体化取得的重大突破性进展。

**(二) 经贸合作**

**1. 双边贸易额连续第二年突破 1000 亿美元大关**

2019 年,越南与中国的进出口总额达到 1168.66 亿美元,比 2018 年增加了 100 亿美元,其中越南出口 414.14 亿美元,进口 754.52 亿美元,贸易逆差 340.4 亿美元。2019 年越南对中国出口的主要商品是:电脑,电子产品及零件约 95.58 亿美元,同比增长 14.27%;手机及零部件约 82.93 亿美元,同比下降 11.54%;纤维、纱线约 24 亿美元;鞋类约 17.81 亿美元;纺织品和服装约 15.94 亿美元;机械设备及工具约 15.84 亿美元;橡胶约 15.51 亿美元;相机及零部件约 15.34 亿美元;海鲜产品约 12.31 亿美元。2019 年越南对中国进口的主要商品是:机械设备及配件约 149 亿美元;计算机和零件约 121.1 亿美元;纺织、皮革和鞋材约 75.8 亿美元;手机及零部件约 75.8 亿美元;塑料材料及制品约 39.9 亿美元。①

表 2　2015—2019 年中越贸易金额及越南对中国贸易逆差总额

| 年份 | 越南进出口总额（亿美元） | 越南对中国进出口总额（亿美元） | 越南对中国进出口与越南进出口总额之比（%） | 越南贸易差额（亿美元） | 越南对中国贸易差额（亿美元） |
| --- | --- | --- | --- | --- | --- |
| 2015 | 3278.0 | 663.0 | 20.2 | -32.0 | -323.0 |
| 2016 | 3492.0 | 719.0 | 20.6 | 26.8 | -280.0 |
| 2017 | 4249.0 | 936.9 | 22.0 | 27.0 | -227.6 |
| 2018 | 4822.3 | 1067.0 | 22.1 | 72.0 | -241.7 |
| 2019 | 5169.6 | 1168.0 | 22.6 | 99.4 | -340.4 |

资料来源：越南统计总局。

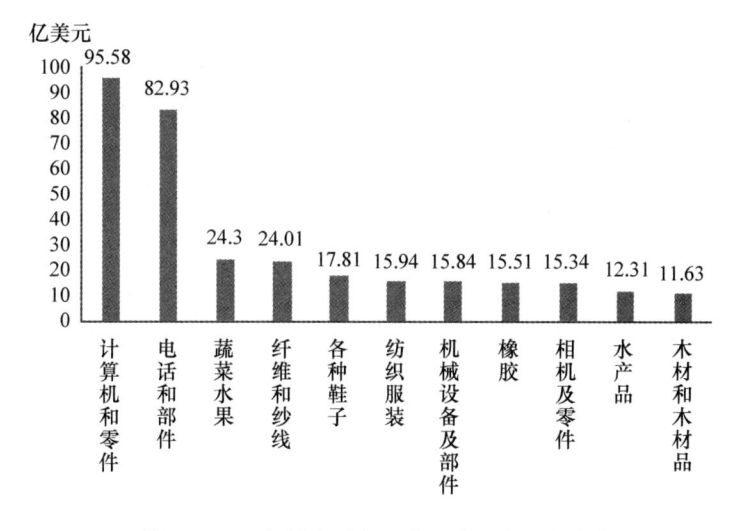

图 4　2019 年越南对中国主要出口商品及金额

（计算机和零件 95.58；电话和部件 82.93；蔬菜水果 24.3；纤维和纱线 24.01；各种鞋子 17.81；纺织服装 15.94；机械设备及部件 15.84；橡胶 15.51；相机及零件 15.34；水产品 12.31；木材和木材品 11.63）

资料来源：越南统计总局。

2. 对越投资稳步增长

2019 年，由于受中美贸易战的影响，中国内地和香港特区对越南投资总额都有所增加。其中中国内地对越南投资总额达 23 亿美元，增

---

① 《越南与中国的贸易协定》，越南网，2020 年 2 月 25 日，http://vinanet.vn/hiep-dinh-thuong-mai/hiep-dinh-thuong-mai-giua-viet-nam-va-trung-quoc-725687.html。

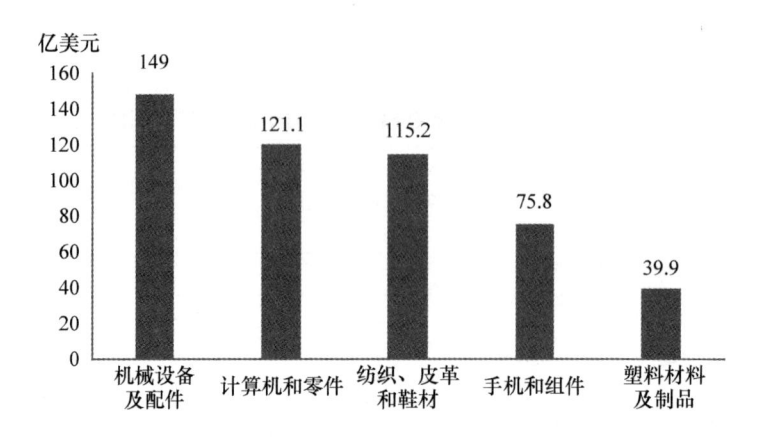

**图 5　2019 年越南对中国主要进口商品及金额**

资料来源：越南统计总局。

长了近 1.65 倍，新注册项目 683 个，在当年对越投资地区中排名第三，中国香港对越投资达到 28 亿美元，增长了 2.4 倍，新注册项目 328 个，在当年对越投资国中排名第二，仅次于韩国。[①]

**3. 中越跨境经济合作**

2019 年，中越跨境合作取得了积极进展。3 月 19 日，中国东兴—越南芒街口岸北仑河二桥正式开通，为双方贸易往来带来新机遇，促进了跨境旅游发展，提升了越南广宁和中国广西的经贸合作水平。3 月 22 日，越南谅山、广宁、河江、高平四省省委书记和中国广西区委书记在谅山省举行新春会晤联谊活动，五位领导一致同意继续建立有效的合作与交流机制，举办多项交流活动，增进各层次互动，推动各领域合作走向深入。6 月 24 日，越南高平省经济区管委会与中国广西百色市代表团在高平省举行第九次会晤。双方一致同意加快推进将茶岭—龙邦口岸升格为国际性口岸和开通那弄—那西货运通道的批准进程，并同步开展那弄—那西货运通道划分工作。此外，双方同意促进高平省茶岭—谅山省同登高速公路、高平省重庆县玉昆乡到中国岳圩口岸的公路建设，提高高平—百色国际运输路线的运作效率。10 月 22 日，谅山省同登口岸

---

① 《外商直接投资达到 380 亿美元，中国内地和中国香港的投资急剧增加》，越南经济网，2019 年 12 月 25 日，http://vneconomy.vn/von-fdi-dat-38-ty-usd-dau-tu-tu-trung-quoc-hong-kong-tang-manh-20191225175420275.htm。

经济区管委会同广西凭祥市委书记举行会谈，双方同意从 10 月 23 日起延长越南新青—中国浦寨口岸的货物通关时间，同时中方允许越方运输出口货物的车辆直接驶进中方口岸监管区然后办理通关程序，以减轻口岸区拥堵现象。10 月 24—26 日，第九次中国云南与越南广宁—海防—河内—老街五省市经济走廊合作会议在广宁省下龙市举行，会议评估了双方合作成果和存在不足并就未来昆明—老街—河内—海防—广宁经济走廊建设进行讨论。11 月 12 日，第十九届中越国际贸易交易会在老街省开幕，有效促进昆明—老街—河内—海防—广宁经济走廊沿线各省市的合作与发展，加强越南与中国西南地区的对接力度。12 月 1 日，中越（东兴—芒街）国际商贸—旅游博览会在广宁省芒街市开幕，有效促进了广宁省和广西区以及两国其他地方之间的经贸投资、旅游、服务发展合作。

### （三）文化、教育、旅游合作

2019 年，中越在文化、教育和旅游等方面的合作都有所深化。

在文化方面，3 月 24 日，越中青年儒家文化交流活动在河内大学举行，本次活动是第二届澜湄周系列活动之一，将助力两国民心相通，深化中越友谊。10 月 15 日，越通社社长阮德利在越通社总部会见了新华社代表团，两家媒体一致认为应当加强信息沟通交流，遏制负面新闻信息传播，释放更多积极正面信息，增强人民群众对政府的信任。11 月 12 日，越南胡志明博物馆和中国广东革命历史博物馆联合在越南胡志明市举办了摄影展，有效增进了两国人民的互相了解和友好合作。12 月 28 日，第十九届越中歌曲演唱大赛国际总决赛在河内举行，两国选手通过友谊之歌增进两国人民的团结与互相了解。

在教育方面，3 月 14 日，芹苴大学代表与中国社会科学院中国文化研究中心负责人就双方在人力资源培训和科学研究上的合作，以及在芹苴大学成立"中国文化中心"等问题进行工作座谈。6 月 21—24 日，第十九届中越青年友好会见会在中国贵州遵义开展，越南青年代表团一行 100 人在遵义开展了参观走访，同时两国青年代表团约 200 人还参加了第十九届中越青年友好会见会——中越青年发展论坛，有效深化了中越两国青年友谊，促进双方青年组织的交流合作。12 月 9 日，中国驻越南大使熊波向越南北江和太原两省共 40 名学生颁发中国大使助学金，为加强中越两国人民的传统友谊关系作出积极贡献。

在旅游方面，2019年，中国赴越南旅游的游客量约达580万人次，同比增长17%，占越南国际游客总数的32%，中国继续成为越南最大的旅游客源市场。6月28日—7月2日，中国与越南文化和旅游部部长年度会晤在河内举行，双方同意进一步密切部门间交流合作，推进跨境旅游合作，加强旅游领域沟通对话，丰富文化遗产领域合作内涵，打造艺术教育和产业发展领域务实合作项目，密切多边框架下的合作，努力推动中越文化和旅游交流与合作再上新台阶。11月4日，越南越北各省与中国广西旅游促进会在越南谅山省举行，有效促进了越南越北六省与中国广西间的旅游合作。12月2日，越中（芒街—东兴）国际商贸旅游博览会在广宁省芒街市举行。两国代表签署了下龙、芒街和东兴、桂林、满洲里五个城市的《"两国五市"旅游路线合作备忘录》以及《越南广宁省与中国广西企业之间的跨国旅游合同书》。

**（四）国防安全合作**

2019年，中越军事与安全合作稳步推进。2月19—22日，越南国防部副部长阮志咏访问中国并拜会了中国国防部部长魏凤和，双方一致同意继续加强两军高级领导互访，促进边境交流，增进双方在军医、搜救等领域的合作。4月24—26日，中越两国海警开展北部湾共同渔区渔业海上联合检查，这是两国海警力量自《越中北部湾渔业合作协定》生效至今开展的第十七次海上联合检查。4月26日，中越两国公安部副部长在北京举行了会谈。双方同意加强在新闻媒体、打击跨国犯罪等方面的合作。5月27—29日，中国国防部部长魏凤和访问越南并会见了越南国防部部长吴春历，两位部长共同出席两国国防部职能机关军事医疗、军事人员培训等合作文件的签署仪式。6月10日，越南国防部副部长阮志咏在河内会见了中国人民解放军军事科学研究院代表团，双方就各项科研合作内容和措施达成一致。6月11—15日，越南人民海军代表团访问中国并会见了中共中央军委政治工作部主任苗华，双方一致同意加强两国军队和海军的合作关系，维护地区安全、和平与稳定。9月10日，越南公安部部长苏林在河内会见中国禁毒委员会代表团，双方就加强打击毒品犯罪合作进行交流。10月20—22日，越南国防部部长吴春历率团出席第九次北京香山论坛并会见了中共中央军委副主席许其亮,双方同意继续加强两军合作,维护国际秩序,共筑亚太和平。11月18日,越南国防部副部长潘文江在河内会见了由吴杰明政委带领的中国人民解放军国防大学代表团,双方表示将继续加强越南国防部国防学院与中国人民解放军国防大学的交流互访,为促进两个院校乃至两国关系作出贡献。

### (五)南海问题

2019年,尽管中越在南海问题上分歧仍在,但是合作共赢仍是主流。4月24—25日,中越北部湾湾口外海域工作组第十一轮磋商和海上合作共同发展磋商工作组第八轮磋商在越南林同省大叻市举行。双方深入讨论两国工作组相关合作事宜,强调认真遵守两国高层领导人所达成的共识,继续执行他们所达成的路线图,共同促进北部湾湾口外海域划界谈判,共商在南海合作共促发展的举措。5月17—18日,落实《南海各方行为宣言》第十七次中国—东盟高官会在中国杭州举行。此次会议确认了"准则"单一磋商文本草案阶段性审读成果,同意加紧推进磋商,力争早日达成"准则"。会议还审议更新了《落实〈宣言〉2016—2021年工作计划》,确定了一批新的海上务实合作项目。10月15日,落实《南海各方行为宣言》的第十八次中国—东盟高官会在林同省大叻市举行。各方就"准则"案文第二轮审读充分交换了意见,并表达了希望于2021年底前完成磋商的愿景。会议还审议确认了新的海上务实合作项目,并更新了《落实〈宣言〉2016—2021年工作计划》。11月19—20日,越中海上低敏感领域合作专家工作组第十三轮磋商在胡志明市举行。双方就今后合作方向进行讨论,一致同意继续促进海洋环境保护领域的新合作项目,力争签署"越中海上搜救合作协议"及"关于建立海上渔业活动突发事件联系热线的协议",为两国乃至两国人民带来实实在在的利益。12月25—26日,中越北部湾湾口外海域工作组第十二轮磋商和海上共同发展磋商工作组第九轮磋商在中国北京举行。双方就中越海上划界与共同开发等问题深入交换意见,一致强调要继续认真落实两党两国领导人达成的重要共识,稳步推进北部湾湾口外海域划界谈判,并积极推进海上共同开发,双方还探讨了北部湾湾口外海域共同考察具体安排及在南海开展油气共同开发和渔业合作等问题，就有关合作事项进行了协商并达成一定共识。

## 三 2019年中越合作展望

### （一）2019年中越合作的不足与改进建议

2019年，中越在各领域的合作进展顺利、成果显著，但仍存在一些不足和需要改进之处。

1. 贸易摩擦加大

2019年，越南对外贸易取得了积极进展，贸易顺差达到99.4亿美元，创历史新高，但与此同时，越南对中国的贸易逆差却在不断增大，2019年甚至高达340亿美元，比2018年增加了41%。2019年，在中越贸易总额将近1170亿美元的进出口总额中，越南对中国出口额为414.1亿美元，同比仅仅增长1.5亿美元（0.36%），而进口额却达到754.52亿美元，同比增长100亿美元（15.3%），可见，2019年越南对中国出口增长正在急速放缓。导致双方贸易逆差增大的最主要原因是，2019年中国提高了进口越南农产品的标准，由于越南农产品的质量未能达到中国市场的标准，导致其大米、水果、白虾等多种农产品的出口出现了不同程度的下跌。但是，越南一方面希望打开中国市场，另一方面却又多次对中国产品征收各种费用。2019年10月，越南接连宣布对产自中国的彩涂钢板以及铝制挤压条杆及型材加收费用，费率分别高达34.27%以及35.58%。因此，在整个2019年，中越贸易摩擦都在增大，越南要想重获中国市场的青睐，除了要在产品质量上多把关外，还要按照中国—东盟自贸协定的要求，减轻甚至取消中国产品的税费，才能有效促进两国贸易的发展。

2. 中企承建项目运营受阻

始建于2011年，中间历经了三年征地风波、五年建设停顿和资金流断裂、安全事故、"反华"高官干预批评、中文站牌等风波的河内轻轨2A线终于在2018年9月建成并顺利进入试运行阶段，这条总长约13公里的轻轨2A线也是目前越南唯一一条基本成形的轻轨线路，然而直到2019年的3月，越南方面才通过了验收程序，随后就开始了一轮又一轮的检验，截至12月23日这一次，已经是越南方面第九次延期！

更重要的是，由于越南迟迟不批准2A线项目的投入使用，导致该项目在延期中支付了额外的人力成本，每月约耗费220万美元（约1538万元人民币），越南认为，这笔钱应由承包该项目的中企支付。不难看出，越南此举在一定程度上对中越基建合作造成了严重影响，如果越南想要保持长期且稳定的与华合作关系，恐怕还要展现出更多的诚意。

3. 南海分歧仍在

2019年，越南在南海问题上连续释放出强硬信号。如7—10月中国探勘船（海洋地质8号）等船只进入南沙群岛最西侧浅滩万安滩（Vanguard Bank）海域探勘石油，越南指控中方在越南专属经济区海域和大陆架非法活动导致两国船只在海上发生冲突对峙，双方关系一度陷入紧张。此外，越南强烈驳斥中国对南海九段线的主张，其国内相关机构连续发现与处理自中国进口的资料或产品上出现南海九段线地图的事件。如11月9日，越南对所有从中国进口的手机进行检查，包括华为和小米等，检查其是否预装了含有中国南海"九段线"的地图。10月13日，越南文化部门要求正在其国内影院上映的美国电影《雪人奇缘》下线，因为片中出现了中国南海"九段线"地图，越南相关部门官员被降职。10月底，在越南举行的汽车展上，大众汽车公司展示的两辆车因配置的地图含有"九段线"，车辆被没收。11月，中国香港特区武打明星成龙因支持中国南海九段线的主张，引起越南网友反弹，公益团体越南微笑行动因此取消成龙宣传代言的邀请。越南此种过激行为已严重影响到中越双边友好大局，为此希望越南正视历史事实，恪守两国高层共识，坚持通过对话协商解决分歧，避免采取可能使有关问题复杂化的行动，干扰南海和平稳定和双边关系大局。

**（二）2020年中越合作发展展望**

1. 利用中越建交70周年节庆，全方位开展两国合作

2020年是中越建交70周年，中越两国要不忘初心，着眼大局，弘扬友好，深化合作，在新起点上推动双边关系再上新台阶；要用好党际交往的传统优势，深化治党理政经验交流，相互借鉴理论创新成果，让两党永葆生机，共同推动社会主义事业蓬勃发展；要加强发展战略对接，以共建"一带一路"同"两廊一圈"对接合作为主线，推动两国

务实合作提质升级，构建互利共赢的全面合作格局；要密切民间交流，让两国友谊薪火相传。要从两国和两国人民的根本利益出发，把两党两国高层共识真正落到实处，以实际行动维护海上和平稳定。要加强在国际事务中的协同配合，维护两国共同利益。

2. 利用越南担任东盟轮值主席国的契机，推动南海行为准则谈判进程

2020年是"东海行为准则"谈判进程的关键年。自从中国与东盟国家就"东海行为准则"（COC）达成单一磋商文本草案之后，中国和东盟各国就盼望能早日达成"南海行为准则"，以为本地区的和平稳定寻找妥当的解决措施。2020年，作为东盟轮值主席国的越南应该积极采取各种措施，包括促进"东盟互联互通总体规划2025"和"一带一路"倡议对接；促进中国—东盟媒体交流合作联合声明等协议的签署，积极制定一项符合包括1982年《联合国海洋法公约》在内的高效且具有法律约束力的"南海行为准则"，将南海建成和平、合作与繁荣发展的海域。

3. 利用中国—东盟数字经济合作年之机，加快推动中越数字经济合作

2020年是中国—东盟数字经济合作年，中国和越南应充分发挥数字经济在两国经济发展中的积极作用，加快中越网络基础设施建设，探索建立创业投资合作机制，有效利用金融机制，加大资金投入、技术支持和智力保障，消除数字鸿沟，增进数字经济的优势互补合作，共商、共建、共享"数字丝绸之路"。目前，中国与越南已签署《电子商务合作谅解备忘录》，中越共建"数字丝绸之路"将有助于推动双边在信息基础设施、贸易投资、文化交流等领域的全方位交流合作，有效缩小两国"数字鸿沟"，让两国人民共享数字经济发展的成果。

4. 守望相助，携手抗击新冠肺炎疫情

2020年新年伊始，中国暴发了新冠肺炎疫情并迅速扩散到了越南等东盟国家，这场突如其来的疫情不仅给中国经济发展带来了巨大压力，也给越南经济造成巨大冲击。因此，2020年，中越要强化应对疫情合作，及时通报疫情信息和最佳实践，交流已有的流行病学信息，分享防控、诊断、治疗和监测技术指南和解决方案，增强应急准备和响应能力。此外，两国还应该开展数据、技术、经验和能力建设交流，开展

卫生医疗人员培训，组织医学专家和其他卫生领域从业人员互访，探讨举办中越卫生应急人才研讨班，加强双方疾控中心与有关机构合作，积极维护两国人民健康和促进两国经济社会发展，同时这也是对全球公共卫生作出的重要贡献。

# 第三篇

# 2019年中国—东盟合作专题报告

# 2019年中国—东盟金融合作报告

范祚军　常雅丽[*]

2019年,中国—东盟自由贸易区建设进入第15个年头,是东盟共同体成立的第三个年头,在"一带一路"建设目标下,中国—东盟自由贸易区建设进展迅速,东盟各国间的联系也更为紧密。中国和东盟在金融业务开展和金融市场合作方面取得了较大进展,在金融合作规划中彼此的重要性得到较大提升。在国际形势不确定性加大的背景下,中国—东盟金融合作能够取得这些进展着实不易,下面将回顾2019年中国—东盟金融合作的具体历程,并对其进行评述和展望。

## 一　2019年中国—东盟金融合作历程

### (一)相互设立金融分支机构

与往年互设金融机构的分支机构不同,2019年中国—东盟在金融机构互设方面主要是提高其服务性质,更有服务指向性,具体如表1所示。

在中国—东盟金融合作方面已互设银行类金融机构40多家。在银行类金融机构之外,服务类机构的设立将进一步推动中国和东盟各国之间的投资和贸易进展,从吸引投资和贸易的视角推进双方合作,这为中国—东盟投资、贸易、旅游等方面的双向沟通提供了便利条件,也为双

---

[*] 范祚军,男,经济学博士,二级教授、博士生导师,广西大学副校长,广西大学国际学院院长。常雅丽,女,经济学博士,讲师,硕士生导师,广西大学国际学院/中国—东盟研究院印度尼西亚研究所副所长。

方的金融合作奠定了基础。

表1　　2019年中国—东盟金融合作相互设立金融分支机构情况

| 时间 | 事件 |
| --- | --- |
| 1月 | 菲律宾在上海设立投资推广中心 |
| 3月 | 中国银行在柬埔寨商业部设立"中国服务台" |

资料来源：海外网—中国南海新闻网、《东中时报》。

### （二）签订合作协议、倡议或备忘录

签订合作协议、倡议或备忘录是中国—东盟双方开展合作的重要方式，并在一定程度上代表着双方在未来一段时间内的合作方向。2019年中国—东盟金融合作凸显了未来双方在金融市场上合作的重要性，整体上呈现出市场性、深入性和导向性特征，具体如表2所示。

表2　　中国—东盟金融合作签订合作协议、倡议或备忘录情况

| 时间 | 事件 |
| --- | --- |
| 1月 | 泰国与中国香港已经达成签署自贸协定意向 |
| 2月 | 缅甸议会批准中国香港特别行政区政府与东盟早前签署的自由贸易协定和相关投资协定 |
| 3月 | 联合国发展计划署（UNDP）与中国阿里巴巴集团物流臂膀递四方（4PX）签署推动柬埔寨数字经济发展的合作谅解备忘录 |
| 3月 | 澜湄合作专项基金泰国外交部项目"澜湄合作国家协调员能力建设"合作谅解备忘录签约仪式在曼谷举行 |
| 3月 | 中缅举行2020年澜湄合作专项基金缅方项目合作协议签约仪式，澜湄合作已从"培育期"迈入"成长期" |
| 4月 | 新加坡金管局与柬埔寨央行签署金融科技创新合作谅解备忘录 |
| 4月 | 中国银行分别与柬埔寨旅游部、财经部和加华集团签署合作谅解备忘录 |
| 4月 | 泰印菲马四国签署贸易投资本币结算框架协议 |
| 4月 | 中国银行与泰国进出口银行签署《中国银行与泰国进出口银行合作谅解备忘录》合作协议 |
| 4月 | 新加坡与中国签署五项谅解备忘录 |

续表

| 时间 | 事件 |
| --- | --- |
| 5月 | 国际陆海贸易新通道广西推介会,及中国—东盟多式联运联盟落户广西南宁启动仪式、广西与新加坡重大项目签约仪式在新加坡举行 |
| | 越南驻老挝合作与投资企业协会(BACI)与老挝青年企业家协会(YEAL)联合举行会议并签署合作协议 |
| 6月 | 中国证监会与柬埔寨证券交易委员会签署《证券期货监管合作谅解备忘录》 |
| 8月 | 泰国和越南两国央行签署MOU,深化金融业互联互通合作 |
| 9月 | 泰国与柬埔寨签署关于金融市场互联互通的合作备忘录,意在分享关于跨境发行股票和存托凭证信息交流与合作 |
| 10月 | 柬埔寨大众银行与中国建设银行签MOU,旨在柬埔寨、马来西亚和中国发展商机 |
| 11月 | 中国大连商品交易所与马来西亚衍生产品交易所续签"联合举办国际油脂油料大会合作协议" |
| 12月 | 中国南京市与马来西亚纳闽特区"一带一路"数字金融战略合作签约仪式举行 |
| | 新加坡国家研究基金会(NRF)与中国科技部签署《科技创新合作执行协议》 |

资料来源:泰国《世界日报》、新华网、《东中时报》、新华社、中国新闻网、中金网、中国国际贸易促进委员会、中国银行、中油网、越通社、广西壮族自治区人民政府网站、中国—东盟博览会、中国证券监督管理委员会、the Edge Markets、《证券日报》、纳闽资讯。

2019年中国—东盟金融合作在签订合作协议、倡议或备忘录方面取得重大成效,主要体现在以下方面:(1)金融合作市场性凸显,合作范围不断拓宽。东盟各国间金融合作程度不断加深,央行间合作、贸易投资本币结算、企业间合作、金融科技创新合作等成为当前推动东盟一体化在金融方面的重要体现,同时中国—东盟市场合作,尤其是证券市场合作、期货市场合作进展较大,除了监管合作备忘录外,交易所之间的直接合作为中国—东盟金融市场联系的加深提供了可能,我们可以期待未来中国—东盟在金融市场方面的合作有更大突破。(2)金融机构间合作更加深入,在中国—东盟互设金融机构已经达到一定数量的基础上,金融机构间的深入合作将进一步便利双方的项目投融资和资本市场建设，为"一带一路"倡议和中国—东盟一体化建设提供金融动力。（3）澜湄合作、国际陆海贸易新通道建设成为当前中国—东盟金融合作的重要方向。在"一带一路"倡议下，这两个方面的合作将进一步加深中国—东盟双边关系，成为中国—东盟金融合作的重要服务对象。至 2019 年 3 月，澜湄合作专项基金累计支持 410 多个项目，澜湄项目已经进入"成长期"。这些项目进一步发挥作用，将为澜湄国家提供更多的支持。同时，中国—东盟自贸区建设进展顺利，泰国、缅甸与中国香港特区自贸协定进展较为顺利。

### （三）双边货币互换协议

表 3　　中国—东盟金融合作双边货币互换协议签订情况

| 时间 | 事件 |
| --- | --- |
| 1 月 | 中国人民银行与新加坡金融管理局续签双边本币互换协议，规模为 3000 亿元人民币（合 610 亿新加坡元），有效期三年，经双方同意可以展期 |

资料来源：人民网。

2018 年中国人民银行与泰国、马来西亚、印度尼西亚中央银行分别续签了双边本币互换协议，2019 年中国人民银行与新加坡续签双边本币互换协议，显示出中国和这些东盟国家间对双方贸易投资往来的期望，以及为稳定双方金融市场所作出的努力。但已有数据显示，中国与东盟国家间双边货币互换协议的签订限定在几个固定国家，还未有新增东盟国家与中国签订双边货币互换协议。

### （四）金融业务开展

2019 年中国—东盟金融业务开展情况以货币合作、融资项目和金融科技领域合作为重要方向，具体如表 4 所示。

表 4　　中国—东盟金融合作金融业务开展情况

| 时间 | 事件 |
| --- | --- |
| 1 月 | 缅甸中央银行宣布增加人民币和日元为官方结算货币 |

续表

| 时间 | 事件 |
|---|---|
| 2月 | 印度尼西亚共享乘车公司 Go-Jek 包括谷歌、腾讯、京东以及日本的三菱集团的 10 多亿美元资金 |
| | 缅甸央行年内准备下批民营银行在中缅贸易中进行结算支付的权力 |
| | 柬中免双重课税协议已正式生效，今后中资企业股息分配预扣税将降至 10% |
| 3月 | 柬埔寨汇旺支付与支付宝合作签收联合发布会隆重举行 |
| | 缅甸央行称以 3 个月为实验期，民众可在曼德勒省德达乌国际机场，合法使用中国电子支付系统——WeChat Pay 进行支付 |
| 5月 | 砂拉越支付平台（Sarawak Pay）通过与中国银联（Union Pay）合作进军中国一事，目前只等两地中央银行开出绿灯放行 |
| | 泰国国家旅游局与支付宝（杭州）信息技术有限公司在曼谷签署合作意向书 |
| 7月 | 银联国际与老挝外贸银行（BCEL）合作，在当地首次开通银联二维码服务，银联成为老挝市场上首个推出二维码服务的银行卡品牌 |
| | 老挝开发银行（LDB）与东南亚领先的金融科技运营商 KIWI 有限公司达成协议，推出通过支付宝系统进行交易的服务 |
| 9月 | 印尼金融服务管理局（OJK）与新加坡、日本和马来西亚三个国家合作开展监督研究及开发金融技术 |
| | 中国国家开发银行向老挝 10 家银行提供 3 亿美元贷款 |
| 10月 | 中国重庆市企业在新加坡设立分支机构，并获得新加坡金融管理局颁发的汇款类牌照，实现了零的突破 |
| | 马来亚银行柬埔寨分行和 NBC 将探索通过 NBC 基于区块链的 Bakong 付款系统和马来亚银行的 Maybank2u 数字平台在柬埔寨和马来西亚之间进行资金转账的可能性 |
| | 老挝 Banque Pour Le Commerce Exterieur Lao Public（BCEL）与中国香港移动支付服务提供商 Wallyt 合作，允许老挝商户通过微信 Pay 和支付宝接受移动支付 |

续表

| 时间 | 事件 |
|---|---|
| 11月 | 泰国商业银行——大城银行（Bank of Ayudhya）推出一个区块链解决方案，用于泰国和老挝之间的资金转移，大大减少资金转移所需的时间，以促进跨境贸易 |
| | 中国建设银行新加坡分行成功发行10亿元"一带一路"基础设施离岸人民币债券（也称"狮城债券"） |

资料来源：新浪财经、新华网、腾讯网、《东中时报》、Rfid世界网、中新网、移动支付网、中国老挝（云南勐腊）磨憨磨丁经济信息网、Medcom、人民日报海外网、铅笔网、快出海网、区块链网、凤凰财经。

2019年中国—东盟金融合作在金融业务开展方面以货币、支付结算和金融科技为关键词，主要体现在以下方面：（1）人民币国际化进程在东盟国家进一步推进，人民币结算业务在东盟地区实现了全覆盖，有助于推进中国—东盟双边贸易和跨境投融资。同时，随着中国银联、支付宝等其他支付服务提供商和东盟国家开展的技术合作，东盟国家的移动支付更加便利，将对当地的旅游消费起到重要的支持作用。同时，"狮城债券"的再次发行成为人民币国际化进程中的重要标志，也成为中国金融机构服务东盟国家金融市场发展、支持"一带一路"建设的重要范例。（2）企业间合作更加深入，投融资、信贷业务为东盟国家企业发展提供了资金支持，这些资金被用于不同类型的企业，甚至支持中小企业的发展，帮助东盟国家实现可持续发展和技术进步。同时，金融业务也不断深化，深圳企业获得汇款类牌照的零突破，成为后续双方金融业务深化的重要开端，预示着双方金融业务的进一步开放和中国—东盟金融业务的相互融合。（3）金融科技合作成为东盟地区较为发达国家的重要目标，2019年，印度尼西亚、马来西亚和泰国等国家先后开始寻求金融科技方面的合作，如区块链技术的应用。随着区块链技术和其他金融科技在金融领域应用的国际化，东盟国家在金融安全领域也需强化自身金融系统技术水平，以在亚太地区和全球范围内占有一定的金融地位。从当前形势来看，各国的关注程度有所不同。需注意的是，随着中国—东盟金融合作不断深化，双方的金融融合度不断增加，应在保障金融安全和完善金融监管合作的基础上开展相关合作项目。

### (五) 举行会谈和提出倡议

2019年中国—东盟金融合作在举行会谈和提出倡议方面以区域合作框架下的会议为主,东盟国家间的会议相对较多,体现出东盟共同体建设进程的加快。同时,企业间合作不断增加,中国—东盟的合作内容主要是维持往年合作框架,具体如表5所示。

表5　　中国—东盟金融合作举行会谈和提出倡议情况

| 时间 | 事件 |
| --- | --- |
| 1月 | 《全面且先进的跨太平洋伙伴关系协定》(CPTPP)委员会第一次会议在日本东京召开 |
| 2月 | 中缅经济走廊联合委员会第二次会议及第二届中缅经济走廊论坛在中国云南昆明召开 |
| | 第二届暹罗智库·尚道社会研究所国际智库系列论坛暨"中泰经济合作新机遇"研讨会顺利举行 |
| | "数字丝路"国际科学计划东南亚研讨会在泰国举行 |
| 3月 | 《区域全面经济伙伴关系协定》(RCEP)第七次部长级会议举行工作会谈。柬中双方就两国自由贸易协定等话题进行讨论,希望能够尽早达成协议 |
| | 柬、老、越三国签署了柬埔寨—老挝—越南(CLV)发展三角区协调委员会第12次会议(JCCCLV DTA)的会议纪要 |
| | 澜沧江—湄公河合作与区域合作机遇研讨会在越南河内举行 |
| | 2019年亚太可持续发展论坛"中国经济转型"双边会在曼谷举行 |
| | 第16届中国—东盟博览会高官会暨投资合作工作会议在南宁举行 |
| 4月 | 第二届"一带一路"国际合作高峰论坛在北京开幕 |
| | 第23届东盟财长会在泰北举行 |
| 5月 | "新加坡·南京国际人工智能高峰论坛"在新加坡·南京生态科技岛召开 |
| | 第四届丝绸之路国际博览会暨中国东西部合作与投资贸易洽谈会开幕 |
| | "2019首届中缅经济走廊投资峰会暨中缅经济合作发展促进会揭牌仪式"在缅甸仰光举行 |
| 6月 | 中国(广东)—泰国经贸合作交流会在曼谷举办 |
| | 越南—中国(四川)经贸、农业与物流合作交流会在成都举行 |
| | 浙新经贸理事会第14次会议在杭州举行 |
| | 第34届东盟峰会在泰国首都曼谷开幕。此次峰会的主题是"推动伙伴关系、实现可持续发展" |

续表

| 时间 | 事件 |
| --- | --- |
| 7月 | 中国—东盟银联体2019年度高官会在泉州召开，本次会议主题是"弘扬丝路精神，深化区域合作" |
| | 第52届东南亚国家联盟（东盟）外长会议31日在泰国首都曼谷开幕。本次会议旨在讨论推进东盟共同体建设、加强与对话伙伴合作等议题 |
| | "一带一路"中国—马来西亚人文交流与经济合作论坛在吉隆坡举行 |
| 8月 | 马来西亚—中国"一带一路"经济合作论坛在吉隆坡举行 |
| | 越南工贸部部长陈俊英率领工贸部代表团赴老挝首都万象出席2019年老越工贸、能源与矿产合作开发会议 |
| | 第40届东盟议会联盟大会（AIPA 40）在泰国首都曼谷隆重开幕，主题为"为可持续发展的共同体促议会伙伴关系" |
| 9月 | 第51届东盟经济部长会议及系列会议在泰国首都曼谷开幕 |
| | 第16届中国—东盟博览会、中国—东盟商务与投资峰会在南宁国际会展中心隆重开幕 |
| | 中国—马来西亚产能与投资合作论坛在南宁举行 |
| | 第11届中国—东盟金融合作与发展领袖论坛暨建设面向东盟的金融开放门户峰会在广西南宁举行 |
| 10月 | 首届国际艺术金融科技创新峰会在新加坡莱佛士城市俱乐部举行 |
| | 2019年中新（重庆）战略性互联互通示范项目金融峰会在重庆正式举行，以"金融互联互通服务'一带一路'——金融开放创新助推陆海新通道"为主题 |
| | 《区域全面经济伙伴关系协定》（RCEP）第三次领导人会议联合声明 |
| | 2019年第19届中越（老街）国际贸易交易会在越南老街省正式开幕，至今该活动已成为重要的贸促活动之一 |
| | 第六届中国—东盟财税合作论坛在广西南宁举行，主题为"一带一路：优化财税营商环境，共谋新发展新机遇" |
| | 2019年"一带一路"中国优秀企业"走出去"暨老挝万象论坛 |
| 11月 | 第二届中国进口博览会在上海举行 |
| | 新加坡中华总商会和中国驻新加坡大使馆在新加坡联合举办中新自由贸易协定升级议定书宣介会 |
| | 中国·福建—新加坡经贸合作推介会举行，以"深化中新合作关系·携手开拓'一带一路'第三方市场"为主题 |
| | 柬埔寨银行协会（ABC）携手东盟银行家协会（ABA），在金边市举行第22次东盟银行会议 |
| | 首届中新经贸合作论坛在新加坡举行 |
| | 第35届东盟峰会及东亚合作领导人系列会议在泰国暖武里府蒙通他尼国际会展中心举行 |
| | 2019年（第十届）中国—东盟矿业合作论坛暨推介展示会在广西南宁举行；论坛主题为"深化矿业互利合作，促进经济共赢发展" |

续表

| 时间 | 事件 |
|---|---|
| 12月 | 2019年中越（东兴—芒街）国际商贸·旅游博览会在越南广宁省开幕，主题为"扩大合作—实现可持续发展" |
| | "越南与柬埔寨商务合作论坛"由越南工商会芹苴市分会同越南驻柬埔寨大使馆配合举行 |
| | 第一届柬埔寨与中国合作论坛在暹粒省开幕，主题为"柬中全面战略伙伴关系共建未来社区：我们共同成长" |
| | 共建共享面向东盟金融开放门户、西部陆海新通道暨中国—东盟信息港推介交流会分别在新加坡、泰国曼谷成功举办 |
| | 首届新陇合作创新发展高峰论坛在兰州举行，以传承和弘扬"和平合作、开放包容、互学互鉴、互利共赢"丝路精神为核心 |

资料来源：越通社、缅华网、正大网、中新网、90visa网、搜狐网、国际在线、人民网、腾讯网、中华人民共和国商务部网站、人民日报海外版、四川省人民政府、中国日报网、新浪网、新华网、《中国青年报》、中国一带一路、中国老挝（云南勐腊）磨憨磨丁经济信息网、创业新闻、招商新闻资讯、越南中国商会、中国电子商会、《东中时报》、中国自由贸易区服务网、防城港市边海人防局、广西壮族自治区人民政府门户网站、每日甘肃、《经济日报》、印尼《国际日报》、凤凰财经。

中国—东盟金融合作2019年在举行会谈和提出倡议方面呈现出如下特征：（1）继续保持往年金融合作倡议情况，"一带一路"国际合作高峰论坛、澜湄合作、中国—东盟金融合作与发展领域论坛、东盟财长会、东盟峰会、丝绸之路博览会等会议如期举行，并取得了丰硕成果。（2）不断开拓新的合作模式，开拓在不同层面的金融合作框架，主要体现在数字经济、金融科技、区块链等新兴领域。企业间合作也不断加强，尤其是东盟国家内部企业间的合作。银联体在东盟的业务也不断深化。（3）国家层面合作不断深入。以"一带一路"倡议建设为契机，中国和东盟各国间的金融及相关合作不断加深，但需关注2019年东盟内部各类合作均不断增加，这是东盟内部一体化的重要体现。中国—东盟国家间合作主要是依托已有的模式，处于深化当前合作机制，提升合作成果质量的重要阶段。

## 二 中国—东盟金融合作评述

2019年中国—东盟金融合作在各方面均取得了一定的进展。尽管在东盟层面和各国层面,金融合作均有一定的成效,但还是可以看出各国合作方向和合作力度的差异性。下面将就2019年中国—东盟金融合作的进展、问题和未来合作重点进行分析。

**(一)中国—东盟金融合作的进展**

1. 金融合作框架更加完善

经过多年的发展,中国—东盟金融合作取得了很多成果,双方金融合作框架也在逐步完善中。目前,中国和东盟各国相互设立的分支机构已达40多家,在金融机构的设立方面,双方都在关注机构的服务性质,一方面,这些机构不仅是金融分支机构,而且扩展到了投资旅游中心等咨询服务机构上,这将为双方今后进行投资贸易等合作提供更为直接的交互平台;另一方面,已经设立的金融机构也在寻求金融功能上的突破,以何种方式融入当地的金融机构系统,需要哪些业务牌照才能满足企业需求,是金融机构重点关注的方向,也是当地金融监管部门需要考虑的问题。同时可以看到,中国—东盟金融市场合作正不断深化,期货市场间的合作已经开始,2018年中国—东盟证券市场合作有较大突破,2019年中国—东盟证券监管合作也已正式开始。从整体上看,中国—东盟的金融合作对金融机构、证券市场、衍生品市场均有所涉及,而且已经开展了部分金融监管合作,是金融全面合作的良好体现。

2. 金融合作目标更加明确

金融是实体经济的血液,为实体经济发展提供重要动力。中国—东盟金融合作的服务性质也不断凸显,各个方面的金融合作有着各自的服务侧重点,从整体上看,2019年中国—东盟金融合作的目标主要体现在以下三个方面。

首先,助力双方经贸投资发展。受世界经济波动和中美贸易战的影响,中国和东盟在经贸投资间的联系更为紧密,双边货币互换协议的续签、投资中心的设立、人民币在部分东盟国家结算功能的实现、各层级企业论坛的设立、各层面的企业协议和备忘录的签订均说明双方在经贸和投资领域的合作不断深化,也说明当前经贸投资合作对金融服务的重要需求。2019年末,新冠肺炎疫情的发生使得各国陷入"隔离"状态,但"一带一路"建设还在不断推进、中国—东盟合作也在不断开展,中国—东盟金融合作将持续发挥作用,支持中国—东盟自由贸易区建设。

其次，推动中国—东盟金融合作体系形成。随着中国—东盟金融合作的不断深化，中国—东盟金融合作体系的框架也逐渐清晰起来。从最初的金融机构合作，到金融市场合作、货币合作、监管合作等，双方的金融合作程度不断加深、领域不断扩大，已经形成了机构、市场、货币、地方各层面的初步架构，尤其是人民币自成为国际货币基金组织的特别提款权一揽子货币中的一员后，东盟地区的国际化进程也在不断加快。当然，中国—东盟金融合作体系形成还需双方进一步增加沟通与交流，在政府监管、机构保障、业务深化、机构融合等方面加强合作。

**（二）中国—东盟金融合作的制约因素**

2019年中国—东盟金融合作的制约因素相较于2018年稍显复杂，主要原因是国际形势发生了重大变化。对比2018年影响中国—东盟金融发展的重要因素，2019年中国—东盟金融合作的制约因素主要体现在内外部环境复杂化、区域合作框架功能发挥和金融创新能力较低等方面。

1. 中国—东盟外部环境趋于恶化，内部环境趋于复杂化

在外部环境方面，2019年，世界经济形势不确定性增加，美国总统特朗普发动的贸易战对多国开始生效，使得世界经贸环境不断恶化；在欧洲地区，英国正式脱欧，区域经济一体化程度最高的欧盟受到现实的打击。此外，2018年美国宣布退出TPP，部分东盟国家继续留在CPTPP框架下，并持续推动CPTPP发展等，这些重要的事件均使得中国—东盟各方面合作包括金融合作在内受到冲击与影响。在内部环境方面，2019年是东盟多个国家的大选年，泰国、菲律宾、印尼等大选国家的政治经济环境颇为动荡，国内的经济、安全、稳定等遭受了一定程度的威胁，金融发展也承受了较大压力。这使得中国和这些大选国家间的金融合作，尤其是国家、政府层面的合作受到影响，进展缓慢。同时，中国—东盟的金融合作也受到了一定的牵制。2019年末至2020年初暴发的新冠肺炎疫情已经使得多国陷入危机，经济和社会层面的灰犀牛、黑天鹅事件的发生使得当前的全球经济金融体系饱受冲击，美股在2020年3月连续三次触发熔断机制，使得全球金融市场受到牵连，也让我们看清了当前国际金融体系的脆弱性。

2. 区域合作框架的功能未得到充分发挥

在区域化成为主流的时期，各国都参与了各种类型的合作框架。这些合作框架可能是由不同国家所主导的，也可能分属于不同层级，有国家级、省部级和地方级等，所有这些合作框架能否对参与国起到积极的推动作用，是各国需要重点考虑的问题。每一个框架都代表着一个圈子内的资源和利益，各框架间的联系是怎样的？如何判断其关键所在？中国和东盟国家所在的合作框架大多是一致的，但也有不同，中国—东盟命运共同体建设、国际陆海贸易新通道、澜湄合作机制和"一带一路"建设及中国和部分东盟国家的合作机制的侧重点均有不同，但都离不开金融的支持。中国—东盟金融合作对这些合作框架和机制能否实现支持，是当前需要关注的重点之一。

3. 金融开放程度、创新能力较低

2018年底，中国确定将广西作为面向东盟的金融开放门户，以金融创新的方式促进中国—东盟金融合作，带动中国—东盟双边合作。2019年广西开始从各个方面加强金融门户建设，包括建设中国—东盟金融城等，以打造服务中国—东盟的金融支持体系。中国—东盟金融城预计有57家机构和企业加盟，它对中国—东盟的服务能力还有待观察。目前中国—东盟金融合作以传统业务为主，创新项目的服务能力相对有限，尽管也已经开始探讨金融科技、区块链等在金融领域的应用，但实际开展的合作项目还相对较少，尚不能满足中国—东盟合作中企业对相关金融服务的需求。

### （三）加强中国—东盟金融合作的政策建议

1. 关注国际经济环境变化，防范系统性金融风险的发生

金融虽是实体经济发展的动力，但实体经济是金融发展的根本。面对金融风险或其他领域风险在金融领域产生的"次生灾害"，目前全球金融系统的应对能力相对较为薄弱，并且难以分散。针对这一类型的风险，应着重做好防范工作。首先，中国和东盟各国应加强自身金融系统的抗风险能力建设，各国应完善本国的金融职能，推动本国金融业发展和完善，强化金融的风险对冲功能，并建立应对不同程度金融危机的处置机制，以及时切断金融危机的传染式影响。其次，中国和东盟各国要加强金融系统监管合作，进一步完善当前的中国—东盟金融监管合作框

架体系，在金融机构、金融市场等多方面构建合作框架，探索中国和东盟部分国家金融监管合作的常态化和正规化，再逐步拓展到中国—东盟层面的金融监管合作的完善化方面。最后，适时推动人民币在东盟地区的国际化，增强区域货币对美元波动的抗风险能力。随着世界经济形势和新冠肺炎疫情的发生，美国货币政策以宽松为主，以实现其国内经济的稳定，应进一步探索中国—东盟区域货币合作的可能性，缓和美元贬值对区域经贸和金融环境的恶化作用，保证区域内金融体系的稳定性。

2. 发挥广西金融开放门户作用，支持中国—东盟金融合作发展

广西作为面向东盟的金融开放门户，要以促进中国—东盟的经济要素有序流动为手段，达到推动双方经贸投资合作的目标。在中国进行供给侧结构性改革阶段，应重点关注中国—东盟产业合作、互联互通建设项目合作在经济结构转型升级中的关键作用；关注绿色金融发展合作对双方经济合作的支持作用。广西在金融开放门户建设中应充分发挥政策优势，在区域框架内开展与东盟国家各层面的金融监管合作，保障中国—东盟金融合作发展顺利开展。继续加快金融开放门户建设，着力打造畅通、便捷、高效的金融合作大通道，服务人民币国际化、中国—东盟自由贸易区建设和"一带一路"倡议建设进程。

3. 深化金融合作领域，完善中国—东盟金融合作体系

2020年4月1日，中国正式开始金融开放，这意味着中国—东盟金融合作还可以进一步深化。在金融机构合作层面，在符合监管要求的前提下，可允许东盟国家有资质的金融机构与中国国内的金融机构开展合作，实现中国—东盟金融机构的双向互通，可借此机遇，打造一批专门服务中国—东盟合作、面向"一带一路"建设的中国—东盟金融合作机构，形成这些金融机构服务对象的专门化与服务业务品种的专业化。在金融市场合作层面，因中国和东盟各国的金融市场发展程度不同，故金融市场在各国金融系统中所起的作用不同，在"一带一路"重要先行区建设中，应重点支持东盟各国建设各自的金融市场，发挥各国金融市场在本国经济发展中的积极作用，在中国—东盟合作中的连接作用和在"一带一路"建设中的动力作用。在金融监管合作层面，应进一步探索中国—东盟各个层面监管合作的可能性，从中国角度上看，广西作为面向东盟的金融开放门户，将为中国—东盟命运共同体建设和"一带一路"建设提供所需的金融服务，在提供金融服务的同时，还应关注金融

服务的安全性和金融服务体系的稳定性，需从地方出发探索和东盟各个层面的监管合作要求，打造中国—东盟金融合作的保障体系。在合作框架层面，应关注不同框架间的联通性，抓住不同框架和机制建设目标中的一致特点，实现市场和政府双层监督下的资源分配，提高中国—东盟命运共同体的建设效率，助力"一带一路"建设。

# 2019年中国—东盟投资报告

孙 硕<sup>*</sup>

2019年全球外商直接投资（FDI）为1.39万亿美元，比修订后的2018年的1.41万亿美元下降了1%。流入发达国家的投资额仍然处于历史低位，同比进一步减少6%，为6430亿美元，其中对欧洲的投资额下降15%，为3050亿美元，而流入美国的投资额稳定在2510亿美元左右。流入发展中国家的投资额为6950亿美元，基本保持不变。《全球投资趋势监测报告》认为，日益升温的美国与中国和欧盟之间的贸易紧张以及较弱的宏观经济表现正在拖累世界各地企业的长期跨境投资。引发2018年全球外商直接投资减少的美国税制改革的影响正逐渐减弱。

分国家来看，美国仍然是外商投资的首选。2019年中美两国吸引的外商直接投资额出现了零增长。位于第三名的新加坡，同比大涨42%，达到1100亿美元。2019年流入亚洲发展中经济体的外商直接投资同比下降6%，为4730亿美元。①

## 一 中国与东盟双向投资发展概况

在全球FDI下滑的背景下，2019年中国大陆对外直接投资为1171.2亿美元，同比下降8.2%。②

投资是中国与东盟11大重点合作领域之一，也是中国—东盟自由

---

\* 孙硕，广西大学中国—东盟研究院副研究员，经济学博士。
① Global Investment Trend Monitor, No. 33（UNCTAD/DIAE/IA/INF/2020/1）.
② 商务部：《2019年我国对外全行业直接投资简明统计》，http://www.mofcom.gov.cn/article/tongjiziliao/dgzz/202001/20200102932441.shtml。

贸易区建设升级版的重要内容。根据中国商务部统计，截至 2019 年 12 月，中国与东盟双向投资额累计 2369.1 亿美元，其中，中国对东盟累计投资额为 1123.0 亿美元，东盟对中国累计投资额为 1246.1 亿美元。①

**（一）中国对东盟投资**

拥有 6.4 亿多人口、近 8 年来年均 GDP 增长率达到 5.2% 的东盟一直是全球外商直接投资（FDI）的主要目的地。2019 年流入东盟的 FDI 整体上升了大约 19%，达到创纪录的 1770 亿美元，这是东盟吸引外商投资连续第四年上涨，其中流入新加坡的外商直接投资从 2018 年的 770 亿美元上升到 2019 年的 1100 亿美元，大涨 42%，流入印度尼西亚的外商直接投资也增长了 12%，达到 240 亿美元。②

中国对东盟的外商直接投资自 2005 年以来迅速增长，近年来增幅更为显著。随着中国企业开始拓展国外市场，来自中国的投资正涌入东南亚邻国，协助这些国家实现较快的经济增长，同时也为寻求产能外迁的中国公司提供了低成本的地点选择。在中国政府的倡议下，中国—东盟投资合作基金、中国—东盟银行联合体相继成立，成为双方投融资合作的重要平台。另外，2014 年底，中国出资 400 亿美元成立的丝路基金，也可为 21 世纪"海上丝绸之路"沿线的东盟国家基础设施、资源开发、产业合作以及金融合作等互联互通项目提供投融资支持。同时，中国着手推动的亚洲基础设施投资银行自 2016 年 1 月成立以来也致力于为改善东盟国家的基础设施提供贷款。

中国已经成为一些东盟成员国的主要投资者。整体而言，目前中国是东盟的第三大外资来源地③（见表1）。2018 年末，中国在东盟的直接投资企业超过 5200 家，雇用外方员工近 43 万人。④ 中国对东盟的大量直接投资受许多因素的驱动，包括继续推动中国企业国际化、中国—东盟自由贸易区的影响、中国政府的支持、地理文化的接近和相似以及东盟投资环境的改善和当地大量的商业机会。容易获得融资和国内银行的支持也很重要。获得自然资源的动力以及中国公司在建筑和基础设施方

---

① 中国东盟中心，http：//www.asean-china-center.org/asean/dmzx/2020-03/4612.html。
② Global Investment Trend Monitor, No. 33（UNCTAD/DIAE/IA/INF/2020/1）。
③ 来自《ASEAN Investment Report 2019》。
④ 《2018 年度中国对外直接投资统计公报》。

面的竞争力,鼓励更多的中国企业投资资源丰富的东盟成员国。

表1  2017—2018年东盟外商投资的前十大来源地  (10亿美元;%)

| 2017 | | | 2018 | | |
|---|---|---|---|---|---|
| 国家/地区 | 投资金额 | 占比 | 国家/地区 | 投资金额 | 占比 |
| 东盟 | 25 | 17.0 | 东盟 | 25 | 16.1 |
| 美国 | 25 | 15.0 | 日本 | 21 | 13.5 |
| 日本 | 16 | 10.9 | 中国内地 | 10 | 6.5 |
| 中国内地 | 14 | 9.5 | 中国香港 | 10 | 6.5 |
| 荷兰 | 10 | 6.8 | 美国 | 8 | 5.2 |
| 中国香港 | 6 | 4.1 | 荷兰 | 8 | 5.2 |
| 韩国 | 5 | 3.4 | 韩国 | 7 | 4.5 |
| 德国 | 3 | 2.0 | 卢森堡 | 4 | 2.6 |
| 瑞士 | 3 | 2.0 | 英国 | 4 | 2.6 |
| 英国 | 3 | 2.0 | 德国 | 2 | 1.3 |
| 前十大来源地合计 | 110 | 74.8 | 前十大来源地合计 | 99 | 63.9 |
| 东盟外商直接投资总额 | 147 | 100 | 东盟外商直接投资总额 | 155 | 100 |

资料来源:东盟秘书处,东盟FDI数据库。

在东盟投资的中国公司不仅是直接投资者,而且是其他中国建筑和基础设施公司的承包商和分包商,还有些基础设施承包商赢得非中国公司的招标。这表明了中国承包商竞争力的增长,包括它们比来自其他国家的公司所具有的成本优势。中国公司也大量投资农业和种植业,特别是在土地和劳动力价格便宜的柬埔寨、老挝、缅甸、越南和印度尼西亚。

中国对东盟的直接投资在东盟境内的分布极不均衡。中国对东盟的投资主要集中在新加坡、印尼、马来西亚、老挝和柬埔寨五国,截至2018年底,上述五国接受的中国投资占中国对东盟投资存量的83.2%(见图1)。"一带一路"倡议为中国企业投资东盟国家提供了额外动力,而新加坡、马来西亚和泰国等国因为拥有可提供商机、风险又低的投资环境而成为中国企业投资的热点地区。

在中国对外直接投资从2017年的1582.9亿美元下降到2018年的1430.4亿美元(同比下降9.6%)的背景下,2018年中国对东盟十国的投资流量为136.9亿美元,同比下降3%,占流量总额的9.6%,占对亚洲投资流量的13%。① 2018年,中国对新加坡的投资为64.1亿美元,较上年(63.1亿美元)上升1.5%,占总额的比重为46.8%;中国对印度尼西亚的投资为18.6亿美元,占总额的比重为13.6%;马来西亚位列第三,为16.6亿美元,占总额的比重为12.1%。

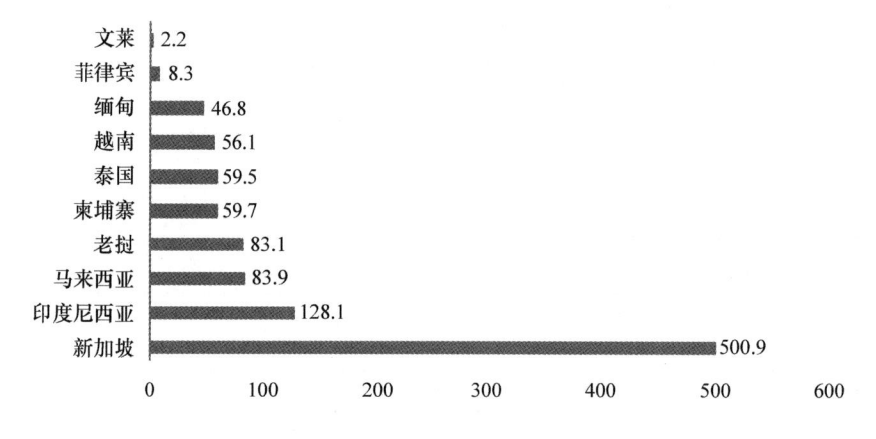

| 国家 | 金额 |
| --- | --- |
| 文莱 | 2.2 |
| 菲律宾 | 8.3 |
| 缅甸 | 46.8 |
| 越南 | 56.1 |
| 泰国 | 59.5 |
| 柬埔寨 | 59.7 |
| 老挝 | 83.1 |
| 马来西亚 | 83.9 |
| 印度尼西亚 | 128.1 |
| 新加坡 | 500.9 |

**图1　2018年末中国对东盟十国直接投资存量情况(亿美元)**

资料来源:《2018年度中国对外直接投资统计公报》。

### (二)东盟对中国的投资

2018年东盟对外直接投资为700亿美元,保持平稳。虽然东盟主要的对外投资经济体——区域投资中心——新加坡的对外投资下降了15%,为370亿美元,然而,东盟区域内的相互投资表现强劲,特别是在印度尼西亚、柬埔寨、老挝、缅甸和越南的投资,有助于东盟内部建立更紧密的产业链。

中国由于其规模而富有吸引力。近年来,中国开放力度进一步加大,营商环境不断优化。中国对外资实行准入前国民待遇加负面清单制度,2019年版外资准入负面清单条目由48条措施减至40条,自贸试验区外资准入负面清单条目由45条减至37条,开放领域进一步扩大。2018年中国大陆吸引的外商投资达到了创纪录的1390亿美元,全球排名第二。东盟国家对中国进行投资始于20世纪80年代。目前东盟是中

---

① 《2018年度中国对外直接投资统计公报》。

国的第二大外资来源地。

2018年东盟对华投资新设立企业1735家，同比增长34.8%，实际投入外资金额为60.7亿美元，同比增长16.5%。① 东盟对华直接投资主要来源于新加坡、马来西亚、泰国、印度尼西亚、菲律宾和文莱六个老成员国。在这六国中，新加坡在华投资最多，新加坡是中国的最大投资国。近年来，中国大陆也一直是新加坡对外投资的最大目的地。2018年新加坡对华新增投资53.4亿美元。截至2018年底，泰国、越南、柬埔寨、缅甸、老挝对华累计投资分别为42.7亿美元、2.7亿美元、2亿美元、1.3亿美元、5682万美元。②

### (三) 投资领域

自2010年中国—东盟自由贸易协定生效以来，虽然中国公司在东盟投资的领域已日益分散，但中国企业的投资仍主要集中在基础设施、房地产、金融和采掘业上。中国国内对自然资源的旺盛需求使得东盟采掘业吸引了大量的中国投资，不过，随着中国国内的"去产能"，这个领域的投资流量已从2014年的11.214亿美元下降到2017—2018年的3.425亿美元。中国公司投资建设的一些大型基础设施项目包括马来西亚的第二槟城大桥，老挝的水电工程和水坝、中老铁路（这条铁路于2015年动工，由中国云南省省会昆明经老挝著名旅游胜地琅勃拉邦至老挝首都万象），缅甸的大型采矿作业、经济特区、发电厂、深水港，柬埔寨的港口和铁路基础设施③，印度尼西亚的工业厂房、桥梁和铁路。④ 中国公司正在菲律宾

---

① 商务部：《2018年1—12月全国吸收外商直接投资快讯》，http：//www.mofcom.gov.cn/article/tongjiziliao/v/201901/20190102832209.shtml。

② 根据商务部相关数据整理得出。

③ "Chinese Companies to Invest Billions on Cambodian Projects," *Reuters*, 3 January 2013, www.nytimes.com/2013/01/04/business/global/chinese-companies-to-invest-billions-on-cambodia-projects.html？_r=1&. "Briefing Paper: The Chinese North-South Railway Project," Equitable Cambodia and Focus on the Global South, March 2013, http：//focusweb.org/sites/www.focusweb.org/files/Cambodia-China-Railway-Development-BRIEF-EN.pdf.

④ See "New China-Indonesia Industrial Zone to Be Inaugurated in Cikarang," *Jakarta Globe*, 20 May 2013, www.thejakartaglobe.com/business/new-china-indonesia-industrial-zone-to-be-inaugurated-incikarang/, "Indonesia's Infrastructure Investments: Finally Taking off," www.ifc.org/wps/wcm/connect/region_ _ext_ content/regions/east+asia+and+the+pacific/news/indonesia+infrastructure+investments.

建设发电厂,并将参与在泰国建造的两条高速铁路线工程,这两条铁路是昆明—新加坡铁路线的一部分。2013年至2018年,价值超过500亿美元或者年平均近100亿美元的东盟基础设施项目与中国公司有关。相比较而言,2011—2013年,中国对东盟所有行业的年平均FDI流量只有60亿美元,2012年中国在东盟的对外直接投资存量为280亿美元。[①]

金融业吸引了中国流入东盟的大量FDI。2017—2018年,中国企业每年投资约19亿美元用于在东盟的金融活动,主要是通过注入新的资本,而不是通过并购方式,促进了中国金融公司和银行在东盟的发展。2015年,中国金融机构在东盟金融业中的FDI达到创纪录的35.858亿美元。中国的主要银行,如中国银行、进出口银行、中国建设银行和中国工商银行,都在两个或多个东盟成员国开设了营业网点。

中国公司积极从事房地产投资。2017—2018年,中国公司每年在这个行业投资约30亿美元,超过这段时期中国投资流量的25%。2013—2014年中国房地产公司如中国万科、华彬集团和中国华能都开始在东盟开设分公司。

不仅仅是中国大型企业和基础设施跨国公司投资于东盟,较小和不太知名的中国公司也在该地区进行投资,特别是在制造业领域。虽然中国制造业在东盟的FDI相对较小,但它已经上升了十几倍,从2006—2009年的年平均值8700万美元到2017—2018年的年平均值16.4亿美元。它们大部分集中在柬埔寨、老挝、缅甸和越南,主要是成本的驱动并受到国际服装采购商不断扩大从这些国家采购的吸引。这些FDI集中在纺织品和服装,以及一些轻工制造业领域,如为汽车和电子产品生产零配件。

表2　　2017年和2018年中国对东盟投资的行业规模　　(百万美元)

| 行业类别 | 2017 | 2018 |
| --- | --- | --- |
| 农业、渔业和林业<br>(Agriculture, Forestry and Fishing) | 238.6 | 211.1 |
| 采矿及采石业<br>(Mining and Quarrying) | 679.6 | 5.5 |

---

① ASEAN Investment Report 2016.

续表

| 行业类别 | 2017 | 2018 |
|---|---|---|
| 制造业（Manufacturing） | 1699.1 | 1586.0 |
| 电力、煤气、蒸汽和空调供应（Electricity, Gas and Air Conditioning） | 916.8 | 86.7 |
| 供水、污水处理、废物管理和补救（Water and Sanitation） | 16.9 | 10.6 |
| 建筑业（Construction） | 653.7 | 950.2 |
| 批发和零售业、机动车和摩托车修理（Wholesale and Retail Trade） | 2707.9 | 3602.0 |
| 运输和储存（Transportation and Storage） | 85.3 | -307.3 |
| 住宿和餐饮（Accomodation and Food Services） | -180.1 | 90.4 |
| 信息和通信业（Information and Communication） | 155.3 | 9.6 |
| 金融和保险业（Financial and Insurance） | 3468.9 | 423.1 |
| 房地产业（Real State） | 3167.0 | 2666.0 |
| 其他服务业（Other Services） | 97.6 | 386.2 |
| 未指定（Unspecified） | — | 467.3 |
| 合计（Total） | 13706.6 | 10187.4 |

资料来源：ASEAN Secretariat, ASEAN FDI Database.

新加坡作为中国近些年来最大的海外投资国，在中国直接投资的领域和项目都已趋向多样化。在1980年代和1990年代，新加坡投资企业主要集中在中国沿海地区。但在过去10年中，随着中国政府日益重视中西部地区的发展，越来越多的新加坡企业积极投资于中国的西部和中部省份。

随着中国正迈向区域集群（regional cluster）发展模式，新加坡与中国的经济合作模式也不断发生着演变。在长江经济带方面，新加坡和江苏、浙江和上海都建立了良好的关系；在京津冀区域协同发展中，新加坡和天津有着非常好的联系；在粤港澳大湾区方面，新加坡和广东建立了良好关系；至于西部地区，通过中新（重庆）战略性互联互通示范性项目旗下的陆海新通道，也建立起了更广泛的区域联通效应。目前中新两国的区域经贸合作理事会和政府间合作项目都契合了区域发展的概念，如何对接中国区域发展合作将成为未来两国关系发展中更关键的要素。

**（四）投资方式**

在中国企业对东盟的投资中，跨国并购成为其主要方式。抓住投资机会和快速进入当地市场的需要是中国企业在服务行业选择并购的主要原因。并购作为一种进入的方式满足了公司出现在关键市场上的需要。[①] 便于融资、获得当地的营销网络与已有的客户群和本地管理知识，都是做出并购决定的重要因素。

数据显示，2017—2018 年跨国并购案例数持续增加（含尚在进行中的并购项目），2017 年达到 17 起。

## 二 2019 年中国—东盟投资情况分析

由于区域内中产阶层的兴起和地区内部贸易、投资的发展，很多经济学家将东南亚视为一个重要的增长极。东盟很多国家的储蓄率极高，信用卡使用越来越普遍，家族控股企业急需资金进行业务扩张。随着东盟经济体一体化程度的提高，中国企业日益重视这块新兴市场。

**（一）投资规模**

2019 年，中国大陆对外直接投资为 1171.2 亿美元，同比下降 8.2%，下降的主要原因包括全球投资政策环境不稳定，保护主义抬头，主要发达国家对中资准入的审查更严，一些大型并购项目被迫取消。同时，中国对外投资的监管也持续收紧。2019 年中国对东盟的投资同比上升 11.7%。[②] 与 2018 年相比，2019 年中国企业在柬埔寨和菲律宾的

---

① WIR 04. World Investment Report 2004：The Shift towards Services, New York and Geneva：United Nations.

② 据美国企业研究所统计数据及计算所得。

投资实现了大幅增长,在印尼、新加坡、泰国和越南的投资保持平稳,在马来西亚的投资出现大幅下降。

**(二)投资分布**

据统计,2019年中国对东盟十国直接投资流量由多至少的排位是:印度尼西亚(34.8亿美元)、柬埔寨(31.4亿美元)、新加坡(22.5亿美元)、菲律宾(21.6亿美元)、泰国(8.7亿美元)、马来西亚(7.8亿美元)、越南(4.3亿美元)。从行业来看,除了房地产等传统行业以外,对社交平台以及可再生能源的投资成为中国对东盟投资的热点,约有15.2亿美元的投入。

新加坡作为拥有6亿多人口的东盟(ASEAN)十国的金融中心,其相对较低的公司税率(约为17%)、完善的法律和商业服务,以及基本上不存在腐败的事实,对中国公司具有较大的吸引力。2019年中资企业对新加坡的投资主要涉及社交平台领域:1月,中国河北钢铁集团(简称河钢,Hesteel)出资3.3亿美元收购了印度塔塔钢铁集团(Tata Steel)在新加坡钢铁业务70%的股份;3月,直播社交平台公司YY欢聚时代斥资10.8亿美元收购BIGO剩余股份,BIGO是一家全球科技公司,于2014年在新加坡成立,旗下拥有包括全球领先的直播平台BIGO Live和全球领先的短视频社交平台LIKE,及其他多款社交APP产品;7月,中国移动的子公司中国移动国际有限公司投资1.2亿美元自建自营的新加坡数据中心正式启动;11月,仁恒置地以4.2亿美元收购新加坡联合工程33%的股权,中环股份出资3亿美元认购道达尔太阳能国际集团新加坡子公司Maxeon Solar 29%的股权。

拥有2.6亿人口的印尼是东南亚人口最多的国家,自然也是各大跨国企业都激烈争夺的东南亚重大的市场之一。2019年中国对印度尼西亚的投资主要涉及交通和采掘业:1月,腾讯和京东以3.4亿美元投资印度尼西亚的"网约摩的"Go-Jek公司;5月,江苏联发纺织股份有限公司投资1亿美元与印度尼西亚PT Ungaran Sari Garments合作,在印尼投资建设年产6600万米高档梭织服装面料项目,双方各占50%的股权;8月,盛屯矿业耗资1.45亿美元投资友山镍业在印度尼西亚纬达贝工业园投建的年产3.4万吨镍金属量高冰镍项目;10月,中国交建印尼分公司耗资17亿美元收购印尼国有公路服务公司Jasa Marga子公司JPB 49%的股权；11月，中国钼业、浙江华友和青山控股集团投资12.4亿美元收购印度尼西亚华越镍矿项目97%的股份。

自2018年马哈蒂尔重新执政以来，中国企业对马来西亚的投资遭遇了一些挫折。2019年，中国企业在马来西亚的投资主要集中在房地产行业。1月，浙江景兴纸业投资3亿美元在马来西亚雪兰莪建设以再生浆为主的生产基地；2月，中国西安隆基硅材料股份有限公司在马来西亚古晋设立4个太阳能厂，投资额达1.4亿美元，将进一步加强马来西亚现有的太阳能生态系统；12月，中国中铁股份有限公司投资3.4亿美元收购大马城项目24%的股权，这标志着备受瞩目的"一带一路"标志性工程在马来西亚已全面恢复施工。① 大马城项目以高铁、地铁、轻轨等轨道交通建设为导向，建成后将成为吉隆坡的门户，成为最重要的交通枢纽和集金融、商业、文化、旅游、高级住宅于一体的国际经济中心、金融中心、文化交流中心及跨国公司区域经营中心。

随着中菲关系的回暖，中国企业开始在菲律宾进行大量的投资。2019年，中国企业在菲律宾的投资主要集中在通信和采掘业：1月，中国铁建股份有限公司投资3亿美元，参与建设马尼拉大都会的重要组成部分，也是菲律宾金融中心的马卡蒂市地铁项目，中国国家电网公司以4亿美元收购菲律宾国家电网公司40%的股权；4月，由中国电信集团有限公司投资8.6亿美元持股40%，与菲律宾合作伙伴组成的Mislatel公司获得菲律宾国家电信委员会（NTC）颁发的公共事业运营许可证，即CPCN电信运营牌照，成为菲律宾三大电信运营商之一；9月，河北钢铁集团有限公司投资5亿美元与菲律宾最大的钢铁制造商——亚洲钢铁制造公司（Steel Asia Manufacturing Corp.）在八打雁省的莱莫里（Lemery）修建首家综合性炼钢厂；10月，力高集团投资1亿美元收购菲律宾Infradev集团35%的股权，参与菲律宾马卡蒂市地下铁路系统及相应的地铁上盖物业发展项目，马卡蒂市地铁项目是菲律宾第一个由地方政府牵头推动的地铁工程，全长约10公里，预计设置8—10个站点，项目总投资预计将达37亿美元。

---

① 《2300亿！停工2年的马来西亚大马城项目尘埃落定，中国中铁失而复得》，https://www.sohu.com/a/361481371_208218。

2019年，中资企业对泰国的投资保持平稳，主要涉及交通运输领域。1月，中国河北钢铁集团出资1.3亿美元收购了印度塔塔钢铁集团（Tata Steel）在泰国钢铁业务70%的股份，10月，中国铁建出资7.4亿美元，占比10%，参与泰国政府与社会资本合作的东部经济走廊（EEC）连接三机场的高铁项目。

2019年，流入越南的中国企业投资主要涉及制造业和农业，包括1月，歌尔声学投资2.6亿美元在越南北部建造音频工厂，作为苹果电子产品制造地点多元化计划的一部分，该公司即将在越南开始试生产广受欢迎的苹果蓝牙耳机（Air Pods）；4月，新希望集团与越南清化省政府、平福省政府、平定省政府签署总投资额为1.7亿美元的养猪项目合作协议。

柬埔寨经济十分倚重旅游业，2017年共接待560万名国际游客。计划到2020年吸引700万国际游客，2030年吸引1500万名国际游客。然而，柬埔寨现有的交通基础设施规模有限，不能满足长期发展需要。在中柬全面战略合作伙伴关系和"一带一路"倡议的推动下，中企在开拓和运营航线方面也崭露头角。2019年，中国在柬埔寨的投资集中在交通和能源领域，包括3月，中国交通建设集团子公司中国路桥工程有限责任公司以BOT（建造—营运—移交）的方式投资20.19亿美元修建柬埔寨金边至西哈努克港的高速公路，计划工期4年，建成后运营期为50年；12月，中国华电香港有限公司投资13亿美元与柬埔寨国际投资发展集团有限公司合作开发柬埔寨西哈努克港2×350MW燃煤电厂，该电厂目前是柬埔寨装机容量最大的发电项目。项目以BOO模式开发，计划新建2台35万千瓦超临界燃煤机组，配套建设1个8000吨级煤炭泊位、1个2000吨级大重件泊位，预计年发电量为46亿千瓦时，到2022年底首台机组将投产发电。①

在中美贸易摩擦升级、经济全球化进程停滞等大背景下，2019年中新双边经贸合作发展势头平稳，中国继续保持作为新加坡第一大贸易伙伴、第一大出口市场和第一大进口来源地的地位，新加坡仍为中国最大的海外投资国。在与中国各省市的合作方面，11月3日，新加坡教育部部长王乙康、金管局局长孟文能等出席在重庆举办的第二届中新金融峰会，

---

① 《中国华电西港2×350MW燃煤电厂签约暨奠基仪式在柬埔寨西哈努克举行》，http://www.chd.com.cn/webfront/webpage/web/contentPage/id/b6c5b65ca8a94f24bee690a4f40fbc43。

王乙康部长表示，中国和东盟可在发展基础设施建设和可持续性金融两个主要方面加强合作，来自中国、东盟的500多名政商学界代表出席此次会议，会上签署了56个重大合作项目，涉及绿色战略、债务融资等多个领域；11月18日，广东—新加坡合作理事会第十次会议在广州举行，双方同意在粤港澳大湾区以及智慧城市等方面进一步加强合作，会上，双方在知识产权、创新现代产业、传媒、教育等领域签署了20项合作协议；11月22日，新加坡文化、社区及青年部部长傅海燕出席在福建举办的中国福建—新加坡经贸合作推介会，双方共同签署五个谅解备忘录，涉及电子商务、文化教育等领域。

## 三 2020年中国与东盟双向投资面临的机遇和挑战

2020年中国与东盟双向投资面临的有利机遇有：

第一，东盟基础设施投资的巨大需求。包括印尼在内的其他许多东盟国家，基础设施不足仍然是个问题。基础设施的发展在降低区域交易成本中起着重要作用，东盟成员国基础设施的提升有助于改善该地区的投资环境。从现在到2025年，东盟对基础设施（包括电力、交通、信息和通信技术、供水和公共卫生设施）的投资需求是巨大的。这些领域的基础设施投资每年的需求高达1100亿美元。[①] 鉴于东盟各成员国目前基础设施建设所需要的支出，其投资缺口是巨大的，如果要使目前的投资缺口以及将来的需求得到满足，就需要寻找新的资金来源。中国的投资可以发挥更大的作用，以帮助弥补缺口。

第二，东南亚人口众多，有巨大的消费潜力。面对国内市场的增长放缓，以及国内市场前景因中美对立局势而可能承受的更大压力，中国企业正寻求通过投资东盟来扩大在东南亚的销售额。随着东盟深化区域经济一体化以及东盟各成员国实施和采取有利于外国直接投资的措施，该地区的投资环境持续改善。[②] 巨大的市场以及持续改进的地区投资环境将进一步推动中国企业投资的增长。

---

① ASEAN Investment Report 2015: Infrastructure Investment and Connectivity.
② ASEAN Secretariat and UNCTAD 2016.

第三，中国营商环境的改善。2020年1月1日，正式实施的外商投资法及其实施条例，明确中国对外商投资实行准入前国民待遇加负面清单管理制度。这是中国与国际惯例接轨，建设更高水平开放型经济的重大制度性成果，外商的投资权益将得到进一步保障。世界银行发布的《2019年营商环境报告》显示，中国营商环境在全球的排名已从第78位跃升至第46位。

然而，机遇总是伴随着挑战。2020年新冠病毒与中美贸易战的叠加将使中国吸引外资的努力面临不可忽视的挑战。中美两国在2019年1月签订的第一阶段贸易协议，暂时阻止了中美贸易冲突的进一步扩大。突然暴发的新冠肺炎疫情，又暴露了以中国作为世界工厂的新风险。疫情发生的国家或多或少都采取了封锁隔离措施，导致中间产品和最终产品的供应产生困难，全球的物流和贸易体系支离破碎。预计未来跨国公司对全球产业链的重新调整，把服务于非中国市场的产能搬回本土或者朝第三国分散，避免过度依赖单一国家，是大趋势。

新加坡是中国最大的东盟投资来源国。据新加坡工商联合总会和国际资讯集团益百利4月2日联合发布的最新《SBF-Experian 中小企业指数》报告，疫情导致新加坡本地中小企业对2019年第二季至第三季的整体展望指数跌至48.3，是于2009年展开调查以来的最低点。新冠肺炎疫情暴发以来，中新两国的人流、物流都受到较大的冲击，再加上出入境政策收紧、原材料供应不及时等原因，给两国间的投资带来了诸多不确定影响。鉴于疫情迅速升温并对全球经济造成更大的冲击，预期2020年新加坡企业对华投资可能会变得更加谨慎。

4月17日，中国国家统计局公布的2020年一季度GDP数据显示，剔除物价变动后的实际增长率同比下降6.8%，是自1992年有可比数据以来，首次出现季度负增长。中国财政政策将加强支持力度，为受影响的企业特别是小微企业减税降费；对受疫情影响的居民和地区提供定向支持，并进一步加码基建投资，预计2020年中国的财政赤字率目标会进一步上调。基建有效地拉动了中国经济，且"一带一路"的实施也依赖于中国强大的财政实力，也即源于税收。更大范围的经济不景气会在一定程度上给中国的对外投资带来挑战。"山雨欲来风满楼"，新冠肺炎疫情究竟会在多大程度上影响中国—东盟双边投资合作，还有待观察。

## 四 2020年中国—东盟投资趋势

展望未来,新冠肺炎疫情造成2019年全球经济低迷已成定局,并且可能会持续一年之久。根据2020年3月26日发布的贸发会议报告,新冠病毒(COVID-19)肺炎疫情暴发可能导致2020—2021年全球外国直接投资(FDI)减少30%—40%,可能会达到2008—2009年金融危机以来的最低水平。该报告称,COVID-19对投资的负面影响在汽车、航空和能源行业中最为明显。对消费者需求的冲击以及供应链中断的经济影响将波及所有经济体的投资前景。

2020年4月以来,中国以暂停经济活动为代价的"抗疫"行动取得成效,目前工作重点已经转为复工复产和防范疫情复发。虽然一季度中国GDP同比下降6.8%,但3月国内的零售、投资、工业增加值等指标已经较1—2月有显著反弹。

东盟各国生产活动受疫情影响的时间点是不一致的。越南、新加坡在2月底的时候就被国际社会夸赞防控做得好,越南国内疫情至今也没有出现大的反复,新加坡则在4月初迎来了疫情的"关键临界点",宣布从4月7日起至5月4日,除提供必要服务的机构与有战略价值或在全球供应链中有关键作用的重要行业将继续运作外,几乎所有其他工作场所都必须关闭约一个月,员工要在家办公,并于4月21日再次宣布,新冠病毒阻断措施将延长一个月至6月1日。马来西亚因为3月的宗教集会而导致疫情的聚集性暴发,印度尼西亚迟至4月13日才宣布新冠肺炎疫情为国家灾难,在全国各省市乡镇正式掀起抗疫战。

由于各国经历的疫情程度不一,东盟至今也未能就放松防控取得协调,大家将按照各自的情况实施解禁措施。关键是各国接下来能不能密切监视病毒的传播,通过更有效的途径和高技术追踪感染人群,例如新加坡推出"合力追踪"(Trace Together)手机应用,采纳科技来加强追踪,对感染链进行监控识别,但仍无法阻止确诊病例的继续增加。

总之,对中国—东盟双边投资来说,无论是各自国内的宏观经济还是疫情的波动,都预示着一个高风险时代的来临。

# 2019 年中国—东盟贸易报告

盛玉雪　张　俊[*]

2019 年是落实《中国—东盟战略伙伴关系 2030 年愿景》的开局之年。在这一年里，中国与东盟的经贸关系显现出强劲的生命力和发展性，东盟取代美国成为中国第二大贸易伙伴，区域全面经济伙伴关系协定谈判结束。但单边主义和贸易保护主义的蔓延也对全球经济与贸易带来了极大的不确定性。

## 一　2019 年中国—东盟贸易总量概况

### （一）国际贸易环境严峻，中国与东盟对外贸易负重前行

2019 年世界经济持续下行，加之贸易摩擦持续不断以及英国脱欧带来的不确定性，全球贸易大幅放缓且增长乏力。在这样的背景下，中国和东盟的进出口艰难前行。据中国海关统计，2019 年中国进出口总额为 4.58 万亿美元，同比下降 1%。其中，出口 2.50 万亿美元，同比增长 0.5%；进口 2.08 万亿美元，同比下降 2.7%，贸易顺差较上年扩增 19.95%。[①] 受全球贸易保护主义影响，东盟外贸整体上也呈现出收缩态势。据 WTO 公布的数据，2019 年东盟（六国[②]：越南、泰国、马来西亚、新加坡、菲律宾以及印度尼西亚）进出口总额较 2018 年下降了 2.6%，

---

[*] 盛玉雪，广西大学商学院助理研究员，硕士生导师，经济学博士。张俊，广西大学商学院硕士研究生。
① 中国海关总署网站。
② 根据 ASEAN 秘书处公布的数据，2014 年东盟六国对外贸易额占东盟整体对外贸易额的比重达 97%，对东盟整体有很好的代表性。

顺差较上年收窄4.6%。① 整体上，东盟（六国）的进出口总额占国际市场的份额有所回落，中国继续保持全球第一货物贸易大国地位，进出口总额占国际市场的份额与2018年相比基本保持一致，但是出口额占比仍然保持增长趋势，显示出中国经济对外影响不断增强，对世界经济增长具有重要意义。

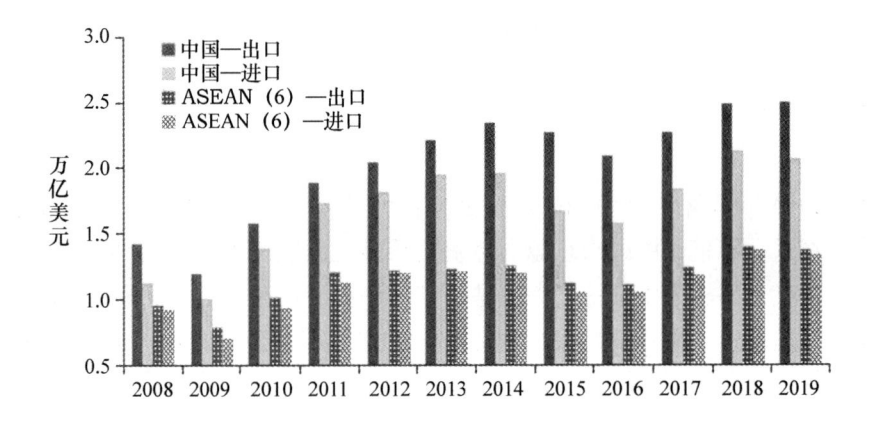

**图1　中国与东盟对外进出口额趋势（2008—2019）**

资料来源：作者根据WTO公布数据计算。东盟数据为越南、泰国、马来西亚、新加坡、菲律宾以及印度尼西亚六国的总值。

## （二）中国—东盟双边贸易创历史新高，东盟取代美国成为中国第二大贸易伙伴

在中国经济稳中向好的大背景下，2019年中国—东盟贸易额突破6400亿美元，达到6414.6亿美元，较上年增长了9.12%，其中，中国向东盟出口达3594.25亿美元，增长12.7%；中国从东盟进口达2820.42亿美元，增长5%，增速都远高于中国对外进出口贸易整体增速，特别是中国从东盟的进口相对增速令人惊喜。中国与东盟贸易额占中国对外贸易总额的比重有所提升，由2018年的12.72%提高至14.02%，其中出口由12.83%增至14.38%，进口由12.58%提升至13.58%，双方的贸易伙伴地位继续巩固，东盟在中国外贸版图中的

---

① 由于截至本文成稿，部分国家12月数据仍未公布，印度尼西亚和马来西亚2019年12月数据用11月数据代替计算。

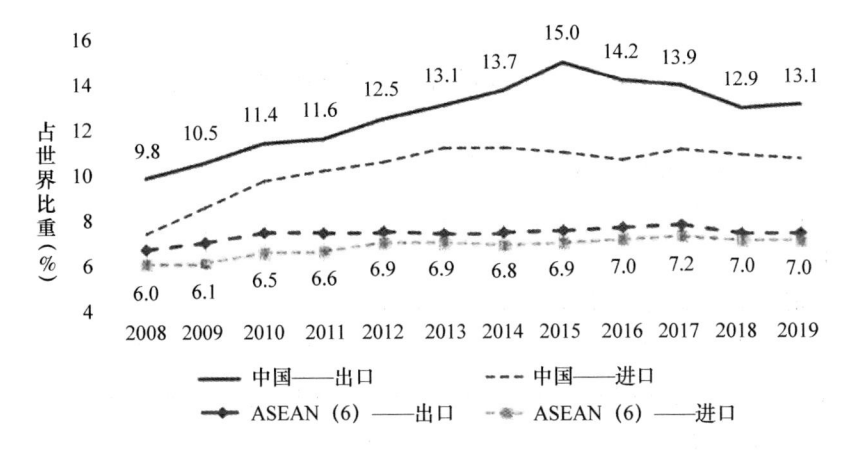

图 2　2008—2019 年中国与东盟对外贸易占世界贸易比重演变

说明：2018 年（不含 2018 年）以前用月度数据计算，2018 年以后用季度数据计算，由于截至本文成稿，2019 年第四季度部分国家数据仍未公布，2019 年全年占比用 1—3 季度总值计算。

资料来源：作者根据 WTO 公布数据计算。东盟数据为越南、泰国、马来西亚、新加坡、菲律宾以及印度尼西亚六国的总值。

重要性日益突出，取代美国成为中国第二大贸易伙伴，中国则继续保持东盟第一大贸易伙伴地位。

表 1　　　　　2012—2019 年中国—东盟双边贸易趋势　　　　　（亿美元）

| 年度 | 进出口 | | 出口 | | 进口 | |
| --- | --- | --- | --- | --- | --- | --- |
| | 金额 | 同比（%） | 金额 | 同比（%） | 金额 | 同比（%） |
| 2019 | 6414.67 | 9.12 | 3594.25 | 12.70 | 2820.42 | 5.00 |
| 2018 | 5878.70 | 14.10 | 3192.40 | 14.20 | 2686.30 | 13.80 |
| 2017 | 5148.20 | 13.80 | 2791.20 | 9.00 | 2357.00 | 20.10 |
| 2016 | 4522.068 | -4.10 | 2559.875 | -7.70 | 1962.193 | 0.90 |
| 2015 | 4721.60 | -1.70 | 2774.86 | 2.10 | 1946.77 | -6.60 |
| 2014 | 4801.25 | 8.23 | 2717.92 | 11.36 | 2083.32 | 4.41 |
| 2013 | 4436.11 | 10.88 | 2440.70 | 19.48 | 1995.41 | 1.90 |
| 2012 | 4000.93 | 10.30 | 2042.72 | 20.10 | 1958.21 | 1.60 |

资料来源：中国海关。

## 二 2019年中国—东盟贸易结构

### （一）双边贸易以增长为主线

根据中国海关统计，2019年东盟各国与中国的双边贸易总额按大到小排序分别为越南、马来西亚、泰国、新加坡、印度尼西亚、菲律宾、缅甸、柬埔寨、老挝和文莱，前六国占中国—东盟贸易总量的94.8%，占中国自东盟进口的96.2%，以及中国向东盟出口的93.6%，双边贸易向前六国集中的趋势继2018年以来持续缓解。与2018年贸易增长有所不同，2019年中国与除文莱外的东盟九国之间的双边贸易均有不同程度的增长。其中，中柬、中缅、中马的双边贸易额增长率最高，分别达27.7%、22.8%、14.2%。在进口方面，中国从缅甸、文莱的进口同比增速超过30%，文莱甚至达到81.7%，在出口方面，中国对越南、马来西亚、新加坡、菲律宾、缅甸、柬埔寨和老挝七国的出口增速都超过10%。另外，对文莱出口和自印度尼西亚和菲律宾的进口出现减少，但减幅较小。

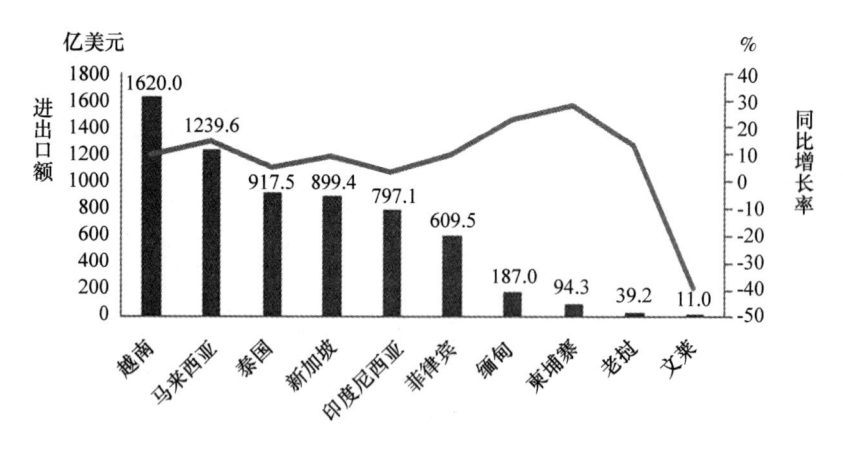

图3 2019年中国—东盟双边贸易总额分布

资料来源：中国海关。

表2　　　　2019年中国—东盟贸易进出口额按国家分布

| 国家 | 出口 | | 进口 | |
|---|---|---|---|---|
| | 出口额（亿美元） | 同比增长率（%） | 进口额（亿美元） | 同比增长率（%） |
| 越南 | 978.7 | 16.7 | 641.3 | 0.3 |
| 马来西亚 | 521.3 | 14.9 | 718.3 | 13.6 |
| 泰国 | 455.9 | 6.3 | 461.6 | 3.4 |
| 新加坡 | 547.3 | 11.6 | 352.2 | 4.4 |
| 印度尼西亚 | 456.4 | 5.7 | 340.6 | -0.3 |
| 菲律宾 | 407.5 | 16.3 | 202.1 | -2.0 |
| 缅甸 | 123.1 | 16.7 | 63.9 | 36.4 |
| 柬埔寨 | 79.8 | 32.9 | 14.4 | 4.9 |
| 老挝 | 17.6 | 21.2 | 21.6 | 7.0 |
| 文莱 | 6.5 | -59.2 | 4.5 | 81.7 |
| 东盟 | 3594.2 | 12.7 | 2820.4 | 5.0 |

资料来源：中国海关。

### （二）中国对东盟贸易顺差大幅扩大

由于中国—东盟命运共同体的构建以及美国贸易保护主义抬头等多方面因素的影响，2019年中国对东盟的贸易顺差进一步增大，由506.1亿美元上升至773.8亿美元，扩大52.9%。中国对东盟的贸易顺差主

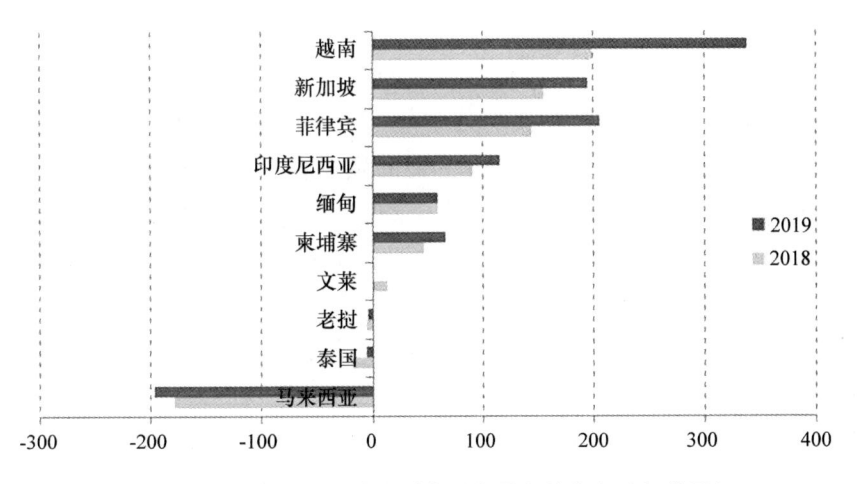

图4　2018—2019年中国对东盟贸易顺差分布（亿美元）

资料来源：中国海关。

要集中在越南（337.4 亿美元，占比 34.4%）、新加坡（195.1 亿美元，占比 19.9%）和菲律宾（205.4 亿美元，占比 21%）、印度尼西亚（115.8 亿美元，占比 11.8%）、缅甸（59.3 亿美元，占比 6.0%）、柬埔寨（65.4 亿美元，占比 6.7%）、文莱（2.0 亿美元，占比 0.2%）七国。其中，越南作为 2019 年中国与东盟贸易顺差第一大来源国，顺差较上年大幅增长了 69.2%，新加坡和印度尼西亚的顺差也分别增长了 26.2%、42.2%，但文莱的顺差收缩了 85%。与 2018 年类似的是，2019 年，在中国与马来西亚、泰国、老挝的贸易中，中方保持逆差，且与老、泰两国的逆差幅度较 2018 年有一定的缩减，但与马来西亚的逆差进一步扩大。

**（三）双边贸易商品结构稳定**

1. 双边贸易商品结构稳定，机电制成品居双向贸易之首

与 2019 年相比，中国—东盟双边贸易商品结构并未发生大的改变。2019 年，中国与东盟最主要的贸易商品仍为海关编码（HS 编码）第 16 类商品（机电、音像设备及其零件、附件），占中国出口至东盟商品总额的 38.5%，占中国自东盟进口商品额的 46.6%，两者比重在近几年里均持续缓慢提高。此外，在中国出口至东盟的商品中排第二和第三位的一直都是第 15 类商品（贱金属及其制品）和第 11 类商品（纺织原料及制品），分别占 10.47% 和 10.21%。同时在中国自东盟进口的商品中排第二和第三位的同样是第 5 类商品（矿产品）和第 7 类商品（塑料、橡胶及其制品），分别占 14.41% 和 7.02%。总体而言，近年来，中国与东盟主要的贸易商品比例总体保持稳定，商品贸易的产业结构比较平稳；劳动密集型产业出口连续减少，资本密集型产业出口连续增大；资源密集型产品进口连续减少，劳动密集型产业进口连续增大。

2. 双边贸易兼具产业间和产业内贸易特征，平均产业内贸易指数大幅上升

中国与东盟贸易兼具产业间贸易和产业内贸易。按 HS 编码分类统计，2019 年，中国—东盟平均产业内贸易指数为 0.62，较之 2018 年的 0.5 稍微有所上升。其中第 2、4、6、7、10、12、16 和 18 类商

品产业内贸易指数均超过 0.7，而第 7、10、15 类商品的产业内贸易指数有大幅的上升。综合近年来的数据发现，中国—东盟贸易中资本密集型产业的产业内贸易指数则连续增大，而资源密集型产业的产业内贸易指数连续减小，反映出区域产业分工进一步深化和升级的趋势。

表 3　2018—2019 年按商品类分中国—东盟贸易额占比及产业内贸易指数

| 商品类（HS） | | 出口占比（%） | | 进口占比（%） | | 产业内贸易指数 | |
| --- | --- | --- | --- | --- | --- | --- | --- |
| | | 2018 | 2019 | 2018 | 2019 | 2018 | 2019 |
| 第 2 类 | 植物产品 | 2.80 | 2.76 | 3.02 | 3.13 | 0.962 | 0.938 |
| 第 3 类 | 动、植物油、脂、蜡；精制食用油脂 | 0.05 | 0.05 | 1.91 | 2.00 | 0.050 | 0.045 |
| 第 4 类 | 食品；饮料、酒及醋；烟草及制品 | 1.60 | 1.55 | 1.05 | 1.10 | 0.791 | 0.831 |
| 第 5 类 | 矿产品 | 5.59 | 5.40 | 13.37 | 14.41 | 0.590 | 0.545 |
| 第 6 类 | 化学工业及其相关工业的产品 | 6.42 | 5.76 | 5.52 | 4.75 | 0.925 | 0.904 |
| 第 7 类 | 塑料及其制品；橡胶及其制品 | 4.28 | 4.61 | 7.52 | 7.02 | 0.725 | 0.793 |
| 第 8 类 | 革、毛皮及制品；箱包；肠线制品 | 0.98 | 1.02 | 0.38 | 0.44 | 0.559 | 0.602 |
| 第 9 类 | 木及制品；木炭；软木；编织品 | 0.64 | 0.55 | 1.42 | 1.20 | 0.619 | 0.625 |
| 第 10 类 | 木浆等；废纸；纸、纸板及其制品 | 1.06 | 1.32 | 1.51 | 1.41 | 0.824 | 0.966 |
| 第 11 类 | 纺织原料及纺织制品 | 11.31 | 10.21 | 2.43 | 2.47 | 0.354 | 0.389 |
| 第 12 类 | 鞋帽伞等；已加工的羽毛及其制品；人造花；人发制品 | 1.60 | 1.79 | 1.06 | 1.25 | 0.796 | 0.823 |
| 第 13 类 | 矿物材料制品；陶瓷品；玻璃及制品 | 2.53 | 2.83 | 0.19 | 0.17 | 0.137 | 0.114 |
| 第 14 类 | 珠宝、贵金属及制品；仿首饰；硬币 | 0.12 | 0.09 | 1.14 | 1.91 | 0.184 | 0.086 |

续表

| 商品类（HS） | | 出口占比（%） | | 进口占比（%） | | 产业内贸易指数 | |
|---|---|---|---|---|---|---|---|
| | | 2018 | 2019 | 2018 | 2019 | 2018 | 2019 |
| 第15类 | 贱金属及其制品 | 11.66 | 10.47 | 2.83 | 3.43 | 0.390 | 0.494 |
| 第16类 | 机电、音像设备及其零件、附件 | 37.42 | 38.51 | 46.26 | 46.60 | 0.894 | 0.905 |
| 第17类 | 车辆、航空器、船舶及运输设备 | 4.14 | 4.17 | 0.83 | 0.86 | 0.330 | 0.343 |
| 第18类 | 光学、医疗等仪器；钟表；乐器 | 2.59 | 2.62 | 3.38 | 3.44 | 0.867 | 0.864 |

说明：1. 中国海关仅公布中国与东盟七国（菲律宾、越南、缅甸、新加坡、马来西亚、印度尼西亚、泰国）的进出口商品类章金额表。上述七国在2019年中国与东盟的贸易中占比接近95%，对东盟整体数据有良好的代表性。

2. 产业内贸易指数=1-（进口-出口）/（进口+出口）。

资料来源：作者根据中国海关数据计算整理。由于篇幅所限，部分商品类数据未予列出，感兴趣的读者可联系作者索取。

## 三　2019年中国—东盟贸易成本

### （一）贸易便利化程度差距悬殊，普遍居世界中下水平

根据世界银行2019年发布的《2020营商环境报告》，东盟十国跨境贸易便利化程度差距较大，除新、马、泰三国以外，其余七国均处于世界中下游位置。其中，印度尼西亚进出口时间成本在2019年有一定的削减，中国的进出口各类程序所耗费用也有一定的降低，但遗憾的是，在跨境成本排名中，除中国排名强势上升外，东盟十国中除文莱、印尼、缅甸以外大部分国家都较2019年有所下滑，其中降幅最大的是菲律宾。另外，根据最新的《全球竞争力报告（2019—2020）》，在全球基础设施排名中，东盟十国中除新加坡保持不变外，老挝、柬埔寨排名上升，其他各国均呈下滑趋势，其中柬埔寨的基础设施得分增长6.2%，成为东盟十国中增长率最高的国家。

表4　　2019年东盟各国与中国跨境贸易成本估算

| 国家（地区） | 跨境成本 | | | | | | | | 基础设施 | |
|---|---|---|---|---|---|---|---|---|---|---|
| | 世界排名 | 出口 | | | | 进口 | | | | 世界排名 | 得分 |
| | | 边界合规 | | 单证合规 | | 边界合规 | | 单证合规 | | | |
| | | 耗时 | 所耗费用 | 耗时 | 所耗费用 | 耗时 | 所耗费用 | 耗时 | 所耗费用 | | |
| 文莱 | 149 | 117 | 340 | 155 | 90 | 48 | 395 | 132 | 50 | 58 | 70.1 |
| 印度尼西亚 | 116 | 56 | 211 | 61 | 139 | 99 | 383 | 106 | 164 | 72 | 67.7 |
| 柬埔寨 | 118 | 48 | 375 | 132 | 100 | 8 | 240 | 132 | 120 | 106 | 54.9 |
| 老挝 | 78 | 9 | 140 | 60 | 235 | 11 | 224 | 60 | 115 | 93 | 59.2 |
| 缅甸 | 168 | 142 | 432 | 144 | 140 | 230 | 457 | 48 | 210 | — | — |
| 马来西亚 | 49 | 28 | 213 | 10 | 35 | 36 | 213 | 7 | 60 | 35 | 78 |
| 菲律宾 | 113 | 42 | 456 | 36 | 53 | 120 | 690 | 96 | 68 | 96 | 57.8 |
| 新加坡 | 47 | 10 | 335 | 2 | 37 | 33 | 220 | 3 | 40 | 1 | 95.4 |
| 泰国 | 62 | 44 | 223 | 11 | 97 | 50 | 233 | 4 | 43 | 71 | 67.8 |
| 越南 | 104 | 55 | 290 | 50 | 139 | 56 | 373 | 76 | 183 | 77 | 65.9 |
| 中国大陆 | 56 | 21 | 256 | 9 | 74 | 36 | 241 | 13 | 77 | 36 | 78 |
| 中国台湾 | 61 | 17 | 335 | 5 | 84 | 47 | 340 | 4 | 65 | 16 | 87 |
| 中国香港 | 29 | 1 | 0 | 1 | 12 | 19 | 266 | 1 | 57 | 3 | 94 |
| 荷兰* | 1 | 0 | 0 | 0 | 0 | 0 | 0 | 1 | 0 | 2 | 94.3 |

说明：1. 耗时以小时计，所耗费用以美元计，基础设施得分为百分制。

2.《2020营商环境报告》衡量跨境贸易成本，包括货物进出口总过程中的三组程序——单证合规、边界合规和国内运输——相关的累计时间和费用（不包括关税）。

3.《全球竞争力报告（2019—2020）》覆盖全球140个经济体，基础设施排名第一的是新加坡。

*《2020营商环境报告》覆盖全球190个经济体，2019年包括荷兰在内的16个欧洲国家跨国境贸易成本最低。

资料来源：世界银行《2020营商环境报告》，世界经济论坛《全球竞争力报告（2019—2020）》。

## （二）区域全面经济伙伴关系协定谈判结束

在贸易保护主义蔓延的背景下，中国和东盟大力推进区域全面经济伙伴关系协定（RECP），并取得积极进展。RECP由东盟10国发起，邀请中国、日本、韩国、澳大利亚、新西兰和印度共同参加（"10 +

6"），旨在通过削减关税及非关税壁垒，最终达成 16 国统一市场的自由贸易协定。该协定达成后所涵盖的区域，将覆盖全球人口的 44%、全球贸易的 40%、全球 GDP 的 30%。RCEP 不仅涉及对货物贸易、服务贸易、投资保护等传统自贸协定规则的制定，还纳入了投资准入、电子商务、知识产权、竞争政策等新型贸易议题。自 2013 年 5 月在文莱展开第一轮谈判以来，因涉及的国家和需要协调的因素众多，谈判一直未能完成，协定的达成多次被推迟。为推进协定的达成，2019 年共进行了一次领导人会议、五次部长级会议和三轮谈判，并于 11 月在泰国宣布整体结束谈判，除印度外的 15 个国家完成了全部 20 个章节的文本谈判以及实质上所有市场准入的谈判。但印度的"退群"行为以及由此引发的日本的摇摆也给 RCEP 今后的发展带来了一定的不确定性。在积极推动 RCEP 达成之外，东盟也不断加强内部经济共同体建设，同时，东盟一些国家与外部国家商谈的各种自贸协议也取得了一定的进展，包括新加坡跟欧盟、越南跟欧盟的自贸协定谈判都进入了最后的审议阶段。总的看来，应对贸易保护主义，中国和东盟都做了诸多努力，而区域全面经济伙伴关系协定谈判结束也为促进全球贸易树立了信心。

**（三）陆海新通道建设取得新进展**

陆海新通道是由中国西部省市区与新加坡合作打造的陆海贸易新通道，以重庆为运营中心，以广西、贵州、甘肃、青海、新疆等西部省区为关键节点，利用铁路、海运、公路等运输方式，南经广西北部湾通达东盟乃至世界各地。由于大大缩短了中国西部地区出海所需时间和物流成本，在中国和东盟贸易中发挥着日益重要的作用。目前，陆海新通道主要以三种物流组织形式展开并已实现常态化运行：一是国际铁路联运（重庆—越南河内）班列；二是重庆—东盟跨境公路班车；三是国际铁海联运班列。其中铁海联运班列的地位举足轻重，自 2017 年 9 月正式运营以来，从开行之初的每周一班加密至每天双向对开，2019 年开行 923 班，增长 51%[①]，发送货物 114.7 万吨，同比增长 163%[②]，目的地覆盖全球 6 大洲中 88 个国家的 213 个港口，货物涵盖汽车整车及零配

---

① 新华社，2020 年 1 月 11 日。
② 《经济日报》2020 年 1 月 8 日。

件、建筑陶瓷、化工原料及制品、轻工及医药产品、粮食、生鲜冻货等300余个品类。此外，通道沿线还积极探索农产品跨境直通车试点，试行开通新通道全程冷链物流运输，原箱冷冻食品从越南到重庆仅需8天，比传统运输方式节约20天以上，每个集装箱能节约3000—4000元的费用，使更多来自东南亚的农产品、海鲜水产走进中国西部市场成为可能。在政策方面，2019年相继出台《西部陆海新通道总体规划》《广西加快西部陆海新通道建设若干政策措施（修订版）》等，并签署《区域海关共同支持"西部陆海新通道"建设合作备忘录》，与此同时，相关地区还不断加大西部陆海新通道建设力度。

## 四 热点分析

### （一）中美贸易摩擦不断升级

2019年世界形势错综复杂，贸易保护主义有扩大的趋势，美国挑起的贸易战对全球贸易结构体系带来了冲击。2019年5月10日，美方对中方输美商品加征的关税从10%上调至25%，7月2日，对来自越南的一些钢铁制品征收最高可达456%的惩罚性关税，8月1日，对中方3000亿美元商品加征10%的关税，10月18日对价值约75亿美元的欧盟输美商品和服务加征关税。除此之外，美国还对华为、中兴进行安全管制。相应地，5月13日中方对600亿美元清单美国商品中的部分加征关税税率，分别实施25%、20%或10%的加征关税，9月1日，对美国原油征收5%的关税。针对贸易摩擦，中美在2019年先后进行了共计七轮的经贸高级别磋商，并于12月13日达成第一阶段经贸协议，美方承诺将取消部分对华拟加征和已加征的关税，并且会加大对中国输美产品关税豁免的力度，推动加征关税的趋势从上升转向下降，中方也相应考虑不实施原计划在12月15日生效的拟对美方进口产品加征关税的措施。[1]

### （二）中国—东盟—美国贸易关系受较大影响

由于在全球价值链分工不断深化的大背景下，东盟在中美之间发挥着一定程度的"贸易承接"作用，中美贸易摩擦的持续对中国—东盟—

---

[1] 人民日报海外网，2019年12月14日。

美国的贸易关系也造成了较大影响：首先，受中美贸易摩擦升温的影响，2019年中国与美国的贸易额同比、环比增速双双走低。数据显示，2018年以来，中美双边贸易额不断萎缩，2019年1—9月，中美进出口总额仅为4479亿美元，相比2018年同期的4739亿美元，下降5.49%。[①] 其次，中国对周边地区，特别是东盟的经贸合作更加重视，在"一带一路"倡议下，通过不断优化双方贸易条件，加大投资力度，保证中国与东盟的贸易合作不断增长。2019年，中国与东盟贸易额占中国对外贸易额超过14%，东盟正式超越美国成为中国第二大贸易伙伴。在东盟贸易伙伴方面，中国已连续10年保持东盟第一大贸易伙伴地位。目前，中国分别是越南、马来西亚、泰国、新加坡、印尼、菲律宾、缅甸、柬埔寨最大的贸易伙伴，是老挝、文莱第二大贸易伙伴。[②] 再次，由于东盟大部分产品都是先出口到中国，经加工后再出口到美国，也有许多的东盟出口产品需要从中国进口原材料，中美贸易摩擦势必波及东盟对中国的出口甚至整体的出口。最后，由于中美经贸摩擦使得人民币贬值、美元升值，也给中国和东盟乃至全球经济发展带来更多的挑战。

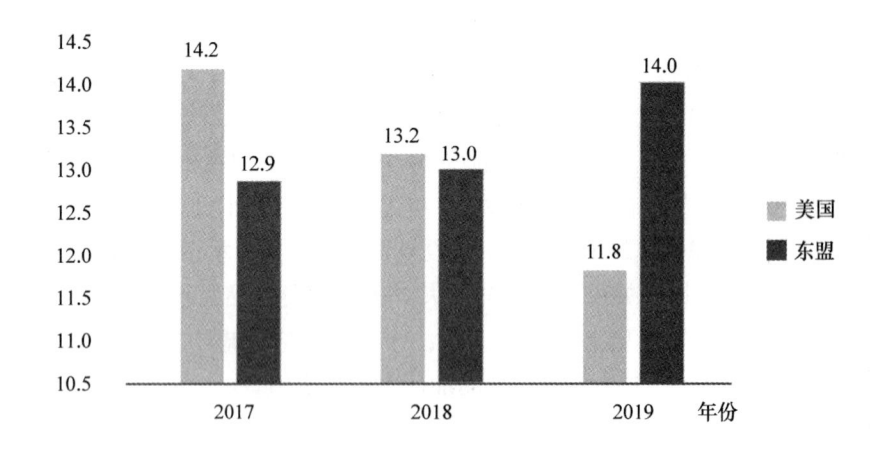

图5　2017—2019年中国进出口份额（%）

---

[①] 展恒基金网，2019年12月31日。
[②] 搜狐网，2020年3月10日。

### (三) 对东盟内部冲击各异

中美的贸易博弈对东盟而言机遇与挑战并存。一方面,中美贸易摩擦可能导致一些面向出口的中国企业加速产业转移,而具有地缘优势的东南亚各国成了它们的首选,也会有越来越多的公司为了躲避贸易战的风险而离开中国,促使外商直接投资从中国转向其他东盟国家。事实上,由于劳动力价格低廉,国内需求增长,基础设施提升,东盟已成为中国在制造业方面的有力替代者;另一方面,贸易摩擦带来的更多的是挑战。对于新加坡、泰国、越南等高度依赖外贸的国家,限制性贸易政策、贸易战及高关税造成制造业持续疲软,出口增长停滞。由于大部分东南亚国家都是中国的零部件供应国,这些零部件在中国组装为成品并主要销往欧美,中美贸易摩擦对其出口带来了巨大冲击。在新加坡,由于绝大部分企业是中小企业,其数量约有21.5万家,贡献了新加坡一半的GDP,贸易保护主义将新加坡全年增长速度限制在1%;到2019年6月泰国出口已连续4个月同比下滑;在越南,其钢铁对美国市场的出口量和出口额均大幅下降,分别下降42%和46%,此外,大米等农产品出口减少,也使越南备受压力。① 对于菲律宾、印度尼西亚这类不依靠出口拉动的国家,由于中美贸易摩擦使得美元走强,本币的持续性贬值,也使这些国家面临通胀率上升、出口疲软,外汇储备大幅缩水、经常账户赤字等风险,经济增长面临着更多的不确定性。

## 五 2020年中国—东盟贸易展望

2020年注定是不平凡的一年,新年伊始,新冠肺炎疫情先后在中国、韩国、伊朗、意大利等地相继暴发并演变为全球大流行。在2019年贸易摩擦余温未散、全球贸易格局面临高度不确定性的背景下,病毒的肆虐使得全球经济面临前所未有的挑战:物流高度受阻,全球价值链受到严重冲击,经济活动脱离常态,全球贸易遭遇寒冰。受疫情影响,经合组织3月初发布最新全球经济增速预期,将2020年全球经济增速预期从2.9%下调至2.4%,并警告第一季度全球经济可能陷入萎缩。

---

① 越通社,2019-10-08。

但疫情的发生打断了贸易冲突的既有局势，抗击疫情和稳定经济增长成为各国的首要任务，更宽松的货币政策和更积极的财政政策成为各国的首选，为贸易上行带来积极因素。而近年来蓬勃发展的电子商务、数字经济和创意经济在疫情中迎来新机遇，或许其也能转变为全球贸易的重要增量。此外，到2020年，东盟将会成为世界第五大经济体，随着疫情的缓解和"一带一路"倡议的进一步推进，中国—东盟区域双边贸易潜力也将得到更好的挖掘，预计2020年中国—东盟贸易将呈现低速增长态势。

表5　　　　　　　　　　2020年经济增速预测　　　　　　　　　　（%）

| 国家（地区） | 2020年增速预测 | 2019年增速 |
| --- | --- | --- |
| 越南 | 6.5 | 6.8 |
| 马来西亚 | 4.5 | 4.6 |
| 泰国 | 2.7 | 2.5 |
| 新加坡 | -0.5—1.5# | 0.7 |
| 印度尼西亚 | 4.8* | 5.0 |
| 菲律宾 | 6.1 | 5.8 |
| 缅甸 | 6.7 | 6.6 |
| 柬埔寨 | 6.8 | 7.0 |
| 老挝 | 5.8 | 5.2 |
| 文莱 | 4.7! | 1.8! |
| 中国 | 4.9* | 6.1 |
| 全球 | 2.4* | 2.4 |

\*表示取自OECD展望报告《新冠病毒：全球经济临危》；!表示取自太平洋经济合作理事会（PECC）；#表示取自新加坡工业部。

资料来源：世界银行2020年《全球经济展望》。

# 2019年中国—东盟生态环境合作报告

熊建华　朱红祥　王英辉[*]

## 一　背景

2019年是中国—东盟战略伙伴关系建立16周年，也是中国和东盟启动环境政策对话的第16个年头。16年来，中国和东盟环境合作领域不断拓展，逐渐形成"南南"环境合作新范式。在完善机制、拓宽领域、丰富内容和创新形式等方面收效显著。绿色经济将成为中国以及东盟国家经济发展的新引擎。在推动经济发展绿色转型的过程中，中国和东盟在污水治理、大气污染控制、清洁生产技术以及新能源开发等方面合作前景广阔。

2019年，中国与东盟各国围绕《中国—东盟战略伙伴关系2030年愿景》，推动落实领导人提出的合作倡议，进一步落实《中国—东盟环境保护战略（2016—2020）》，推进"一带一路"环境合作，同时搭建中国—东盟环境领域政策对话与交流平台，宣传绿色发展理念、环保政策和成就，分享成功经验，各国携手推动生态城市建设与海洋生态系统可持续管理领域的务实合作。

同时，中国与东盟各国将加强对接，共建绿色"一带一路"，不断夯实绿色发展的基础；分享经验，推动务实双赢合作，切实提高各国生态环保能力，优先推动解决各国环境问题；深耕细作，培育合作亮点，

---

[*] 熊建华，广西大学资源环境与材料学院副教授；朱红祥，广西大学资源环境与材料学院教授；王英辉，广西大学资源环境与材料学院教授。

推动中国及东盟国家城市搭建务实合作网络，深化拓展中国—东盟生态友好城市发展伙伴关系。

## 二 中国—东盟环保合作现状

首先，中国积极参与全球环境保护，坚持"共同但有区别的责任"原则，积极参与国际环境公约，履行相应国际义务，大力推进国内履约工作，为保护全球环境及气候作出新贡献。其次，广泛开展国际环境合作。在总体指导思想及合作原则指导下，积极加强国际环境合作，一方面，继续巩固并深化与世界各国的环境合作，尤其是与周边国家加强环境合作力度，进一步扩大与发展中国家的环境合作范围；另一方面，不断深化与联合国环境规划署、世界银行、全球环境基金等国际组织的环境合作。通过合作与交流，宣传中国环境保护政策和环境保护工作进展情况，形成环境保护合作机制，共同保护环境，共同维护中国及其他各国的环境权益。

### （一）合作目标与原则

中国与东盟地区环境合作的具体指导原则为中国继续贯彻与邻为善、以邻为伴的周边外交方针，加强同周边国家的睦邻友好和务实合作，积极开展区域合作，共同营造和平稳定、平等互信、合作共赢的地区环境。

### （二）东盟与中日韩环境部长会议涉及的中国—东盟环境合作内容

1. 合作机制

由于中国—东盟自身的区位特点，生态环境问题可能会超越国界成为区域性的问题。因此，环境合作成为必然和必要的趋势。中国—东盟环境合作主要通过东盟"10＋3"机制在环境领域展开[1]，其具体内容可从东盟与中日韩环境部长会议机制上得以明确：东盟与中日韩环境部

---

[1] 东盟"10＋3"机制是指东盟10国与中日韩3国（即3个"10＋1"合作机制的简称。"10＋3"在18个领域建立了约50个不同层次的对话机制，其中包括环境在内的14个部长会议机制，也就是所说的东盟中日韩环境部长会议机制。

长会议（又称东盟"10＋3"环境部长会议）自1998年起每年召开1次，至2019年已召开过21次会议。东盟与中日韩环境部长会议是一个区域性的环境合作机制。合作主体是东盟各成员国和中国、日本、韩国3国。合作内容为加强环境政策对话、完善合作机制、推动环境合作、加强多边环境合作以及次区域环境合作。另外，"10＋3"各国共同确立了10个潜在环境合作领域。包括：（1）全球环境问题；（2）陆地与森林火灾和跨边界烟害污染；（3）海岸与海洋环境；（4）可持续森林管理；（5）自然公园和保护区的可持续管理；（6）淡水资源管理；（7）公众意识和环境教育；（8）促进环境无害化技术与清洁生产；（9）城市环境管理和治理；（10）可持续发展的监测、报告与数据协调。

2. 合作内容

东盟10国与中日韩各国均有不同的合作内容，中国作为负责任的大国，与东盟10国共同在海洋环境保护、跨境生态安全、次区域生态安全、热带雨林保护和泛北部湾环境合作方面努力开展具体的环境保护工作。在每一届环境部长会议上，中国都向其他国家展示了与东盟之间的阶段性环境合作成果和合作展望。其中，在2018年第20届环境部长会议上，中国与东盟各国关注区域和全球环境议题，在落实2030年可持续发展议程、推动气候变化《巴黎协定》实施、筹办生物多样性公约第15次缔约方大会等方面加强交流与合作；同时重视创新"中日韩＋"环境合作模式，与更多的国家分享三国环境合作的经验和成果，共同推动区域可持续发展。在2019年第21届环境部长会议上，中国与东盟各国围绕共同关注的生态环境问题深化交流合作，用好包括"一带一路"绿色发展国际联盟在内的合作平台，推动"中日韩＋X"生态环保合作，将各国环境合作成功经验、生态文明建设和绿色发展理念与更多的合作伙伴分享，让更多的国家受益，为东亚乃至更大区域实现可持续发展作出积极贡献。

### （三）中国与大湄公河流域国家的环境合作

1. 合作机制

湄公河次区域内蕴藏着丰富的水资源、生物资源、矿产资源，具有极大的发展潜能。但因长期以来受多种因素的影响，域内各国经济和社会发展相对落后，环境问题也亟待有效解决。现有合作机制在促进区域内经济、贸易、能源和交通等领域的合作方面起到了重要作用。

表1 澜湄流域部分区域合作机制

| 合作机制名称 | 主要涉及领域 | 参与方或成员 | 发起或主导方 | 合作方式及运行机制 |
| --- | --- | --- | --- | --- |
| 东盟—湄公河流域合作开发（AMBCD） | 基础设施、投资与贸易、农业、矿业、工业及人力资源开发等 | 中国、东盟十国 | 中国 | 项目引领、贸易投资 |
| 澜沧江—湄公河合作机制（LMC） | 政治安全、经济和可持续发展、社会人文 | 中、泰、缅、老、柬、越 | 中国 | 政府引导、项目主导、贸易投资，确定了"3+5"合作框架，即以政治安全、经济和可持续发展、社会人文为三大合作支柱，以互联互通、产能合作、跨境经济、水资源、农业和减贫为优先方向，并将通过首次领导人会议继续加以丰富和深化 |
| 大湄公河次区域经济合作机制（GMS Program） | 能源、交通、环境、经济、旅游、人力资源等 | 中、老、越、泰、缅、柬 | 亚开行（发起） | 以项目合作为主，领导人会议是最高决策机构，每三年召开一次，各成员国按照国名字母顺序轮流主办。部长级会议每年举行一次，下设专题论坛和工作组 |
| 湄公河委员会（MRC） | 环境，特别是跨界水资源领域 | 老、越、泰、柬（成员国）中、缅（对话伙伴） | 老、越、泰、柬（发起） | 重点在湄公河流域综合开发利用、水资源保护、防灾减灾、航运安全等领域开展合作。1996年，中国和缅甸成为湄委会对话伙伴 |

续表

| 合作机制名称 | 主要涉及领域 | 参与方或成员 | 发起或主导方 | 合作方式及运行机制 |
|---|---|---|---|---|
| 东盟—湄公河流域开发合作（AMBDC） | 能源、交通、经济、农业、科技、人力资源等 | 东盟十国 | 东盟 | 东盟国家为了推动湄公河流域经济较不发达国家的发展，尽快使新成员融入东盟而提出的区域均衡发展计划。AMBDC以项目合作为主（共52个项目），每年至少举行一次部长级会议，两次部长级会议期间由成员国派司局级官员举行指导委员会会议，为部长级会议做准备并提供政策建议 |

2. 合作现状

（1）举行高层会议，建立信息交流平台，为环境保护合作搭建桥梁

①中国—东盟环境合作论坛。2019年9月17日至18日，由中国—东盟环境保护合作中心与广西壮族自治区生态环境厅在广西南宁共同举办。本次论坛主题为"推动区域绿色增长：生态城市建设与海洋生态系统可持续管理的最佳实践"。其间，论坛围绕生态城市建设与海洋生态系统保护，从政策沟通到产业参与，从顶层设计到地方落实，从知识共享到案例交流，不断深化生态友好城市发展伙伴关系，携手推动城市绿色转型与发展。

本次论坛还通过高层政策对话，分享生态文明和绿色发展的理念与实践，搭建利益相关方的沟通桥梁，特别是在减塑问题上达成一致目标，为"一带一路"绿色发展提供理论支撑和政策建议。建立包括中国与东盟国家政府、国际组织、研究机构、商业和公民社会等多利益攸关方参与的合作平台，并与东盟国家开展绿色产业创新交流，分享水、大气、土壤污染治理的先进技术及应用案例，推动双方达成项目意向，帮助双方项目落地。

②澜湄水资源合作部长级会议。此次会议于2019年12月17日在中国北京召开。会议以"提升水伙伴关系，促进可持续发展"为主题，深入交流了治水经验，回顾了已经取得的合作成果，并就深化澜湄水资源合作提出了希望和建议。会议听取了澜湄水资源合作联合工作组所作的工作报告，发布了《澜湄水资源合作部长级会议联合声明》和《澜湄水资源合作项目建议清单》，签署了《澜湄水资源合作中心与湄公河委员会秘书处合作谅解备忘录》。此次会议有利于各国加强协商对话、经验交流、项目合作，增进互惠互信，提升澜湄水资源合作水平。

③大湄公河次区域（GMS）经济走廊省长论坛。此次论坛于2019年6月10日在云南海埂会堂举行。来自柬埔寨、老挝、缅甸、泰国、越南等国有关部门的负责人以及省（邦、府）行政长官和亚洲开发银行专家，围绕主题发表主旨演讲。"数字""绿色""期待"是论坛上的高频词。通过此次论坛活动，与会的政府官员和专家学者对于区域一体化发展有了更深的理解和更大的信心。同时，为推动本地经济发展，让区域各国人民共享发展机遇、共享开放红利奠定了坚实的基础。

④第三届"一带一路"和澜湄合作国际研讨会，此次研讨会于2019年9月6日在泰国清莱府举行。此次专题研讨会为开展"一带一路"建设及澜湄合作提出建议。会议强调各方应加强战略对接，实现互信包容、合作共享。澜湄国家应进一步凝聚共识、加强合作，并大力构建次区域互联互通伙伴关系，推动各方联动发展。湄公河国家同中国在工业化、基础设施、农业现代化等方面优势互补，是天然的合作伙伴。各方应抓住机遇，通过积极参与和推动"一带一路"建设，提升本地区互联互通和经济一体化水平，造福民众。

⑤第20届东盟与中日韩外长会议。此次会议于2019年8月2日在泰国曼谷举行。会议就湄公河旱情进行了探讨，中国国务委员兼外长王毅表示，考虑到下游国家的需要，中方克服自身困难，主动加大对下游放水力度，放水量已超过平年水平。澜沧江—湄公河是中国同东盟国家共同赖以生存的一条重要河流。双方命运与共，此次会议为上下游之间继续保持密切合作，共同解决旱情问题奠定了基础。

（2）环保交流与技术研讨

①"2019澜湄之夜"环境合作主题交流活动，在澜湄环境合作中心

成功举行。此次交流活动介绍了中国生态环境保护工作进展、"一带一路"及澜湄环境保护合作情况。同时，表扬了中方在环境合作领域给予湄公河流域五国的帮助和支持。此次交流活动为未来六国加大绿色产业合作，共同打造澜湄流域绿色经济发展带，保护沿岸各国生态环境、促进次区域可持续发展作出了贡献。

②澜沧江—湄公河流域国际合作论坛。此次合作论坛于2019年6月5日在广西财经学院相思湖校区开幕。此次论坛以"澜沧江—湄公河流域国际减贫与产能合作"为主题，围绕澜湄流域国际减贫、产能、跨境旅游合作与经验分享、产能合作与金融支持、跨境产业园区建设等学术前沿热点问题进行了交流和讨论，为加快推进澜湄合作达成了广泛共识。此次论坛为构建国际交流合作新机制、开展国际教育培训、深化学术交流合作、创新人才培养模式，共享合作交流成果作出一定的贡献。

③澜沧江—湄公河环境合作圆桌对话。此次圆桌对话于2019年3月20日至22日在云南省昆明市举行。此次圆桌对话围绕澜湄流域绿色经济发展带与战略环境影响评价进行了深入交流，分享了澜湄流域产业发展与战略环境影响评价的最佳区域实践。

在此次圆桌对话上澜湄各国代表达成如下共识：以《澜沧江—湄公河环境合作战略》为指导，开展具体项目合作；共同组织和实施好"绿色澜湄计划"旗舰项目，并通过开展环境政策对话、环境治理能力建设、环境管理联合研究和示范项目等方式，推动具体、务实合作；构建澜湄环境合作网络，丰富澜湄环境合作形式和内容，提升澜湄环境合作参与度和广泛性，同时促进合作项目的创新性和可持续性，促进项目做深、做精、做强。澜沧江—湄公河环境合作中心将继续发挥桥梁作用，提升澜沧江—湄公河环境合作机制向务实、纵深化发展，推动澜湄各国共同打造生态优先、绿色发展的澜湄流域经济发展带。

④中国—东盟应对气候变化政策与行动研讨活动。此次研讨活动于2019年3月25—29日在北京、深圳举行。此次研讨活动旨在深化应对气候变化，凝聚东盟各方应对气候变化共识，提升东盟国家应对气候变化的能力。在此次活动中，中国展示了践行绿色发展理念、加强生态环境保护所取得的伟大成就，分享了应对气候变化的政策体系、重点行业深度减排的实践经验以及城市低碳绿色发展的典型案例，并就东盟国家应对气候变

化的挑战及需求进行深入交流，取得了积极成效。

⑤澜沧江—湄公河流域湿地保护与管理合作国际研讨班。此次国际研讨班于2019年7月17日，由中国外交部资助，在国家林业和草原局的指导下，由北京林业大学举办。此次研讨班概述了澜沧江—湄公河流域的基本生态状况、生物多样性保护的重点，指出自然保护区学院在国际交流中可进行的尝试。同时还针对我国在湿地保护领域所取得的成效，与流域各国一同探讨，共同制定澜沧江—湄公河流域湿地保护管理计划。此次研讨班的举办有利于深化澜湄六国睦邻友好和务实合作，促进区域生态环境发展，推动澜湄流域湿地的进一步保护与恢复。

（3）环保合作部分项目简介

①中国—东盟国家防洪抗旱技术培训班、中国—东盟国家防洪抗旱及水资源综合管理研讨会。培训班和研讨会在7月25日至8月7日，分别于湖北武汉、云南昆明举办。研讨会指出，近年来，由于受全球气候变化的影响，东盟国家洪涝、干旱等自然灾害多发，给当地经济发展和人民生命财产安全造成重大威胁，影响了区域经济社会持续发展。在研讨会上，中外水利技术人员围绕长江防洪规划、长江防洪抗旱减灾实践、水利工程联合防洪调度，防洪抗旱与应急管理、水资源综合管理等主题开展研讨培训与会议。这两场活动的举行有利于深化中国—东盟国家防洪抗旱及水资源综合管理合作，不断提升东盟国家防洪抗旱能力及水资源综合管理水平，保障人民生命财产安全及粮食安全，造福区域各国人民。

②"工业环境治理与水环境监测能力建设"专题活动。该专题活动于2019年3月23日在广西南宁举行，此次活动为"绿色澜湄计划：澜沧江—湄公河环境合作奖学金项目——博世科奖学金"的首次实践。该专题活动结合澜湄各国实际需求合理设计相关课程，包括工业、城镇水环境治理经验与技术分享。在精心设计活动内容的基础上，规划考察路线，与理论内容紧密衔接。先后组织学员到广西生态环境厅和监测中心站，工业、园区和城镇污水处理厂，观摩乡镇生活污水、黑臭水体治理、城乡生活污水治理方面的技术，分享中国水环境治理管理经验和技术实践。为支持澜湄国家培养生态环境保护人才，推进环境技术开发与交流，共同搭建环境合作平台奠定坚实的基础。

## 三 中国—东盟环保合作存在的问题

### (一) 合作机制不足

第一,合作机制主要由域外国家主导,且利益矛盾突出。

在澜湄区域现有合作机制中,除 GMS Program 和 AMBDC 等少数合作机制外,多数都由域外国家或组织机构主导,但域外国家主导的合作机制存在突出的利益矛盾。一方面,域外行为主体之间存在利益矛盾。不同行为主体在本区域的利益诉求有所不同,各利益主体为确保自身利益时常进行博弈,影响流域的整体合作效果。另一方面,国际组织注重贷款、人力资源开发及跨境基础设施项目建设,非政府组织热衷于环境保护和公民社会的建设。各行为主体的不同利益和关注点导致各合作机制之间存在竞争和缺乏信任,影响了实际的合作效果。

第二,现有合作机制中涉及水资源合作的领域缺少上游国家参与,且权威性和有效性不足。

流域是一个整体,只有流域各行为主体共同参与才能实现全流域水资源整体利用和保护的目的。目前,区域内缺乏澜沧江—湄公河沿岸六国共同组建或参与的水资源合作机制,尤其缺乏上游国家(中国和缅甸)的参与。GMS Program 和 MRC 是现有合作机制中合作水平较高的机制,但 GMS Program 主要聚焦于经济和互联互通领域,水资源合作缺位,致使其成效有限。MRC 虽然聚焦于水资源领域,尤其是跨界水资源的开发利用与保护合作,但中国和缅甸并未加入,只是以对话伙伴身份有限参与,导致其缺乏区域认同,从而削弱了 MRC 的权威性和有效性。

第三,合作机制多聚焦于经济领域,缺乏有效的水资源合作机制。

澜沧江—湄公河区域现有合作机制主要关注经贸和交通领域,在跨区域公共卫生和环境保护等领域的合作水平较低;为了规避不必要的麻烦和冲突,通常不涉足利益主体多元、分歧矛盾复杂的水资源领域,而跨界水资源合作程度更低。

### (二) 环境保护合作存在的不足

从 1977 年至今,东盟各国在联合国的指导下通过了东盟分区计划、东盟环境战略行动计划等，初步形成了相应的环境合作机制。但是这些框架性的规定大多比较原则，缺乏可操作性，首先，大多数国家仍然将经济发展作为首要目标，对于协议的约束条款均不能充分落实。加上各成员国长期坚持"不干预"原则，对于产生的共同环境问题无法解决。其次，随着东盟各国与发达国家经济往来的愈加密切，有关提高商品质量、加强清洁生产、保护环境的法规非常必要。但东盟各国相关的国内立法并不完善，导致许多破坏环境的行为在惩处方面无法可依。最后，东盟国家均属发展中国家，经济技术水平相对落后，各国更倾向于发展本国的经济，加上没有更多的资金用于改善环境，因此，各国在环境保护合作方面缺乏主动性。

为此，本文建议：

第一，进一步完善体制机制建设，提升中国—东盟环境合作层次和成效。

中国和东盟国家相关部门已先后召开了"10＋1"外长会议、经贸部长会议、电信部长会议、交通部长会议、卫生部长会议、新闻部长会议、教育部长圆桌会议、打击跨国犯罪部长会议以及文化部长会议等部长会议。环境是中国—东盟合作的优先领域之一，双方有较高的合作积极性，有较好的合作基础和合作资源，有明确的目标和行动指南，也有一定的机构支撑。在政策对话方面，双方已经举办了年度中国—东盟环境合作论坛、中国—东盟环境合作国家联络员会议，为进一步提高合作层次，建议逐步将环境部长会议机制化。随着中国—东盟环境合作领域和内容的扩展，双方对合作资源的需求也将相应增加。今后，需充分调动和整合各种资源，加强中央及地方政府、研究机构、企业及国际组织的合作，努力打造主体多元、层次多样的合作网络，提升中国—东盟环境合作成效。

第二，以环境友好技术的交流与合作为切入点，搭建区域绿色发展的合作平台。

未来应发挥中国—东盟环境保护合作中心的作用，通过建立中国—东盟环保技术与产业合作网络，来实现对区域绿色发展合作平台的建设工作。其中，通过建立政府间沟通机制以及建立产业界交流合作机制，把中国—东盟环境技术与产业合作网络打造成为区域绿色发展的基础，为双方搭建平台与桥梁，推动中国和东盟环境友好型技术的交流与合作。

第三，开展环境技术、产品与服务示范项目研究。

环境技术、产品与服务示范项目，应围绕中国与东盟国家共同关注的水污染治理、固体废弃物治理、大气污染治理、环境监测和环境标志产品合作及互认等领域实施。示范项目将为解决中国与东盟国家所面临的资金、技术、标准、交易模式等发展"瓶颈"问题提供借鉴，为中国与东盟国家探索符合本国实际的环保产业发展新道路提供支持，促进中国与东盟国家环保产业以及环境服务业的发展。

第四，开展公众参与与环境宣传合作。

生态城市的发展离不开公众的积极参与。在这个领域，中国与东盟国家应该开展生态社区交流与示范，推动生态城市宣传与教育合作。

# 2019年中国—东盟博览会报告

黄 革*

2019年是新中国成立70周年，也是落实《中国—东盟战略伙伴关系2030年愿景》开局之年，是中国—东盟媒体交流年，第16届中国—东盟博览会（以下简称"东博会"）于2019年9月21—24日成功举办。本届东博会以"共建'一带一路'，共绘合作愿景"为主题，为高质量共建"一带一路"、高水平发展中国—东盟战略伙伴关系作出了积极贡献。

## 一 基本情况

本次盛会共有八位中外领导人和前政要出席，分别是中共中央政治局常委、国务院副总理韩正，印度尼西亚总统特使、海洋统筹部部长卢胡特，缅甸副总统吴敏瑞，柬埔寨副首相贺南洪，老挝副总理宋赛，泰国副总理兼商业部部长朱林，越南副总理武德担，波兰前总统布科莫洛夫斯基。出席本次盛会的部长级贵宾有240位，其中东盟及区域外有134位。

本次盛会举办了一系列高层友好交流活动。韩正副总理与东盟国家领导人分别举行了六场双边会见，在开幕大会上发表主旨演讲，与印度尼西亚总统特使卢胡特共同为主题国"魅力之城"开馆，并与中外企业家代表和中国—东盟企业家联合会创始会员见面并合影。中外领导人、各国代表团团长分别巡视了东博会展馆，共同出席了开幕大会，各

---

* 黄革：中国—东盟博览会秘书处研究发展部部长。

国领导人在开幕大会上发表了演讲。与会各国部长级贵宾出席了各领域的磋商交流活动。

本届东博会继续采用南宁国际会展中心、广西展览馆、南宁华南城"一会三馆"的展览格局。参展企业2848家，展览总面积13.4万平方米，总展位数7000个，有7个东盟国家包馆，有参展参会客商8.6万人，有采购商团组122个，有组织的专业观众超过12000人，举办贸易投资促进活动90场。

本届东博会有来自22个国家的177家媒体的1298名记者到会报道。其中，东盟及其他区域外国家媒体有72家，共有140名记者。各国媒体宣传了中国和东盟国家在"一带一路"建设中的经济优势和巨大商机。

本届东博会突出新愿景，展示新热点，运行新机制，扩大新影响，助推中国—东盟友好合作迈上新台阶，促进双方经贸及各领域合作取得新成果。

## 二 主要特点

### （一）各国政要高规格出席，本届东博会率先迈出了落实"2030年愿景"的步伐

与会各国领导人高度评价中国—东盟友好合作成果及东博会在其中发挥的重要作用，表明了落实"2030年愿景"、深化全面友好合作、共同反对单边主义和保护主义、共建"一带一路"的强烈愿望和决心。

韩正副总理在开幕大会上指出，让双方更加紧密地携起手来，朝着《中国—东盟战略伙伴关系2030年愿景》确定的目标不断前进，共创持久和平、共同繁荣的美好未来，并提出深化战略对接、深化经贸合作、深化互联互通、深化创新合作、深化人文交流的五点建议。

印度尼西亚总统特使卢胡特表示，我们有共同的战略愿景即建设包容、尊重与和平的世界。印尼认为，本地区应该加强合作，共同繁荣，而不是开展战略竞争，印尼将与东盟其他成员国及中国共同努力，确保这一目标的实现。

缅甸副总统吴敏瑞表示，相信"一带一路"倡议将通过良好的基础设施和管理协助，为进一步发展贸易和加强地区内国家间的交流提供

机遇。

柬埔寨副首相贺南洪表示，在"一带一路"倡议和"全面战略伙伴关系"框架下，柬埔寨和中国的双向交流与合作将得到进一步发展。

老挝副总理宋赛表示，老挝将一如既往地参与和支持"一带一路"倡议框架下各项目的贯彻落实，与各方携手为"一带一路"沿线国家的和平繁荣与可持续发展贡献自己的一分力量。

泰国副总理兼商业部部长朱林表示，现在中国、泰国和东盟正携起手来，一起制定共同的愿景，互相帮助，共同实现可持续发展的目标。

越南副总理武德担表示，以世贸组织和多边贸易体制为基础，越南政府将继续为各国企业在越南进行长期投资和经营创造提供力所能及的便利条件。

印度尼西亚举办了丰富多彩的主题国活动，包括印尼总统特使卢胡特与中国企业 CEO 圆桌对话会、印尼国家推介会等。印尼和波兰艺术家在开幕大会前举行了精彩、富有特色的文艺演出。

### （二）推动中国—东盟自由贸易区建设向纵深发展，促进"一带一路"经贸合作

本届东博会优化展览内容和经贸促进活动，突出经贸实效。展览面积比上届增加 1 万平方米；参展企业总数增长 2.4%，一批世界 500 强企业、行业龙头企业、品牌企业、知名民营企业参展，东盟方面参展的大企业、优质有实力企业比往届更多。如中国太平洋建设、华润集团、中国铝业，文莱摩拉港务公司，柬埔寨加华集团，印尼艾达家具集团，老挝道煌集团，马来西亚柏发食品，缅甸薇薇珠宝，菲律宾环球罐头，新加坡太平船务，泰国 BN 水果，越南中原集团。各国参展企业除了展示优势特色商品外，还展示产业园区、最新投资政策及项目、服务业、先进技术等。本届东博会采购商团组增加 8.9%，有组织的专业观众增长 10%。展会贸易交往活跃，签署了更多的投资合作项目。

本届东博会围绕中新互联互通项目国际陆海贸易新通道、中国（广西）自由贸易试验区、面向东盟的金融开放门户、粤港澳大湾区建设、中国—东盟信息港等合作热点，设置专门展区，举办专题活动，推动重要机制和重大项目落地。

本届东博会拓展"一带一路"国际合作，波兰作为首个来自欧洲的

特邀合作伙伴精彩亮相，举办了国家推介会、国家形象展、中波企业家圆桌会等活动。"一带一路"沿线共有20个国家131家企业参展，展区面积扩大，韩国首次以美容护肤品进行集中展示，其他国家参展商品也突出了本国优势特色产业，推动中国和东盟同区域外经济体的合作。

### （三）高层系列论坛内容丰富，深化多领域合作

本届东博会框架下共举办33个高层论坛，其中在会期里举办国际产能、农业、金融、环保等领域的论坛25个，完善了各领域合作机制。结合中国—东盟媒体交流年特别举办了中国—东盟电视周系列活动。在会期里人文交流活动精彩纷呈。

### （四）搭建民营企业合作平台，提高对商界服务

本届东博会为民营企业搭建务实平台。小米科技董事长兼首席执行官雷军在开幕大会上代表民营企业家发表了演讲；在会期里举办了中国—东盟民营企业家系列活动；首次举办东博会支持商协会联席大会。

### （五）本届东博会取得了丰硕成果

在高层对话成果方面，各国政要通过开幕大会演讲、双边会见、政商对话等形式，发出了落实"2030年愿景"的时代强音。

在经贸合作成果方面，本届东博会商品交易踊跃，签订经济合作项目502个，投资总额比上届有较大增长。

在多领域合作成果方面，本届东博会在互联互通、农业、数字经济、教育、媒体交流、标准化、金融、妇女、科技、统计等方面达成了合作共识，签署了一批项目。

## 三 存在的不足

本届东博会在展览、会议、活动等方面的组织工作和成效比上届进一步提升，但还存在一些不足。

一是开幕时间更改给企业带来不便。因日程安排原因，本届东博会开幕时间比原公告时间推迟了一天，由于企业已经预订机票和宾馆，时间更改后给企业带来了不便。

二是分会场的市场人气还需要培育。本届东博会农业展的地点由原来的广西展览馆迁到广西农业展览中心。由于展馆首次启用，需要在观众组织和宣传上加大力度。

三是论坛数量过多。在会期里举办了 25 个论坛，各论坛办会水平和标准不一，缺乏规范标准，部分论坛成果不显著。

## 四　发展建议

**（一）进一步完善办会机制**

本届东博会是办会体制机制改革后，广西国际博览事务局与广西国际博览集团有限公司协同举办的新一届展会。今后应进一步深化改革成果，坚持博览会的公益性，发挥博览集团的市场主体优势，提高市场化办会能力，并完善局企协作机制，按照"目标一致，协同行动，相辅相成"的原则，局企加强协作，形成合力，把东博会进一步办出特色、办出水平、办出实效。

**（二）进一步提高重点专题的实效**

在本届东博会举办前不到一个月，中国（广西）自由贸易试验区获得国家批准。在会期里虽然设立了试验区的专门展区，举办了专题推介会，但时间过于仓促。今后对此类重点专题应加强策划，及早启动筹备工作，提高实际效果。

**（三）加强对系列高层论坛的统筹**

加强对高层论坛的审核和甄选，规范办会标准，精简数量，提高质量，加强成果设计，确保高层论坛更好地发挥作用。

# 2019年东盟国家对"一带一路"倡议的响应报告*

杨卓娟**

自2013年"一带一路"倡议启动以来,东盟国家对其的响应总体上一直较为积极,东盟10国均已同中国签署了"一带一路"建设合作文件,在"一带一路"倡议的推动下,各东盟国家与中国在互联互通、人文交流、经贸合作等领域的认识日益加深。纵观2019年,东盟国家与中国"一带一路"项目合作内容不断丰富,合作实效不断提高,各东盟国家都表达了与中国携手共建"一带一路"的愿望。下面将从政策沟通、设施联通、贸易畅通、资金融通和民心相通等方面展开分析。

## 一 政策沟通方面:政府积极响应,摒弃负面报道,推动深入对接

东盟各国是较早参与和支持"一带一路"倡议的一批国家,到2018年底,10个国家均已同中国签署了"一带一路"合作文件(见表1),共建"一带一路"的合作共识在东盟国家已形成。2019年东盟各国政府对"一带一路"倡议延续先前积极响应的同时,摒弃负面报道,推动深入对接。主要体现在以下几方面:其一,4月,第二届"一带一路"国际合作高峰论坛在北京举办,东盟10国均派高级别政府代表团出席,达成了高质量共建"一带一路"的共识,签署了新一批合作协

---

\* 本文为2019年度广西高校中青年教师科研基础能力提升项目名单"中国对湄公河地区发展援助研究"(2019KY0037)资助项目。
\*\* 杨卓娟,广西大学国际学院助理研究员。

议,成果丰硕。如中国交通建设集团有限公司与马来西亚投资促进局签署关于加强东海岸铁路产业园、基础设施、物流中心以及沿线开发合作的谅解备忘录。中国国家发展改革委与柬埔寨、老挝、菲律宾等国有关部门签署了产能与投资合作重点项目清单,与缅甸计划与财政部签署中缅经济走廊早期收获项目清单,与泰国交通部、老挝公共工程与运输部签署政府间合作建设廊开—万象铁路连接线的合作备忘录。其二,11月,在泰国曼谷举行的第二十二次中国—东盟"10+1"领导人会议上中国与东盟国家发表了关于"一带一路"倡议同《东盟互联互通总体规划2025》对接合作的联合声明等三份成果文件。此次关于"一带一路"联合声明的发表,是继中国与东盟10国分别签署双边共建"一带一路"合作文件后,中国和东盟整体就高质量共建"一带一路"迈出的又一重要步伐。① 其三,东盟国家领导人都表示愿积极参与共建"一带一路",其中像新加坡、马来西亚、缅甸、菲律宾、柬埔寨、老挝等国家不仅就"一带一路"对本国发展的帮助给予肯定,也就其对世界和地区和平的促进作用给予肯定,认为"一带一路"加强了地区互联互通,惠及东盟发展,促进了世界经济的增长。其四,2019年上半年,伴随着西方的炒作,有不少声音质疑"一带一路"建设将成为不发达国家的"债务陷阱",对此,柬埔寨、印尼、泰国以及老挝等国均公开表示"一带一路"不是"债务陷阱",不会增加政府的债务负担,在摒弃负面报道的同时,表示将积极推动本国战略与"一带一路"的深入对接。

表1　东盟各国与中国签署"一带一路"合作文件的时间

| 签署时间(年) | 国家 | 签署时间(年) | 国家 | 签署时间(年) | 国家 |
| --- | --- | --- | --- | --- | --- |
| 2016 | 柬埔寨、老挝 | 2017 | 新加坡、缅甸、马来西亚、越南、文莱、泰国 | 2018 | 菲律宾、印尼 |

资料来源:《已同中国签订共建"一带一路"合作文件的国家一览》,中国一带一路网,2019年4月12日,https://www.yidaiyilu.gov.cn/xwzx/roll/77298.htm,登录时间:2020年1月24日。

---

① 《耿爽介绍中国—东盟领导人会议发表涉"一带一路"声明》,中国一带一路网,2019年11月5日,https://www.yidaiyilu.gov.cn/xwzx/gnxw/108545.htm,登录时间:2020年2月24日。

关于民间对"一带一路"倡议的响应，新加坡尤索夫伊萨东南亚研究院发布的名为"东南亚国家：2019 年"的调查报告显示①，有近一半的受访者（47%）认为，"一带一路"将使东盟各国与中国"接轨"。有 35% 的受访者认为，中国利用雄厚的财力为"区域内国家提供急需的基础设施融资"。有 30.1% 的受访者认为，"一带一路"有利于促进地区经济发展。在东盟国家中，老挝和柬埔寨对"一带一路"的评价十分乐观，超过七成受访者持正面评价。关于"一带一路"债务问题，有 70% 的受访者认为，他们的政府"应该在'一带一路'项目谈判中保持谨慎"，最不担心债务问题的国家是老挝。

此外，也有不少媒体和智库为共建"一带一路"发声。如南洋理工拉惹勒南国际研究院（新加坡）高级分析师 Phidel Marion G. Vineles 发表题为"调整'一带一路'：东南亚能做什么？"一文，表示随着中国寻求改善"一带一路"倡议，东南亚国家可利用自身优势，从中挖掘增长机会，通过说服中国采取多边规则来扩大"一带一路"的参与面。② 新加坡《联合早报》发表新加坡国立大学东亚研究所高级研究员余虹的文章称，"一带一路"倡议助推越南工业起飞。③ 老挝主要英文媒体《万象时报》多次发表媒体评论文章称，中国的"一带一路"举措是天赐良机，是老挝实现现代化、赶上不断发展的全球变化的绝佳机会。④

## 二 设施联通方面：交通基础设施顺利推进、以 5G 为基础的通信基础设施广受欢迎

设施联通是"一带一路"建设的优先领域，主要通过交通、通信和

---

① 尤索夫伊萨东南亚研究院在 2018 年 11 月 18 日至 12 月 5 日通过网络向 1008 名东南亚人发送调查问卷征集意见，这些人由区域专家和研究、商业和媒体社区等领域相关人员组成。
② 新华丝路数据库，https：//www.imsilkroad.com/news/p/385168.html，登录时间：2020 年 2 月 24 日。
③ 《新媒文章："一带一路"助推越南工业起飞》，参考消息，http：//column.cankaoxiaoxi.com/2019/1227/2398784.shtml，2019 年 12 月 27 日，登录时间：2020 年 1 月 24 日。
④ "Belt and Road Initiative Helps Laos to Achieve its Land-link Dream," Asian News Network, 2019 年 4 月 23 日，http：//annx.asianews.network/content/editorial-belt-and-road-initiative-helps-laos-achieve-its-land-link-dream-95487；"The Belt and Road Boat of Hope Is to Set Sail again," Asian News Network, 2019 年 5 月 2 日，http：//annx.asianews.network/content/editorial-belt-and-road-boat-hope-set-sail-again-95972，登录时间：2020 年 2 月 14 日。

能源三方面基础设施的互联互通，为"一带一路"提供基础性支撑。① 东盟国家普遍在基础设施方面存在不足，根据在第十届国际基础设施投资与建设高峰论坛上发布的《"一带一路"国家基础设施发展指数报告（2019）》②，东南亚地区的基础设施发展保持强劲势头，是"一带一路"项目建设较集中的区域之一。2019 年东盟国家对"一带一路"倡议中设施联通的响应总体上是积极向上的，项目合作扎实推进，设施联通进展顺利。

**（一）以铁路、公路、航运、航空等为核心的交通基础设施建设顺利推进**

一方面，2019 年位于泛亚铁路中线的中老铁路和中国高铁方案"走出去""第一单"雅万高铁等"一带一路"旗舰项目工程进展取得突破，一些重要节点工程取得重大进展，已进入全面实施推进阶段，均有望在 2021 年实现通车。另一方面，中泰铁路首个项目曼谷至呵叻段高铁 2.3 合约草案谈判工作显著推进，已敲定相关贷款事宜。中马签署新协议，继续推进东海岸铁路（ECRL）项目。这些使得一度受阻的中泰铁路、马来西亚东铁项目③在 2019 年经过多次谈判协商后得到稳步推进。此外，轻轨、高速、航空以及港口建设等一大批项目稳步推进，有些已取得重大进展。如中国投资承建的柬埔寨首条高速公路"金边—西港高速公路"开建；柬埔寨最大机场新暹粒吴哥国际机场动工；越南—凭祥—南宁—武汉铁路冷链运输线路正式开通；作为"一带一路"建设与越南"两廊一圈"发展规划对接的示范工程，由中方承建的越南首条河内轻轨投入运营；中国铁建参与建设的泰国东部经济走廊连接曼谷廊曼机场、素万那普机场和罗勇府乌塔堡机场的高铁项目签约。这是中国企业首次承建海外高铁投资

---

① 张蕾：《设施联通提升空间巨大——2018 年"一带一路"五通指数单项报告之二》，2019 年 4 月 11 日，http：//www.taiheinstitute.org/Content/2019/04 – 10/1648583409.html，登录时间：2020 年 2 月 4 日。

② 该报告以 71 个重点国家为研究对象，通过发展环境、发展需求、发展成本和发展热度四个维度深入分析了"一带一路"国家基础设施行业发展情况。

③ 马来西亚东海岸项目自 2017 年开工以来，项目推进一波三折，自 2018 年 7 月被马来西亚单方面叫停后，就一直处于搁置状态。4 月 12 日，马来西亚总理府发表新闻稿称，中马双方已签署了一项新的协议，将继续推进中企承建的东海岸铁路（ECRL）项目。马来西亚东海岸铁路项目复工。

类项目,也是泰国首个高铁投资类项目及泰国东部经济走廊特区的首个投建营一体化项目。

**(二)以经济走廊为引领,以陆海新通道为骨架,中国与东盟国家的经济合作走廊和通道建设取得明显进展**

经济走廊是为刺激经济发展而设计的地理区域内的综合基础设施网络。① 东盟国家注重铁路沿线配套工业园区和产业的发展,通过经济走廊建设推动"一带一路"建设向纵深发展,像中印尼"区域综合经济走廊"、中老经济走廊、中缅经济走廊等都是相关国家推动与中国开展"一带一路"合作和战略对接的新平台与重要抓手。以中印尼"区域综合经济走廊"为例,2017年5月,印尼总统佐科来华出席"一带一路"国际合作高峰论坛时,提出建设"区域综合经济走廊"倡议,同年10月,"区域综合经济走廊"联委会成立。2018年,两国签署《中华人民共和国国家发展和改革委员会与印度尼西亚共和国海洋统筹部关于推进区域综合经济走廊建设合作的谅解备忘录》,区域综合经济走廊的合作正式向前迈进。2019年3月,中印尼"区域综合经济走廊"建设合作联委会召开首次会议,就中印尼共建"一带一路"合作、产能合作、走廊合作规划、重点港口和产业园区重大项目等合作事宜交换了意见。11月,正值第二届中国国际进口博览会开幕之际,中印尼签署了16亿美元的印度尼西亚西爪哇省绒果尔新城项目设计与施工总承包商务合同,助力中印尼"区域综合经济走廊"建设。从2017年提出到2019年底,中印尼"区域综合经济走廊"不断发展,已在一些关键建设领域取得重要进展。

此外,像越南、新加坡、马来西亚等国还积极推动融入陆海贸易新通道建设。陆海贸易新通道是中新共建"一带一路"的重大项目,2019年9月中新(重庆)国际互联网数据专用通道在新加坡正式开通。根据官方统计,到2019年10月,广州、青岛、兰州、郑州等地均已开通经凭祥至越南河内的跨境铁路班列,各地经凭祥的物流线路累计开通近20条,通达东盟20多个主要城市。② 马来西亚为将自己打造成东南

---

① Brunner, Hans-Peter, "What Is Economic Corridor Development and What Can It Achieve in Asia's Subregions?.", Asia Development Bank, Retrieved 17 October 2014.
② 《广西凭祥"边海互动"打造西部陆海新通道陆路门户》,中国一带一路网,2019年10月20日,https://www.yidaiyilu.gov.cn/xwzx/dfdt/106806.htm,登录时间:2020年2月24日。

亚主要转运枢纽，将重点放在加强与中国在海运领域的合作上。2019年8月，马来西亚交通部部长陆兆福出席中马港口联盟第四次会议，表示中马港口联盟将在未来落实五大发展计划，全面推动马中两国港口和物流运输业发展。中国—东盟共同推动设施联通的努力陆续开花结果，使得一大批项目稳步推进。

**（三）能源基础设施建设取得重要成果。**

能源基础设施建设是中国与东南亚国家合作的重要领域，2019年，中国文莱共建"一带一路"的旗舰合作项目也是中国在文莱最大的投资项目——恒逸石化大摩拉岛综合炼化项目实现工厂全流程打通和全面投产，顺利产出汽油、柴油、航空煤油、苯等产品，创造了石化行业千万吨规模炼厂投料试车时间最短、过程最稳、HSE业绩最优的新纪录。作为共建"一带一路"在缅甸的先导示范项目和样板工程，中缅油气管道不仅带动当地基础设施建设，而且推动了管道沿线的经济发展、油气产业发展，改善了当地民生。截至2019年12月31日，中缅天然气管道安全已平稳运行2260天，累计向中国输气246.561亿立方米，为缅甸承载天然气40.788亿立方米；中缅原油管道已安全平稳运行1177天，马德岛港靠泊大型油轮104艘，累计接卸原油2613.25万吨，向中国输油2571.11万吨。①

**（四）数字丝绸合作引领通信设施建设：华为5G技术在东南亚各国广受欢迎**

近年来，东南亚国家不断加强数字经济基础设施建设并推动与中国加强在数字经济、智慧城市、融合应用、软件和IT服务等领域的合作，其中华为5G技术引领2019年中国与东盟国家在通信领域的合作。虽然不少欧美国家在美国压力下禁止华为使用5G设备，但华为5G技术在文莱、泰国、老挝、马来西亚、柬埔寨、新加坡、菲律宾等东南亚国家得到推广和欢迎，这些国家都积极推动华为5G业务落地本国，比如，华为在泰国安装了东南亚地区第一个5G试验台，在新加坡设立了首个

---

① 新华丝路数据库，https：//www.imsilkroad.com/news/p/385168.html，登录时间：2020年2月24日。

5G人工智能创新实验室,帮柬埔寨打造第一张5G网络,成为菲律宾国内首个5G商用网络服务核心设备供应商等。

## 三 贸易畅通方面:推动贸易便利化,扩大向中国出口;搭建各类平台,提升贸易往来;跨境电商等不断发展,成为新亮点

贸易畅通是"一带一路"合作的核心内容。自"一带一路"倡议提出以来,中国与东盟国家经贸合作成果斐然,是区域合作的典范,中国一直保持着东盟最大贸易伙伴地位。2019年上半年,东盟首次超越美国成为中国第二大贸易伙伴。在中国的前三大贸易伙伴(欧盟、东盟、美国)中,中国与东盟贸易增速最快。从扩大产业投资,实现贸易畅通方面来看,中国企业在东盟国家的投资也越来越多。根据中国商务部对外投资和经济合作司的统计,2019年,中国企业在"一带一路"沿线对56个国家的非金融类企业直接投资达150.4亿美元,主要投向新加坡、越南、老挝、印尼、巴基斯坦、泰国、马来西亚、阿联酋、柬埔寨和哈萨克斯坦等国家[①],在列举的10个主要投资流向国中,东南亚国家占7个,说明2019年东南亚仍是中国"一带一路"投资主要目的地。总体而言,2019年东盟各国对"一带一路"贸易畅通的响应比较积极,贸易畅通取得重大进展。

### (一)推动贸易便利化,扩大向中国出口

东南亚各国都积极推动与中国在有关贸易方面的合作,从自由贸易和投资贸易合作着手,扩大向中国出口。在自由贸易方面,推动自贸协定的签署。2019年6月,在中国香港特区与东南亚国家联盟签署的自由贸易协定中,涉及香港特区与缅甸、新加坡、泰国协定内容的部分生效。10月,中国与新加坡自由贸易协定升级议定书生效。年底,中柬

---

[①] 中国商务部对外投资和经济合作司:《2019年我对"一带一路"沿线国家投资合作情况》,2020年1月22日,http://hzs.mofcom.gov.cn/article/date/202001/20200102932445.shtml,登录时间:2020年2月12日。

完成自贸谈判联合可行性研究，商签中柬自贸协定，2020年1月，中国—柬埔寨自贸协定第一轮谈判在京举行。自贸协定的签署，将助推和深化双方和中国东盟间的经贸联系。例如受中泰水果自贸协议的影响，2019年前4个月，泰国向中国出口水果同比涨幅152.7%，榴梿、山竹、龙眼占比较大。在投资贸易合作方面，力争扩大向中国的出口，尤其是扩大农产品出口。4月，在越南总理阮春福率领越南高级代表团出席第二届"一带一路"国际合作高峰论坛期间，越南工贸部部长陈俊英会见中国海关总署署长，共促农产品贸易。6月，由40家越南企业及11个北部省市工贸部门管理机构及贸易促进机构代表组成的贸易促进团赴中国，以促进农产品和食品出口到中国。同月，泰国可持续农贸发展协会和中国全国城市农贸中心联合会签署谅解备忘录，加大泰国农副产品在中国市场上的推广力度。泰国鸡肉出口商认为，中国是一个具有高购买力的鸡肉消费市场，呼吁新政府推动增加对中国市场的出口配额。

在多方努力下，东盟有关国家多种农产品实现首次出口到中国，越南新增三种水产品获批对华出口，山萝省木州杧果首次通过正式贸易方式出口中国，中国成越南农产品最大的出口市场；中柬农业贸易取得新突破，柬新鲜水果首次直接向中国市场出口；中马贸易创新高，马来西亚首架冷冻带壳猫山王榴梿包机起航至郑州。

**（二）搭建各类平台，扩大产业投资，通过产业园、经济合作区、博览会、边交会、交易会等形式进一步提升贸易往来**

产业园和经济合作区是推动中国东盟经贸合作的重要抓手，中马产业园、中国印尼经贸合作区、柬埔寨西港经济特区、泰国罗勇工业园、缅甸皎漂等一直是"一带一路"合作的热点，是开展产业升级及社会发展的合作项目。例如，2019年以来，中马钦州产业园深入推进"两国双园"产能合作，积极参与提升中马经贸合作关系，推动马来西亚冷冻榴梿输华，在园区率先展示并进行常态化贸易运营；推动落实中马两国输华毛燕议定书，首批150公斤马来西亚毛燕于2019年11月19日进入园区进行深加工，实现两国毛燕正常贸易和中国进口毛燕零的突破。在投资方面，截至2019年12月，中马"两国双园"的钦州园注册企业超过500家，重点产业项目69个；中国印尼经贸合作区入园企业已达53家，雇用当地劳工3075人，累计投资达10.18亿美元。不少国家曾向中国政府提出，希望借鉴中国成功经验，共建经贸合作区，提升经济发展水平。比如，2019年9月，缅甸副总统吴敏瑞在广西南宁出席第十六届中国—东盟博览会期间接受媒体采访时表示，希望尽快建设中缅边境经济合作区。

博览会、边交会、交易会等是推动经贸往来的重要合作形式。中国—东盟博览会作为双方贸易交流合作平台，截至2019年已举办16届，东盟各国一直积极踊跃参加。在第十六届东博会上，马来西亚国际贸易和工业部部长达勒·雷金表示，东博会为各国搭建加强贸易合作平台，中国—东盟博览会在过去15年里一直是促进马来西亚中小企业进入中国和东盟市场的重要平台，该部下属的马来西亚对外贸易发展局带领167家马来西亚本地公司参展。在上海举行的第二届中国国际进口博览会上，柬埔寨、马来西亚、泰国等东南亚国家作为主宾国参展。

**（三）拓展贸易领域，跨境电商等新业态引领的数字贸易有望成为贸易新增长点**

跨境电商等不断发展，已成为"一带一路"贸易畅通的排头兵，大力发展"丝路电商"、加强物流通道建设成为促进"一带一路"贸易畅通的重点布局领域，推动贸易畅通向高质量发展。2019年7月，杭州开通至马尼拉全货机航线，该航线的开通，将有力地推动中菲两国跨境电商产业发展，更好地服务于"一带一路"建设。11月，泰国副总理兼商业部部长朱林带队参访第二届中国国际进口博览会，并通过手机对泰国民众进行现场直播。朱林与阿里巴巴集团高层进行会谈，双方签署了有关商品和数字人才的发展协议。泰国希望借助阿里巴巴电商平台发展泰国中小企业、开拓农产品市场、扩大商品出口。

## 四 资金融通方面：加强金融机构合作，推动金融市场的互联互通

资金融通是"一带一路"建设的重要支撑。2019年东盟国家对资金融通的响应主要体现在与中国各金融机构加强合作，为各种项目提供多元化和可持续的融资支持，从而推动金融市场的互联互通。

### (一) 透过专项基金支持"一带一路"金融合作

缅柬老泰等湄公河沿岸国家主要通过澜湄合作专项基金加强与中国"一带一路"资金融通,与中国签署了澜湄合作专项基金新的合作项目。

### (二) 发行债券、签署合作备忘录等方式依然是东南亚国家加强与中国金融合作的主要形式

2019年柬埔寨、印尼、新加坡、泰国等国银行均与中国有关金融机构签署了合作备忘录,推动金融市场互联互通。如2019年4月,中国银行与泰国进出口银行签署《中国银行与泰国进出口银行合作谅解备忘录》,共建"一带一路"。中国信保与新加坡华侨银行签署框架合作协议,新加坡大华银行、新加坡交易所和中国国际商会签署合作备忘录,丝路基金与新加坡盛裕集团签署设立"中国—新加坡共同投资平台"框架协议,共同助力中国企业以新加坡为枢纽向东盟地区扩展业务。

在债券方面,中国银行首次作为联席全球协调人协助菲律宾政府成功发行美元债券。新加坡大华银行在中国银行间债券市场上发行了首只"熊猫债券"。中国建设银行新加坡分行在新加坡成功发行了"一带一路"基础设施离岸人民币债券(也称"狮城债"),这是建行在新加坡市场发行的第四期"一带一路"基础设施系列债券。此外,马来西亚也寻求在中国境内发行熊猫债券。

### (三) 共建"数字丝绸之路",加强数字金融合作成为新亮点

新加坡淡马锡控股与谷歌以及国际管理咨询公司贝恩联合发布的一份报告指出,东南亚数字金融服务收入有望在2025年突破380亿美元(约合1967.55元人民币),占该地区金融服务总收入的11%。如果有充足的资金和政策支持能够刺激创新和用户使用,那么东南亚数字金融收入在2025年将有望超过380亿美元甚至实现其最大增长潜力收入600亿美元。① 良好的发展环境使科技企业纷纷参与到数字金融服务中,东盟各国对跨境金融合作的支持力度不断提升。2019年7月,菲中企业

---

① 《东南亚数字金融服务收入预计将在2025年突破380亿美元》,新华网,2019年10月31日,http://www.xinhuanet.com/fortune/2019-10/31/c_1210335549.htm,登录时间:2020年1月24日。

联合打造菲律宾首个区块链科技平台以满足菲律宾国内中小企业融资需求。10月，马来西亚首家数字银行——中国建设银行纳闽分行在马来西亚纳闽国际商业金融中心举行开业仪式。12月，南京与马来西亚纳闽特区签署"一带一路"数字金融战略合作协议，双方将在数字金融产业发展、金融监管、信息交换、行政执法交流等领域开展合作。马来西亚纳闽金融服务局局长丹尼尔·马·阿卜杜拉说，中资银行打造纳闽联邦直辖区乃至全马来西亚第一家数字银行，展现了中资机构通过创新性银行业务在东南亚地区拓展服务的信心，纳闽欢迎更多的中资机构来到这里开展业务。马来西亚对华特使陈国伟说，在"一带一路"倡议的"五通"中，"资金融通"扮演着重要角色。马中两国金融机构开展合作，为各种项目提供多元化和可持续的融资支持，可以有效推动两国金融市场的互联互通。①

移动支付作为数字经济时代的重要交易载体，对"一带一路"经贸合作至关重要，跨境电商、出境游等推动跨境支付步入高速发展期，中国的"微信"和支付宝通过本地合作伙伴进军东南亚数字支付市场。5月，泰国旅游局与支付宝签署合作意向书，吸引中国游客。9月，菲律宾国有免税店与支付宝建立伙伴关系。

除跨境支付外，更多的跨境金融服务也在商讨中。我国和东盟多国监管机构明确表示将进一步加大对跨境保险服务的支持力度，加强对跨境保险风险的监管合作。在2019年第五届中国—东盟保险合作与发展论坛上，老挝财政部保险处处长钱索克·坦马冯表示，希望通过同中国银保监会、世界银行等机构合作，强化老挝保险行业的发展和监管能力建设。②

## 五 民心相通方面：东盟国家在涉民心领域的参与主要有旅游、科教、影视传媒、医疗援助和公共卫生事业等

民心相通是"一带一路"建设的社会根基。民心相通涉及的范围和

---

① 《马来西亚首家数字银行开业》，新华网，2019年10月25日，http://www.xinhuanet.com/2019-10/25/c_1125154059.htm，登录时间：2020年1月24日。
② 新华丝路数据库，https://www.imsilkroad.com/news/p/385168.html，登录时间：2020年2月24日。

领域非常广，2019年东盟国家涉民心领域的参与主要有旅游、科教、影视传媒、医疗卫生事业等方面。

**（一）旅游业方面**

东南亚各国旅游资源丰富，旅游业是各国发展的支柱产业，也是重要的外汇来源，受到各国政府的广泛重视。东盟各国尤其关注中国市场，力推跨境旅游。作为全球最大的出境游市场，中国游客为全球旅游业发展注入强大动力，东南亚各国也将中国市场作为经济发展的重要增长点，通过举办旅游年、宣传月等活动扩大中国游客规模，例如，2019年中国—东盟（贵阳）"一带一路"文化旅游交流周在贵阳开幕；越南旅游总局在中国举行旅游推介会；2019年老中文化旅游年、"中国旅游文化周"在老挝举行；2019年"柬中文化旅游年"以及柬中文化旅游年交流大会在柬埔寨举行；马来西亚交通部部长陆兆福表示要促成更多的中国直飞吉隆坡航线，以促成更多的中国人到访马来西亚。马来西亚农业部、旅游、艺术和文化部联合开发旅游计划以吸引中国游客。

**（二）科教方面，深化人才交流**

深化人才交流，派遣留学生、官员来华交流。中国每年都会提供奖学金，邀请东盟国家中青年来华交流，并举办多个培训班，为有关国家提供研修培训名额。对此，不少东盟国家鼓励本国学生留学中国。2019年3月，马来西亚教育部副部长张念群在吉隆坡出席"2019年留华高等教育展"时表示，希望更多马来西亚学生到中国留学深造，成为能够帮助国家建设的人才。同月，泰国海上丝路孔子学院在曼谷举行"天津2019年职业教育奖学金行前培训开幕式"，确定泰国职业院校学生前往中国对口院校留学。8月，越南79名学生、柬埔寨185名学生获2019年中国政府奖学金赴华留学。

随着"一带一路"的推进，教育培训规模也不断扩大，东南亚每年都有官员和学员参加"一带一路"沿线国家政府官员中文学习班，或接受来自中国的各类培训，尤其是技术培训。这些培训主要是为了解决东南亚国家基础设施建设所面临的施工专业人才不足的问题，响应这些国家期待中国帮助培养专业人才和引进中国技术的需求。例如，随着中泰铁路、中老铁路合作项目的推进，老、泰两国对高铁司机的需求将增加，两国均希望中国能帮助培养本土高铁司机。

**（三）影视传媒方面，中国影视作品在东盟受热捧**

借助互联网新媒体技术，更多的优秀中国影视节目进入东盟观众视野，东盟国家的影视剧也在中国有了更大的市场，有效促进了文化交流和民心相通。2019年是中国—东盟媒体交流年，影视传媒交流风生水起，中国和东盟各方在主题报道、联合制作、媒体培训和新兴媒体等八个方面共同策划实施了近50项重点活动，使中国—东盟媒体合作达到新高度。① 1月，中柬合拍纪录片《光阴的故事——中柬情谊》首播仪式在柬埔寨首都金边举行。7月，马来西亚与中国签署合拍制作国际动画电影《影子王》的协议。8月，纪录片《穿行在柬埔寨的中国放映队》柬文版在柬电视台播出。11月，中柬合作首部电影《柬爱》在柬上映。9月，中老合作拍摄的首部电影《占芭花开》在老挝举行全国公映启动仪式。9月18日至24日，广西壮族自治区政府和中国国家广播电视总局联合举办首届中国—东盟电视周。在电视周期间，中国与东盟将互相展播优秀电视片。广西、重庆、福建三地七个频道展播反映中国和东盟文化元素的纪录片和电视片；柬埔寨、老挝、缅甸等九个东盟国家的20个频道展播《丝路新语》《结婚前规则》《红楼梦》等。10月，2019年中国电影节在缅甸首都内比都昂德碧电影院开幕，缅语版中国影视作品助推中缅民心相通。

**（四）医疗卫生事业方面，加强医疗合作，中医药认同度得到提升**

中国是医疗卫生领域国际合作的倡导者、推动者和践行者，对外医疗卫生援助成绩卓著，2019年中国主要对柬埔寨、老挝、缅甸等医疗和社会发展相对落后的国家实施了医疗援助，重点加强与大湄公河次区域国家在艾滋病、疟疾、登革热、鼠疫、禽流感、流感和结核病等防控方面的合作，且受到好评。例如，2019年3月，中国援柬埔寨特本克蒙省医院项目正式开工。洪森在致辞中感谢中国政府和人民的帮助，表

---

① 《中国—东盟媒体交流年闭幕式在泰国曼谷举行》，2019年12月23日，国务院新闻办公室网站，http://www.scio.gov.cn/31773/35507/35514/35522/Document/1670396/1670396.htm，登录时间：2020年2月14日。

示中国的帮助对柬埔寨社会保障体系发展非常重要。中柬"爱心行"先心病救助项目也赢得当地民众的广泛赞誉。对于中国提供的援助,"和平列车"医疗队受到老挝军民的称赞:中国医生带来了健康。

公共卫生一直是中国和东盟的重点合作领域之一,东盟地区是世界上海外华侨华人人数最多的区域,中国医药产品尤其是中药,在该地区的认可度历来较高。2019年对中医药的认同度在东南亚得到持续提升。2月,北京中医医院和文莱中国"一带一路"促进会签署《传统医学领域合作谅解备忘录》。6月,菲律宾首家"中国—菲律宾中医药中心"在马尼拉揭牌,该中心依据《中医药"一带一路"发展规划(2016—2020)》批准设立。7月,"一带一路"菲中文化与健康产业合作论坛在马尼拉举行,菲卫生官员力推中医药合法化。2019年12月18日,第三届"一带一路"中医药发展论坛在北京举办。泰国前副总理、泰中文化促进委员会主席披尼·扎禄颂巴在论坛致辞中表示:"在泰国,很多人知道云南白药,老百姓对中医针灸也非常感兴趣。"新加坡驻华大使吕德耀表示"中医药在新加坡发展很快"。新加坡政府非常重视中医发展,在公立医院进行针灸康复治疗服务。中医药已成为新加坡卫生文化的重要组成部分。

## 六　总结与展望

东盟一直是中国推进"一带一路"建设的优先方向和重要伙伴,双方在共建"一带一路"上具有强烈的合作意愿,也取得了显著和积极的成果。2019年"一带一路"建设在东盟地区总体进展顺利,成果丰硕,受到多方好评和欢迎。在涉及政策沟通、设施联通、贸易畅通、资金融通和民心相通五大方面,东盟各国均积极推进战略对接,密切与中国在政策上的沟通;通过深化项目合作,促进设施联通;积极推动贸易畅通,尤其是建立便利措施推动向中国出口各类产品;配合加强金融合作,促进资金融通;通过各类民生投入,深化民心相通。虽然从大的背景和发展方向上看,"一带一路"符合东盟各国发展需求和利益,总体上是受欢迎的。但是,随着合作的进一步推进,中国与东盟国家间的结构性矛盾凸显,"中国威胁论""中国控制论"见诸报道,以及美、印、日、澳等大国争相出台推进与东南亚国家的合作战略,使得一些东南亚国家在参与"一带一路"建设中表现出观望、迟疑甚至阻挠"一带一路"建设问题,在推动与中国开展"一带一路"合作中存在"既靠又防"的两面性。加上"走出去"的中国企业对东南亚国情、社情了解不够,部分企业不擅长与当地民众处理好社会关系,缺乏与地方组织打交道的经验等造成普通民众对"一带一路"的观感不佳,存在疑虑与误解。

"一带一路"倡议自提出以来,已成为世界上规模最大的合作平台,东南亚各国更是"一带一路"重点合作对象国。展望2020年,不可否认,"一带一路"建设在取得新的突破的同时,也将面临新的任务、难题和挑战,尤其是新型冠状病毒肺炎疫情在全球的暴发,给世界经济带来巨大冲击,疫情也在东盟十国暴发。为防范疫情,东盟10国出台的各类出行、开工限制等措施无疑会影响"一带一路"建设在东南亚的推进,但影响终归是短暂的。在"战疫"背景下,中国与东盟开展的疫情防控国际合作会进一步推动中国—东盟命运共同体意识,拉近中国—东盟关系,而这些都有利于在疫情结束后更好地推动"一带一路"项目在东南亚的落实。

附表1　　2019年东盟国家对"一带一路"倡议相关政策的响应

| 国别（按英文字母排序）及组织 | 事件 |
| --- | --- |
| 东盟 | 4月,第20次中国—东盟联合合作委员会会议在印度尼西亚首都雅加达举行。与会各方认为,中国"一带一路"倡议加强地区互联互通,惠及东盟发展。马来西亚常驻东盟代表沙力法·诺哈那表示,东盟国家积极支持"一带一路"倡议,认为其全面惠及东盟国家,有助于加强区域互联互通,并将有力地促进地区经贸发展。中国—东盟关系协调国菲律宾常驻代表伊丽莎白以及缅甸、越南等国常驻代表表示,"一带一路"为加强地区互联互通和经济合作、促进世界经济增长发挥了积极的推动作用<br>11月,中国—东盟发表了关于"一带一路"倡议同《东盟互联互通总体规划2025》对接合作的联合声明 |
| 文莱 | 4月,文莱苏丹出席在北京举行的第二届"一带一路"国际合作高峰论坛,表示文方愿同中方加强"2035宏愿"同"一带一路"倡议对接<br>9月,文莱财政经济部（投资部）常任秘书长哈吉·凯鲁丁表示,文莱"2035宏愿"与中国"一带一路"倡议高度契合 |

续表

| 国别（按英文字母排序）及组织 | 事件 |
| --- | --- |
| 柬埔寨 | 4月，洪森驳斥"一带一路"倡议使一些国家陷入债务陷阱的谬论，表示柬埔寨全力支持"一带一路"倡议。同月，洪森出席第二届"一带一路"国际合作高峰论坛，中柬双方签署6项重要合作文件<br>9月，柬埔寨副首相何南丰在出席第十六届中国—东盟博览会和中国—东盟商务与投资峰会时表示，"一带一路"倡议为柬埔寨基础设施建设发挥着重要作用。商务部部长班索萨表示"一带一路"倡议促进了区域发展 |
| 印度尼西亚 | 3月，印尼海洋统筹部部长卢胡特表示，印尼"全球海洋支点"战略构想和中国"一带一路"倡议的有效对接，是一对双赢的国际合作关系。印尼投资协调委员会主席托马斯·伦邦表示："一带一路"倡议给印尼带来了历史性机遇，印尼应该抓住中国带来的这个机遇<br>4月，卢胡特强调，中国"一带一路"倡议不会增加政府的债务负担，希望今后不要出现印尼通过"一带一路"项目被中国控制的错误说法。同月，印尼副总统卡拉率代表团出席第二届"一带一路"（丝绸之路经济带和21世纪海上丝绸之路）高峰论坛支持中国"一带一路"倡议<br>6月，国家主席习近平在大阪会见印尼总统佐科。佐科表示印尼愿同中方共建"一带一路"，深化经贸关系，推进雅万高铁等重点项目建设<br>7月，中国外交部副部长罗照辉访问印尼，印尼表示积极支持"一带一路"倡议 |
| 老挝 | 4月，老挝国家主席本扬出席第二届"一带一路"国际合作高峰论坛。老挝英文报纸《万象时报》发表评论文章称"一带一路"加强了中老关系，老挝需要借助"一带一路"倡议使老挝从陆锁国变陆联国<br>9月，老挝副总理宋赛·西潘敦表示"一带一路"倡议点亮中老合作 |
| 马来西亚 | 4月，马来西亚总理马哈蒂尔出席第二届"一带一路"国际合作高峰论坛，重申马来西亚政府支持"一带一路"，并深信马来西亚人民政府及所有参与国都将从中受惠<br>9月，马哈蒂尔表示"一带一路"有利于加强世界互联互通，推动世界贸易增长。同月，国际贸易和工业部部长达勒·雷金表示"一带一路"是中国首先提出的一个非常好的倡议，马中两国共建"一带一路"前景广阔 |

续表

| 国别（按英文字母排序）及组织 | 事件 |
| --- | --- |
| 缅甸 | 2月，缅甸实施"一带一路"指导委员会召开首次会议，国务资政昂山素季在会上表示，"一带一路"建设对缅甸乃至整个地区都有益。4月，昂山素季出席"一带一路"国际合作高峰论坛，表示缅甸愿意继续积极响应"一带一路"倡议<br>6月，缅甸国防军总司令敏昂莱表示缅军全力支持两国共建"一带一路"和中缅经济走廊。副总统吴敏瑞表示缅甸通过积极参与东博会和"一带一路"建设，取得了许多重大成果<br>8月，缅甸国务资政部部长觉丁瑞表示，缅方高度重视对华关系，愿同中方深化缅中"胞波"情谊，推进共建"一带一路"，加强各领域合作 |
| 菲律宾 | 3月，菲财长多明格斯表示，菲律宾正在为总统杜特尔特提出的"大建特建"计划寻求包括中国在内的外国贷款和投资，不会导致基础设施债务陷阱，并表示马尼拉"完全支持"中国的"一带一路"倡议<br>4月，菲律宾总统杜特尔特访华并出席第二届"一带一路"国际合作高峰论坛<br>7月，外交部副部长罗照辉同菲律宾外交部副部长马纳罗共同主持第二十二次中菲外交磋商，双方表示将继续深化"一带一路"倡议同菲"大建特建"规划的对接 |
| 新加坡 | 1月，中新签署"一带一路"纠纷调解备忘录，进一步深化"一带一路"倡议商事争议解决的法律合作<br>4月，新加坡总理李显龙访华，出席"一带一路"国际合作高峰论坛，强调"一带一路"倡议将在增强地区与多边合作中发挥重要作用<br>5月，中美贸易摩擦再升级，新加坡副总理王瑞杰表示"一带一路"倡议有利于增进合作，抑制全球不确定性<br>10月，新加坡副总理兼财政部部长王瑞杰率团访华，中新双方签署了涉及教育、金融等领域的九项协议和《谅解备忘录》 |
| 泰国 | 4月，泰国总理巴育出席第二届"一带一路"国际合作高峰论坛，重申泰国及东盟支持"一带一路"倡议。同月，泰国公债办就中国金融机构为中泰铁路合作项目曼谷至廊开线提供融资贷款存在风险一事回应称：中泰铁路不会让国家背负巨大外债<br>6月，泰国副总理颂奇表示，泰中两国致力于推动地区的互联互通<br>7月，泰国外交部次长布萨雅表示泰国支持"一带一路"倡议<br>12月，泰国会副议长表示泰方将继续坚定地支持"一国两制"，并与中国携手推进"一带一路"建设 |

续表

| 国别（按英文字母排序）及组织 | 事件 |
|---|---|
| 越南 | 4月，越南总理阮春福率领越南高级代表团出席第二届"一带一路"国际合作高峰论坛，强调越南欢迎并支持"一带一路"倡议<br>9月，安江省副省长陈英书表示希望更多的中国企业到越南投资 |

资料来源：根据《南洋商报》《东方日报》《柬中时报》《柬华时报》《千岛日报》《日本东方新报》、中国驻东盟各国经济商务参赞处、印尼《国际日报》、印尼《商报》、菲龙网、越通社、泰国网、缅华网、缅甸时报、国际在线、老挝《万象时报》、老挝巴特寮通讯社、《商业时报》《联合早报》、文莱广播中心、《印尼商报》、中国外交部新闻、新华网、中国—东盟博览会、光明网、中国一带一路网等公开资料综合整理。

**附表2　2019年东盟国家对"一带一路"倡议中设施联通的响应**

| 国别（按英文字母排序） | 事件 |
|---|---|
| 文莱 | 2月，文莱工业生态主管希望华为为文莱5G发展带来帮助<br>5月，中文共建"一带一路"旗舰合作项目——恒逸文莱大摩拉岛石化项目正式进入生产试运营<br>7月，文莱教育部部长高度肯定华为"未来种子"旗舰项目 |
| 柬埔寨 | 1月，由中国企业承建的柬埔寨金边第三环线公路项目举行开工仪式<br>3月，由中国承建的柬埔寨首条高速公路"金边—西港高速公路"开建<br>4月，西港数字经济产业园签约仪式在北京举行<br>5月，柬埔寨王国副首相何南丰考察西港特区，表示将支持特区发展<br>7月，中资投建的柬埔寨最大机场新暹粒吴哥国际机场动工<br>10月，金泰电信与华为签约，将打造柬埔寨第一张5G网络 |
| 印尼 | 1月，阿里云在印尼开设第二个数据中心<br>3月，中印尼"区域综合经济走廊"建设合作联委会召开首次会议<br>9月，印尼总统特使卢胡特表示希望越来越多的中国企业到印尼投资，愿意为中国企业提供更好的营商环境<br>11月，首届"中国—印尼企业合作与发展论坛"召开<br>12月，印尼投资统筹机构在"中国重庆印尼贸易、旅游与投资双论坛"活动上向中国投资者招揽28个项目，均与"一带一路"倡议相关<br>10月，雅万高铁已完成34.89%实体建设，一些重要节点工程取得重大进展，首座连续梁、瓦利尼隧道等重要工程均有突破 |

续表

| 国别（按英文字母排序） | 事件 |
| --- | --- |
| 老挝 | 3月，2019年澜湄周活动在老挝万象举行<br>5月，中老签署中老高速公路项目合作框架协议<br>6月，老挝邮电部与华为合作，推动老挝国家数字化转型<br>9月，中老铁路建设完成近80%，不仅进展顺利，而且比预期提前。12月，中老铁路供电项目开工仪式在老挝首都万象举行。老挝国家主席、国会主席、总理等党和国家领导人亲临中老铁路施工现场，均高度评价中老铁路建设所取得的进展 |
| 马来西亚 | 1月，马来西亚交通部部长陆兆福首访中国，欢迎中铁积极参与马来西亚基础设施建设项目<br>4月，马哈蒂尔宣布，马来西亚将与华为合作推动马来西亚国内5G业务发展。10月，马来西亚电信运营商明讯公司与中国华为公司签署5G商用合同<br>东铁项目：4月，中马签署东铁附加协议。5月，马来西亚投资发展局（MIDA）成立特别小组，以促进东铁计划沿线工业园、基础设施等的发展 |
| 缅甸 | 2月，中缅经济走廊联合委员会第二次会议及第二届中缅经济走廊论坛在昆明召开<br>5月，第三届中缅智库高端论坛和2019年首届"中缅经济走廊"投资峰会在缅甸仰光举行。同月，中缅皎漂天然发电厂项目继续开工 |
| 菲律宾 | 6月，菲律宾电信巨头环球电信公司正式启动国内首个5G商用网络服务，华为是其核心设备供应商<br>7月，杭州开通至马尼拉全货机航线 |
| 新加坡 | 2月，新加坡电信与中国移动签署主服务合同，强化在物联网方面的协作<br>8月，中国—新加坡（重庆）战略性互联互通示范项目联合工作委员会第一次会议在京举行。同月，在重庆举行的2019年中国国际智能产业博览会上，新加坡与重庆共签订13项谅解备忘录<br>9月，中新（重庆）国际互联网数据专用通道在新加坡正式开通<br>10月，中新（兰州）国际物流产业园投资签约助推"一带一路"发展<br>11月，中企中标新加坡地铁项目，合同总额7.395亿新元<br>12月，华为在新加坡设立首个5G人工智能创新实验室 |

续表

| 国别（按英文字母排序） | 事件 |
|---|---|
| 泰国 | 1月，中国建筑承建的泰国曼谷素万那普机场扩建项目提前封顶<br>3月，中泰数字经济合作论坛在昆明举行，中泰双方围绕人工智能、5G、工业数字化转型等展开探讨<br>5月，华为在泰国安装东南亚地区第一个5G试验台。10月，泰国副总理颂奇与华为集团创始人任正非会面，泰国与华为集团签署谅解备忘录<br>6月，"中国（广东）—泰国经贸合作交流会"在曼谷召开，600多名中泰政商界代表就"一带一路"倡议、粤港澳大湾区建设与"泰国4.0战略"、东部经济走廊建设对接进行探讨<br>10月，中国铁建参与建设的泰国东部经济走廊连接泰国三大机场的高铁项目签约<br>中泰铁路：3月，中老泰铁路合作方案通过，4月，中老泰三方在北京正式签署三国高铁连接协议。9月，泰交通部部长表示中泰高铁进度符合时间框架，各项工作进展顺利。10月，泰国政府力促预算下达，助力中泰铁路项目。11月，中泰高铁"2.3合约"敲定贷款货币及贷款等事宜 |
| 越南 | 2月，由中方承建的越南首条轻轨河内城铁"吉灵—河东"线投入运营<br>10月，越南—凭祥—南宁—武汉铁路冷链运输线路正式开通 |

资料来源：根据《东方日报》《当今大马》《南华早报》《南洋商报》、透视大马、马新社、光华日报、《柬中时报》、柬新社、凤凰网、印尼《商报》《国际日报》、泰国中华网、泰国《世界日报》、泰国头条新闻、缅甸之声、老挝巴特寮通讯社、老挝《万象时报》《联合早报》、中国驻各东盟国家大使馆、《中国日报》、中国一带一路网等公开资料综合整理。

附表3　2019年东盟国家对"一带一路"倡议中贸易畅通的响应

| 国别（按英文字母排序）及组织 | 事件 |
|---|---|
| 东盟 | 6月，在中国香港特区与东南亚国家联盟签署的自由贸易协定中，涉及香港特区与缅甸、新加坡、泰国的部分协议生效 |
| 文莱 | 6月，中文在文莱签署《关于文莱输华野生水产品检验检疫和兽医卫生要求议定书》，推动两国农林水产品贸易健康发展 |

续表

| 国别（按英文字母排序）及组织 | 事件 |
|---|---|
| 柬埔寨 | 3月，中国最大针织制造商斥资1.5亿美元，在柬埔寨投建大型成衣厂<br>5月，中柬农业贸易取得新突破，柬新鲜水果首次直接向中国市场出口<br>9月，柬埔寨敦促6种农产品达到中国进口标准 |
| 印尼 | 4月，在"第二届'一带一路'国际合作高峰论坛"期间，印尼与中国签署关于从印尼进口山竹和火龙果的议定书 |
| 老挝 | 2月，老挝敦促中国将大米配额提高到5万吨<br>4月，老挝希望增加对中国的出口<br>7月，老挝西瓜正式进入中国市场，以前主要通过边境贸易在中国销售<br>9月，老挝副总理宋赛表示，中国—东盟博览会极大地促进了中老之间的贸易、投资和旅游等领域的合作 |
| 马来西亚 | 1月，马来西亚国际贸易及工业部副部长王建民指出，中企依然是马来西亚制造业直接投资的最大来源国<br>6月，马来西亚向中国出口冷冻榴梿。8月，首架冷冻带壳猫山王榴梿包机起航至郑州，成为历史性创举<br>8月，财政部部长林冠英表示马来西亚将设立特别通道来吸引更多中国投资<br>9月，大马对华特使兼马中商务理事会主席陈国伟呼吁加速毛燕出口到中国。同月，2019年中马企业合作对接会在吉隆坡举办，涉及棕油加工及出口、水果贸易、电子商务、旅游业、物流业等十大重点领域<br>12月，2019年"一带一路"马中经贸与旅游高峰交流会在吉隆坡举办 |
| 缅甸 | 9月，缅甸副总统吴敏瑞参加第十六届中国—东盟博览会<br>11月，首届缅甸（腊戍）中国（临沧）边境经济贸易交易会在缅甸开幕 |
| 菲律宾 | 4月，在第二届"一带一路"国际合作高峰论坛上，菲中商界签署了总值121.65亿美元的19份商业投资与贸易协议，涵盖能源、基础设施建设、粮食、电信、农产品、旅游等多个领域<br>9月，中国（重庆）—菲律宾经贸交流论坛在菲律宾举行，60家重庆企业到菲谈商机，与178家菲律宾企业达成32项初步合作意向 |

续表

| 国别（按英文字母排序）及组织 | 事件 |
|---|---|
| 新加坡 | 9月，中国与新加坡签署《中国与新加坡关于推广、接受和使用电子证书的谅解备忘录》<br>9月，新加坡企业到江苏探索新商机，借助"一带一路"倡议和中国（江苏）自由贸易试验区，寻求与江苏企业加大合作。同月，第20届新加坡—四川贸易与投资委员会会议在新加坡举行，双方签署了17个项目协议<br>10月，中国与新加坡自由贸易协定升级议定书生效<br>11月，中国·福建—新加坡经贸合作推介会在福州举行 |
| 泰国 | 1月，中国百世集团在泰国启动快递业务<br>4月，在2019年北京世界园艺博览会上，泰国推介优质农产品，盼扭转出口颓势<br>6月，泰国可持续农贸发展协会和中国全国城市农贸中心联合会签署谅解备忘录，加大泰国农副产品在中国市场的推广力度<br>9月，泰国副总理兼商业部部长朱林率团参加中国—东盟博览会<br>11月，泰国副总理兼商业部部长朱林带队参加第二届中国国际进口博览会 |
| 越南 | 4月，第二届"一带一路"国际合作高峰论坛期间，越南工贸部部长陈俊英会见中国海关总署署长，共促农产品贸易<br>6月，由40家越南企业及11个北部省市工贸部门管理机构及贸易促进机构代表组成的贸易促进团赴中国，力促将农产品和食品出口到中国<br>9月，越南政府副总理武德儋出席第十六届中国—东盟博览会<br>10月，越南宣布对华出口首批乳制品，乳制品正式进军中国市场。越南腰果对中国出口量猛增<br>11月，中国—越南投资贸易座谈会在河内举行。2019年第十九届中越（老街）国际贸易交易会在老街省开幕<br>12月，越南农业与农村发展部同广宁省人民委员会联合举行"越南农林水产品出口中国市场"对接会议 |

资料来源：根据马新社、《马来邮报》《光华日报》《柬中时报》《国际日报》《马尼拉公报》、菲龙网、菲律宾《商报》《越共电子报》、越通社、越南《人民报》、泰国中华网、泰国《世界日报》、泰国《星暹日报》、泰国头条新闻、老挝《万象时报》、新华网、中国报、中国商务部网站等公开资料综合整理。

附表4　2019年东盟国家对"一带一路"倡议中资金融通的响应

| 国别（按英文字母排序） | 事件 |
| --- | --- |
| 柬埔寨 | 2月，澜湄合作专项基金柬埔寨新一批项目签约仪式在柬埔寨举行<br>4月，中国银行分别与柬埔寨旅游部、财经部和加华集团等签署一系列合作谅解备忘录。在第二届"一带一路"国际合作高峰论坛上，中国国家开发银行与柬埔寨等国有关机构签署公路、矿产、电力等领域项目贷款协议<br>5月，柬埔寨加华银行与中国国家开发银行联合主办"开发性金融支持柬埔寨经济社会发展"研讨会，就项目融资和技术支持等方面展开讨论 |
| 印尼 | 4月，中国信保与印尼进出口银行签署合作谅解备忘录<br>7月，印尼总统佐科建议设立"一带一路"特别基金，用于管理中国企业在印尼境内落实"一带一路"建设所需贷款或资金 |
| 老挝 | 2月，中老签署澜湄合作专项基金老方项目协议<br>9月，中国国家开发银行向老挝十家银行发放贷款以促进中小企业发展 |
| 马来西亚 | 7月，马来西亚财政部部长林冠英访问中国，探讨马方在中国境内发行熊猫债券。8月，林冠英访问深交所，推动马交所、深交所加速互联互通<br>10月，马来西亚首家数字银行——中国建设银行纳闽分行在马来西亚举行开业仪式<br>12月，中马签署"一带一路"数字金融战略合作协议 |
| 缅甸 | 1月，缅甸中央银行宣布增加人民币为官方结算货币。同月，中缅签署澜湄合作专项基金缅方项目协议<br>7月，澜湄合作专项基金缅甸第二批农业项目启动仪式在内比都举行 |
| 菲律宾 | 1月，中国银行协助菲律宾政府成功发行美元债券<br>7月，菲中企业联合打造菲律宾首个区块链科技平台<br>9月，中国银行获准担任菲律宾人民币业务清算行。菲律宾国有免税店与支付宝建立伙伴关系<br>10月，中国为菲律宾数字基础设施项目提供融资 |
| 新加坡 | 3月，中国银行成功协助新加坡大华银行发行首笔熊猫债券<br>4月，中国信保与新加坡华侨银行签署框架合作协议<br>4月，新加坡大华银行、新加坡交易所和中国国际商会签署合作备忘录。丝路基金与新加坡盛裕集团签署设立"中国—加坡共同投资平台"框架协议<br>8月，"中新信息通信媒体联合创新发展资金"启动<br>10月，中再集团推动在新加坡成立政治暴力险共保体<br>11月，中国建设银行新加坡分行成功发行10亿元"一带一路"基础设施离岸人民币债券（也称"狮城债"） |

续表

| 国别（按英文字母排序） | 事件 |
| --- | --- |
| 泰国 | 1月，中泰铁路融资限制解除，中国进出口银行开2.3%年息<br>3月，澜湄合作专项基金泰国外交部项目"澜湄合作国家协调员能力建设"合作谅解备忘录签约<br>4月，中国银行与泰国进出口银行签署《中国银行与泰国进出口银行合作谅解备忘录》<br>5月，开泰银行在美中贸易紧张加剧之际，收紧对中国相关业务的贷款审批。同月，泰国旅游局与支付宝签署合作意向书，吸引中国游客<br>11月，中泰签署澜湄合作专项基金职业教育合作协议 |
| 越南 | 在第二届"一带一路"国际合作高峰论坛资金融通分论坛期间，中国与老挝、越南等9个国家的会计准则制定机构共同发起《"一带一路"国家关于加强会计准则合作的倡议》。这是"一带一路"国家首次就会计准则交流合作而发起的多边合作倡议性文件 |

资料来源：根据《柬中时报》、CNN、菲律宾《商报》、菲律宾《星报》《马尼拉公报》、越通社、泰国中华网、泰国《星暹日报》、老挝《万象时报》、亚洲新闻台、新华社、中新社、《人民日报》、新浪网等资料综合整理。

附表5　　2019年东盟国家对"一带一路"倡议的人文交流响应

| 国别（按英文字母排序）及区域组织 | 事件 |
| --- | --- |
| 东盟 | 8月，2019年中国—东盟（贵阳）"一带一路"文化旅游交流周在贵阳开幕 |
| 澜湄流域 | 3月，澜湄六国在昆明举行联防联控协调与疫情交流会。同月，"澜湄区域对华·教育合作论坛"在四川宜宾举行 |
| 文莱 | 2月，北京中医医院和文莱中国"一带一路"促进会签署《传统医学领域合作谅解备忘录》<br>11月，文莱10家媒体及华人社区代表受邀访问中国<br>12月，文莱初级资源与旅游部发表声明"中国文莱旅游年"启动仪式将于2020年1月在文莱首都斯里巴加湾市举行 |

续表

| 国别（按英文字母排序）及区域组织 | 事件 |
|---|---|
| 柬埔寨 | 旅游方面：2019年为"柬中文化旅游年"。6月，柬中文化旅游年交流大会在金边举行<br>影视方面：1月，中柬合拍纪录片《光阴的故事——中柬情谊》举行首播仪式。8月，纪录片《穿行在柬埔寨的中国放映队》柬文版在柬电视台播出。11月，中柬合作首部电影《柬爱》在柬上映<br>援助方面：3月，中国援柬埔寨特本克蒙省医院项目正式开工。7月，第八批广西医疗队赴柬埔寨开展消除白内障行动。10月，中方援柬国家地理实验室落成并举行移交仪式。11月，中国援柬吴哥古迹王宫遗址修复项目开工<br>教育方面：8月，185名柬埔寨学生获中国政府奖学金赴华留学 |
| 印尼 | 6月，首届"中国印尼文旅投资产业峰会"在巴厘岛举办<br>8月，印尼气象、气候和地球物理局与中国成都高新减灾研究所启动印尼地震预警网建设<br>11月，中印尼青年高端论坛在北京举行 |
| 老挝 | 1月，老挝举办2019年老中文化旅游年开幕式<br>5月，"中国旅游文化周"在老挝万象举行<br>10月，老挝《万象时报》中文网站平台正式启用<br>11月，2019年"一带一路·中国优秀企业走出去"万象论坛在万象召开 |
| 马来西亚 | 旅游方面：2月，马来西亚交通部部长陆兆福表示将开设更多中国直飞吉隆坡航线。3月，马来西亚农业部、旅游、艺术和文化部联合开发旅游计划以吸引中国游客。9月，马来西亚雪兰莪州在南宁举行旅游推介会。同月，中国文化旅游之夜在吉隆坡国家文化宫举办<br>教育培训方面：在中资企业的组织下，约有1.9万人次的马来西亚员工近年来接受了技术培训。3月，马来西亚教育部副部长张念群鼓励学生留学中国。9月，中国华侨大学与马中商务理事会签署"丝绸之路"中国政府奖学金项目合作协议。同月，马来西亚人力资源部部长古拉访华，引进铁路技职教育。<br>其他方面，7月，"一带一路：中国—马来西亚人文交流与经济合作论坛"在吉隆坡举行。同月，马来西亚与中国签署合拍制作国际动画电影《影子王》协议。8月，马中建交45周年文化交流2000年史料展在吉隆坡开幕 |
| 缅甸 | 5月，中缅第二所友好医院——纳貌人民医院升级改造工程举行竣工仪式<br>10月，2019年中国电影节在缅甸首都内比都昂德碧电影院开幕 |

续表

| 国别（按英文字母排序）及区域组织 | 事件 |
| --- | --- |
| 菲律宾 | 2月，菲律宾大学孔子学院主办2019年"一带一路·共享美好"中国农历新年系列庆祝活动。同月，"美丽中国·心仪广西"活动在菲律宾举行<br>4月，中菲签署反腐合作谅解备忘录。同月，中国援建菲律宾的第二所戒毒中心正式移交给菲律宾卫生部<br>5月，浙江建院与菲律宾八打雁州立大学签署中菲"一带一路"建筑技能人才丝路学院战略合作协议<br>6月，菲律宾首家"中国—菲律宾中医药中心"在马尼拉揭牌<br>7月，"一带一路"菲中文化与健康产业合作论坛在马尼拉举行<br>9月，中国表示将对菲提供30亿元人民币的无偿援助 |
| 新加坡 | 6月，阅文集团与新加坡电信集团宣布，双方将携手开发东南亚网络文学市场。 |
| 泰国 | 1月，泰国普吉孔院举办"大美中国"手工艺展览等文化体验系列活动<br>3月，《中国关键词："一带一路"篇》泰文版首发式在泰国曼谷举行<br>8月，"第十四届中国电影节暨2019中泰影视交流周"在泰国开幕<br>9月，"秦兵马俑展"首次走进泰国<br>11月，湄洲妈祖起驾赴泰国，开启"妈祖下南洋·重走海丝路"暨中泰妈祖文化活动周序幕<br>教育方面：3月，泰国海上丝路孔子学院举行"天津2019年职业教育奖学金行前培训开幕式"。4月，中泰合建的高铁鲁班学院揭牌。11月，中泰签署澜湄合作专项基金职业教育合作协议 |
| 越南 | 4月，越南旅游总局在中国举行旅游推介会<br>8月，越南79名学生获2019年中国政府奖学金<br>12月，2019年中越国际商贸旅游博览会在越南举行 |

资料来源：根据《南洋商报》、马新社、《东方日报》《柬中时报》、光明网、菲律宾《商报》、菲龙网、越南《人民报》、越通社、泰国《世界日报》、泰国中华网、中新网、中国驻泰国大使馆、泰国头条新闻、老挝《中华时报》、联合在线、《联合日报》《中国报》、新华网、人民网、《环球时报》等公开资料综合整理。

# 2019年中国—东盟可持续发展合作报告

梁淑红 陈园园 农艳红[*]

可持续发展是2019年东盟重要的主题。2019年1月,东盟国家外长会非正式会议的主题是"为可持续发展推动伙伴关系"。在2019年6月的东盟峰会上,东盟各国领导人强调"为可持续发展推动伙伴关系",构建"以人为本、以人为导向、向前看的东盟共同体"[①]。事实上,"可持续发展"的主题与中国提出的"一带一路"倡议、习近平同志提出的"人类命运共同体"的内涵是十分契合的。习近平同志在2019年第二届"一带一路"国际合作高峰论坛开幕式上的主旨演讲中提出:"我们要致力于加强国际发展合作,为发展中国家营造更多发展机遇和空间,帮助他们摆脱贫困,实现可持续发展。为此,我们同各方共建'一带一路'可持续城市联盟、绿色发展国际联盟,制定《'一带一路'绿色投资原则》,发起'关爱儿童、共享发展,促进可持续发展目标实现'合作倡议。"在第二十三届圣彼得堡国际经济论坛上,他又发表题为"坚持可持续发展 共创繁荣美好世界"的致辞,提出"可持续发展是各方的最大利益契合点和最佳合作切入点""可持续发展是破解当前全球性问题的'金钥匙'"等观点。中国作为东盟重要的战略伙伴,一直以来都以可持续发展作为与东盟发展合作的核心。在2019年东盟明确的"可持续发展"主题下,这个发展合作的核心得到进一步明确、提升。

---

[*] 梁淑红,广西大学国际学院副院长、教授;陈园园,广西大学国际学院《中国—东盟研究》编辑部编辑;农艳红,广西大学国际学院科研办主任。

[①] 《东盟峰会强调"为可持续发展推动伙伴关系"》,人民日报海外网,2019年6月25日,https://baijiahao.baidu.com/s?id=1637270944805820381&wfr=spider&for=pc。

## 一 中国—东盟开展可持续发展合作的主要内容与前期成果

早在2010年10月东亚合作领导人系列会议期间,中国和东盟领导人在前期已发布的《关于复苏和可持续发展的联合声明》和《关于联合应对气候变化的声明》的基础上,发表了《关于可持续发展的联合声明》。该联合声明宣布将加强中国和东盟在粮食和农业生产、环境保护、科技、能源、减贫、区域一体化建设和次区域合作、气候变化、灾害管理等可持续发展领域的合作。①

在这个联合声明发布之前,中国与东盟、东盟各国早就开展了多种形式的可持续发展合作。如2007年温家宝总理就在第十一届中国—东盟高峰会议上提出制定《中国—东盟环保合作战略》的倡议,并依据这个倡议在2010年3月开始了组建中国—东盟环境保护合作中心的工作。在这个联合声明发布之后,中国与东盟、东盟各国在可持续发展合作方面有了更明确的合作目标,进而产生了更多、更有效的合作成果。如2017年11月在中国—东盟合作基金的资助下,联合国开发计划署组织专家主要依据中国可持续发展融资经验撰写完成并发布了《东盟可持续发展融资报告》,这成为中国、东盟、联合国三方结合本地区发展实际和东盟成员国国情共同落实"2030可持续发展议程"的重要成果。还有,在澜湄合作机制下中国与澜湄国家重点推进的渔业资源和生态联合保护、水稻病虫害预警和防控等农业和减贫合作的系列成果,既是中国—东盟可持续发展合作形成的前期成果,又是进一步推动中国—东盟可持续发展合作的重要基础。

由于可持续发展合作涉及领域甚广,本报告将以《关于可持续发展的联合声明》为基础,以2019年中国—东盟开展的一些可持续发展合作为主要内容,对2019年中国—东盟在减贫、科技、能源、环境保护、气候变化、灾害管理等领域的可持续发展合作做一些经验总结。农业生产和粮食安全合作的较多项目同时也是减贫、科技合作的项目,本报告

---

① 《关于可持续发展的联合声明》,外交部网站,https://www.fmprc.gov.cn/web/ziliao_674904/1179_674909/t765199.shtml。

对其不做单独总结，区域一体化建设和次区域合作亦如是。

## 二 减贫合作

减贫是每一个发展中国家重中之重的工作，也是中国与东盟、东盟各国最为重视的合作领域。改革开放40多年来，中国有超过7亿多人摆脱贫困①，其脱贫成果已为世界各国所瞩目。中国在开展脱贫攻坚取得丰硕成果之时，也积极与东盟分享中国脱贫的经验，与东盟各国开展了诸多减贫合作。《中国—东盟战略伙伴关系2030年愿景》指出："双方要以实现联合国2030年可持续发展议程目标，依据各自可持续发展目标消除各种形式的贫困。"

2019年中国与东盟开展的减贫合作主要有如下方面。

### （一）加强减贫交流，分享减贫经验

近年来，中国与东盟已形成了"中国—东盟社会发展与减贫论坛""东盟+3村干部交流项目"等定期减贫交流的项目。这些交流项目将国际扶贫减贫交流活动从中高层官员拓展到基层村干部，这对于基层拓展视野、更好地推动精准扶贫、精准脱贫具有非常重要的现实意义。"中国—东盟社会发展与减贫论坛"还被纳入《落实中国—东盟面向和平与繁荣的战略伙伴关系联合宣言的行动计划（2016—2020）》，成为具有重要区域影响的国际减贫交流平台。

2019年6月，第十三届中国—东盟社会发展与减贫论坛在广西南宁举行，主题是"面向联合国可持续发展目标的中国—东盟减贫合作"。来自中国和东盟10国的政府官员、专家学者，东盟秘书处、亚洲开发银行等国际机构的代表围绕跨境电商、区域互联互通、产业转移等议题进行深入研讨和经验分享，并在南宁市进行了扶贫项目实地考察。2019年第八届"东盟+3村干部交流项目"活动则是在云南省西双版纳傣族自治州举行的。与会代表在交流活动期间，实地考察了位于西双版纳自治州东南部的勐腊县河边村，学习当地深度贫困综合治理经验。

---

① 《中国脱贫经验启迪世界》，人民网，http://world.people.com.cn/n1/2019/1028/c1002-31422688.html。

除了定期的经验交流与实地考察以外,2019年中国和东盟还开展了多种与减贫有关的交流活动。2019年3月19—20日,国务院扶贫办和自治区扶贫办在南宁联合举办2019年"澜湄周"减贫主题系列活动。该活动主题为"分享减贫经验,深化澜湄减贫合作",致力于推进东亚减贫示范合作技术援助项目,与澜湄国家分享中国的减贫思路和减贫经验。

2019年由中国驻东盟使团与东盟秘书处和联合国开发计划署(UNDP)三方共同举办的第四届"可持续发展"研讨会的主题是"可持续发展创新与减贫"。该研讨会在越南河内举行,将"创新"与"减贫"结合在一起进行研讨契合了中国和东盟国家迎接第四次工业革命浪潮的迫切需要。

### (二)签署与减贫相关的协议

在2019年4月第二届"一带一路"国际合作高峰论坛期间,中国与柬埔寨签署《中华人民共和国政府和柬埔寨王国政府关于构建中柬命运共同体行动计划(2019—2023)》[①],强调在扶贫减贫、社区治理、儿童福利、促进就业创业、职业培训、社会保障等民生领域加强双边交流,提升合作质量。同时,中国与老挝签署《中国共产党和老挝人民革命党关于构建中老命运共同体行动计划》,大力加强民生、减贫等领域的务实合作,推动老方早日摆脱欠发达状态。全面落实"援老八大工程",积极开展减贫交流与对话,开展村级减贫试点项目,实施援老挝减贫示范合作项目。中方将根据老方的实际需求,在力所能及的范围内,支持老挝经济社会发展。[②]

### (三)减贫示范项目取得成效,形成示范效应

2016年9月,"东亚减贫合作倡议"项目在柬埔寨、老挝、缅甸三国同时启动。按照项目设计,云南、广西、四川分别负责缅甸、老挝、

---

① 《共同构建牢不可破的中柬命运共同体》,新华网,2019年5月15日,http://www.xinhuanet.com/globe/2019-05/15/c_138054870.htm。
② 《中国共产党和老挝人民革命党关于构建中老命运共同体行动计划(全文)》,中华人民共和国中央政府网,2019年5月1日,http://www.gov.cn/xinwen/2019-05/01/content_5388031.htm。

柬埔寨的东亚减贫示范合作技术援助项目,在未来3年里将在这三个国家的六个村,即每个国家两个项目村,合作开展道路、供水等基础设施建设,扶持种植、养殖等农业产业,并开展社区环境整治等工作。至2019年底,三个国家的项目均已实施[1],并形成了阶段性的成果,项目所在村的基础设施和公共服务设施开始建设,生计改善项目及能力建设项目也取得了相应成效,项目村生产生活条件得到显著改善,示范作用逐步显现。示范项目的示范效果得到国家国际发展合作署、商务部经合局以及老、柬、缅三个受援国有关部门和群众的积极评价。[2]以广西在老挝两个项目村为例,共建设桥梁、村内道路、饮用水入户、活动中心、卫生室、学校师生宿舍、太阳能路灯等16个基础设施和公共设施项目,有3400人受益;组建项目村农民合作组织,并开展养牛、大棚蔬菜、织布等项目活动,覆盖农户222户;累计九次组织培训老方项目人员、组织老方人员来华培训考察四次、开展"姐妹村"友好交流活动两期。[3]

除了"东亚减贫合作倡议"项目以外,中国还有多个组织在东盟国家开展了减贫示范活动。2018年8月,深圳市国际交流合作基金会和柬埔寨民间社会组织联盟论坛合作开展"湄公河太阳村"行动,至2019年,已有"幸福泉""湄公河太阳村""湄公河光明行""爱心包裹""照亮前程"等项目相继启动,涵盖农村供电、饮用水、医疗援助、教育捐赠等多个方面。[4]中国和平发展基金会和柬埔寨民间社会组织联盟论坛于2019年底在柬埔寨茶胶省巴提县达弄村启动了中柬友好扶贫示范村项目,用中国经验助力柬埔寨农村减贫。这个为期3年的项目包括修建道路、供水等基础设施,建立医疗卫生中心,开展职业培训

---

[1] 2017年7月30日柬埔寨项目正式启动,2017年9月30日老挝项目正式启动,2018年1月23日缅甸项目正式启动。柬埔寨项目位于干丹省莫穆坎普区斯瓦安普乡的谢指尔普洛斯村和斯瓦安普村;老挝项目位于万象市三通县的版索村和琅勃拉邦省琅勃拉邦县的象龙村;缅甸项目位于内比都市莱韦镇的敏彬村和达贡镇的埃羌达村。

[2] 《东亚减贫示范合作技术援助项目基本情况》,中国国际扶贫中国心网站,2019年12月4日,http://www.iprcc.org.cn/Home/Index/skip/cid/5732.html。

[3] 《广西扶贫经验输出东盟 打造中国减贫"海外样板"》,广西壮族自治区人民政府门户网站,2020年1月16日,http://www.gxzf.gov.cn/gxyw/20200116-790906.shtml。

[4] 《中国扶贫经验启迪柬埔寨减贫努力》,中华网,2019年10月17日,https://news.china.com/internationalgd/10000166/20191017/37235506.html。

扶持种植、养殖等农村产业，开展村庄环境治理等。①

## 三 科技合作

科技是可持续发展的动力。早在2012年，中国科技部就与东盟10国的科技部长共同启动了"中国—东盟科技伙伴计划"，同年，中国—东盟科技伙伴计划第一个项目——共建卫星数据共享平台在广西南宁启动。在此背景下，2013年9月，中国面向东盟的唯一一家国家级技术转移机构中国—东盟技术转移中心揭牌成立。至2019年，中国—东盟技术转移中心已经与泰国、老挝、柬埔寨、缅甸、越南、文莱、印尼、马来西亚、菲律宾九个东盟国家分别建立了政府间双边技术转移工作机制，与其中七个东盟国家组建了技术转移联合工作组，并"承办了6届中国—东盟技术转移与创新合作大会，展示推介项目2300多项，促成中国与东盟国家间签约及意向签约达290多项；推动中国和东盟各国2400多家企业、科研机构、行业协会等加入中国—东盟技术转移协作网络，成员覆盖东盟各个国家和国内主要省市"②。

除此以外，2019年中国与东盟的科技合作还有一个亮点，即智慧城市的可持续发展合作。2019年11月3日，第二十二次中国—东盟（10+1）领导人会议在泰国首都曼谷举行，中国和东盟就"一带一路"倡议和《东盟互联互通总体规划2025》对接、智慧城市合作等发表了《中国—东盟智慧城市合作倡议领导人声明》，支持中国城市和东盟智慧城市建立伙伴城市关系，推动政策沟通、标准制定、人文交流、能力建设等方面的合作，通过智慧城市建设提高人民生活水平。

目前，新加坡、马来西亚已经与中国开展了智慧城市合作。2019年10月15日，中国新加坡双边合作联委会第十五次会议等四个双边合作机制会议在重庆举行，深圳市与新加坡签署关于新加坡—深圳智慧城

---

① 《柬埔寨高官：中国减贫成就为国际社会树立典范》，人民网，2020年1月26日，http://world.people.com.cn/n1/2020/0126/c1002-31562481.html。

② 《中国—东盟技术合作成果丰硕》，搜狐网，2019年7月15日，https://www.sohu.com/a/326959412_114731。

市合作倡议的谅解备忘录。① 2019年10月16日，中新天津生态城管委会与新加坡吉宝集团签订战略合作协议，双方将在搭建智慧城市中新合作平台、建立智慧城市场景应用研发基地、成立中新合作智慧城市研究中心三个方面展开合作。② 马来西亚则在2018年就宣布引入阿里云"城市大脑"，将人工智能技术全面应用到交通治理、城市规划和环境保护等领域。③

泰国已将与中国的智慧城市合作列入发展议程。2019年7月初，泰国曼谷举办了"东盟智慧城市网年度圆桌会议"，讨论了东盟成员各自智慧城市项目进展情况，重点介绍了泰国政府新近发布的《泰国智慧城市4.0建设蓝图》。泰国的智慧城市将是对接中国"一带一路"倡议、高质量基础设施建设的有机组成部分。④ 中国也将加入泰国东部经济走廊智慧城市计划。⑤

## 四 能源合作

能源是每一个国家发展的基础，是可以直接制约每一个国家可持续发展并影响国家发展战略的核心部分。2019年，中国与东盟国家的能源合作日益密切，合作水平不断提升，中国企业与东盟国家的能源合作项目也有良好的进展。

### （一）能源合作成为中国与相关东盟国家的重点合作领域

2019年1月20日至23日，柬埔寨王国首相洪森对中国进行正式访问，中柬两国发表联合新闻公报，将"能源"作为下一阶段"一带一

---

① 《深圳和新加坡签署智慧城市合作备忘录》，人民网，2019年10月16日，http://sz.people.com.cn/n2/2019/1016/c202846-33439703.html。
② 《中新天津生态城与新加坡吉宝集团合作发力智慧城市建设》，中华人民共和国中央人民政府网，2019年10月16日，http://www.gov.cn/xinwen/2019-10/16/content_5440806.htm。
③ 《中国人工智能技术助力马来西亚打造智慧城市》，中华人民共和国中央人民政府网，2018年1月29日，http://www.gov.cn/xinwen/2018-01/29/content_5261972.htm。
④ 《各国加大投资支持力度 东盟加速智慧城市网建设》，中国经济网，2019年7月8日，http://intl.ce.cn/sjjj/qy/201907/08/t20190708_32551492.shtml。
⑤ 《泰媒：中日将参与泰国东部智慧城市建设 意义重大》，参考消息网，2019年5月9日，http://www.cankaoxiaoxi.com/china/20190509/2379575.shtml。

路"合作的五大重点板块之一,表示将继续加强两国电源和电网建设合作,推动清洁能源开发利用,并为合作创造良好条件和氛围。该新闻公报为后续两国在能源领域,特别是电力行业的合作及相关项目的开展提供了有力支撑。① 随后,在2019年4月第二届"一带一路"国际合作高峰论坛期间,中国与柬埔寨签署《中华人民共和国政府和柬埔寨王国政府关于构建中柬命运共同体行动计划(2019—2023)》②,再次明确将能源领域的合作定为双方13个经济合作领域之一。能源合作成为中柬两国合作的关键领域和重要基础。

在第二届"一带一路"国际合作高峰论坛期间,中国与老挝签署了《中国共产党和老挝人民革命党关于构建中老命运共同体行动计划》③,将绿色与可持续发展定为两国共同推进的"五项行动"之一。

### (二) 加强油气项目合作

2019年,中国与多个油气资源丰富的东盟国家加强了油气项目的合作。2019年7月,菲律宾国家石油公司与中国石油管道工程有限公司签署了谅解备忘录。这是中国与菲律宾产业合作的一个突破。根据谅解备忘录,双方打算在菲律宾共同开展液化天然气、炼油厂和油库项目。菲律宾国家石油公司还与中国海洋石油天然气电力集团有限公司签署了单独的谅解备忘录,探讨有关在菲律宾唐拉湾液化天然气有限公司股权投资方面的商机和合作。④ 在文莱,2019年9月,中国、文莱两国旗舰合作项目之一——恒逸石化大摩拉岛综合炼化项目常减压装置正式生产出合格产品。该项目将助力文莱产业升级,减轻该国对油气出口的依赖,进一步推动两国经贸合作。这一项目投产后,第一年就有望使文

---

① 《中华人民共和国政府和柬埔寨王国政府联合新闻公报(全文)》,中华人民共和国中央政府网,2019年1月23日,http://www.gov.cn/guowuyuan/2019-01/23/content_5360680.htm。
② 《共同构建牢不可破的中柬命运共同体》,新华网,2019年5月15日,http://www.xinhuanet.com/globe/2019-05/15/c_138054870.htm。
③ 《中国共产党和老挝人民革命党关于构建中老命运共同体行动计划(全文)》,中华人民共和国中央政府网,2019年5月1日,http://www.gov.cn/xinwen/2019-05/01/content_5388201.htm。
④ 《菲律宾国家石油公司与中国石油管道工程有限公司签署谅解备忘录》,中国管道商务网,2019年7月31日,http://www.chinapipe.net/national/2019/38208.html。

莱国内生产总值增加 13.3 亿美元,并创造 1600 多个就业机会。① 在柬埔寨,中国华能集团计划投资建设从西港至金边的原油和天然气管道。在缅甸,远望集团缅甸超大天然气区块即将钻井。②

### (三) 拓展电力电网合作

对于经济发展水平较为落后的东盟国家,电力不足是制约其加快工业化发展的瓶颈。2019 年,中国与这些国家在这一传统能源领域的合作也有新的进展。

在柬埔寨,中国在电力行业的投资尤其突出。2019 年 8 月,国机集团下属企业中国第二重型机械集团有限公司在京签订柬埔寨西港输变电 EPC 项目合同。项目位于柬埔寨西哈努克市,项目建设内容包括新建两座 GIS 变电站、扩建一座变电站及新建 230 千伏、115 千伏输电线路,长约 27 公里。③ 2019 年 11 月,中国能建葛洲坝集团、中国重型机械有限公司与柬埔寨电力公司签署总发电 400 兆瓦的两座重油及燃气发电站协议。④ 这些项目建成后都将极大地改善所在地区电力短缺局面,进一步促进当地经济的发展。

在老挝,中国电建成都金具于 2019 年 9 月中标中老两国友好合作 500kv 变电站项目,该项目是其近几年来在东南亚市场中标的电压等级最高、规模最大的变电项目。⑤

在缅甸,即使密松电站项目停工了,中国与缅甸的电力电网合作也仍然取得很大成效。截至 2019 年,中国国家电网已先后在缅甸建成了 20 余个输变电项目,包括 230kv 新建及扩建变电站 20 余座、230kv 及 66kv 输电线路近 1300 公里,为缅甸骨干电网建设作出突出贡献。2019

---

① 《中国在文莱最大投资项目——恒逸石化大摩拉岛综合炼化项目即将全面运行》,中国国际电子商务中心,2019 年 9 月 9 日,https://www.investgo.cn/article/yw/zctz/201909/462794.html。
② 《远望集团缅甸超大天然气区块即将钻井》,中国能源网,2019 年 10 月 8 日,https://www.china5e.com/news/news-1071867-1.html。
③ 《改善柬埔寨电力短缺 中国二重签订柬埔寨西港输变电项目合同》,工程机械在线网,2019 年 8 月 15 日,http://news.cmol.com/2019/0815/77855.html。
④ 《柬埔寨 400 兆瓦发电站项目,将缓解电荒》,搜狐网,2019 年 6 月 29 日,https://m.sohu.com/a/323868044_99927358。
⑤ 《10 大新签——中国中铁、中国铁建、中国电建等海外中标新签》,搜狐网,2019 年 9 月 23 日,https://www.sohu.com/a/342730982_100113069。

年底，缅甸北克钦邦与230千伏主干网联通工程基本建成，工程投运后将缅北丰富的水电源源不断输送至缅甸南部用电负荷中心，有效解决缅北水电站窝电困局，并极大地改善了南部电力短缺现状。这标志着中缅电力能源合作又迈出关键一步。① 2019年11月5日，中国电建海投公司与缅甸电力公司正式签订皎漂燃气电站项目《购电协议》，突破项目投资开发的重要里程碑节点。皎漂项目位于缅甸西部若开邦的皎漂镇，是由缅甸电力与能源部发起的旨在改善皎漂地区电力短缺现状的关键项目。② 皎漂项目建成后将显著改善皎漂及周边地区的电力供应，拉动当地经济发展，带动当地就业并有利于促进中缅"人字形"经济走廊建设。

在印尼，在2019年第二届"一带一路"国际合作高峰论坛期间，中国华电与印尼国家电力公司就华电印尼占碑2号煤电联营项目签署购电协议。2019年5月23日，中国能建葛洲坝集团与印尼大丰和顺能源工业有限公司签署印尼北加省卡扬A水电站项目合同协议，项目合同金额为15亿美元。③ 7月5日，中国化学全资子公司中国天辰工程有限公司与印度尼西亚PT HOKASA MANDIRI UTAMA公司签署了印尼气电一体项目工程总承包合同，合同总金额为14.5亿美元（约合99.91亿元人民币）。④ 2019年12月13日，中国企业在海外投资建设的单机容量最大、拥有自主知识产权的火电机组——国家能源集团国华印尼爪哇7号2×1050MW燃煤发电工程1号机组投产，标志着印尼电力建设史上装机容量最大、参数最高、技术最先进、指标最优的高效环保型电站正式投产。⑤

在越南，2019年4月25日，哈电集团旗下哈尔滨电气国际工程公

---

① 《中缅电力能源合作迈出关键一步 中国国家电网公司承建的缅甸北克钦邦与230千伏主干网联通工程竣工》，人民网，2020年1月13日，http：//world. people. com. cn/n1/2020/0113/c1002 - 31546139. html。
② 《电建海投签署缅甸皎漂燃气电站项目购电协议》，国际能源网，2019年11月7日，https：//www. in—en. com/finance/html/energy—2241318. shtml。
③ 《100.95亿！葛洲坝签订印尼北加省卡扬A水电站项目合同协议》，搜狐网，2019年5月25日，https：//www. sohu. com/a/316366612_ 100113069。
④ 《中国化学子公司签订近百亿元印尼气电一体项目合同》，新浪财经，2019年7月5日，https：//finance. sina. com. cn/roll/2019 - 07 - 05/doc-ihytcerm1603914. shtml。
⑤ 《国家能源集团国华印尼爪哇电厂1号机组正式投产》，光明网，2019年12月13日，http：//news. gmw. cn/2019 - 12/13/content_ 33401106. htm。

司与越南永新三能源股份公司签署了越南永兴3期3×660MW火电项目总承包合同协议。该项目是越南重点基础设施建设项目之一，位于越南平顺省，合同范围包括设计、采购、安装、土建、调试、性能试验等EPC总承包工作。项目建成后，将对越南电力供求平衡和经济发展起到重要的推动作用。①

**（四）推动清洁能源开发合作**

中国与东盟国家在清洁能源领域合作广泛，包括水电、生物质能、风电，以及光伏发电等，合作方式既有设备供货，也有清洁能源项目EPC总包等。

水电合作是中国与东盟清洁能源合作的重点，中国企业已经参与东盟国家数个大型水电项目。例如，中国能建在菲律宾巴洛格的巴洛格水电枢纽二期项目。由中国投资修建的柬埔寨水电站有7座以上，除此以外还修建了火力发电站。2019年4月，中国公司在柬建成的第六座水电站——柬埔寨达岱水电站运营发电，总装机容量为246兆瓦，由三台82兆瓦的水轮发电机组组成，年平均发电量达到8.58亿度。②

在太阳能发电方面，东盟国家丰富的太阳能是近年来增长速度最快的清洁能源，吸引了一些中国企业参与投资建设。中国援助柬埔寨建设的全柬规模最大的发电能力达60兆瓦的"太阳能发电厂"即将建成投产，总造价接近6000万美元。③中国江西省新余市的赛维太阳能科技集团与波罗勉省政府办公室签署了100兆瓦光伏电站项目合同，这是世界上单体规模最大的光伏电站之一。预计该项目竣工后将形成60亿元人民币左右的投资规模，推动新余赛维硅片等项目释放出新的发展潜力。④未来，中国政府将在柬埔寨投资修建新能源发电厂，帮助柬埔寨

---

① 《"一带一路"时间 中央企业签下多项海外大单》，新浪网，2019年4月26日，https://news.sina.com.cn/c/2019-04-26/doc-ihvhiewr8433299.shtml。
② 《2019年中国企业投建的柬埔寨达岱水电站运营发电》，仪表网，2019年4月23日，http://www.ybzhan.cn/company_news/detail/270494.html。
③ 《柬埔寨最大规模"太阳能发电厂"年底亮相》，中国—东盟博览会官网，2019年1月3日，http://www.caexpo.org/html/2019/info_0103/231983.html。
④ 《赛维与柬埔寨签署2吉瓦光伏电站项目》，中国能源网，2019年9月20日，https://www.china5e.com/news/news-1070771-1.html。

开发太阳能与风能项目。① 中国能源建设附属公司中国葛洲坝集团国际工程与老挝 Wang Investment Sole 公司签订老挝阿速坡省 300 兆瓦光伏项目 EPC 合同。该项目位于老挝阿速坡省，主要工作内容为新建一座 300 兆瓦光伏电站，合同金额约为 4.5 亿美元。② 中国南瑞集团作为中国国家电网下属上市企业之一，凭借自身在电力领域设计、制造、施工等优势，获得了菲律宾数个光伏发电站场 EPC 项目合同。

在生物质能方面，中国民营环保企业盛运环保与菲律宾 VISAYAS（维萨雅）政府于 2017 年签订《菲律宾 VISAYAS 生态环境和基础设施及安居工程建设项目合作框架协议》以来，在菲律宾 VISAYAS 辖区内新建六大项目，包括三座再生能源发电厂、一座城市自来水厂、一座城市污水处理厂（投资额约 2.2 亿美元）、现有四个垃圾填埋场的治理改造及其污染土壤修复工程，以及相关配套设施的建设或升级改造。

## 五　环境保护、气候变化和灾害管理合作

由于《2019 年中国—东盟生态环境合作报告》已对中国—东盟的生态环境合作，包括气候变化、灾害管理等作了详细的阐述和总结，本报告对此内容不再赘述。

## 六　2020 年合作展望

相对于较为平稳的 2019 年，2020 年中国与东盟在可持续发展方面会承受更大的压力。一是在新冠肺炎疫情下各国经济发展速度放缓，跨国人员流动大幅下降，这使得各个方面的合作和发展都会被资本和人这两大重要发展影响因素所制约。二是 2020 年自然灾害加剧，有可能会凸显粮食安全问题。因为非洲的蝗灾，2020 年 2 月联合国粮食及农业

---

① 《中国将为柬埔寨建新能源发电厂，解决电荒问题》，搜狐网，2019 年 3 月 23 日，https://m.sohu.com/a/303310165_612979/。
② 《中国能源建设（03996.HK）附属签订老挝阿速坡省 300 兆瓦光伏项目 EPC 合同 合同金额 4.5 亿美元》，新浪网，2019 年 9 月 30 日，https://finance.sina.com.cn/stock/relnews/hk/2019-09-30/doc-iicezzrq9422701.shtml?dv=2&source=cj。

组织（FAO）已经发出了粮食安全预警。① 同时，东南亚很多国家可能会继续出现气候异常情况，干旱、海水入侵会导致粮食减产、饮用水减少等问题②，使这些问题和新冠肺炎疫情一起威胁人类的安全。实际上，2020年3—4月越南曾一度禁止大米出口。可持续发展是人类生存最重要的课题。在各国人民的共同努力下，人们一定会战胜饥饿、疾病和其他各种灾难，拥有美好的未来。人类命运共同体的内涵正在于此。

---

① 《蝗灾肆虐非洲之角 联合国提醒关注粮食安全》，环球网，2020年2月19日，https：//world. huanqiu. com/article/9CaKrnKpt8o。
② 《气候变化危机爆发？东南亚多国海水入侵，40年来严重干旱席卷泰国》，新浪网，2020年2月25日，http：//k. sina. com. cn/article_ 1763864272_ 69226ed000100nk0n. html? from = science。

# 2019年广西与东盟合作报告

李希瑞*

2019年是落实《中国—东盟战略伙伴关系2030年愿景》的开局之年，是中国—东盟媒体交流年。在这一年中，中国和东盟在政治、经济和文化等各方面都取得了长足的发展，例如，双方领导人发表了关于"一带一路"倡议和《东盟互联互通总体规划2025》对接等一系列联合声明，《中国—东盟自贸区升级议定书》全面生效，东盟取代美国成为中国第二大贸易伙伴等。在中国—东盟关系不断向好向深发展的背景下，依托自身面向东盟的独特区位优势和与东盟之间历史悠久的人文往来，广西继续举办中国—东盟博览会，发挥其"助推器"作用，积极深化与东盟各有关方面的全方位合作，致力于完成中央赋予的"三大战略定位"新使命，为中国—东盟命运共同体建设添砖加瓦。

## 一 2019年广西和东盟合作情况总结

2019年，在政治上，广西领导人与东盟各国政要、东盟组织负责人保持着良好的沟通，尤其是致力于加强与越南和新加坡方面的政治往来和互信。广西继续与东盟在外贸、投资、工程承包、展销、物流和提高人民币东盟区域化水平方面进行紧密合作，相关数据显示出与往年相比的增长态势。此外，广西和东盟在2019年也开展了诸多加强人文交

---

* 李希瑞，广西大学国际学院《中国—东盟研究》编辑。

流的合作，进一步促进了两地的民心相通。

**（一）政治交往持续开展**

在政治上，广西和东盟各国以及东盟组织负责人继续保持着高层友好往来。中国—东盟博览会依旧是双方领导层直接沟通和交流的重要平台。鉴于广西所处的地理位置以及广西深度参与中国—东盟相关合作的现实需要，广西领导人在2019年与越南、马来西亚和新加坡的高层往来较为密切。

在2019年第16届中国—东盟博览会举办期间，率团来邕的东盟国家政要和东盟组织负责人包括印度尼西亚总统特使、海洋统筹部部长卢胡特，缅甸副总统敏瑞，柬埔寨副首相贺南洪，老挝副总理宋赛，泰国副总理兼商业部部长朱林，越南副总理武德担，文莱财政与经济部第二部长刘光明，马来西亚贸工部部长雷京，新加坡贸工部高级政务部长许宝琨，菲律宾贸工部副部长马卡图曼，东盟副秘书长阿拉丁和马来西亚彭亨州州务大臣罗什迪，广西壮族自治区党委书记鹿心社和主席陈武分别与上述国家领导人和相关部门负责人举行了会晤，保持了广西与东盟各方之间的常态化政治互动。

1. 广西与越南

广西与越南之间的边境线绵长，广西境内共有八个县（市、区）103个乡（镇）分别与越南广宁、谅山、高平三个边境省份接壤。自古以来，广西都十分重视与越南方面的往来和沟通。在中越全面战略合作伙伴关系的大背景下，广西是推动与越南开放合作的"桥头堡"。

2019年3月，应越共中央政治局委员、政府副总理兼外长范平明的邀请，广西壮族自治区党委书记鹿心社率领代表团访问越南，拜会了越南总理阮春福等越南国家政要，见证了广西与越南工贸部交换合作文件，还与20多家在越南投资的广西企业进行了座谈，从地方层面落实中越两党两国最高领导人达成的重要共识。① 除此之外，广西与越南各部门、各地方领导人的交流也在稳步推进当中。3月，广西与越南边境

---

① 《鹿心社在河内拜会越南总理阮春福》，《广西日报》2019年3月20日，http://cpc.people.com.cn/n1/2019/0320/c117005-30985834.html。

四省党委书记新春会晤连续第四年举行,并且在五区省党委书记等领导的共同见证下,与会各方签署多项合作协议。① 9 月,越南谅山省委书记林氏芳清率代表团对广西进行了访问,考察了中越友谊关—友谊国际口岸货运专用通道和中国(广西)自由贸易试验区钦州港片区等项目。② 同月,越南最高人民检察院副检察长陈公樊一行也率团访邕,旨在深化两地监察机关之间的务实合作。③ 11 月,越南地方外事及交通代表团访问了凭祥和防城港市等地。④

2. 广西与新加坡

广西是最早参与中国—新加坡互联互通南向通道建设的中国省区之一,2018 年底,"南向通道"正式更名为"西部陆海新通道",随着中国国家发改委 2019 年《西部陆海新通道总体规划》的印发,西部陆海新通道正式上升为国家战略,而广西陆海新通道建设也进入了发展新阶段。在这样的背景下,2019 年,广西与新加坡在以往的基础上加深了政治往来。3 月,广西壮族自治区党委书记、自治区人大常委会主任鹿心社在北京会见了新加坡驻华大使罗家良。⑤ 5 月 11—14 日,鹿心社率团访问新加坡,拜会新加坡总理李显龙、国务资政兼国家安全统筹部部长张志贤、贸工部部长陈振声,就加强广西与新加坡务实合作进行深入交流。在此期间,鹿心社还出席了国际陆海贸易新通道广西推介会、中国—东盟多式联运联盟落户南宁启动仪式,并见证了广西与新加坡企业间多个合作项目的签约。⑥ 10 月,新加坡人力

---

① 《广西与越南边境四省党委书记在谅山举行新春会晤》,《广西日报》2019 年 3 月 23 日,http://www.gxzf.gov.cn/gxyw/20190323-740803.shtml。
② 《越南谅山省代表团从友谊关入境访问广西》,凭祥市融媒体中心,2019 年 9 月 10 日,http://pxzhbsq.gxzf.gov.cn/xwzx/sqyth/20190910-11325.shtml。
③ 《越南检察代表团访问广西》,《检察日报》2019 年 9 月 1 日,http://newspaper.jcrb.com/2019/20190901/20190901_001/20190901_001_12.htm。
④ 《越南地方外办主任代表团从友谊关口岸入境访问广西》,凭祥市外事和边境事务局,2019 年 11 月 15 日,http://www.pxszf.gxzf.gov.cn/govinfo/gzbm/pxswsqwbgs/zfxxgkml/zygwhd/201912/t20191218_642938.html。
⑤ 《鹿心社会见新加坡驻华大使罗家良》,《广西日报》2019 年 3 月 17 日,http://www.gxzf.gov.cn/sytt/20190317-739844.shtml。
⑥ 《广西壮族自治区党委书记、自治区人大常委会主任鹿心社率团访问新加坡》,中华人民共和国驻新加坡共和国大使馆,2019 年 5 月 14 日,http://www.chinaembassy.org.sg/chn/zxwl/t1663333.htm。

部部长兼内政部第二部长杨莉明一行到访广西,围绕西部陆海新通道建设与鹿心社举行了会谈。①

3. 广西与马来西亚

2019年是中国和马来西亚正式建立外交关系45周年,在4月举行的第二届"一带一路"国际合作高峰论坛上,国家主席习近平与马来西亚总理马哈蒂尔提出要把"两国双园"做大做强,将之建设成为中马投资合作旗舰项目和中国—东盟合作示范区。广西作为中马钦州产业园的所在地和马中关丹产业园的直接推动方,在2019年围绕"两国双园"与马来西亚方面加深了政治往来。6月,中断了两年的中马"两国双园"联合合作理事会会议在吉隆坡再次举行,会议由中国商务部部长助理李成钢、广西壮族自治区副主席费志荣和马来西亚贸工部副部长王建民、彭亨州州务大臣罗什迪共同主持,各方就共同努力打造"两国双园"2.0升级版达成共识。② 9月,马来西亚外长赛夫丁来桂参观,走访了中马钦州产业园区,并在南宁与广西壮族自治区主席陈武举行了会谈。③ 广西领导人与马来西亚相关领导人的积极互动为切实推动"两国双园"建设营造了良好氛围。

**(二)经济合作稳中有进**

经贸合作一直是广西与东盟全方位合作的重要支柱。2019年,广西与东盟在外贸、投资、工程承包、物流和人民币东盟区域化方面的合作都在稳步推进,多有成效。

首先,广西与东盟在贸易进出口、投资和工程承包方面保持着良好的增长势头。2019年全年广西对东盟进出口总额为2334.7亿元,同比增长13.3%,占广西外贸进出口总额的49.7%,东盟连续20年成为广西最大的贸易伙伴,其中对越南进出口额为1753.9亿元,增

---

① 《鹿心社会见新加坡人力部部长兼内政部第二部长杨莉明》,《广西日报》2019年10月14日,http://www.gxzf.gov.cn/zwhd/20191014-772572.shtml。

② 《中马"两国双园"联合合作理事会第四次会议举行》,广西壮族自治区商务厅东盟国家合作处,2019年6月15日,http://guangxi.mofcom.gov.cn/article/sjtupianxw/201906/20190602873783.shtml。

③ 《陈武会见马来西亚外长赛夫丁》,《广西日报》2019年9月12日,http://www.gxzf.gov.cn/sytt/20190912-766187.shtml。

长 0.3%；对泰国进出口额为 318.7 亿元，增长 2.5 倍。① 2019 年 1—12 月，在广西对外投资合作中，中方协议投资额为 9.26 亿美元，其中，超过一半、有 5.64 亿美元的中方协议投资额分布在柬埔寨、越南、印度尼西亚和文莱等东盟国家，主要涉及制造业、交通运输仓储业和农林渔木业。此外，广西企业共对东盟九个国家进行了非金融类投资备案。2019 年广西企业在东盟开展对外承包工程完成营业额同比增长 29.9%，达到 4.22 亿美元。值得注意的是，广西企业在泰国完成的工程营业额占广西企业对外承包工程完成营业额的比重最大，为 36.1%。②

其次，在广西积极发展成为面向东盟的区域性物流集散中心的背景下，2019 年广西与东盟在涉及海、陆、空的物流运输方面的合作也稳步推进。在海运方面，广西继续加强北部湾港建设。北部湾港是中国与东盟国家海上贸易的重要口岸，是中国内陆腹地进入中南半岛东盟国家最便捷的出海门户，2019 年印发的《西部陆海新通道总体规划》明确其为陆海新通道国际门户港。2019 年 1—12 月，北部湾港累计货物吞吐量为 23313.33 万吨，同比增长 17.97%，其中，集装箱部分为 415.71 万标准箱，同比增长 28.62%。③ 北部湾港于 2019 年开通了两条北部湾港至东盟国家港口的班轮航线，其中，北部湾港至菲律宾马尼拉集装箱班轮直航航线于 8 月 21 日正式开通，这是北部湾港开通至菲律宾的首条集装箱班轮直航航线。④ 同时，广西继续加密连接东盟国家主要机场的客货运航线，并取得突破性进展，2019 年累计开通 28 条东盟国家航线，如南宁至胡志明市往返全货机航线于

---

① 《2019 年广西外贸进出口新闻发布会》，中华人民共和国南宁海关网站，2020 年 1 月 20 日，http://cws.customs.gov.cn/nanning_customs/600391/600393/2853784/index.html。
② 《图解：2019 年 1—12 月广西对外投资合作情况》，广西壮族自治区商务厅合作处，2020 年 2 月 1 日，http://swt.gxzf.gov.cn/swsj/dwhzsj/20200201-2399522.shtml。
③ 《北部湾港股份有限公司 2019 年 12 月港口吞吐量数据的公告》，http://www.cninfo.com.cn/new/disclosure/detail?orgId=gssz0000582&announcementId=1207232389&announcementTime=2020-01-07%2016:00。
④ 《广西北部湾港开通菲律宾首条集装箱班轮直航航线》，中国新闻网，2019 年 8 月 22 日，http://www.caexpo.org/index.php?m=content&c=index&a=show&catid=120&id=237066。

10月正式开通，这也是广西第一条直飞东盟的货运航线。① 广西与东盟在陆运方面也取得了一定的合作成果，例如，广西推动多边运输协定下跨境运输（中国—老挝—越南）启动实施，中越两国汽车运输协定和议定书实施，中国南宁至越南海防货运直通车正式开通运行，经友谊关、东兴口岸的中越国际道路货物直达运输实现常态化，南宁—河内国际直达道路货运线路恢复开行。② 在面向东盟的海铁联运、多式联运和冷链方面，广西也取得了一定的进展，例如，3月，广西开出了首趟东盟水果海铁联运冷链集装箱专列；③ 第二批多式联运示范工程（广西实践"一带一路"倡议"西南—北部湾—东盟/中国沿海"点线并举、境外布局多式联运示范工程）钦州港东集装箱堆场项目6月底正式投入使用。④

再有，中国—东盟博览会仍旧是广西和东盟进行经贸合作的关键组成部分，2019年第16届中国—东盟博览会如期举行，充分发挥着重要的推动作用。在2019年第16届中国—东盟博览会的主场馆中，东盟国家展位数为1548个，较2018年的1446个增加7%，占总展位数的22.1%，柬埔寨、印尼、老挝、马来西亚、缅甸、泰国、越南七个东盟国家包馆。⑤ 其中，马来西亚馆的销售额在2018年增长58%的基础上，再次延续了强劲的增长态势，在前三天的展销期间销售额就已经超越了2018年的6.3966亿令吉。⑥ 此外，由广西相关方面主办或承办的各类展会及经贸合作论坛也有序开展，而且首次举办了与水果产业和信服产业相关的交流活动，具体见表1。

---

① 《广西加密连接东盟国家客货运航线》，中国新闻网，2020年1月20日，http://www.gxxdwl.com/bencandy.php?fid=85&id=8944。
② 《广西加速推进面向东盟运输通道建设》，中国新闻网，2020年1月16日，http://www.gxxdwl.com/bencandy.php?fid=85&id=8911。
③ 《广西开出首趟东盟水果海铁联运冷链集装箱专列》，《经济日报》2019年3月4日，https://www.sohu.com/a/299053291_118392。
④ 《广西加快发展多式联运的进展情况、困难问题及下一步工作打算》，广西壮族自治区交通运输厅，2019年10月10日，http://zizhan.mot.gov.cn/st/guangxi/jiaotongxinwen/201910/t20191010_3280899.html。
⑤ 《共享精彩盛会 共绘合作愿景——第16届中国—东盟博览会和中国—东盟商务与投资峰会闭幕》，《南宁日报》2019年9月25日，http://www.nanning.gov.cn/ywzx/nnyw/2019nzwdt/t3843298.html。
⑥ 《东盟博览会 大马馆创6.5亿销售额》，《东方日报》2019年9月24日，https://www.orientaldaily.com.my/news/nation/2019/09/24/307812/。

表1　　2019年广西主办或承办的与东盟相关的主要展会及经贸合作论坛

| 时间 | 活动名称 | 举办地点 |
| --- | --- | --- |
| 2019年9月21日 | 第四届中国—东盟农业合作论坛 | 广西南宁 |
| 2019年9月22日 | 第一届中国—东盟水果产业发展论坛 | 广西南宁 |
| | 中国—东盟绿色人居产业发展高峰论坛 | 广西南宁 |
| | 第六届中国—东盟电子商务论坛 | 广西南宁 |
| | 第11届中国—东盟金融合作与发展领袖论坛暨建设面向东盟的金融开放门户峰会 | 广西南宁 |
| 2019年9月23日 | 第一届中国—东盟幸福产业创新发展国际论坛 | 广西南宁 |
| 2019年10月18—20日 | 第五届中国—东盟旅游展 | 广西桂林 |
| 2019年11月13—17日 | 第10届中国—东盟矿业合作论坛暨推介展示会 | 广西南宁 |
| 2019年11月23—26日 | 第10届中国—东盟博览会林产品及木制品展 | 广西南宁 |
| 2019年11月27—30日 | 2019中国—东盟博览会越南机电展 | 越南胡志明 |
| 2019年12月15—18日 | 2019中国—东盟博览会柬埔寨展 | 柬埔寨金边 |

资料来源：笔者根据新闻资料汇总整理。

最后，广西与东盟继续加大在金融领域的合作力度，这包括两方面的内容。一是广西持续致力于在东盟地区推广人民币的使用。2019年是广西实施《广西壮族自治区建设面向东盟的金融开放门户总体方案》的第一年，根据中央要求，广西壮族自治区进一步落实相关举措，陆续出台了《广西建设面向东盟的金融开放门户五年实施规划》和《三年行动计划》，取得了一定的成绩。2019年1—11月，广西跨境人民币结算量为1459亿元，同比增长23.5%，继续在西部12省区市和全国9个边境省区中排名第一。其中，广西与东盟10国发生人民币跨境收付614亿元，占广西跨境人民币结算总量的42%；与东盟人民币跨境收付在全部本外币跨境收付中的占比达61%，高于全自治区同期水平16个百分点。自2010年开展跨境人民币结算试点工作以来，东盟是广西跨境人民币业务发展的重点区域和最大市场，人民币也成为广西与东盟之间第一大跨境支付货币。① 二是位于广西首府南宁的中国—东盟金融城建设取得新进展。2019 年 1—11 月，新增入驻中国—东盟金融城的金融机构（企业）达 32 家，占总入驻企业的 56%，累计达到 57 家。②

### （三）人文合作不断

广西与东南亚地区毗邻而居，历史上往来密切，在语言、风俗、宗教信仰、生活习惯和文化特征上，广西境内的许多少数民族与一些东南亚民族有许多相似之处，这成为新时代双方进一步拉紧人文纽带的前提条件，也是促进民心相通的重要基础。2019 年，广西和东盟各方继续全方位地加强社会和文化交流，为保证双方间的政治经济合作创造了良好的环境。

首先，广西和东盟两地民众往来数据显示，两地民众的往来在 2019 年更为密切。例如，2019 年，南宁机场东盟航线旅客吞吐量首破百万人次大关。③ 在陆路方面，截至 2019 年 12 月 31 日闭关，位于广西的中越东兴口岸 2019 年出入境旅客人数达 1229.3 万人次，连续 6 年增长。④ 经由中越友谊关口岸入境的人数也延续了往年的增长势头，由 2018 年首次突破 200 万人次大关的 210.81 万人次继续增长至 2019 年的 256 万人次，增长 21.4%。⑤

其次，广西和东盟在社会和文化方面的交流活动在 2019 年持续举办，向常态化发展的趋势日益显现。这些活动涉及人文交流的诸多方面，包括智库学者间的学术交流、教育合作和环境问题的探讨以及医药领域的交流等（见表 2）。

---

① 《人民币成东博会举办地广西与东盟之间第一大跨境支付货币》，中国—东盟博览会官方微信，2020 年 2 月 20 日，http://www.caexpo.org/index.php?m = content&c = index&a = show&catid = 119&id = 239542。
② 《57 家金融机构入驻中国—东盟金融城》，《广西日报》2019 年 12 月 6 日，http://gxrb.gxrb.com.cn/html/2019-12/06/content_1650245.htm。
③ 《广西加密连接东盟国家客货运航线》，中国新闻网，2020 年 1 月 20 日，http://www.gxxdwl.com/bencandy.php?fid=85&id=8944。
④ 《中越边境广西东兴口岸出入境旅客量连续 6 年增长》，新华网，2020 年 1 月 3 日，https://baijiahao.baidu.com/s?id=1654704607417307496&wfr=spider&for=pc。
⑤ 《探访中越边境："千年雄关"友谊关里的"中国年"》，中国新闻网，2020 年 1 月 22 日，https://baijiahao.baidu.com/s?id=1656329190755959135&wfr=spider&for=pc。

表 2　2019 年广西继续主办或承办的与东盟相关的人文类活动

| 时间 | 活动名称 | 举办地点 |
| --- | --- | --- |
| 2019 年 9 月 17 日 | 第 12 届中国—东盟智库战略对话论坛 | 广西南宁 |
| 2019 年 9 月 17—18 日 | 第八届中国—东盟环境合作论坛 | 广西南宁 |
| 2019 年 9 月 17—19 日 | 第五届中国—东盟市长论坛 | 广西南宁 |
| 2019 年 9 月 19—20 日 | 第 14 届中国—东盟文化论坛 | 广西南宁 |
| | 第五届中国—东盟职业教育联展暨论坛 | 广西南宁 |
| | 第三届中国—东盟大学（国别与区域研究）智库联盟论坛 | 广西南宁 |
| 2019 年 9 月 20—21 日 | 第五届中国—东盟药品合作发展高峰论坛 | 广西南宁 |
| 2019 年 9 月 21—24 日 | 第 13 届中国—东盟青年艺术品创作大赛获奖作品展 | 广西南宁 |
| 2019 年 9 月 23—25 日 | 第六届中国—东盟妇女创业创新论坛 | 广西崇左 |
| 2019 年 11 月 8—10 日 | 第三届中国—东盟传统医药健康旅游国际论坛（"巴马论坛"） | 广西河池市巴马瑶族自治县 |

资料来源：笔者根据新闻资料汇总整理。

最后，值得注意的是，在延续以往各类人文交流活动的基础上，广西和东盟首次举办了多个文化活动。例如，2019 年是中国—东盟媒体交流年，国家广播电视总局和广西壮族自治区人民政府于 2019 年 9 月 18—24 日在广西南宁共同主办了首届中国—东盟电视周，通过举办中国—东盟广播电视及新媒体论坛和中国—东盟优秀电视片展播等方式，共同总结、交流中国—东盟媒体合作进展和成果，推介中国—东盟媒体合作重点项目和内容，探讨网络视听节目内容交流交易、平台渠道建设、互联网电视技术服务等方面的产业合作，以及在互联网、大数据、人工智能、5G、4K 超高清等新兴信息技术发展趋势下中国—东盟媒体发展态势等。① 10 月，首届中国—东盟（桂林）阳光健身舞蹈公开赛在桂林开赛，为广西乃至全

---

① 《首届中国—东盟电视周将在南宁举办》，《广西日报》2019 年 9 月 6 日，http://www.gx.xinhuanet.com/newscenter/2019-09/06/c_1124967405.htm。

国和东盟各国的舞蹈爱好者提供了交流切磋的平台。①

## 二 2019年广西和东盟合作存在的问题

虽然广西和东盟的各项合作在2019年都取得了一定的进展，但是我们也应该对这些合作进行冷静、客观的分析和评价，指出存在的问题，以便日后更好地发展广西—东盟乃至中国—东盟关系。

首先，广西和东盟之间的各项合作尚未走深走实。通过以上对2019年合作情况的梳理，我们发现，广西和东盟的合作仍以沟通和交流为主，缺乏具体项目的落实。例如，在政治上，虽然借中国—东盟博览会每年在广西南宁举办的契机，广西领导人与东盟各方负责人保持沟通，但是形式仍大于内容，对实际合作的推动作用有待进一步提升。

其次，广西和东盟之间民心相通的悠久历史和已有成就有待进一步加以利用。广西是中国唯一一个与东盟陆海相通的省区，自古以来，两地民间往来频繁，但是紧密的人文联系对其他合作领域的辐射作用却没有得到充分发挥，溢出效应尚不明显。

最后，广西作为中国面向东盟的前沿阵地、发展与东盟关系的桥头堡和排头兵，推动中国和东盟关系发展的作用和潜力有待进一步挖掘。以贸易为例，虽然广西与东盟的贸易额逐年递增，但是在全国对东盟的进出口总额中的占比仍旧微乎其微。以2019年为例，中国对东盟进出口总额达到4.43万亿元，广西对东盟的进出口额仅占约5%，说明广西对中国—东盟外贸的推动作用十分微弱。

## 三 总结与展望

2020年对于中国和东盟关系而言是极为重要的一年，双方将迎来中国—东盟自贸区建成10周年，与此同时，为了将双方合作关系"提质升级"，2020年也被确定为中国—东盟数字经济合作年。在这样的背景下，

---

① 《中国—东盟（桂林）阳光健身舞蹈公开赛开幕》，新浪体育综合，2019年10月29日，https://sports.sina.cn/others/zongheother/2019-10-29/detail-iicezuev5682826.d.html?sid=228012。

广西和东盟势必将在2019年的基础上继续深化各项合作。中国—东盟博览会将继续成为双方进行各项合作的重要平台。除此之外，根据国家战略以及中国领导人与东盟相关负责人所达成的共识，推动"两国双园"和南向通道建设/西部陆海新通道建设将会成为广西进一步与东盟各方展开合作的重要渠道和依托。在此基础上，双方如何将数字手段和高新技术合作融入其中颇为值得期待和关注。

# 第四篇

# 2019 年中国—东盟合作热点评析

# 越南的联合国外交及中越在联合国框架下的合作

顾 强[*]

近年来,越南多边外交日益活跃。其中,对联合国事务的参与更是越南的重中之重。2019 年 6 月 7 日,越南在第 73 届联合国大会上以 192/193 绝对高票当选 2020—2021 年联合国安理会非常任理事国。这是联合国历史上通过竞选成为联合国安理会非常任理事国的最高票数,可见越南联合国外交的巨大成功。因此,梳理越南的联合国外交以及探讨中越在联合国框架下的合作,既具有一定的学术意义,也具有特殊的现实意义。

## 一 越南联合国外交的历史演进

**(一)1945—1975 年**

第二次世界大战结束前夕,越南独立同盟会抓住时机成功地发起了"八月总起义"(或称"八月革命"),越南民主共和国于同年 9 月 2 日正式成立,之后又进行了"长达三十年的民族解放战争"[①]。以联合国五大常任理事国为切入点,越南在这段时间先后与中华人民共和国(1950 年 1 月 18 日)、苏联(1950 年 1 月 30 日)、法国(1973 年 4 月 12 日)和英国(1973 年 9 月 11 日)实现了建交。[②]

在"冷战"意识形态对立与连续遭到西方势力侵略干涉的背景下,越

---

[*] 顾强,广西大学马克思主义学院博士,副教授。
[①] 《关于越南》,越南社会主义共和国中央政府门户网站,http://cn.news.chinhphu.vn/StaticPages/lichsu.html。
[②] 《外交关系》,越南社会主义共和国中央政府门户网站,http://cn.news.chinhphu.vn/StaticPages/quanheng.html。

南领导人在这一时期选择了依靠社会主义阵营展开外交。在具体措施上，主要体现为寻求社会主义国家援助与借助苏联影响力提高自身的国际地位。

20世纪50年代初，越南民主共和国集中与中国、苏联以及东欧社会主义国家建立了外交关系，并得到了社会主义阵营国家尤其是苏联与中国的巨大援助。其中武器装备、后勤设施等为越南抗法、抗美提供了坚强后盾，对外交的援助更是产生了深远的影响。例如，在日内瓦会议上中、苏、越三国代表一致对外，迫使法国签定了有关恢复印度支那和平的日内瓦协定，为越南赢得了较大的外交利益。① 此外，苏联凭借其影响力帮助越南提升了国际地位，例如使越南参加了一系列国际性会议，包括之后加入"经互会"等。② 但应注意到，越南逐渐将自身捆绑于苏联的国际战略上，为之后一段时间在外交领域被孤立埋下了伏笔。

除了社会主义阵营国家外，越南由于深受战争与侵略之苦，以及在抗法抗美战争中所展现出的惊人毅力，也获得了世界上许多其他爱好和平国家的同情、支持与帮助，这无疑为日后越南加入联合国打下了基础。

### （二）1975年至1992年

1976年7月2日，越南民主共和国更名为越南社会主义共和国③，并于1977年9月20日正式成为联合国的成员之一。④

越南于1976年正式加入了联合国教科文组织，并于次年6月15日成立了越南联合国教科文组织国家委员会，为世界更好地认识越南的文化敞开了大门。⑤ 在加入联合国初期，越南还得到了联合国的积极帮助⑥，第32届联合国大会（1977年）通过第32/2号决议，呼吁世界各国和各国际组织资助越南实施战后国家重建事业。⑦ 可见，"统一后的越南曾一度

---

① 孙宏年、王琛：《越南大国外交战略的百年变迁》，《世界知识》2011年第14期。
② 黄郑亮：《越南"大国平衡"外交：理论与实践》，硕士学位论文，广西民族大学，2017年。
③ 《关于越南》，越南社会主义共和国中央政府门户网站，http：//cn. news. chinhphu. vn/StaticPages/lichsu. html。
④ 《越南与联合国》，越通社，https：//zh. vietnamplus. vn/越南与联合国/107047. vnp。
⑤ 《让越南之美走向世界》，越通社，https：//zh. vietnamplus. vn/让越南之美走向世界/71489. vnp。
⑥ 《越南2020年1月联合国安理会轮值主席国》，越通社，https：//zh. vietnamplus. vn/越南2020年1月联合国安理会轮值主席国/106950. vnp。
⑦ 《联合国——越南建设与发展国家过程中的坚定支持者》，越南人民报网，https：//cn. nhandan. org. vn/vietnamlienhopquoc/page-2. html。

获得了较为良好的外部发展环境"①。

但越南自越共"四大"起，逐渐实行了完全倒向苏联的政策。一方面，越南对于柬埔寨的侵略，引起了世界上较多国家尤其是东盟国家的反对。另一方面，由于边境冲突及中、美、苏三者间的微妙关系，越南在这一时期也失去了中国的支持，联合国安理会与联合国大会多次通过决议要求越南方面撤军②，越南在外交上陷入被孤立的境地。1986年12月15—18日，越南召开了越共"六大"，"实现了社会主义过渡时期的重要转折"③。越共"六大"制定了"广交友，少树敌，创造有利的国际环境，为国内经济建设服务"的方针④，自此越南不断调整对外政策，努力改善自身的国际形象，从而为国内经济发展提供了稳定的外部环境。越共"七大"于1991年6月24—27日在河内举行⑤，"七大"进一步提出，"在和平共处各项原则的基础上，同包括政治、社会制度不同的所有国家建立和扩大友好合作关系"⑥。

1991年10月23日，越南与有关各方签署了在柬埔寨巴黎会议上通过的《柬埔寨问题巴黎会议最后文件》《柬埔寨冲突全面政治解决协定》《关于柬埔寨主权、独立、领土完整及其不可侵犯、中立和国家统一的协定》和《柬埔寨恢复与重建宣言》⑦，从而结束了持续13年的越柬战争。⑧ 1991年11月，越共中央总书记杜梅、部长会议主席武文杰率团访华，两党两国关系实现正常化。⑨ 越南在越共"七大"的基础上，积极改善与周边国家的关系，努力开拓与西方发达国家和国际财政金融组织的经贸合作，开展了全方位、多样化的外交，成功地摆脱了被

---

① 梅记周：《越南独立以来外交政策的演进》，《社会主义研究》2012年第1期。
② 刘恩照：《联合国在柬埔寨的和平行动》，《国际问题研究》1993年第3期。
③ 《越南共产党历次全国代表大会》，越通社，https：//zh.vietnamplus.vn/越南共产党历次全国代表大会/46754.vnp。
④ 王国平：《革新开放以来越南对外政策的调整》，《东南亚南亚研究》2006年第1期。
⑤ 《越南共产党历次全国代表大会》，越通社，https：//zh.vietnamplus.vn/越南共产党历次全国代表大会/46754.vnp。
⑥ 李一凤：《越共开展全方位外交》，《政党与当代世界》1994年第1期。
⑦ 联合国安理会文件：S/23179。
⑧ 刘恩照：《联合国在柬埔寨的和平行动》，《国际问题研究》1993年第3期。
⑨ 《双边关系》，中华人民共和国驻越南社会主义共和国大使馆官网，http：//vn.china-embassy.org/chn/sbgxc/。

孤立的局面。①

**（三）1992—2019 年**

据笔者统计，仅在 1992 年一年中，越南就与 18 个国家实现了建交。② 1995 年 7 月 28 日，越南正式加入东盟，成为东盟第七个成员国。③ 1995 年 7 月 12 日，越南与美建交。④ 越南后于 1998 年加入亚太经合组织、2007 年加入了世界贸易组织。之后越南的经济快速融入世界，获得了长足发展，综合国力快速提升，分别在 2017 年 11 月承办了亚太经合组织（APEC）领导人会议⑤、2019 年 2 月 27—28 日承办了美朝领导人第二次会晤⑥，向世界展现了越南的国际地位。

1. 在和平安全领域：越南于 1996 年签署了《全面禁止核试验条约》（CTBT）、1998 年正式加入了《禁止化学武器公约》（CWC）⑦，在防止核武器和大规模杀伤性武器扩散领域作出了积极贡献。越南后于 2007 年当选为联合国安理会 2008—2009 年任期非常任理事国，在任期内，"越南在防止危机和维护和平方面作出巨大努力，同时提出关于武装冲突中保护妇女和儿童、促进人权以及加强冲突后的和平重建工作等重要的意见和建议"⑧。参与联合国维和行动是越南在和平安全领域的一大亮点：2014 年 6 月，越南首次派遣力量参与维和行动；2018 年 6 月，联合国外勤支助部决定将越南选为联合国维和部队训练基地的四个东南亚国家之一。2019 年 6 月 7 日晚，越南在第 73 届联合国大会上以

---

① 李一风：《越共开展全方位外交》，《政党与当代世界》1994 年第 1 期。
② 《外交关系》，越南社会主义共和国中央政府门户网站，http://cn.news.chinhphu.vn/StaticPages/quanheng.html。
③ 《组图越南共产党 90 年历史党领导全国人民胜利实行革新开放》，越通社，https://zh.vietnamplus.vn/组图越南共产党 90 年历史党领导全国人民胜利实行革新开放/107622.vnp。
④ 《回顾越美关系正常化 24 周年的历程组图》，越通社，https://zh.vietnamplus.vn/回顾越美关系正常化 24 周年的历程组图/99413.vnp。
⑤ 《组图越南共产党 90 年历史党领导全国人民胜利实行革新开放》，越通社，https://zh.vietnamplus.vn/组图越南共产党 90 年历史党领导全国人民胜利实行革新开放/107622.vnp。
⑥ 《美朝领导人第二次会晤越南彰显世界外交强国地位》，越通社，https://zh.vietnamplus.vn/美朝领导人第二次会晤越南彰显世界外交强国地位/92728.vnp。
⑦ 《越南与联合国关系 40 周年概述》，越南人民报网，https://cn.nhandan.org.vn/vietnamlienhopquoc/page-2.html。
⑧ 《越南是联合国积极且具有责任的成员》，越通社，https://zh.vietnamplus.vn/越南是联合国积极且具有责任的成员/86173.vnp。

192/193 绝对高票当选 2020—2021 年联合国安理会非常任理事国①，"这一成绩的取得体现了越南一定的声誉和名望，以及越南为联合国安理会乃至联合国所作出的积极、切实和负责任的贡献"②。

2. 在经济社会发展领域："越南被评价为与联合国合作的成功典范"③，在联合国的有效协助下，越南是较早成功实现联合国千年发展目标的国家之一。具体来说，在 1997—2000 年这一阶段，"按照越南政府的提议，联合国迅速改变协助方式，从以前的技术协助方式转为在改革经济政策及体制、调整国有企业及公共行政结构，完善法律体系，制定公共投资计划，发展银行体系等方面向越南提供咨询服务的协助方式"④。随着经济社会的快速发展，越南逐渐从单方面接受联合国的援助变为与联合国展开协作。例如越南于 2012 年在河内兴建"绿色一号"联合国建筑群⑤，2015 年"绿色一号"联合国建筑群正式落成，有效提高了联合国在越南有关工作的效率。在 2012—2016 年、2017—2021 年这两个阶段越南持续与联合国在"统一行动"倡议框架内制订共同计划，以求实现越南政府 2016—2020 年经济社会发展计划及联合国可持续发展目标。⑥

3. 在人权保护方面：越南于 2014 年当选为 2014—2016 年任期联合国人权理事会成员⑦，越南始终严格履行成员国的责任，其中包括参加人权状况普遍定期审议（UPR），同时积极参加世界人权保护工作。例如"提出关于气候变化对儿童权利产生影响的决议并获通过，提出并参加许多倡议，如保护残疾人的劳动权利，确保海上作业人员的安全工作

---

① 《越南以高票当选联合国安理会非常任理事国》，越通社，https://zh.vietnamplus.vn/越南以高票当选联合国安理会非常任理事国/96927.vnp。
② 《越通社评选出 2019 年越南十大国内热点新闻》，越通社，https://zh.vietnamplus.vn/越通社评选出 2019 年越南十大国内热点新闻/106705.vnp。
③ 《越南是联合国积极且具有责任的成员》，越通社，https://zh.vietnamplus.vn/越南是联合国积极且具有责任的成员/86173.vnp。
④ 《联合国——越南建设与发展国家过程中的坚定支持者》，越南人民报网，https://cn.nhandan.org.vn/vietnamlienhopquoc/page-2.html。
⑤ 即将联合国各组织驻越南的办事处集中在同一个办公楼里工作。这是"统一行动、一个联合国"倡议的重要组成部分，越南是首个建设"绿色一号"联合国建筑群的国家。
⑥ 《联合国——越南建设与发展国家过程中的坚定支持者》，越南人民报网，https://cn.nhandan.org.vn/vietnamlienhopquoc/page-2.html。
⑦ 《越南与联合国关系 40 周年》，越南人民报网，https://cn.nhandan.org.vn/vietnamlienhopquoc/page-4.html。

环境，加强打击有关拐卖妇女儿童等的行为"①。在 2019 年 7 月举行的联合国人权理事会第 41 次会议上，越南在促进和保护人权中所取得的成绩再次受到国际社会的高度评价。②

4. 在文化、知识产权保护方面：越南联合国教科文组织国家委员会通过开展多项计划、深入参与联合国教科文组织论坛、竞选联合国教科文组织总干事③等方式，在越南与联合国教科文组织合作的过程中发挥了关键的作用。④ 自 1993 年顺化古都遗迹群等八处物质文化遗产被列入《世界文化遗产名录》开始，越南不断有自然景观、民族特色文化等成为联合国教科文组织承认的世界遗产。⑤ 截至 2019 年底，联合国教科文组织已将越南 13 处非物质文化遗产列入其《人类非物质文化遗产代表作名录》。⑥ 在知识产权保护方面，2017 年 10 月 2 日，世界知识产权组织（WIPO）191 个成员一致同意推选越南常驻联合国日内瓦、世贸组织和其他国际组织代表团团长杨志勇担任世界知识产权组织大会主席（2018—2019 年任期）⑦。

5. 在解决气候变化问题方面："作为频繁遭受自然灾害影响的国家之一"⑧，越南有效履行了关于气候变化的国际条约⑨，并与有关各方积

---

① 《越南是联合国积极且具有责任的成员》，越通社，https：//zh. vietnamplus. vn/越南是联合国积极且具有责任的成员/86173. vnp。
② 《世界人权日——越南促进人权中的和平烙印》，越通社，https：//zh. vietnamplus. vn/世界人权日——越南促进人权中的和平烙印/106011. vnp。
③ 《越南参加 UNESCO 总干事职位竞选是越南国际责任的体现》，越通社，https：//zh. vietnamplus. vn/越南参加 UNESCO 总干事职位竞选是越南国际责任的体现/71290. vnp。
④ 《越南联合国教科文组织国家委员会努力提高越南在国际舞台上的形象》，越通社，https：//zh. vietnamplus. vn/越南联合国教科文组织国家委员会努力提高越南在国际舞台上的形象/76227. vnp。
⑤ 《联合国教科文组织公认的越南遗产》，越南之声广播电台，https：//vovworld. vn/zh-CN/听友论坛/联合国教科文组织公认的越南遗产 - 328325. vov。
⑥ 《越南继续完善两处世界文化遗产档案申请工作》，越通社，https：//zh. vietnamplus. vn/越南继续完善两处世界文化遗产档案申请工作/107104. vnp。
⑦ 《越南代表杨志勇当选世界知识产权组织总干事有助于提升国际地位》，越通社，https：//zh. vietnamplus. vn/越南代表杨志勇当选世界知识产权组织总干事有助于提升国际地位/71051. vnp。
⑧ 《越南为减少自然灾害风险做出贡献》，越通社，https：//zh. vietnamplus. vn/越南为减少自然灾害风险做出贡献/71289. vnp。
⑨ 《越南有效履行关于气候变化的国际条约》，越通社，https：//zh. vietnamplus. vn/越南有效履行关于气候变化的国际条约/106737. vnp。

极合作从而作出贡献。2016年4月22日，在195个缔约方一致通过《联合国气候变化框架公约》4个月后，越南同其他100多个国家出席在美国纽约举行的《巴黎协定》签署仪式。① 2017年10月10日，在第72届联合国大会关于可持续发展的专题讨论会上，越南驻联合国代表团代表吴家顺发言并强调了加强预防、减少自然灾害风险和应对气候变化等方面的措施。② 2019年1月25日，联合国安全理事会举行了题为"气候灾害对国际和平与安全影响"的公开辩论会，邓廷贵介绍了越南在此背景下所面临的挑战，明确指出海面上升对越南，尤其是九龙江三角洲的严重影响。他建议联合国安全理事会、联合国下属机构和国际组织紧密配合，同各国携手应对气候变化，同时制定信息共享机制，就气候变化与安全之间的关系互换信息和进行经验交流。③

## 二 越南联合国外交的目标

### （一）维护越南国家主权和领土安全

越南作为一个二战后的独立国家，对于国家独立和主权问题非常敏感。近年来，随着南海问题的升温，越南越来越多地利用联合国这一平台维护其国家利益。从手段上看，越南试图"抱团取暖"，在国际领域对中国施加压力，自其1994年正式成为《联合国海洋法公约》缔约国以来，每年都"积极同世界各国就联合国大会关于'海洋和海洋法'的决议展开讨论；参加联合国大会关于海洋和海洋法问题的非正式协商进程"④。例如，2019年12月10日，在联合国关于大洋和海洋法的会议上，越南在讲话中再次强调了《联合国海洋法公约》在南海（越称

---

① 《越南主动适应有效应对气候变化》，越通社，https：//zh. vietnamplus. vn/越南主动适应有效应对气候变化/50137. vnp。
② 《越南为减少自然灾害风险做出贡献》，越通社，https：//zh. vietnamplus. vn/越南为减少自然灾害风险做出贡献/71289. vnp。
③ 《越南呼吁联合国和各国际组织同各国携手应对气候变化》，越通社，https：//zh. vietnamplus. vn/越南呼吁联合国和各国际组织同各国携手应对气候变化/91359. vnp。
④ 《越南落实1982年联合国海洋法公约25周年 越南加强海洋国际合作第三期》，越通社，https：//zh. vietnamplus. vn/越南落实1982年联合国海洋法公约25周年越南加强海洋国际合作第三期/106212. vnp。

"东海")问题中所发挥的作用。① 越南希望借助联合国平台,在所谓"法理"上为自己寻求支撑。同时试图使各方势力介入南海问题。例如举办"'东海'国际研讨会"在国际上进行宣传,让"国际人士"更加了解所谓的海洋主权争议。② 2008—2009 年,越南首次出任联合国安理会非常任理事国。越南利用此次机会,在 2009 年 5 月 6 日,联合马来西亚一起提交了 200 海里外大陆架"划界案"。该"划界案"严重地侵害了中国在南海的主权、主权权利和管辖权。③ 自 2020 年 1 月 1 日开始,越南担任安理会非常任理事国,越南利用此难得的机会,频频向联合国宣扬其主张。2020 年 3 月底之后,越南常驻联合国代表团接连向联合国秘书长递交多份照会,一再宣称其对南海的非法主张,妄图否定中国在南海的主权和权益。④ 4 月 17 日,中国向联合国提交照会,重申了中国对南沙和西沙的主权声索。为此,越南政府作出了激烈反应。⑤

## (二) 为越南国内经济发展服务

越南独立后,先是与法国殖民者交战,后逐步陷入与美国的战争。在战争结束后,越南又开始入侵柬埔寨。连年战争,使越南的经济几乎到了崩溃的边缘。为了摆脱经济困境,越南政府自 1986 年 12 月开始,提出实施"革新政策"计划,并在此后采取渐进的革新开放措施。谋求实际的经济利益,为国内经济发展注入活力。越共"十二大"之后,"大限度争取外部资源发展国家"仍是越南外交最重要的任务。⑥ 例如,在作为 2016—2018 年任期联合国经济及社会理事会成员期间,"越南主动掌握新趋势和世界在发展领域中的转变,为制定和落实发展政策提供

---

① 《越南出席联合国关于大洋和海洋法的会议》,越通社,https://zh.vietnamplus.vn/越南出席联合国关于大洋和海洋法的会议/106094.vnp。
② 《越南需要国际社会更有力的支持》,越通社,https://zh.vietnamplus.vn/越南需要国际社会更有力的支持/105946.vnp。
③ 席来旺、吴云:《马来西亚越南提交外大陆架"划界案"我国反对》,http://www.chinadaily.com.cn/zgzx/2009-05/08/content_7756532.htm。
④ 于潇清、汪伦宇:《越南妄图否定中国在南海主权和权益,外交部:已提出严正交涉》,https://www.thepaper.cn/newsDetail_forward_7068529。
⑤ 《中国递交联合国的照会与国际法不符》,越通社,https://zh.vietnamplus.vn/中国递交联合国的照会与国际法不符/113063.vnp。
⑥ 潘金娥:《越共十二大之后越南外交战略的新趋向》,《当代世界》2016 年第 11 期。

参谋，同时提出越南的发展需求"①。阮春福总理也曾表示："联合国各组织所提供的切实协助完全符合越南经济社会优先发展主张，为越南各领域带来切实利益"②。

**（三）维护越南民族文化和自然风光**

通过联合国教科文组织展现越南独特的民族文化和自然风光，对内提高民众的民族自信心，对外提升自身的知名度、发展旅游业。具体来说，越通社发文纪念名胜"入录"③ 20 周年④、越南联合国教科文组织国家委员会进行工作总结与工作部署会议⑤、国家总理亲自出席相关仪式⑥等，无不体现了越南对于文化宣传的重视。

越南在维护其民族文化和自然风光的过程中，联合国教科文组织（UNESCO）扮演着核心角色。UNESCO 是国际上最有影响力的文化组织，越南对其给予高度重视。2009 年至 2011 年，UNESCO 在越南广南省试点开展"制定推进遗产和保护区的旅游业发展计划"和"遗产导游人员培训"两大项目，并与越南旅游总局旗下旅游发展研究院联合推荐"制定推进遗产和保护区的旅游业发展计划"和"遗产导游人员培训"的书籍。⑦ 2012 年 3 月，UNESCO 与越南文化体育旅游部在河内举行"文化与发展周"。首次在越南举行的"文化与发展周"，旨在总结 UNESCO 在越南展开有关文化与发展的项目，有利于提高文化的可持续发展。⑧ 2013 年 6 月，越南文化体育与旅游部、广南省人民政府及

---

① 《越南是联合国积极且具有责任的成员》，越通社，https://zh.vietnamplus.vn/越南是联合国积极且具有责任的成员/86173.vnp。
② 《越南重视联合国的核心地位》，越南人民报网，http://cn.dangcongsan.vn/news/越南重视联合国的核心地位-502640.html。
③ 即被联合国教科文组织列入世界遗产名录。
④ 《会安古城和美山圣地被列入世界文化遗产名录 20 周年》，越通社，https://zh.vietnamplus.vn/会安古城和美山圣地被列入世界文化遗产名录20周年/105757.vnp。
⑤ 《继续提升越南在联合国教科文组织各论坛上的地位和作用》，越通社，https://zh.vietnamplus.vn/继续提升越南在联合国教科文组织各论坛上的地位和作用/107710.vnp。
⑥ 《阮春福拥有世界自然遗产文化遗产记忆遗产的越南正日益强大》，越通社，https://zh.vietnamplus.vn/阮春福拥有世界自然遗产文化遗产记忆遗产的越南正日益强大/79875.vnp。
⑦ 《联合国教科文组织协助越南推进旅游业和谐发展》，越南共产党电子报，http://cn.dangcongsan.vn/travel/news/联合国教科文组织协助越南推进旅游业和谐发展-118395.html。
⑧ 《联合国教科文组织"文化与发展周"首次在越南举行》，越南共产党电子报，http://cn.dangcongsan.vn/news/联合国教科文组织文化与发展周首次在越南举行-116860.html。

UNESCO 越南国家委员会在越南会安市联合举行《保护非物质文化遗产公约》颁布十周年研讨会，UNESCO 总干事伊琳娜·博科娃出席，探讨越南如何进一步主动和创造性地落实该公约。① 2015 年 11 月，河内市人民委员会与 UNESCO 越南国家委员会在河内市升龙皇城遗产区联合举行 UNESCO 成立 70 周年纪念仪式。政府副总理兼外长范平明出席并发表讲话，承诺继续保护和发扬越南文化遗产价值，为 UNESCO 共同事业作出积极贡献。② 2017 年 12 月，越南 UNESCO 协会在河内举办"全球伦理对维护世界和平事业的作用"国际研讨会，越南国家副主席邓氏玉盛会见参会代表，高度评价其为越南党和国家的民间外交活动作出的贡献。③

### （四）提升越南国际话语权

提升国际方面的话语权，以谋求地区大国的地位。越南频繁通过联合国平台发声并行动，一方面是提升自身的国际影响力。另一方面，越南也频频在国际平台上为东盟发声，从而体现其担当与努力。例如，越南曾在联合国安理会公开辩论中代表东盟承诺为"保护武装冲突中的平民问题"贡献力量。④ 并将举行"联合国与区域和次区域组织在维护国际和平与安全的合作：东盟的作用"会议，"从而强化东盟的中心作用，为促进联合国/联合国安理会与东盟关于地区和平与安全的经常性沟通机制奠定基础"⑤。泰国《曼谷邮报》6 月 11 日刊登文章称，第二次当选联合国安理

---

① 《联合国教科文组织〈保护非物质文化遗产公约〉颁布 10 周年研讨会举行》，越南共产党电子报，http://cn.dangcongsan.vn/news/联合国教科文组织保护非物质文化遗产公约颁布 10 周年研讨会举行-192018.html。

② 《联合国教科文组织成立 70 周年纪念仪式在河内隆重举行》，越南共产党电子报，http://cn.dangcongsan.vn/news/联合国教科文组织成立 70 周年纪念仪式在河内隆重举行-332290.html。

③ 《越南联合国教科文组织协会联合会为落实党和国家的对外路线作出积极贡献》，越南共产党电子报，http://cn.nhandan.org.vn/political/national_relationship/item/越南联合国教科文组织协会联合会为落实党和国家的对外路线作出积极贡献.html。

④ 《越南代表东盟承诺为保护武装冲突中的平民问题贡献力量》，越南之声广播电台，https://vovworld.vn/zh-CN/新闻/越南代表东盟承诺为保护武装冲突中的平民问题贡献力量-751862.vov。

⑤ 《越南担任联合国安理会 1 月轮值主席国坚持独立自主的对外政策和提升国家地位的黄金机遇》，越通社，https://zh.vietnamplus.vn/越南担任联合国安理会 1 月轮值主席国坚持独立自主的对外政策和提升国家地位的黄金机遇/107298.vnp。

会非常任理事国,越南将协助东盟提高在安理会的地位。① 可见,越方乐意在联合国外交上与东盟实现"双赢",结合其担任 2020 年东盟轮值主席国一事,越南在"双赢"的基础上更是为自己赚足了威望。

**(五)获取资金和技术支持**

越南作为一个发展中国家,通过联合国平台获取援助和技术经验支持,努力为本国服务。以气候问题为例,2017 年的台风"达维",联合国开发计划署驻越南代表处表示将向越南灾区提供 400 多万美元的援助②;中国、俄罗斯、美国、韩国③等也都提供了相应的物资与资金支援。2019 年,越南与荷兰在应对气候变化尤其是海水侵蚀上展开进一步合作④,并进一步向日本学习应对台风、建设堤坝方面的经验。⑤ 在"加入联合国初期,越南得到了联合国的积极帮助。70 年代末 80 年代初,除了社会主义国家的援助外,联合国援助占到了越南所获援助的 60%。在革新、工业化、现代化及融入国际事业中,联合国也积极帮助越南,每年向越南提供数亿美元的援助,同时还提供政策咨询、技术援助,在越南开展双边、多边合作项目"⑥。

# 三 中越在联合国框架下的合作

**(一)支持和维护联合国权威**

由于世界处于无政府状态,因此容易陷入无序、混乱乃至战争当

---

① 《国际媒体:越南将协助东盟提高在联合国的地位》,越通社,https://zh.vietnamplus.vn/国际媒体越南将协助东盟提高在联合国的地位/97081.vnp。
② 《联合国向越南受灾地区提供 400 多万美元紧急援助》,越通社,https://zh.vietnamplus.vn/联合国向越南受灾地区提供400多万美元紧急援助/73549.vnp。
③ 《中国外交部发言人华春莹:中国将尽快向越南提供所需援助物资》,越通社,https://zh.vietnamplus.vn/中国外交部发言人华春莹中国将尽快向越南提供所需援助物资/72790.vnp。
④ 《越荷加强应对气候变化交流合作》,越通社,https://zh.vietnamplus.vn/越荷加强应对气候变化交流合作/94376.vnp。
⑤ 《日本愿为越南在自然灾害防治领域提供支持》,越通社,https://zh.vietnamplus.vn/日本愿为越南在自然灾害防治领域提供支持/105785.vnp。
⑥ 《越南——2020 年 1 月联合国安理会轮值主席国》,越通社,https://zh.vietnamplus.vn/越南2020年1月联合国安理会轮值主席国/106950.vnp。

中。为了解决国际社会的无政府状态,在历史上人类有过多次尝试,而联合国是最具影响力的尝试。联合国之宗旨为:

> 一、维持国际和平及安全;并为此目的:采取有效集体办法,以防止且消除对于和平之威胁,制止侵略行为或其他和平之破坏;并以和平方法且依正义及国际法之原则,调整或解决足以破坏和平之国际争端或情势。二、发展国际上以尊重人民平等权利及自决原则为根据之友好关系,并采取其他适当办法,以增强普遍和平。三、促成国际合作,以解决国际上属于经济、社会、文化及人类福利性质之国际问题,且不分种族、性别、语言或宗教,增进并激励对于全体人类之人权及基本自由之尊重。四、构成一协调各国行动之中心,以达成上述共同目的。①

作为当今世界上最具影响的国际组织,同时也是维护世界和平的最重要国际组织,联合国的权威应当得到支持和维护。但是应该看到,在许多情况下,联合国的权威受到了严重挑战。例如,2003年,美国和英国就抛开联合国攻打伊拉克,置联合国于不顾。再如,2020年新冠肺炎疫情暴发之后,迅速在各国蔓延开来。从联合国在此次疫情暴发后的表现能够看得出来,其影响几乎无关紧要。无论是从中国的角度,还是从越南的角度来看,都希望支持和维护联合国的权威。2017年12月31日,中国国家主席习近平发表2018年新年贺词时表示:"中国坚定维护联合国权威和地位,积极履行应尽的国际义务和责任,信守应对全球气候变化的承诺,积极推动共建'一带一路',始终做世界和平的建设者、全球发展的贡献者、国际秩序的维护者。"② 2018年10月24日,越南政府总理阮春福在政府总部会见了由联合国常驻越南协调员卡玛勒·马特拉(Kamal Malhotra)率领的联合国各组织驻越南首席代表。阮春福总理表示:"越南重视联合国的核心地位,并将联合国视为越南对外政策中的优先合作伙伴之一。越南高度重视联合国在制定国际法律

---

① 《联合国宪章》,联合国,https://www.un.org/zh/sections/un-charter/chapter-i/index.html。
② 习近平:《国家主席习近平发表二〇一八年新年贺词》,http://www.xinhuanet.com/2017-12/31/c_1122192418.htm。

系统、维护世界和平、预防冲突及应对各全球性挑战等方面的核心作用。越南将继续主动积极且负责任地参加联合国在和平、发展和促进人权方面的各个工作事项。"① 可见，两国在维护联合国权威方面，存在着一致的利益和共识。在这方面，两国可以进行强有力的合作。

### （二）反对单边主义，维护多边主义

近年来，多边机制弱化，特别是受到了双边机制的侵蚀。二战之后，在美国的主导和引领之下，多边机制呈现出不断发展的势头。自特朗普政府上台以来，美国已经退出了多个国际组织和条约，使多边机制受到弱化。美国退出的国际组织和条约包括联合国教科文组织、联合国人权理事会、中导条约、跨太平洋伙伴关系协定（TPP）、伊朗核协议、巴黎气候协定等。2019 年 4 月 26 日，特朗普总统宣布，美国将退出联合国《武器贸易条约》，这使美国在"退出政策"中又进了一步。2019 年美国政府还曾威胁要退出万国邮政联盟。此外，特朗普政府的政策转向，使跨大西洋贸易与投资伙伴协定（TTIP）相关谈判实质上处于停滞状态，北美自由贸易协定（NAFTA）进行重新谈判，重启修改美韩自贸协定谈判，美日开始新的贸易谈判，美国不再支持《新削减战略武器条约》等。更有甚者，特朗普曾一度威胁要退出世界贸易组织（WTO）。从现有发展态势来看，美国退出 WTO 的可能性增大，未来 WTO 很可能会继续受到美国的猛烈冲击。纵然美国仍留在 WTO 当中，WTO 的功能也将会受到弱化和边缘化。② 特朗普上任以来签署的首个行政命令就是退出跨太平洋伙伴关系协定，他表示将与其他国家进行"一对一"双边谈判，以争取对美国最有利的条件。③ 2020 年新冠肺炎疫情在美国大规模暴发之后，美国政府为了掩盖其"抗疫"不力的责任，极力把责任推卸给 WHO 和中国。为此，美国政府不断攻击 WHO，还停止向 WHO 提供资金。从美国政府近两年的做法来看，美国的整体思路

---

① 《越南重视联合国的核心地位》，越南共产党电子报，http：//cn. dangcongsan. vn/news/越南重视联合国的核心地位 - 502640. html。
② 特朗普政府通过阻止 WTO 上诉机构（The Appellate Body）法官的任命，使其解决贸易争端的法律机制从 2019 年 12 月 11 日起就陷入瘫痪状态。在特朗普政府的技术性操纵之下，WTO 的职能已大大弱化。
③ 蔡添成：《美国退出 TPP》，2017 年 1 月 24 日，http：//www. zaobao. com/realtime/world/story20170124 - 717292。

是"退出多边，转向双边"。美国政府的政策转变，不可避免地使多边机制被双边机制所侵蚀。联合国作为最为重要的多边机制平台，在美国的冲击之下，其力量也受到了削弱。例如，美国已经退出了联合国教科文组织、联合国人权理事会。对于中国而言，维护多边机制是中国政府的一贯立场。2018年10月9日，中国常驻联合国代表马朝旭在当天举行的第73届联大二委一般性辩论会上表示："多边主义是可持续发展的基石。坚定维护多边主义、反对单边主义关乎各国未来发展，特别是广大发展中国家的可持续发展。各方应坚持以合作共赢为目标，以规则秩序为基础，维护好以联合国为核心的国际体系，维护好以世界贸易组织为核心的多边贸易体制，加强全球经济治理，打造良好国际发展环境。"① 越南作为中等规模的国家，多边机制无疑是对其较为有利的机制，特别是面对大国时更是如此。2019年12月5日，2020年东盟国家委员会秘书长、越南外交部副部长阮国勇表示，"目前多边主义面临着不少的困难，越南同东盟共同体正致力于维护多边主义和支持贸易自由。"② 可见，中越两国在联合国框架下，更应维护多边机制，反对单边主义和双边机制。

**（三）维护广大发展中国家利益**

在联合国的193个成员国和两个观察员国当中，绝大多数国家属于发展中国家，中越两国也都是发展中国家。联合国作为发展中国家维护自身利益的最重要平台，已经越来越多地得到发展中国家的认可。习近平主席强调："无论将来中国怎么发展，都永远属于发展中国家，都会坚定支持广大发展中国家发展。"③ 2015年9月28日，中国国家主席习近平出席联大一般性辩论并发表演讲。在演讲中，习近平主席特别谈及中国与发展中国家的关系，在不到30秒的时间里，两次被掌声打断。习近平说："将继续和广大发展中国家站在一起，坚定支持增加发展中

---

① 转引自王建刚《中国代表呼吁坚定维护多边主义》，《人民日报》2018年10月11日第3版。
② 《2020年东盟轮值主席年：增强东盟凝聚力 为东盟创造和谐氛围》，越通社，https://zh.vietnamplus.vn/2020年东盟轮值主席年增强东盟凝聚力—为东盟创造和谐氛围/105777.vnp。
③ 转引自王鹏《势所必然：发展中国家助力世界多极化》，http://opinion.people.com.cn/n1/2019/0215/c1003-30676544.html。

国家，特别是非洲国家在国际治理体系中的代表性和发言权，中国在联合国的一票永远属于发展中国家。"① 2012年10月9日，中国常驻联合国副代表王民在联大讨论秘书长潘基文有关联合国本年度工作报告时指出，联合国改革应提高发展中国家在国际事务中的发言权。② 2016年11月28日，习近平在会见候任联合国秘书长古特雷斯时表示：

> 作为最具普遍性、权威性、代表性的政府间国际组织，联合国在应对全球性挑战中作用不可代替。第二次世界大战结束70多年来，世界实现了总体和平、持续发展的态势，联合国对此功不可没。随着国际形势的发展变化，各国对联合国的期待上升，赞成联合国发挥更大作用。联合国应当旗帜鲜明地维护《联合国宪章》宗旨和原则，积极有为维护国际和平与安全，持之以恒推进共同发展，特别是要落实好2030年可持续发展议程和气候变化《巴黎协定》，照顾发展中国家利益，多为发展中国家发声、办事。③

与此同时，越南也积极利用联合国平台维护发展中国家的利益。2015年9月24—28日，越南国家主席张晋创率领越南代表团出席在美国纽约举行的联合国发展峰会。越南参加本次峰会的主要目的是展开落实越共十一大和越共中央政治局关于积极主动融入国际社会的主张和第22号决议，旨在提高越南在国际舞台上的地位；充分体现越南在展开落实可持续发展目标上的承诺和决心与分享越南在这一领域的经验；维护发展中国家的正当利益，加强联合国与越南的合作关系及争取联合国对越南的支持等。④ 2018年7月9—19日，联合国经社理事会高级别会议（HLS）和可持续发展高级别政治论坛（HLPF）在联合国总部召开。越南计划与投资部

---

① 转引自张鸥、寇琳阳、倪晗、王元、孙毛宁《习近平："中国在联合国的一票永远属于发展中国家"》，http://m.cnr.cn/news/20150929/t20150929_520008168.html。
② 转引自刘维靖《中国代表：联合国改革应提高发展中国家发言权》，http://news.cri.cn/gb/27824/2012/10/10/6651s3880630.htm。
③ 转引自李忠发《习近平会见候任联合国秘书长》，《新华每日电讯》2016年11月29日第1版。
④ 《张晋创主席出席联合国发展峰会致力于展开越南和平合作与可持续发展的外交政策》，越通社，https://zh.vietnamplus.vn/张晋创主席出席联合国发展峰会致力于展开越南和平合作与可持续发展的外交政策/42676.vnp。

副部长阮世方以2016—2018年任期联合国经济和社会理事会成员国的身份率团出席会议,并在会上发言。阮世方呼吁各国加强合作,向各国尤其是发展中国家提供支持。此外,越南代表团还为审查6个可持续发展目标(SDG)的各场会议作出了贡献,同时配合各国朝着均衡、积极、关注发展中国家利益等方向制定并通过部长级联合宣言。① 可见,中越两国在联合国框架下,可以携手共同维护发展中国家利益。

### (四)共同维护国际和平与安全

维护国际和平与安全,既是联合国的核心宗旨之一,也是绝大多数国家的共识。为了维护国际和平与安全,中国政府在联合国主导之下,向许多国家派出了维和部队。1992年4月,中国军队向联合国柬埔寨临时权力机构派出由400名官兵组成的工程兵大队,开创了我军派遣成建制部队参与联合国维和行动的先河。至2016年,中国共有10支维和部队共1546人在四个联合国任务区执行维和任务。四个任务区分别在刚果(金)、利比里亚—黎巴嫩和苏丹、马里。至今,中国已累计派出维和官兵2.2万人次,先后有17名军人在执行维和任务中牺牲。② 与之相对应,越南直到2015年才正式向联合国派出维和部队。越南于2015年派遣一个工兵连赴南苏丹参加联合国维和行动并在这里开设二级野战医院。2019年11月28日,越南一号二级野战医院首批赴南苏丹维和部队第二梯队的32名官兵回国。在联合国南苏丹特派团执行为期一年的维和任务后,越南一号二级野战医院官兵圆满完成了对当地维和官兵的医务任务。与此同时,越南一号二级野战医院官兵主动积极参加保健医疗、文化体育交流活动,为当地居民提供帮助,为树立越南官兵的良好形象作出了贡献。此前,2019年11月14日,联合国向越南一号二级野战医院授予了"和平荣誉勋章"③。在维护国际和平与安全问题上,中越两国存在着比较一致的立场与利益,两国可以进行长期、深入且广泛的合作。

---

① 《越南为联合国可持续发展高级别政治论坛作出了积极贡献》,越通社,https://zh.vietnamplus.vn/越南为联合国可持续发展高级别政治论坛做出了积极贡献/83303.vnp。
② 《17名中国军人为世界和平牺牲》,搜狐新闻,https://www.sohu.com/a/80840926_119222。
③ 《越南首批赴南苏丹维和部队医疗分队官兵完成任务凯旋归来》,越通社,https://zh.vietnamplus.vn/越南首批赴南苏丹维和部队医疗分队官兵完成任务凯旋归来/105166.vnp。

# 试析澜湄合作的新进展与新挑战

王海峰[*]

澜湄合作机制（下文简称"澜湄合作"）是由澜沧江—湄公河流域的中国、缅甸、老挝、泰国、柬埔寨、越南六国建立的共商、共建、共享的新型次区域合作机制。澜湄合作自建立以来进展迅速，澜湄合作所形成的"发展为先、平等协商、务实高效、开放包容"的澜湄精神由培育期、成长期进入全面发展阶段。2018 年 1 月，澜湄合作第二次领导人会议在柬埔寨金边举行，标志着澜湄合作从培育期迈向成长期，在战略上升级至"3+5+X 合作框架"。2018 年 12 月 17 日，澜湄合作第四次外长会在老挝琅勃拉邦举行。2020 年 2 月 20 日，澜湄合作第五次外长会在老挝万象市举行，澜湄合作正在从快速拓展期进入全面发展期。本文主要回顾与总结 2019 年澜湄合作最新进展，结合 2018 年底召开的第四次外长会与 2020 年初召开的第五次外长会，从多元化视角对澜湄合作的进展进行评析。

## 一 澜湄合作的最新进展

2019 年澜湄六国在"3+5+X 的合作框架"，即政治安全、经济和可持续发展、社会人文三大支柱，互联互通、产能、跨境经济、水资源、农业和减贫五大合作领域以及其他合作领域，开展密切合作，取得显著成果。

---

[*] 王海峰，广西大学中国—东盟研究院菲律宾所研究人员、助理研究员。

**(一) 签署并落实澜湄合作专项基金**

2019年1月,缅甸和中国签署了澜湄合作专项基金2018年缅方项目协议。澜湄合作专项基金将针对19个项目向缅甸提供240万美元资金支持,涉及农业、畜牧与灌溉、教育、社会福利与救济等领域。① 2019年2月14日,柬埔寨与中国签署"澜湄合作专项基金柬埔寨项目",双方签约19个新项目,柬埔寨项目共获得766.4556万美元资金,主要涉及能力建设、教育、研究和文化交流等。② 澜湄合作专项基金柬埔寨首批16个项目于2017年12月签署,柬埔寨共获得730万美元的资金。③ 2019年2月15日,老挝与中国在万象签署澜湄合作专项基金2018年老方项目合作协议。在首批13个基金项目已经启动的基础上,老挝7个部委申报的21个项目获批。④ 2019年12月24日,中泰签署澜湄合作专项基金减贫项目合作协议、澜湄合作专项基金水资源项目合作协议、澜湄合作专项基金农业项目合作协议。2019年,越南政府相关部门和机构提出总计29个由澜湄合作专项基金资助的合作项目,截至2019年底,这些项目正处于资助审核阶段。

**(二) 政治安全领域**

2018年12月17日,澜湄合作第四次外长会在老挝琅勃拉邦举行,旨在落实第二次领导人会议成果,规划澜湄合作下一步发展,并为2020年第三次领导人会议的召开做准备。澜湄六国同意讨论共同构建"澜湄流域经济发展带"的具体方案,开展高质量的国际产能合作,推动在卫生、海关、青年等领域进行更为深入的合作,探讨推动澜湄地方

---

① 《缅甸驻华大使:中缅在澜湄合作机制下有很大合作空间》,2019年2月2日,http://world.people.com.cn/n1/2019/0202/c1002-30608812.html。
② 《澜湄合作专项基金柬埔寨项目在金边签约》,2019年2月14日,https://www.sohu.com/a/294664535_123753。
③ 《澜湄合作为柬埔寨发展注入新动力》,2019年2月23日,http://paper.people.com.cn/rmrb/html/2019-02/23/nw.D110000renmrb_20190223_3-03.htm。
④ 《中老签署澜湄合作专项基金2018年项目协议》,2019年2月18日,http://www.lmcchina.org/hzdt/t1638614.htm。

合作的可行路径。① 2019年3月22日，澜沧江—湄公河合作三周年暨2019年"澜湄周"招待会在中国外交部举行，外交部部长助理陈晓东出席招待会并致辞，澜湄合作五国驻华大使、国际组织代表、专家学者、留学生代表200余人应邀出席。② 2019年12月，第89次中老缅泰湄公河联合巡逻执法行动完成。此次行动于12月24日在中国关累、老挝孟莫、班相果及缅甸万崩同时启动，中老缅泰四国共派出执法艇6艘、执法人员128人，累计航程542公里。巡航编队采取全线联巡、分段联巡、编组巡航等方式，在中国关累港至老缅泰交界的金三角水域开展联合巡逻执法。③ 2020年2月20日，澜湄合作第五次外长会在老挝万象市举行，标志着澜湄合作正在从快速拓展期进入全面发展期。

### （三）社会人文领域

2019年9月，中央民族干部学院举办的澜湄合作成员国民族事务官员研修班，成为澜湄国家民族工作交流的优质平台，对推动澜湄次区域稳定发展具有积极意义。④ 2019年3月，"澜湄周"活动暨澜湄水资源合作青年论坛在河海大学举办。⑤ 2019年11月，由澜湄合作基金支持、外交学院亚洲研究所承办的"澜湄国家未来外交官培训项目"在海南和北京举行。2019年9月16日，"澜湄合作中的非传统安全合作"国际学术研讨会在北京举行。研讨会就澜湄区域的跨界非传统安全挑战等议题进行了具体探讨。⑥ 2019年6月16日，澜湄教育合作（普洱）

---

① 《澜沧江—湄公河合作》，外交部网站，2019年4月，https：//www.fmprc.gov.cn/web/gjhdq_676201/gjhdqzz_681964/lcjmghhz_682662_1/jbqk_682664/，登录时间：2019年10月20日。
② 《澜湄合作三周年暨2019年"澜湄周"招待会在京举行》，2019年3月23日，https：//baijiahao.baidu.com/s？id=1628792212006870911&wfr=spider&for=pc。
③ 《第89次中老缅泰湄公河联合巡逻执法行动圆满完成》，2019年12月30日，http：//www.lmcchina.org/hzdt/t1728600.htm。
④ 《2019年澜湄合作成员国民族事务官员研修班圆满结业》，2019年9月10日，http：//www.seac.gov.cn/seac/xwzx/201909/1135846.shtml。
⑤ 《2019年水资源领域"澜湄周"活动暨澜湄水资源合作青年论坛在河海大学举行》，2019年3月21日，http：//www.hhu.edu.cn/2019/0321/c166a188595/page.htm。
⑥ 《"澜湄合作中的非传统安全合作"国际学术研讨会举行》，2019年9月19日，http：//www.lmcchina.org/hzdt/t1699370.htm。

论坛在普洱学院举行。① 2019 年 9 月 10 日,由澜湄合作专项基金支持、中国国际扶贫中心主办的澜湄合作减贫能力提升项目研修班开班仪式在北京举行。

### (四)水资源合作领域

澜湄六国将澜湄水资源合作打造成澜湄合作的"旗舰品牌"。2019 年 6 月 4—5 日,澜湄水资源合作联合工作组 2019 年第一次特别会议在云南昆明召开,签署《关于在澜湄水资源合作联合工作组下中方向其他五个成员国提供澜沧江汛期水文资料的谅解备忘录》。② 2019 年 8 月 10 日,澜湄水资源合作联合工作组 2019 年第二次特别会议在泰国廊开府召开。10 月 29—30 日,澜湄水资源合作联合工作组 2019 年第三次特别会议在广东省佛山市召开。2019 年 12 月 17 日,澜湄水资源合作部长级会议在北京举行,此次会议发布了《澜湄水资源合作部长级会议联合声明》和《澜湄水资源合作项目建议清单》,签署了《澜湄水资源合作中心与湄公河委员会秘书处合作谅解备忘录》。③ 根据相关协议,澜湄六国将在水资源与绿色发展、水资源综合管理与应对气候变化、跨界河流合作与信息共享等领域开展合作。④ 12 月 24 日,泰国与中国签署中泰澜湄合作专项基金水资源项目合作协议。根据该协议,中方将资助泰国国家水资源办公室开展泰缅界河管理模式研究与合作,为澜湄流域界河管理积累经验。⑤

### (五)国际产能合作领域

2019 年 11 月 21 日,澜湄合作博览会暨澜湄合作滇池论坛在昆明举

---

① 《2019 澜湄教育合作(普洱)论坛:扩大教育开放合作造福澜湄流域国家人民》,2019 年 6 月 20 日,https://www.mhwmm.com/Ch/NewsView.asp?ID=39132。
② 《澜湄水资源合作联合工作组 2019 年第一次特别会议在昆明召开》,2019 年 6 月 14 日,http://news.sina.com.cn/o/2019-06-14/doc-ihvhiqay5587377.shtml。
③ 《中泰签署澜湄合作专项基金水资源项目合作协议》,2019 年 12 月 26 日,http://www.lmcchina.org/sbhz/t1727980.htm。
④ 《中泰签署澜湄合作专项基金水资源项目合作协议》,2019 年 12 月 26 日,http://www.lmcchina.org/sbhz/t1727980.htm。
⑤ 《中泰签署澜湄合作专项基金水资源项目合作协议》,2019 年 12 月 26 日,http://www.lmcchina.org/sbhz/t1727980.htm。

行，滇池论坛的举办促进了澜湄流域国家在经贸投资等领域的合作。①2019年10月17日下午，中国纺织业"一带一路"大会分会议澜湄纺织合作峰会召开，推动澜湄流域国家纺织工业合作。②2019年11月21日，澜湄合作经济技术展览会新闻发布会在老挝万象召开，展览会促进中国与老挝经贸合作。③2019年9月22日，澜湄产能合作联合工作组第四次会议在广西南宁召开。澜湄成员各方充分肯定澜湄产能合作一年来所取得的积极进展，进一步落实澜湄合作第二次领导人会议共识和《澜湄合作五年行动计划》，积极研拟产能与投资合作具体举措。④

### （六）互联互通与跨境经济领域

2019年3月1日，中国与泰国召开中泰铁路合作联合委员会第27次会议，双方就中泰铁路合作、中老铁路与中泰铁路实现连接达成多项共识。2019年12月27日，泰国国家铁路局与中国铁路通信信号股份有限公司（中国通号）在泰国首都曼谷签约，双方预计将在3年内共同完成泰国佛统至春蓬复线铁路改造项目。⑤2019年1月14日，由中国企业承建的柬埔寨金边第三环线公路项目开工仪式在柬埔寨首都金边举行。第三环线公路项目的实施不仅将促进沿线各区经济发展，同时也将带动柬首都地区投资和旅游业发展，意义十分重大。⑥2019年12月27日，中老铁路全线最长隧道森村二号隧道贯通仪式在老挝琅勃拉邦举行。⑦在2019年10月澜湄合作跨境经济合作联合工作组第三次会议上，澜湄六国就经贸合作重点问题以及未来合作发展方向进行了深入探讨。

---

① 《2019澜湄合作博览会暨澜湄合作滇池论坛成功举办》，2019年12月3日，http：//yunnan.ccpit.org/? p=3706。
② 《2019澜湄纺织合作峰会成功举办》，2019年10月23日，https：//k.sina.com.cn/article_3057540037_b63e5bc502000ldlk.html? from=news&subch=onews。
③ 《2019年澜湄合作经济技术展览会新闻发布会在老挝召开》，2019年11月22日，http：//www.people.com.cn/n1/2019/1122/c32306-31470079.html。
④ 《澜湄产能合作联合工作组第四次会议在南宁举行》，2019年10月8日，http：//www.lmcchina.org/hzdt/t1716906.htm。
⑤ 《中国公司将参与泰国复线铁路改造项目》，2019年12月30日，https：//www.mhwmm.com/Ch/NewsView.asp? ID=39132。
⑥ 《中企承建柬埔寨公路项目开工》，2019年1月6日，http：//www.lmcchina.org/sbhz/t1629835.htm。
⑦ 《加强互联互通 建设"无缝澜湄"》，2020年3月18日，http：//www.lmcchina.org/hzdt/t1757334.htm。

### (七) 农业和减贫领域合作

农业和减贫是澜湄合作优先领域之一。2019年6月，在柬埔寨召开的澜湄合作农业联合工作组第二次会议上，澜湄合作六国一致同意在原有"大湄公河次区域农业科技交流合作组"的基础上，建立覆盖范围更广、合作内容更丰富的澜湄合作农业科技交流协作组。8月下旬，澜湄合作农业科技交流协作组在云南昭通宣布成立。① 2019年10月30日，澜湄农业农资合作峰会暨经贸洽谈会在云南昆明举行，洽谈会进一步深入发掘中国与东盟特别是澜湄流域国家间的合作潜力，促进农业、农资等领域务实对接。② 2019年12月24日，泰国与中国在曼谷签署中泰澜湄合作专项基金减贫项目合作协议。根据协议，中国将资助泰国自然资源与环境部在泰国东北部通过发展林业帮助当地民众脱贫，探索澜湄流域林地减贫模式。③ 就在同一天，泰国与中国在曼谷签署中泰澜湄合作专项基金农业项目合作协议。根据协议，中国将资助泰国农业与合作社部在水稻种植、畜牧业草料获取、可持续农业系统发展等方面实施多个项目。④

## 二 澜湄合作面临的新挑战

澜湄合作机制建设4年来取得了重大成果，可谓是"天天有进展，月月上台阶"。该机制已经成为澜湄次区域发展速度最快，合作最为成功的机制。随着合作的深入开展，澜湄合作机制进入全面发展期。与此同时，在新的形势之下，澜湄合作亦面临着诸多新挑战：澜湄合作可能面临动力衰减；澜湄合作机制缺乏规范；澜湄合作机制内部成员利益存在差异以及多个域外国家介入等挑战。这些挑战对于澜湄合作的发展构

---

① 《澜湄合作农业科技交流协作组正式成立》，2019年9月1日，http://www.lmcchina.org/hzdt/t1717005.htm。
② 《澜湄农业农资合作峰会昆明启幕》，2019年11月7日，http://www.lmcchina.org/hzdt/t1713896.htm。
③ 《中泰签署澜湄合作专项基金减贫项目合作协议》，2019年12月26日，http://www.lmcchina.org/sbhz/t1727980.htm。
④ 《中泰签署澜湄合作专项基金农业项目合作协议》，2019年12月26日，http://www.lmcchina.org/sbhz/t1727978.htm。

成阻碍，可能导致未来澜湄合作发展速度放缓。

**（一）澜湄合作动力可能会衰减**

澜湄合作机制成立之初，在中国倡导，其他成员国积极参与之下，澜湄合作动力十分强劲，合作迅速取得诸多成就。2018年1月，澜湄合作第二次领导人会议将合作领域由"3+5"战略升级为"3+5+X"战略。澜湄合作机制的合作领域因此大为拓展。在本次会议上发布的《澜湄合作五年行动计划（2018—2022）》指出："2018年至2019年为奠定基础阶段，重在加强各领域合作规划，推动落实中小型合作项目。2020年至2022年为巩固和深化推广阶段，重在加强五大优先领域合作，拓展新的合作领域"。① 中国为支持澜湄合作的优先项目于2016年专门设立了澜湄合作专项基金，承诺在5年内提供3亿美元支持澜湄五国提出的中小型合作项目，目前该基金已经为澜湄合作国家的上百个项目提供了资金支持。此外，中国还承诺湄公河国家可优先使用2亿美元南南合作援助基金。中国的大力推动并提供广泛的区域公共产品成为澜湄合作发展的关键驱动。

在多边和双边合作框架下，以具体项目为驱动，中国与湄公河下游国家合作成果显著。2019年，各成员国将自身的发展规划与澜湄合作行动计划以及中国推动的"一带一路"建设相对接，澜湄合作在国际产能、农业减贫、跨境水资源等合作领域取得积极进展。泰国、缅甸、老挝、柬埔寨四国与中国签署多个中小型合作项目。尽管在相关领域合作成就显著，但是澜湄合作机制仍然面临动力衰减，发展进程放缓的挑战，主要表现在以下方面：第一，澜湄合作中小项目成效不足，缺乏澜湄框架下多边化的协调。这些中小项目以双边为主，主要是由澜湄国家负责申请相关领域项目，但是项目多以会议、培训、奖学金等形式开展。如柬埔寨2018年澜湄合作，已经获批的19个项目，就多以上述方式展开。这些项目尽管对于推动相关合作领域的发展起到了积极作用，但是从长期来看，其实质意义与以市场和民生需求为出发点的项目相比可能较小。

---

① 《澜沧江—湄公河合作五年行动计划》，澜湄合作网站，2018年1月11日，http://www.lmcchina.org/zywj/t1524906.htm，登录时间：2020年1月20日。

第二,在澜湄合作进程中,中国为澜湄合作的重大项目所提供的大部分财政援助为优惠贷款。老挝、柬埔寨等澜湄国家财政赤字严重,重大项目资金的可持续性面临挑战,澜湄成员担忧因重大项目建设而陷入"债务陷阱",因此未来澜湄合作重大建设项目可能会因澜湄国家债务风险而有所减少。

第三,澜湄框架下多边领域合作存在分歧。以水资源领域合作为例,澜湄流域各国对湄公河水资源管理、使用持不同观点,湄公河下游国家内部存在诸多反对在湄公河国家上游修建水电站的声音。这些反对势力大多以西方政府资助的非政府组织为主,可能成为引发湄公河国家冲突与不和的潜在风险。由此,水电开发长期成为澜湄地区的跨境争议问题,对于澜湄水资源合作构成挑战。在互联互通领域,目前澜湄次区域跨境交通技术标准、口岸管理制度以及运输标准不统一也是跨境运输便利化的主要障碍,给跨境运输对接带来很大难题。主要表现为:口岸管理制度以及运输标准不一,现有过境程序低效,手续繁杂,部分口岸满负荷运转,口岸拥堵程度不断加大,缺乏相互认可的统一物流标准,过境车辆存在准入限制,过境的货物仍然需要经过车辆换装等问题。

## (二) 域外国家介入增加湄公河区域合作的复杂性

21世纪初,随着中国的崛起,在东南亚地区的影响日益增强,中日之间在澜湄次区域呈现出高度竞争的态势。日本在该区域实施大力度的经济援助,布局"东西经济走廊"战略与中国提出的中国—中南半岛经济走廊展开竞争,力图维持其在湄公河流域的影响力。泰国利用中日竞争在两国之间进行平衡,用日本制衡中国,在中泰铁路谈判进程中,与中国进行"拉锯式"的讨价还价,影响了中泰铁路合作进程。[①]2018年10月9日,日本与湄公河流域国家在东京举行"日本与湄公河流域国家首脑会议",制定了《东京战略2018》草案,旨在推动日本与湄公河流域国家在经济、社会、环境等领域的合作,制衡中国主导的澜湄合作机制,维护与提升日本在该区域的影响力。

在奥巴马政府时期,美国提出"湄公河下游倡议",加大对湄公河

---

① 邹春萌:《"一带一路"背景下的中泰铁路合作:积极影响与潜在风险》,《深圳大学学报》(人文社会科学版)2018年第1期。

流域的战略投入。特朗普上台之后，对该区域的投入有所减弱。但是，随着中美战略竞争的加剧，特朗普提出"印太战略"，通过增加外商投资与经济援助等方式加大对东南亚地区的投资，因此美国可能重新加强对湄公河下游的介入。2019年8月1日，在东亚领导人系列峰会期间，美国国务卿蓬佩奥与湄公河流域五国外长召开"湄公河下游倡议"部长级会议。并宣布向下游湄公河国家提供总额1400万美元的援助。随着"印太战略"的实施，美国与日本加强在湄公河流域的互动与合作。在本次"湄公河下游倡议"部长级会议上，蓬佩奥还提出美国将同日本建立"湄公河区域能源伙伴"（JUMPP），旨在为湄公河流域五国提供长期可靠的能源保障。

除了美国、日本之外，印度与韩国也在积极介入湄公河流域事务，参与的程度日益提升。印度制定"东向政策"，主导湄公河—恒河对话机制。2018年8月，第九届湄公河—恒河地区外长会议召开，印度与湄公河五国一致同意加强合作，促进在农业、旅游、文化、交通、卫生与水资源等流域的合作。韩国制定"新向南政策"，积极布局湄公河流域。2018年8月，第八届韩国—湄公河外长会议召开。韩国加强与湄公河五国的合作，增加对东盟、韩国—湄公河合作基金项目提供官方发展援助。以美国、日本、印度等国家为主的域外力量积极参与湄公河流域，加剧了湄公河流域合作的复杂性。

**（三）域内国家利益诉求与参与程度存在差异**

缅甸、老挝、泰国、柬埔寨、越南五国政治体制存在差异，经济发展阶段各不相同，宗教文化亦有各自的特点，五国在参与澜湄合作机制的利益与诉求方面存在差异，因而参与的积极性有所不同。第一层次是柬埔寨、老挝、缅甸，三国经济较为落后，与中国双边关系十分密切，已经先后与中国建立命运共同体，在参与澜湄合作机制过程中积极性最高，合作项目最多。但是三国政治发展缓慢，存在着政局不稳，政治腐败等问题。第二层次是泰国，泰国巴育政府与中国关系密切，参与澜湄合作的积极性较高，疑虑较少。但是泰国在参与澜湄合作的同时与其他区域合作机制的关系较为密切，受到日本等国的拉拢。第三层次是越南，越南对于中国在湄公河流域影响力的增长有所忧虑，双方在湄公河水资源开发与南海问题上存在分歧与争端，因此越南在参与澜湄合作过程中有所保留。五国利益差异与参与程度不同对于在澜湄合作机制下构建澜湄命运共同体与澜湄流域经济发展带来挑战。

湄公河流域存在着多种合作机制：一类是流域内国家倡导建立的次区域合作机制；另一类是域外大国主导与湄公河流域国家合作建立的机制。在区域内机制层面，澜湄合作机制与湄公河流域合作机制存在着竞争与合作，部分议题存在重叠。越南与泰国在区域内谋求区域最大主导权与话语权，为此越南主导成立了柬、老、越发展三角和柬、老、缅、越合作两个合作机制，泰国主导成立伊洛瓦底江—湄南河—湄公河三河流域经济合作机制。因而越南主导成立的柬、老、越发展三角，柬、老、缅、越合作与泰国主导成立的伊洛瓦底江—湄南河—湄公河三河流域经济合作机制存在着潜在的竞争。① 2018 年召开的柬、老、越发展三角区第 10 届峰会，柬、老、越三国一致同意通过《2030 年前柬老越三国经济联系行动计划》。2018 年 6 月，泰国主办"伊洛瓦底江—湄南河—湄公河三河流域经济合作战略"（ACMECS）第八届峰会，推动该机制开展更为紧密的合作。

域外国家通过多种形式参与湄公河流域各项事务，对于中国倡导的澜湄合作机制带来挑战。第一，湄公河区域的合作机制复杂多样且缺乏有效的协调，导致该区域合作效率低下，使湄公河国家参与难度增大。以老挝为例，由于目前老挝政府并没有针对澜湄合作的国家行动计划或战略，在某种程度上澜湄合作已和日本—湄公河合作以及韩国—湄公河合作相混淆，政府确定合作优先领域以及避免合作计划重复的难度也随之加大。第二，湄公河流域国家借助美国、日本在湄公河流域的影响力来对冲中国在澜湄合作机制中的主导权。例如，越南支持日本在湄公河流域重大问题上发声。尤其是在水资源合作领域，越南已向湄公河委员会建议将湄公河水资源合作问题列为日本—湄公河流域国家合作机制的重要内容。② 第三，湄公河流域国家参与澜湄合作存在限度。泰国长期

---

① 邓涵：《"峰会年"看澜湄地区制度竞合》，《当代亚太》2019 年第 6 期。
② 《政府总理阮春福出席第十届日本与湄公河流域国家峰会》，越通社，2018 年 10 月 9 日，https：//zh. vietnamplus. vn/%E6%94%BF%E5%BA%9C%E6%80%BB%E7%90%86%E9%98%AE%E6%98%A5%E7%A6%8F%E5%87%BA%E5%B8%AD%E7%AC%AC%E5%8D%81%E5%B1%8A%E6%97%A5%E6%9C%AC%E4%B8%8E%E6%B9%84%E5%85%AC%E6%B2%B3%E6%B5%81%E5%9F%9F%E5%9B%BD%E5%AE%B6%E5%B3%B0%E4%BC%9A/86836. vnp，登录时间：2020 年 1 月 19 日。

奉行独立自主的外交政策，力图维持大国平衡，以此来实现本国利益最大化。在大国平衡的具体操作中与其他东盟国家有所不同，泰国并不是刻意与大国保持等距离，而是积极与各大国发展同等密切的双边关系。[①] 因此，尽管泰国与中国关系日益提升，但很可能难以像柬埔寨、老挝、缅甸那样与中国形成命运共同体，开展更为紧密的合作。

**（四）澜湄合作机制急需规范化**

澜湄合作机制启动4年来，机制建设取得了重大成就。2016年澜湄合作首次领导人会议发布的《三亚宣言》确立了"领导人引领、全方位覆盖、各部门参与"的架构，以政府引导、多方参与、项目为本的模式运作。目前澜湄合作已经形成了领导人会议、外长会、高官会、外交和各领域联合工作组会等多层次机制框架，澜湄六国已经成立国家秘书处针对澜湄合作具体事务进行沟通与协调，并正在探讨建立澜湄合作国际秘书处。上述机制的建立对于推动澜湄合作不断取得显著成效发挥了重大作用。随着澜湄合作的深入开展，澜湄合作机制急需进一步规范化发展。澜湄合作机制内部在合作领域缺乏多边化的有效协调已经导致其在推动水资源合作等领域的能力受到质疑。与此同时，澜湄合作机制与大湄公河次区域合作机制等区域内其他机制缺乏必要的合作，导致机制竞争明显，尤其是域外大国的深度介入，可能导致湄公河次区域合作碎片化。

澜湄合作机制急需规范化还因为是澜湄合作在项目实施、监测以及评估等方面缺乏充分的参与度与透明度。在澜湄合作中多数项目由湄公河流域国家政府主导并负责实施，众多利益攸关方对澜湄合作项目缺乏了解，更没有参与其中。这导致湄公河流域国家和社会对于澜湄合作机制缺乏有效的认知，甚至遭到部分利益攸关方的批评。以泰国为例，泰国普通民众对澜湄合作认知仍较有限且模糊。有学者调研发现，泰国北部民众对澜湄合作进展鲜有感知，其负面的看法主要是担心这些投资项目会改变其世代生活的环境，让他们沦为中国资本的"打工仔"[②]。泰

---

① 周方冶：《中泰关系东盟合作中的战略支点作用：基于21世纪海上丝绸之路的分析视角》，《南洋问题研究》2014年第3期。

② 张洁：《在泰国推进澜湄合作需更好争取民心》，《世界知识》2019年第17期。

国湄公河沿岸民众认为，湄公河开发利用会导致湄公河原有生态环境遭到破坏，损害巨鲶等生物的栖息环境，从而影响沿岸人民的收入，甚至引发社会治安问题。因此，疏浚湄公河河道计划遭到泰国市民团体等组织的反对。①

## 三 澜湄合作前景展望

当前，澜湄合作保持着快速发展势头，各领域务实合作深入推进，六国政治互信不断提升，共同利益持续扩大，睦邻友好局面更加巩固。② 2020 年 2 月 20 日，澜湄合作第五次外长会在老挝万象市举行，标志着澜湄合作正在从快速拓展期进入全面发展期。2020 年将召开澜湄合作第三次领导人会议，澜湄合作机制有望得到进一步探讨并建立澜湄合作国际秘书处，对于推动澜湄合作机制迈向更为成熟、全面的发展阶段具有重大意义。

根据澜湄合作第五次外长会相关内容，未来澜湄合作主要领域有以下方面：第一，澜湄合作与"陆海新通道"相结合，加快推进"澜湄流域经济发展带"建设；第二，加强区域公共卫生合作，使公共卫生安全成为新的增长点；第三，深化澜湄水资源合作；第四，进一步推动农业合作；第五，重点推进民生合作；第六，积极开展非传统安全合作，加强治国理政交流；第七，促进本区域机制协调发展，与大湄公河次区域合作（GMS）、湄公河委员会（MRC）等机制加强交流。③

---

① 《中国主导湄公河疏浚计划遭泰团体抗议》，《联合早报》2017 年 3 月 2 日，http://www.zaobao.com/realtime/china/story20170302 - 731121。
② 《澜湄合作第五次外长会联合新闻公报》，外交部网站，2020 年 2 月 21 日，https://www.fmprc.gov.cn/web/wjbz_ 673089/zyhd_ 673091/t1748082.shtml，登录时间，2020 年 2 月 23 日。
③ 《澜沧江—湄公河合作第五次外长会在万象举行》，外交部网站，2020 年 2 月 21 日，https://www.fmprc.gov.cn/web/wjbz_ 673089/zyhd_ 673091/t1747790.shtml，登录时间，2020 年 2 月 23 日。

# 第五篇

# 大事记

# 2019年中国—东盟合作大事记

区富祝*

**1月**

·8日　新加坡贸工部部长陈振声敦促东盟官员考虑使用连接中国西部和东南亚的陆海贸易新通道。他表示，这条通道比现有的经长江的路线更快，而且成本不高。

**2月**

·26日　"东盟英才中国行"活动在新疆举行，开启了2019年中国—东盟媒体交流年的首行。

**3月**

·2日　中日韩及东盟等16国参加的区域全面经济伙伴关系协定（RCEP）部长会议在柬埔寨暹粒举行。

·13日　第16届中国—东盟博览会拟定于9月20—23日举行。

·27日　在生态环境部和东盟秘书处的支持下，由对外合作与交流中心（中国—东盟环境保护合作中心）主办的2019年中国—东盟生态环保合作周系列活动拟定于3月25—30日在北京举行。

**4月**

·9日　东盟和中国在东盟秘书处举行的第20届东盟—中国联合合

---

\* 区富祝，广西大学中国—东盟信息港大数据研究院ASEAN舆情助理。

作委员会（ACJCC）会议上重申致力于进一步加强战略伙伴关系。

·15日 中国—东盟（德州）经贸洽谈会在齐河东盟国际生态城会展中心举行。

·18日 广西壮族自治区主席陈武调研中国—东盟信息港建设并主持召开工作推进会。

## 5月

·2日 东盟与中日韩财长和央行行长在斐济召开会议，探讨应对中美贸易争端对该地区所造成的消极影响的解决措施，同时加强各国合作，应对金融危机，扩大各国之间的货币兑换协议。

·16日 2019年中国—东盟媒体合作论坛在北京举办。

·19日 第25届中国—东盟高官磋商会在中国杭州举行，东盟和中国同意加强经济联系。重申双方战略伙伴关系的重要性。中方重申，将始终把东盟作为周边外交的优先方向，坚定支持东盟共同体建设和东盟在东亚合作中的中心地位。

·18日 落实《南海各方行为宣言》第17次高官会在中国杭州举行。

·20—22日 泰国主持召开第12届中国—东盟自由贸易协定（FTA）监督行动联合委员会会议等相关会议。

·21日 中新示范项目管理局在雾都宾馆与中国—东盟中心签署合作备忘录，约定建立更深层次的战略合作关系，共同推动中新（重庆）战略性互联互通示范项目与更多东盟国家携手发展。

·22日 中国—东盟海水养殖产业发展论坛和南中国海海藻合作研讨会在广东珠海召开。

·29日 第八届中国—东盟音乐周开幕式交响乐作品音乐会在广西文化艺术中心音乐厅举行。

## 6月

·4日 "一带一路"中国—东盟产业合作圆桌会议在北京召开。

·7日 2019年"文化走亲东盟行——缅甸站"在缅甸仰光中国文化中心开幕。

·11—12日 第四届东亚峰会清洁能源论坛在中国深圳召开。

·13日　2019年中国—东盟农业农资产品、产能、技术对接交流会在杭州举行。

·13日　第三届中国—东南亚商务论坛在云南昆明举行。

·18日　"中国民俗文化东盟行"启动仪式暨"中国—东盟菁英奖学金"标识揭牌仪式在东盟秘书处举行。

·25日　"中国—东盟关系雅加达论坛"第二场系列活动——"一带一路"与东盟发展研讨会在印尼雅加达举行。

7月

·3日　题为"弘扬丝路精神，深化区域合作"的中国—东盟银联体2019年度高官会暨中国—东盟区域银企合作研讨会在福建泉州召开。

·15日　第50届东盟国家旅游组织会议暨第35届东盟与中日韩（10+3）国家旅游组织会议召开。

·22—26日　2019年中国—东盟教育交流周项目启动。

·23日　由中国国家广播电视总局与中国驻东盟使团联合主办的中国—东盟媒体合作高级别会议在印尼首都雅加达举行。

·27日　中国—东盟博览会秘书处与波兰雇主协会在广西南宁签订东博会特邀合作伙伴支持商协会友好合作备忘录。

·31日　东盟"10+1"外长与东盟对话伙伴会议在曼谷举行。

8月

·6日　2019年"中国—东盟儒学国际论坛"在马来西亚吉打州居林市举行。

·20日　由中国驻东盟使团捐建的印尼雅加达"手足小学"（Al-Ikhwan）图书馆开馆。

·26日　驻东盟大使黄溪连出席在泰国曼谷举行的东盟互联互通协调委员会与对话伙伴国会议。

·28日　第14届东盟卫生部长会议在暹粒市召开。

9月

·4—5日　中国—东盟—联合国开发计划署"可持续发展创新与减贫"研讨会在河内举行。

· 9 日　第 18 次中国—东盟（10＋1）经贸部长会议在泰国首都曼谷举行。

· 10 日　第 22 届东盟与中日韩（10＋3）经贸部长会议在泰国首都曼谷举行。

· 15 日　中国—东盟艺术展览在广西南宁开展。

· 16 日　2019 年中国—东盟基础设施合作论坛在南宁举行。

· 17 日　中国—东盟环境合作论坛（2019）在南宁举行。

· 18 日　第九届中国—东盟（柳州）汽车工业博览会在广西柳州市举办。

· 20 日　第五届中国—东盟药品合作发展高峰论坛举行。

· 20 日　2019 年中国—东盟防灾减灾科学传播高峰论坛暨第九届中国—东盟工程论坛在南宁举办。

· 20 日　第三届中国—东盟大学（国别与区域研究）智库联盟论坛在广西南宁举行。

· 21 日　第 16 届中国—东盟博览会和中国—东盟商务与投资峰会在广西南宁开幕。

**10 月**

· 1 日　东盟秘书长林玉辉致信中国国务委员兼外交部部长王毅，热烈祝贺中华人民共和国成立 70 周年。

· 8 日　第 11 次东盟与中日韩（10＋3）大使级联席会议在雅加达东盟秘书处举行。

· 16 日　落实《南海各方行为宣言》第 18 次高官会在越南大叻举行。会议就"南海行为准则"案文第二轮审读充分交换了意见，审议确认了新的海上务实合作项目，并更新了《落实〈宣言〉2016—2021 年工作计划》。

· 17 日　第 19 届东盟与中日韩农林部长会议在文莱首都斯里巴加湾市举行。

· 18 日　中国—东盟合作基金管理团队（AMT）在东盟秘书处正式成立。

· 29 日　中国国务委员兼外交部部长王毅在京会见东盟十国驻华使节。

·30日　由中国东盟商务协会总会（CABA）主导，东盟工程科技院（AAET）、马来西亚拉曼大学等机构协助推动的山东齐河中国东盟生态城教育科技、文化交流与培训促进委员会正式成立。

**11月**

·3日　中国国务院总理李克强在泰国曼谷出席第22次中国—东盟（10+1）领导人会议。

·4日　东盟10国与中国、日本、韩国、澳大利亚、新西兰、印度六国举行第三次区域全面经济伙伴关系协定（RCEP）领导人会议。

·4日　中日韩—东盟银行联合体（10+3银联体）日前在曼谷成立。

·11日　第12届中国—东盟民间友好大会在印尼万隆举行。

·13日　东盟防长扩大会反恐专家组联合实兵演习在广西桂林正式拉开帷幕。

·14—15日　中国交通运输部部长李小鹏应邀出席了在越南河内举行的第18次中国—东盟交通部长会议。

·17日　第十次中国—东盟国防部长非正式会晤在泰国曼谷举行。

·17—18日　第六届东盟防长扩大会（"10+8"）先后在泰国曼谷举行。

**12月**

·4日　《中国—东盟年鉴2018》正式出版。

·10日　共建共享面向东盟的金融开放门户、西部陆海新通道暨中国—东盟信息港推介交流会近日在新加坡成功举行。

·12—13日　东盟与中日韩（10+3）财政与央行副手会在中国厦门举行。

·23日　中国—东盟媒体交流年闭幕式在泰国曼谷举行。

# 2019年中国与文莱合作大事记

李阳阳*

**1月**

·11日　文莱中国"一带一路"促进会宣布委任四名名誉顾问，与此同时，该会在近期内拟修改章程扩大组织阵容。中国多家企业及高等学院、大学表示有兴趣与文莱公司和大学建立合作关系。

·15日　浙江卫视《同一堂课》节目组导演苏俭玮率领先遣小组成员访问文莱华校的重要代表之一——文莱中华中学。苏俭玮导演除探访及拍摄当地的外景之外，还拜访了文莱中华中学。

·17日　新任中国驻文莱大使于红抵文。

·24日　中国穆斯林美食成为文莱第22届文莱消费展的亮点美食。

**2月**

·1日　《神探蒲松龄》《新喜剧之王》等六部华语贺岁片将会在新春期间于文莱各电影院上映。

·14日　为进一步增进两国民众特别是年轻人之间的了解与友谊，中国政府将于2019—2020学年向文莱提供四个全额奖学金名额，面向文莱全国招生。

·19日　中国驻文莱大使于红在18日晚举行的到任招待会暨春节"开门迎宾"活动上致辞，表示使馆将同文莱各界一起，进一步落实两

---

* 李阳阳，广西大学中国—东盟信息港大数据研究院文莱舆情助理。

国领导人所达成的共识，推进两国合作，促进人民之间的交流。使馆也将继续为在文莱的中资企业、来文的中国公民服务。

· 20 日　文莱苏丹携皇室成员出席华人社区新春联欢团拜。

· 28 日　中国首都医科大学附属北京中医医院与文莱中国"一带一路"促进会签署了传统医学领域合作谅解备忘录，双方在平等、互惠、互利的基础上，鼓励和支持开展传统医学领域的交流与合作。

3 月

· 6 日　渣打银行在文莱首次举办全球"一带一路"跑步接力赛活动。这项接力赛旨在突出对"一带一路"倡议的持续承诺，以及该倡议对全球社区和企业的积极影响。

· 14 日　文莱初级资源与旅游部部长表示，该部目前正与中国研发及培育更高产量的稻米。

· 17 日　文莱飞美旅行社率领来自文莱及马来西亚美里旅游业考察团，赴中国长沙进行 8 天 7 夜的考察访问，借以观光及加强中文两地旅游业的发展，这也是主办当局为即将开辟的文莱直飞长沙往返航线所做的筹备工作之一。

· 21 日　为增进中国和文莱之间的相互了解和友谊，中山大学将在 2019 年向文莱学生提供 20 个本科奖学金名额，即日起至 4 月 30 日接受文莱学生的申请。

· 26 日　中国驻文莱使馆召开在文中资企业座谈会。使馆愿与各企业共同努力，深化中文"一带一路"合作，落实好习主席访文成果，促进两国关系的深入发展。

· 31 日　文莱 Pelumpong 鱼类养殖场的所有水产养殖产品将有可能由中国最大的电子商务零售商京东销售，更多文莱海鲜产品将进入中国市场。

4 月

· 16 日　长沙市与文莱首都斯里巴加湾市的航线开通。

· 25 日　京东文莱国家馆开幕，文莱国家馆为文莱制造的产品提供了通过京东平台在中国销售的机会，从而使文莱各种优质食品和产品进入中国市场。文莱政府和品珍控股共同发布了联合品牌"御鲜锋 &

Brunei halal foods",作为文莱海产品在中国市场的销售品牌。

· 25—28 日　文莱苏丹前往北京参加第二届"一带一路"国际合作高峰论坛。文莱苏丹与中国国家主席习近平召开双边会议,讨论了文莱与中国之间的双边关系,并且就区域和国际重要事宜交换了看法。

· 25 日　南京市教育局文化代表团拜访文莱中华中学,文莱中华中学与南京师范大学附属中学签订合作协议,有望带给两校更多的合作机会及更深的相互理解。

## 5 月

· 4 日　中国与文莱最大的合资企业大摩拉岛恒逸炼油厂和石化厂正式进入试运营和生产阶段。

· 7 日　2018 年文莱游客人数报告出炉,中国到访文莱游客数连续第二年保持最多。

· 9 日　广西北部湾大学开放其知名的海洋学院所提供的水产养殖学科系奖学金,供文莱公民及具有永久居民籍的高中生申请。

## 6 月

· 3 日　举办第二届福建金门籍青少年祖地行,三名文莱青年代表文莱福建会馆赴泉州参加。

· 15 日　文莱大学(UBD)与香港中文大学(CUHK)签署了两份学生交流协议,续签两家机构之间的五年合作关系。

· 24 日　驻文莱使馆举办在文中国青年志愿者和教师交流会,推动人文交流结出更多成果。

· 26 日　中国与文莱签署促进水产食品贸易协议,进一步加强两国在野生水产品生物安全检查、检疫和兽医卫生要求方面的合作。

· 29 日　6 名文莱学生前往中国,参加华为的 2019 年未来种子项目。

## 7 月

· 11 日　中国文莱合资企业——恒逸实业有限公司为文莱当地居民提供在中国和当地机构的奖学金培训计划,提供培训和就业机会。

· 17 日　斯里巴加湾中华总商会与中国南宁商务代表团签署了谅

解备忘录，以增加双方的商机。

**8月**

·7日　王毅会见文莱第二外长艾瑞万，双方愿加强高层往来，深化合作，推动文中关系取得更大发展。

·26日　文莱斯市Mulia酒店安装支付宝付款服务系统，为中国的游客提供便利。

**9月**

·3日　中国国家体育总局副局长、中国足球协会党委书记、副主席杜兆才和中国足球协会主席陈戌源在北京会见了文莱足球联合会主席苏弗里亲王一行。双方签署了《中国足球协会与文莱足球联合会合作备忘录》。合作备忘录涵盖赛事交流、技术合作、管理和商务等多个领域，为两国加强足球合作建立了总体框架。今后双方将分享资源，互通有无，共同推动两国足球的发展。

·5—10日　文莱外交部特命大使马思娜公主对中国进行正式访问。在北京，公主会见了国务委员兼外交部部长王毅和外交部副部长罗照辉。双方就进一步加强两国宝贵友谊和关系交换了意见。马思娜公主还出席在南京浡泥国王纪念公园举行的"勃泥国王历史展厅"开幕式，并访问位于杭州的恒逸集团。

·6日　国家首批"一带一路"项目恒逸石化文莱炼化项目一次投产成功，产出合格产品。

·21—24日　文莱参加在南宁市举办的第16届中国—东盟博览会。

·28—30日　中国人民解放军海军"戚继光舰"抵达文莱摩拉港，在文莱进行为期三天的友好访问，并开放准予民众参观。

**10月**

·1日　盼继续加强两国关系 苏丹电贺中国国庆。

·16—22日　文莱第二国防部长访华，与中国国防部部长魏凤和会晤，文莱和中国重申了两国良好的双边防务关系，并表示致力于在包括东盟防长扩大会等多边交往在内的各领域深化和扩大合作。双方还就当前各种安全问题交换了意见，强调了加强合作应对挑战的重要性。

·16—17日　中国农业农村部部长韩长赋应邀出席在文莱举行的第19届东盟与中日韩农林部长会议。会议期间，文莱苏丹接见韩长赋及各国代表团团长。在文期间，韩长赋与文莱初级资源与旅游部部长阿里举行双边会谈，就进一步加强中文农业和渔业合作深入交换意见。

**11月**

·2日　苏丹出席第22届东盟—中国峰会并表示，中国是重要的战略伙伴，为地区和平、经济发展和社会进步作出了重要贡献。苏丹表示，应开始同等重视数字互联互通，并欢迎2020年成为中国—东盟数字经济合作年，这有助于加强东盟地区的电子商务。维护南海的和平与安全对所有国家都至关重要，特别是考虑到其通过"南海行为准则"对货物和人员流动的重要性。

·16日　文莱苏丹接见了中国第13届全国政治协商会议政协常务委员与民族和宗教事务委员会副主席全哲洙。

·27日　中国政府将于2020—2021学年向文莱提供四个全额奖学金名额，面向文莱全国招生。

**12月**

·16日　广西壮族自治区外办代表团到访文莱，计划推动文莱与广西在清真食品领域的合作。

·17日　文莱初级资源与旅游部部长对中国进行工作访问，与中国海关总署副部长张继文签署甜瓜出口协议。双方举行了双边会晤，就签署向中华人民共和国出口水果、肉类和水产品等农产品议定书进行了讨论。

·23日　文莱种植公司Superfish Grower将在2020年与中国最大的水果连锁企业百果园合作，出口优质甜瓜。

# 2019 年中国与柬埔寨合作大事记

周德铭[*]

**1 月**

·8 日　金边直飞北京航线成功首航。

·9 日　由导弹护卫舰"芜湖"舰、"邯郸"舰和综合补给舰"东平湖"舰组成的中国海军第 30 批护航编队抵达柬埔寨西哈努克港，开始对柬埔寨进行为期四天的友好访问。

·20 日　洪森首相与中国国家主席习近平举行会晤，习主席宣布将向柬埔寨提供约 40 亿元人民币（约 6 亿美元）的无偿援助，同时中国将从柬埔寨进口的大米配额增至 40 万吨。

·22 日　2019 年中国—柬埔寨商务与投资论坛在北京召开，柬中高级别官员、商务领导、私营企业代表等约 700 人出席。

·27 日　中国文化和旅游部部长对柬埔寨进行为期五天的正式访问。

·31 日　2019 年"柬中文化旅游年"启动，两国旅游业合作转型升级。

**2 月**

·14 日　柬中"澜湄合作"专项基金项目在金边签约。

·19 日　"感知中国·江苏文化周"在金边举行。

---

[*] 周德铭，广西大学中国—东盟信息港大数据研究院柬埔寨舆情助理。

3月

·3日　柬中商务部就两国贸易展开双边会谈。
·19日　中国银行在柬商业部设"中国服务台"。
·21日　中国外交部副部长孔铉佑到访柬埔寨。
·26日　柬埔寨公共工程和运输部部长孙占托率领代表团赴中国重庆进行访问和考察，亲自搭乘重庆市内的单轨列车，考察单轨列车车站及单轨列车修理和保养厂，为金边市筹建单轨列车项目铺路。

4月

·5日　中国五所院校在无锡签约，商定"抱团"共建西港工商学院。
·10日　西港数字经济产业园签约仪式在北京举行。
·17日　由中国大连市政协副主席吴继华率领的代表团一行拜会柬埔寨—中国友好协会（柬中友协），受到主席艾森沃的热情接待，宾主双方就促进柬埔寨与中国各项领域的合作等事宜进行密切座谈。
·25日　洪森访华参加"一带一路"国际合作高峰论坛。
·25日　柬埔寨环保部和中国自然资源部签署四项关于海洋领域的技术协议，包括管理和保护珊瑚协议、成立海洋环境研究所协议、海洋生态研究所协议和海洋资源地区分配协议。此外，双方还将共同建设柬埔寨—中国海洋研究所。
·27日　中国银行分别与柬埔寨旅游部、财经部和加华集团签署合作谅解备忘录。

5月

·14日　中共中央对外联络部部长宋涛会见柬埔寨人民党高级干部考察团。
·19日　中国北京平澜公益基金会代表与柬埔寨地雷行动与救助受害者机构（CMAA）、柬埔寨民间组织社会联盟论坛官员以及暹粒省女王宫县官员、村民代表在暹粒省女王宫县达崩特莫村举行了中国援柬扫雷行动开启仪式。
·30日　由柬加华银行和中国国家开发银行联合主办的"开发性

金融支持柬埔寨经济社会发展"研讨会在金边举行，200 余名柬中企业家参加，参与者对中国国家开发银行在项目融资和技术支持方面的相关政策深感兴趣。

6 月

·1 日　巴速坤副首相对中国进行正式友好访问。柬中外长举行会谈并达成共识，拟共同携手构建中柬命运共同体，加强两国在政治、经济、贸易、投资、旅游、文化交流等领域的合作。

·11 日　中柬签署 400 兆瓦大型发电站建设协议。

·17 日　柬香蕉获中国海关总署高度认可，出口中国不设配额限制。

·26 日　中国援柬教育环境与设施改善项目动工。

·28 日　柬埔寨证券交易委员会与中国证监会签署合作谅解备忘录。

7 月

·26 日　柬财经部国务秘书旺西伟索与中国国家国际发展合作署副署长邓波清在北京签署三项协定换文，包括维修总理府友谊大厦项目、总理府科技楼技术合作项目以及提供一批海关扫描仪，涉及总金额约 1.66 亿元人民币（约 2600 万美元）。

·31 日　柬外长巴速坤和中国外交部部长王毅举行双边会谈

8 月

·14 日　中国公安部国际合作局局长廖进荣率团访问柬埔寨。其间，廖进荣会见柬埔寨国家警察总署总监涅沙文，双方同意深化在打击跨国犯罪、非法网络赌博、电信诈骗方面的合作，成立"柬中执法合作联合联络小组"，将在中国签署合作谅解备忘录。同时，高度关注在西港的中国公民安全问题，与西港省省长举行会谈，进一步加强双方执法合作关系。

·27 日　应中国民航局局长冯正霖的邀请，柬埔寨民航国务秘书处秘书长毛哈万那参加中—柬民航双边工作会谈，双方同意加强在民航领域的全面合作关系。目前，每周柬埔寨和中国的正常来往航班约有

500个班机。

**9月**

· 10日　柬埔寨外交部条法、领事与边界总局总司长周顺南和中国外交部领事司司长崔爱民在金边召开第三轮领事磋商会议，双方就妥善处理两国公民跨国婚姻问题、有效打击网络赌博犯罪、切实维护本国公民安全与合法权益、加强旅游安全合作等议题深入交换了意见和看法，达成共识。11日下午，中国外交部领事司司长崔爱民会见西哈努克省省长郭宗朗。

· 19日　柬埔寨国王诺罗敦·西哈莫尼对中国四川省和重庆市进行访问，其间与四川省委书记、省人大常委会主任彭清华，重庆市委书记陈敏尔、市长唐良智等举行会谈。其间，西哈莫尼国王一行参观了成都大熊猫繁育研究基地，前往位于成都市青羊区的佛教寺院文殊院，并体验了中国的高铁。

· 20日　中共中央政治局常委、国务院副总理韩正在广西南宁会见了出席第16届中国—东盟博览会和中国—东盟商务与投资峰会的柬埔寨副首相何南丰。21日，何南丰出席博览会开幕大会，在发表讲话时赞赏"一带一路"倡议为柬埔寨基础设施建设发挥的重要作用。他表示，金边至西港高速公路是"一带一路"目前在柬埔寨最突出的发展项目。

· 25日　中国驻柬埔寨大使馆在金边隆重举行中华人民共和国成立70周年招待会。柬埔寨首相洪森及其夫人文拉妮、柬埔寨多位副首相及部长、诺罗敦·帕花黛薇公主及其他皇室成员、各国驻柬使节、在柬华人华侨及中资企业代表等应邀出席。洪森在致辞中表示，中国的不断改革及全面发展不仅给中国人民带来了许多好处，也给全世界人民带来了利益。

**10月**

· 9日　中国国务院总理李克强会见出席2019年中国北京世界园艺博览会闭幕式的柬埔寨副首相贺南洪。李克强表示，中方愿同柬方持续巩固深化友谊，推进双边自贸协定谈判，推动早日达成区域全面经济伙伴关系协定，推进"南海行为准则"磋商，共同维护地区和平稳定与繁荣。

·18 日　柬埔寨副首相兼国防部长狄班应邀出席在中国武汉举行的第七届世界军人运动会开幕式。

·20 日　柬副首相兼国防部长狄班与中国国防部部长魏凤和举行双边会谈，并签署两国军事合作协议。柬国防部政治和外交事务总局局长能索瓦、情报总局局长洪玛能参加会见。中国政府承诺于 2020 年向柬埔寨提供 6 亿元人民币（约 8400 万美元）的无偿援助，用于支持柬埔寨国防领域建设。

## 11 月

·3 日　中国国务院总理李克强在曼谷会见柬埔寨首相洪森。李克强表示，中柬互为友好邻邦，中方支持柬方走符合本国国情的发展道路，支持柬政府为维护国家主权、安全以及发展经济、改善民生所作的努力。中方愿同柬方密切高层往来，拓展各领域，包括基础设施领域的合作，进一步提升中柬全面战略合作水平，为两国人民带来更多福祉。洪森祝贺新中国成立 70 周年，并表示，柬中关系亲密友好，今年我同李克强总理多次见面。两国共建"一带一路"成果丰硕，执法合作卓有成效。柬方愿同中方尽快商签自贸协定，欢迎中国企业扩大对柬投资。

·16 日　应柬埔寨人民党邀请，中共中央委员、湖南省委书记杜家毫率中共代表团对柬埔寨开展为期四天的访问。杜家毫将于 18 日上午会见柬人民党主席、政府首相洪森。当天下午 3 时，杜家毫将会见人民党常委兼政府外长巴速坤。19 日上午，杜家毫将出席在金边源帝酒店举行的中国（湖南）装备与制造走进柬埔寨投资博览会暨签约仪式。

## 12 月

·9 日　中柬举行税务合作机制会议。

·10 日　中国军事检察院检察长蒋洪军访问柬埔寨。

·16 日　柬副首相兼国家肃毒机构主席高金然率团对中国进行为期五天的访问。

·18 日　中柬斥资 12.9 亿美元合作兴建的 700 兆瓦燃煤发电厂项目举行签约暨奠基仪式。

·24 日　第八届中柬禁毒合作双边会议召开。

·26 日　柬埔寨第二所孔子学院——马德望大学孔子学院揭牌。

# 2019年中国与印度尼西亚合作大事记

蓝心辰[*]

## 1月

· 3—4日　中国驻印尼大使肖千赴印尼南苏拉威西省进行工作访问，并与南苏拉威西省省长和望加锡市市长举行会面，旨在加强双方友好交往，共同探索合作潜力。

· 9日　阿里云宣布在印尼开设第二个数据中心，并开展"互联网冠军全球加速计划"，助力印尼实现"2020 Go Digital Vision"计划。

· 10日　时任中国驻棉兰总领事孙昂对占碑进行工作访问，并考察中油国际（印尼）公司占碑佳步区块项目。

· 15日　中国广西南宁市常委兼副市长何颖率领代表团参访印尼中华总商会，双方就增进友谊和探索合作商机展开交流。

· 16日　中国驻印尼肖千大使会见印尼国会第一委员会主席阿卜杜勒，双方就中印尼关系、议会交往、涉疆问题等交换意见。

## 2月

· 11日　中国驻印尼大使肖千拜会印尼时任经济统筹部长达尔敏，双方就中印尼经贸合作等交换意见。

· 15日　中国能建浙江火电中标华电印尼玻雅坑口电站全厂特殊消防工程项目。

· 20日　中国驻印尼大使肖千应邀为印尼外交部第61期高级外交

---

[*] 蓝心辰，广西大学中国—东盟信息港大数据研究院印度尼西亚舆情助理。

官培训班授课，介绍中印尼关系和中国外交政策。

• 21—22 日　中国驻印尼大使肖千访问万丹省，并考察由中资企业承建或投资的印尼喀钢高炉项目、印尼海螺 440 万吨水泥粉磨项目和万丹 670MW 燃煤电站。

• 25 日　印尼央行设立驻中国北京代表处。同日，印尼 Telkomsel 与华为签署谅解备忘录（MoU），以推动数字印尼发展。

## 3 月

• 1 日　中国驻印尼大使肖千会见印尼前总统、斗争民主党总主席梅加瓦蒂，双方就两国关系、务实合作等交换意见；同日，肖千大使还会见了印尼气象气候与地球物理局局长维科丽塔·卡纳瓦蒂，双方就中印尼气象气候与地球物理领域合作交换意见。

• 5 日　中国驻棉兰总领馆付爱民副总领事赴北苏门答腊省瓜拉丹戎港口和双溪芒克工业园考察，并与港口和工业园负责人进行座谈交流，为双边务实合作牵线搭桥。

• 10—15 日　中国驻印尼大使肖千在对东爪哇省进行工作访问期间，走访了泗水理工学院（ITS）、玛琅穆联大学（UMM）、玛琅国立大学（UM）等多所当地知名高校并参观玛琅国立大学孔子学院，表示愿积极推动中国知名高校同 ITS、UMM、UM 等加强交往。

• 11 日　中国驻泗水副总领事刘强出席印尼三一一大学 43 周年校庆和孔子学院揭牌仪式。

• 28 日　中国驻登巴萨副总领事张晓丽在巴厘省工商会 2019 年度大会开幕式上致辞时表示，中方愿在高速公路、机场、港口、电力、垃圾处理等基础设施建设领域与巴厘省加强合作，并进一步推动双方在经贸及旅游等领域的合作。

## 4 月

• 1 日　中国驻登巴萨总领事苟皓东与巴厘省省长考斯特就加强中国与巴厘省的务实合作深入交换意见。

• 5 日　中国驻印尼大使肖千往见雅加达省省长阿尼斯，双方就两国关系、友城合作等交换意见。

• 17 日　中国驻登巴萨总领事苟皓东拜会西努沙登加拉省省长祖

尔基弗里，双方就文化教育合作进行深入探讨。

·24日　中国国务委员兼外交部部长王毅在北京会见印尼外交部部长蕾特诺。

·25日　中国国家主席习近平、副主席王岐山在北京分别会见时任印尼副总统卡拉；中国科技部王志刚部长会见时任印尼研究技术与高教部部长纳西尔，双方签署关于共建中印尼高铁技术联合研究中心谅解备忘录。

·25—30日　为深化两国科技合作，印尼科学院秘书长努尔率团访问中国。

**5月**

·4日　中国驻泗水总领事顾景奇应玛琅县政府邀请赴玛琅县新柯沙里镇出席杂交水稻试种收割仪式，并在致辞中表示愿继续与东爪哇省包括玛琅县加强在经济、农业、人文等方面的交流与合作。

·11日　由中企投资开发建设的"苏州印尼吉打邦产业合作园"及"印尼吉打邦智能家居科技工业园"启用仪式在雅加达举行。

·12—13日　中国云南省人大常委会副主任李培在率团访问印尼巴厘省期间表示，愿在友省关系框架内与巴厘省加强互学互鉴和务实合作。

·14日　雅万高铁瓦利尼隧道贯通仪式在西爪哇省瓦利尼隆重举行。

·21日　中国国家主席习近平向印尼总统佐科致贺电，祝贺佐科胜选连任总统，并表示愿同其共同努力，引领两国全面战略伙伴关系更上一层楼。

**6月**

·11日　中国驻印尼大使肖千拜会印尼当选副总统马鲁夫，双方就中印尼关系、两国务实合作等交换意见。

·17日　中国驻棉兰代总领事王军会见苏北省文化旅游厅厅长希达雅迪，双方就文化、旅游等领域合作进行工作交流。

·22日　由中国国际交流协会与中国驻泗水总领馆合作举办的"一带一路"民心相通和跨文明对话研讨会在日惹举行。

·27日　印尼海关总署与中国海关总署在比利时布鲁塞尔举行的第133/134届世界海关组织（WCO）理事会会议上共同签署电子原始数据交换谅解备忘录。

7月

·3日　中国外交部副部长罗照辉在访问印尼期间表示，2020年是中印尼建交70周年，中方愿推动两国全面战略伙伴关系实现更大发展，并深化中国—东盟关系和东亚区域合作，共同维护自由贸易和多边主义，促进地区共同发展和繁荣。

·9日　中国驻印尼大使肖千拜会印尼财政部部长英卓华，双方就中印尼关系、多边及区域合作等问题交换意见。

·16日　中国水电建设集团国际工程有限公司与印尼卡扬水电能源公司签署价值91.8亿元人民币的印尼卡扬水电站项目商务合同。

·24日　中国驻印尼大使肖千与时任印尼通信与信息部长鲁迪安塔拉就中印尼关系及两国通信与信息领域的合作广泛深入地交换了意见。

8月

·12日　中国驻登巴萨总领事苟皓东拜会乌达雅纳大学校长苏黛薇博士，双方就中印尼科研合作和人文交流等深入交换意见。

·15日　印尼气象气候与地球物理局与中国成都高新减灾研究所，联合建设印尼地震预警系统的启动仪式在雅加达举行。

·21—23日　中国驻登巴萨副总领事张晓丽、许七一领事、项英玲领事一行三人赴东努省古邦市考察交流经贸合作情况。

·31日　由中资企业为主投资开发、中国能建葛洲坝集团承建的印尼首个大学生主题公寓——双弘公寓项目开工奠基并开盘。

9月

·14日　以中国陆军第80集团军某合成旅为主组建的维和步兵排抵达印尼，将参加印尼东盟防长扩大会维和演习。

·20日　印尼总统佐科与外交部部长蕾特诺分别会见中联部部长宋涛。

·21日　第16届中国—东盟商务与投资峰会框架下的印尼领导人与中国企业 CEO 圆桌对话会在南宁举办。

·24日　中方承建印尼雅万高铁首座连续梁顺利合拢。

·26日　中国驻印尼大使馆与中国驻东盟使团联合在雅加达穆丽雅酒店举办国庆招待会，隆重庆祝中华人民共和国成立70周年。

## 10 月

·1日　印尼总统佐科祝贺中华人民共和国成立70周年。

·11日　印尼交通部与中印尼高铁公司（KCIC）正式缔结合作协议，共同培养高铁建设和运作方面的人才。

·18—21日　中国国家主席习近平特使、国家副主席王岐山赴雅加达出席印尼总统佐科连任就职仪式并对该国进行友好访问。

·23—29日　印尼西努沙登加拉省省长祖尔基弗里率团访问中国浙江和北京。

·29日　中国驻印尼大使肖千拜会印尼国防部部长普拉博沃，就两国国防、军事交流与合作交换意见。

## 11 月

·3日　佐科在泰国曼谷会展中心举行的第22次中国—东盟（10+1）领导人会议上致辞，强调共同协作以推动《印度洋—太平洋方案》的进程。

·8日　"宁波·印尼经贸论坛"在浙江宁波举办成功。

·10—12日　第12届"中国—东盟民间友好组织会议"在万隆马尾松酒店（Mason Pine Hotel Bandung）举办。

·16日　中国驻登巴萨总领馆与东努省合作在古邦市成功举办了第四届领区三省投资推介会。

·20日　中国驻登巴萨总领馆与乌达雅纳大学（乌大）签署了关于成立"中国—东盟跨文化研究院"的合作意向书，并就进一步加强文化与学术交流深入探讨。

## 12 月

·10日　中国辽宁—印尼经贸交流推介会在雅加达香格里拉酒店

举行。

·11 日　据廖内省北干巴鲁市中央统计局统计，2019 年 1 月至 10 月，廖内省的出口大部分流向中国市场，总额高达 17.1 亿美元。

·15 日　印尼国防部部长普拉博沃赴华，进行为期三天的访问。

·16 日　中国国务委员兼外长王毅在马德里出席亚欧外长会议期间会见印尼外长蕾特诺，双方表示愿与各方共同努力，签署区域全面经济伙伴关系协定。

·25 日　为庆祝东盟—中国自由贸易协定签署 12 周年，泰国商务部在森塔拉大酒店举行研讨会。

·30 日　印尼巴迪航空开通深圳至巴淡岛航线。

# 2019年中国与老挝合作大事记

莫馥宁*

**1月**

·3日　95.4亿元人民币大单：中国再助"陆锁国"老挝建高速公路。

·4日　老挝信息、文化和旅游部为2019年中老旅游年制订计划。

·6日　姜再冬大使赴中资企业调研走访

·7日　中国驻老挝大使姜再冬会见老挝国会主席巴妮；老挝宣布计划以吸引更多中国游客的到来。

·11日　中国驻琅勃拉邦总领馆为琅省公安厅、琅市公安局公安干警举办中国农历新年联谊会活动。

·13日　老中铁路迎来新的发展时代；中国驻老挝大使姜再冬赴中方在老建设项目工地看望一线工人。

·16日　中国驻琅勃拉邦总领馆与琅省新闻文化旅游厅举行迎接"2019中老旅游年"工作座谈会。

·17日　中国驻老挝大使姜再冬赴中国驻老挝文化新闻机构调研。

·21日　老挝—中国合作中心的优质良种助力老挝农作物出口到中国。

·21日　2018年访老挝中国游客人数突破80万人次大关，较2017年增长26%。

·23日　老挝将吸引游客的重点转向中国、东南亚市场。

---

\* 莫馥宁，广西大学中国—东盟信息港大数据研究院老挝舆情助理。

- 24 日　2019 年中老旅游年拉开帷幕，1 月 25 日将举办中老文化旅游年开幕式。
- 25 日　习近平向 2019 年"中国—老挝旅游年"致贺词。
- 27 日　中国文化和旅游部部长雒树刚应邀率团访问琅勃拉邦省。
- 28 日　老挝政府敦促企业改善对中国游客的服务，"2019 中老旅游年"正式启动。
- 31 日　中老缅泰启动第 78 次联合巡逻湄公河。

## 2 月

- 5 日　旅居老挝的中国人在万象庆祝农历新年。
- 9 日　中国投资者敦促老挝政府改善签证程序；老挝向中国出口的家具销量增加一倍；中老铁路最长桥梁开始架梁施工。
- 14 日　中老铁路多项工程创造老挝历史纪录。
- 15 日　2 月 15 日，中国驻老挝大使姜再冬和老挝外交部副部长通潘在万象签署澜湄合作专项基金 2018 年老方项目合作协议。
- 18 日　老挝和中国就合作项目签署了 450 万美元的协议，旨在为澜湄合作框架下的一系列项目提供资金。
- 19 日　老挝新闻文化旅游部公布"2019 中老旅游年"计划。老挝旅游部门设计并将举办一系列吸引中国游客的活动。
- 21 日　老挝和中国将考虑在统计方面进行合作，中国将首次派统计专家与老挝共享行业技术经验，中方感谢并欢迎为加强双方在统计等发展项目实施中的协调与相互支持，为加强和发展中老友好全面合作提供基础；在万象同中国国家发改委副主任宁吉喆率领的中国代表团进行会谈时，老挝工贸部部长请求中国方面考虑将大米进口配额提高到 5 万吨，并接受其他工业品的进口以推动两国双边贸易的发展。
- 27 日　中国公司援建的供水工程在老挝首都竣工，将有助于实现 2020 年万象自来水覆盖率不低于 95% 的目标，并将帮助万象发展成为一个现代化城市；中老铁路建设为老挝当地人民提供了 5000 多个就业岗位，改善了当地村民的生活。

## 3 月

- 1 日　中国资助老挝国家电视台（LNTV）数字化升级项目，该项目将包括全面更换现有的用于制作、播出和编辑节目的标准清晰度设备，以及采用高清技术的LNTV第三频道演播室设备。

·4日　广西对老挝援建项目成功，成"海外样板"。

·8日　老挝人民革命党中央总书记、国家主席本扬·沃拉吉期待将与中方共同建设的国家级合作项目——首都万象赛赛塔综合开发区建成绿色、可持续、繁荣的开发区。

·10日　老挝人民革命党中央总书记本扬会见中共代表团。

·13日　老挝在上海开展旅游宣传活动。

·16日　中老"一带一路"合作促进命运共同体建设——姜再冬大使接受中央广播电视总台采访。

·22日　中老铁路较长隧道之一完工，老挝和中国政府昨天庆祝磨丁隧道的钻孔和施工完成，这是老中铁路项目10条较长隧道中的第一条。

·24日　澜湄合作三周年招待会在北京举行，中国与湄公河五国老挝、缅甸、柬埔寨、越南、泰国的贸易额已超过2600亿美元。

·26日　中国驻老大使姜再冬出席首届"追梦杯"驻老挝中资企业羽毛球邀请赛开幕式。

·27日　中国国务院总理李克强在海南博鳌会见来华出席博鳌亚洲论坛2019年年会的老挝总理通伦。

## 4月

·4日　老挝向中国官员授予杰出官员勋章，老挝政府授予云南省人民对外友好协会办公室主任友好奖章，表彰其为推动中老合作作出的突出贡献。

·5日　中老双方共同祭奠中国援老革命烈士，中国驻老大使姜再冬率使馆外交官代表赴老挝川圹省，与川圹省委省政府共同祭扫中国烈士陵园。

·8日　"中国—老挝旅游年"大型系列活动在万象举行。

·9日　包括50名官员在内的1000名中国游客抵达万象，支持老挝和中国政府在"2019中老旅游年"为促进旅游业发展所做的努力。

·10日　《中国政府援老挝扶贫示范村项目可行性研究工作现场考察会谈纪要》签字仪式在万象举行，中国驻老挝使馆经商参赞王其辉与老挝老中合作委员会办公厅主任赛萨那·西提蓬签署了《会谈纪要》，老挝工业贸易部部长兼老中合作委员会主席开玛妮·奔舍那等老挝政府官员出席并见证签字仪式。

·11日 老挝国家博物馆举办"中国当代艺术家书法作品展",为期5天,周一至周五。此次展览是"2019中老旅游年"活动的一部分,旨在通过向老挝人民展示中国文化,加强中老关系。

·17日 最新全球幸福国家大排名发布,老挝居第105位,中国居第93位。

·22日 中国国家电网有限公司老挝500千伏/230千伏输变电项目奠基开工。

·23日 泰国与中国、老挝将签署中老—中泰铁路连接线老泰铁路线合作备忘录,泰国在第二届"一带一路"国际高峰合作论坛上与中国和老挝签署廊开至万象的铁路合作备忘录。

·24日 应中国国家主席习近平邀请,老挝国家主席本扬·沃拉基于4月25日至5月1日访华,并出席第二届"一带一路"国际合作高峰论坛。

·25日 中国国务院总理李克强在人民大会堂会见了来华出席第二届"一带一路"国际合作高峰论坛的老挝国家主席、老挝人民革命党中央总书记本扬·沃拉基。

·28日 老挝国家主席本扬·沃拉基会见中国人大常务委员会委员长栗战书;中国—老挝职业技术教育与培训基地落户湖南。

·29日 老挝国家主席本扬·沃拉基率老挝代表团访问福建。

**5月**

·1日 中共中央总书记、国家主席习近平举行仪式欢迎老挝人民革命党中央总书记、国家主席访华;中国老挝签署命运共同体行动计划,开启双边关系新时代。

·3日 老挝和中国签署多项协议和一系列新的合作文件,把两国合作推向新的高度。

·4日 中老签署国际道路运输协定;南方电网与老挝国家电力公司签署中老铁路供电项目股东协议。

·6日 中国公司江葛投资老挝北部最大的水泥厂。

·15日 老挝建设中文网站吸引更多游客,为游客提供中文旅游信息。

·22日　老挝出席在中国杭州举行的东南亚国家联盟和中国第17次高级官员会议，讨论"南海宣言"的实施情况。

·26日　第12届"汉语桥"世界中学生中文比赛老挝赛区决赛圆满落幕，由中国驻老挝大使馆、中国驻琅勃拉邦总领事馆联合主办、老挝南塔省寮龚华文学校承办的第12届"汉语桥"世界中学生中文比赛老挝赛区决赛在南塔省新闻文化旅游厅举行。

28日　老挝与中国签署老挝北部省份发展贸易协定。

## 6月

·2日　中老经济合作区人民币现汇超过1亿元。

·4日　"中国旅游文化周"在万象举行。

·4日　老挝和中国官员、研究人员和企业齐聚万象，讨论数字经济发展，将大数据应用于旅游业，加强应急响应能力。

·8日　首次边境反恐演练举行，中老两军出动特战部队等摧毁匪徒据点。

·10日　在老挝，中国公司签署发展老挝农业协议；广西与东盟合力开发药用植物，广西依托中国—东盟传统医药交流合作中心，积极主办、承办多个医药方面的重大国际活动，并与东盟各国在项目合作、人才培养等方面取得了实质性的成果。

·13日　老挝与中国签署旅游人力资源开发协议。

·19日　老挝加入中国、其他东盟国家的行列，讨论相互支持发展警察学院和培训机构。

## 7月

·1日　"一带一路"建设惠及参与国，"一带一路"倡议在促进亚洲、中国和欧洲经济增长、合作和人民交往方面发挥了重要作用。

·8日　泰国计划建设"跨东盟"高铁，连接中国、老挝甚至新加坡。

·8—10日，上海市人大常委会副主任、上海市友协会长沙海林率上海市人大代表团访问琅勃拉邦省。

·9日　中老两国共产党第八届理论研讨会，在厦门举行，黄坤明出席开幕式并作主旨报告。

·11 日　中国以 3 亿美元融资促进老挝中小企业发展。

·19 日　老挝国家电视台播出中国经典电视剧《红楼梦》。

·23 日　老挝首次向中国出口配额大米，政府鼓励当地企业在中国国家质量监督检验检疫总局注册，以增加出口。

·29 日　老挝新闻、文化旅游部和广西壮族自治区文化旅游部官员在万象会面，进一步促进两国旅游业的发展。

8 月

·1 日　中国外交部部长王毅会见泰国、老挝外长，中国国务委员兼外交部部长王毅在出席东盟外长会等相关会议期间，在曼谷会见了老挝外长沙伦赛；中国驻老挝大使馆举行"八一"建军节招待会。

·2 日　老挝国会主席巴妮·雅陶都视察中老铁路工程项目。

·5 日　构建以"成都—磨丁"为中转枢纽的亚欧海铁联运物流网，老挝磨丁经济特区与成都国际铁路港签署合作备忘录。

·7 日　中铁五局（CREC5）工人在老挝乌多姆塞省 Namor 区中老铁路 Ban Konlouang 隧道施工现场用冰块降温。

·8 日　中国、老挝军方将举行联合医疗救援演习，中国人民解放军医疗队将于 8 月 13 日至 26 日赴老挝进行为期 14 天的人道主义医疗救援联合训练，为当地群众提供医疗服务。

·9 日　老挝与中国扩大在心血管疾病治疗方面的伙伴关系，老挝医生正与中国同行合作，提高他们的诊断技能和心脏的治疗能力，以应对老挝全国越来越多的心血管疾病。

·16 日　第 16 届中国国际博览会特别合作伙伴会议召开。

·18 日　纵贯中国、老挝、泰国的国际高速公路开通，20 个小时横跨 3 个国家！中国第一条国际高速公路助昆明"走出去"！

·22 日　中铁国际中老铁路孟赛三号隧道顺利贯通，老挝当地时间 2019 年 8 月 22 日上午 10 点，由中国中铁国际集团承建的中老铁路孟赛三号隧道安全顺利贯通。

9 月

·3 日　中老军方携手打造"和平列车"品牌。

- 4日　中国全国政协主席汪洋在北京会见参加"凝心聚力、增进共识——中国、朝鲜、越南、老挝统一战线组织专题研讨会"的外方代表团。
- 6日　新加坡—昆明铁路（SWG-SKRL）工作小组会议在万象举行。会上，老挝官员强调老方在推动铁路互联互通建设方面所做的努力。
- 10日　中老合资促进农业产业化，老挝国有农业服务中心（SAS）已与中国广州中和源农业发展有限公司（GZAD）和香港UAB Global Ltd（UAB）达成协议，合作投资农业和进行市场开发。
- 19日　中国与老挝合作电影《占芭花开》首演。
- 23日　中国捐赠10万美元用于老挝洪水救灾工作。
- 24日　中国电力建设集团在老挝投资了超过20亿美元的南乌河水电工程项目。
- 25日　老挝代表团参加了2019年湖南国际文化旅游节。
- 30日　万象举行庆祝中国成立70周年招待会；中国与老挝代表共同祭奠中国援老挝革命烈士。

## 10月

- 9日　老挝坚定支持中方应对当前香港局势的立场和措施。
- 14日　老挝《万象时报》举行中文网站启用仪式，促进双方媒体交流往来，推进信息资源共享，相互支持、共同发展。
- 15日　驻琅勃拉邦总领馆邀请中国公派和志愿者教师做客总领馆。
- 16日　中国与老挝加强农业出口质量检测合作关系。
- 28日　"共建中老铁路，共筑美好家园"青年文化交流活动在老挝举行。
- 31日　2019年1—9月中国对老工程承包新签合同额达16.6亿美元。

## 11月

- 4日　中国国务院总理李克强在泰国举行的第35届东盟峰会上会见了老挝总理通伦，双方就加强合作、建设中老命运共同体进行了双边会谈。

·11 日　2019 年昆明文化旅游万象推介会在老挝万象举行。

·11 日，中国老挝磨憨—磨丁经济合作区党工委召开"不忘初心、牢记使命"主题教育工作推进会。

·12 日　老挝官员向中国学习铁路运营知识。

·19 日　2019 年"一带一路·中国优秀企业走出去"万象论坛在万象召开。

·20 日　第 88 次中老缅泰湄公河联合巡逻执法启动。

·22 日　中老投资洽谈会开创合作共赢新局面；中老缅泰四国举行"守望—2019"水上联合缉查演练。

·25 日　中老意向合作企业签约金额超 13 亿人民币。

·26 日　中国云南省光明行第四次走进老挝；中国云南—老挝北部合作工作组第十次会议暨高端智库论坛系列活动拉开序幕。

·27 日　中国驻琅勃拉邦总领馆为琅省建国阵线访华考察团送行。

·27—28 日，中国重庆商务委员会举办了关于自由贸易试验区政策和知识的培训班，老挝—中国经济贸易促进会（LCETPA）的代表和老挝官员出席。

·29 日　云南—老挝合作工作组会议代表赴大理考察；中国云南—老挝北部合作工作组第十次会议在昆明举行；中国位居老挝第一大投资来源国，总投资额超 115 亿美元。

## 12 月

·2 日　中国云南大理州委副书记、州长杨健会见由老挝—中国合作委员会副主席肯通·西苏翁率领的老挝代表团；中国—老挝女性发展交流主题活动在老挝万象举行。

·4 日　投资 1 亿美元，中国和老挝合资建设医药产业园；2019 年 1—10 月中国对老挝工程承包新签合同额达 17.8 亿美元。

·9 日　中国武夷联营体签订老挝钾肥项目 EPC 总承包框架协议投资 31.75 亿元人民币；中国气象局副局长于新文访问老挝。

·13 日　广西大学校长赵跃宇率团到越南、缅甸、老挝访问；中老泰海关在大理举行联络员会议。

·17 日　河南省委副书记尹弘会见老挝自然资源与环境部长。

·17日　全国人大常委会委员长栗战书在人民大会堂同老挝国会主席巴妮举行会谈。

·19日　中国—东盟战略伙伴关系"2030愿景"老挝研讨会在老挝万象市举行。

·20日　中国驻琅勃拉邦总领事李志工应邀出席"中华文化进校园"活动。

·24日　中国驻琅勃拉邦总领事李志工会见云南省海外交流协会代表团。

·25日　由中国和老挝四艘执法艇组成的联合巡逻执法编队从中国西双版纳景哈码头鸣笛起航，标志着为期四天三夜的第89次中老缅泰湄公河联合巡逻执法行动正式启动。

·26日　中国亚洲经济发展协会中老合作委员会在塔銮湖经济专区揭牌。

·27日　第六届"中国大使奖学金"颁发活动在老挝国立大学举行。

·27日　中国昆明市政协主席熊瑞丽会见老挝琅勃拉邦代表团。

·29日　"文化中国·味道云南"品鉴会老挝行活动成功举行；第六届越老中三国边境县抛绣球节成功举办。

·30日　中国驻琅勃拉邦总领事李志工应邀出席中老铁路全线最长隧道贯通仪式；老挝驻上海副总领事一行访问上海立信会计金融学院。

# 2019年中国与马来西亚合作大事记

覃馥琳*

**1月**

·4日　中国广州市旅游局与南方航空开展深度合作,在南航吉隆坡办事处挂牌成立广州旅游推广中心,共同推广广州旅游资源、城市形象,以及传播岭南文化。

·8日　马来西亚霹雳州政府将制作面向中国市场的40个宣传旅游视频,霹雳州旅游委员会主席陈家兴表示,这将弥补中国对霹雳州信息缺乏的不足。

·15日　"中国—东盟交流专项奖计划"对大马新增的50个奖学金名额已满。中国驻马使馆文化教育处将继续和中国教育部门、各级政府、相关高校等积极联络沟通,继续全力为大马赴华留学人员争取更多奖学金名额。

·22日　尽管希盟政府上台后,有传中企对大马的投资失去信心,但马来西亚国际贸易及工业部副部长王建民指出,中企依然是马来西亚制造业直接投资最大的来源国,显示出中企对大马新政府领导下的大马经济前景有信心。王建民说,在2018年前9个月,获得批准的中国来马直接投资的制造业投资额达到156.2亿令吉,占外企来马直接投资贸易总额的32%,这当中有超过50%是在509全国大选后批准的投资。

·27—29日　马来西亚对华特使兼马中商务理事会主席陈国伟率马来西亚代表团赴中马钦州产业园考察,探讨深化马中"两国双园"

---

\* 覃馥琳,广西大学中国—东盟信息港大数据研究院马来西亚舆情助理。

合作机制，促进马中贸易往来。马中达成共识，要尽快恢复"两国双园"联合理事会，并设立常设秘书处，以进一步深化双方的合作机制。马来西亚对华特使兼马中商务理事会主席陈国伟29日与广西壮族自治区主席陈武会面，讨论深化马来西亚与广西的经贸关系，尤其是"两国双园"合作机制必须获得更进一步的提升。

## 2月

·16日　马来西亚国际贸易及工业部副部长王建民指出，总理马哈蒂尔4月的访华之行预计会为大马吸引更多的投资，尤其是马中关丹产业园建设。他说，目前在关丹产业园中唯一一个接受中国大规模投资的是联合钢铁（马）集团公司，其他投资正在审核中。

·18日　由于马中双边贸易仍存在逆差，马财政部长林冠英呼吁中国多购买大马的棕油，以平衡双边贸易。林冠英指出，中国已连续10年成为大马最大的贸易伙伴国，而大马向中国的出口额增加10.2%，达1389亿令吉，中国向大马出口额增加6.4%，达1749亿令吉，这显示出大马对外贸易依然倾向于中国。

·21日　中国的银行在中国向马来西亚发行熊猫债是一个积极信号，显示出外国政府和投资者对于马哈蒂尔领导下的新政府有信心。马财长林冠英说，外国向新政府提供贷款的好利率和显示出的足够信心是前所未有的。

·26日　马来西亚明讯（Maxis）与中国华为（Huawei）签署了谅解备忘录（MoU），以加速大马的5G技术发展。明讯候任总执行长Gokhan Ogut发文告说，该公司开始走上探索5G科技的旅途，聚焦现场实验、投资及改革网络基础建设，为将来推介智能生活方案铺路。"我们很高兴与长期合作伙伴华为合作开展5G试验，并成为再次将最新技术引入大马的先驱。"大马华为总执行长Michael Yuan也表示，本次合作证明了两家公司对大马5G未来的承诺。

## 3月

·1日　大马邀请中国海事企业来马投资各港口扩展计划，特别是大力发展巴生港口。马交通部部长陆兆福说，在发展整个经济时，港口扮演着很重要的角色。他说，巴生港口有北港和西港，这两个港口对大马来说非常重要。"我国跟中国有很多贸易来往,且中国的海运线在大马有非常活跃的贸易。"

·4日 中国驻马大使表示,中马贸易额首月达403亿元人民币,创下2018年1月以来最高的单月贸易额。

·5日 马来西亚原产业部部长郭素沁和中国驻马大使共同见证了马中签署价值36.4亿令吉的棕油采购协议。

·26日 为了协助中国公民在马来西亚政府医院求医,马中援助协会扩大服务范围,与双溪毛糯医院合作,协调中国公民与院方的沟通问题。这是该会继吉隆坡中央医院之后,与第二家政府医院进行合作,目的是让中国公民在相关医院求医遇到问题时,可向该协会求助。

·28日 金务大(Gamuda Bhd)获得台湾中油股份有限公司(CPC Corp)总值39.5亿新台币(5.2175亿令吉)的合约,在台湾建造一座海上桥梁及相关工程。

## 4月

·12日 中国和马来西亚签署东铁计划附加协议。

·15日 大马铁路公司(MRL)跟中国交通建设股份有限公司(CCCC)决定成立一家双方持股比例为50∶50的合资企业来共同管理、运营和维护东铁。

·16日 中国国务委员兼外交部部长王毅在北京会见出席中马第四轮战略磋商的马来西亚外交部秘书长沙鲁尔。

·20日 大马城计划重启,继续由大马依斯干达海滨控股(IWH)与中国铁路工程集团(CREC)组成的依海中铁(IWH-CREC)有限公司作为主要发展商。

·24—28日 马哈蒂尔访华出席第二届"一带一路"国际合作高峰论坛。24日,马哈蒂尔与李克强共同见证大马棕油局(MPOB)与中国食品土畜进出口商会(CFNA)签署《加强棕油贸易与合作(扩大棕油贸易和合作)》和大马投资发展局(MIDA)与中国通信建设有限公司(CCCC)签署《面向东铁项目工业园区、基础设置、物流中心和交通发展的加强合作》。25日,马哈蒂尔分别与中国国家主席习近平、总理李克强举行双边会晤,并率大马代表团出席全国人大常委会委员长栗战书为其举行的欢迎晚宴。26日,马哈蒂尔在第二届"一带一路"国际合作高峰论坛开幕仪式上发表主题演讲。

·25日　早前率团访华的沙巴首席部长沙菲益阿达，在江西与深圳签署12项总值200亿令吉的谅解备忘录。

·29日　中国和马来西亚的工商关系日益密切，不但连续3年成为马来西亚制造业领域最大的外资来源，而且为本地人创造了至少5.88万个工作机会。中国驻马来西亚大使馆临时代办陈辰说，中国3年来在本地创造了近7.35万个就业岗位，其中本地员工比例超过80%的中资企业非常普遍。

**5月**

·5日　商汤科技、马来西亚科技公司G3 Global有限公司及中国港湾工程有限责任公司签订战略合作协议，共同建设马来西亚首个人工智能产业园。该产业园将由中国港湾提供产业园基础设施建设以及产业园管理、维护和服务。商汤科技提供在人工智能基础技术、产品研发、人才培养等方面的支持。同时以产业园为依托，商汤科技还将与G3 Global合作开拓马来西亚市场，探索人工智能技术在智慧城市、公共管理、手机、汽车等行业的发展，并将人工智能基础教育引入马来西亚课程体系。

·25日　马原产业部、棕油署就生物燃料研究与清华大学签署谅解备忘录。

·27日　随着马中重新谈判并达成启动440亿令吉造价的东铁计划后，中国承包公司最近已经开始展开隧道挖掘工程，据称，该隧道工程是从龙运延伸至文德甲的。

·28日　马来西亚移动电话服务业者Digi与中兴通讯就5G服务签署谅解备忘录。

·30日　马来西亚农业部副部长沈志勤证实，中国政府批准的进口大马冷冻原粒带壳榴梿协议正式生效。

**6月**

·9日　中国广核集团在马设国际机构，培养本地再生能源人才。

·13日　马哈蒂尔与中共中央政治局委员李希会面，商讨两国贸易关系事务。

・14 日　国际贸易及工业部副部长王建民指出，马来西亚中国关丹产业园至今已落实 10 项计划，总投资额达 180 亿令吉，预计在当地制造 2 万个就业岗位。他说，关丹港口第一阶段的深海码头扩建计划，已在 2018 年第四季投入运作。

・16 日　马来西亚对华特使兼马中商务理事会主席陈国伟日前出席马中"两国双园"产业合作联合招商推介会后，在吉隆坡香格里拉酒店与广西壮族自治区副主席费志荣会面，进一步探讨马中"两国双园"合作交流。

・20 日　为鼓励大马学子赴中国留学，又恰逢马中关系建交 45 周年之际，中国驻马大使馆宣布于 2019 年度一次性发放 5000 令吉的《中国大使馆留华奖助学金》20 名，并由马来西亚留华同学会进行审核及分发，即日起正式开放申请。

・22 日　马来西亚外长赛夫丁指出，与中国在南海争端的会谈应该在《南海行为准则》的框架内进行。

・30 日　马来西亚财政部部长林冠英访问中国，就中国投资与马中贸易关注的课题，与马来西亚商会（MAYCHAM）成员会面，并希望能进一步提升马中两国经贸往来。

## 7 月

・1 日　马来西亚与中国签署合拍制作国际动画电影《影子王》，预计耗资将不超过 1 亿元人民币（约合马币 6000 万令吉），为马中合拍投资额最大的一部 3D 国际动画电影。

・8 日　马副总理旺阿兹莎抵达北京，对中国开展为期 4 天的正式访问。

・10 日　马来西亚教育部长马智礼访问中国。

・25 日　东铁计划正式重启，马来西亚铁路产业集团将与马来西亚铁路连接—中国交建联营公司合作东铁计划。

・29 日　"一带一路：中国—马来西亚人文交流与经济合作论坛"在吉隆坡举行，中国驻马大使出席并致辞。

## 8 月

・1 日　第二只在马来西亚出生的大熊猫被取名为"谊谊"

•3 日　马来西亚古晋南市与中国北京东城区 8 月 3 日签署协议，双方缔结友好城市。古晋南市市长曾长青和东城区副区长赵凌云分别代表双方签署协议。

•8 日　马财政部长林冠英出席 2019 马来西亚—中国"一带一路"经济合作高峰论坛。

•9 日　中国驻马大使馆指出，持大马护照者如果要到中国海南旅游，可从海南对外开放口岸免办签证入境，在海南省行政区域内停留 30 天。如果要到香港、澳门特区参加当地旅行社的旅行团从港澳去广东珠江三角洲地区（广州、深圳、珠海、佛山、东莞、中山、肇庆、惠州市所辖行政区）旅游且停留不超过 6 天，可免办签证。若参加由桂林当地有资质的旅行社组织接待的旅行团前往桂林旅游并从桂林机场入出境，可免办签证停留 6 天。另外，持大马护照者可以免签前往中国香港和澳门特区。

•15 日　马财政部部长林冠英率团在两个月内二度赴华进行官方访问，并于当日出席在深圳举行的马来西亚投资对话会。在该对话会上，林冠英与中国的电子与电器投资者展开投资对话。此外，与会者多数是深圳重要的高科技产业投资者，他们的总投资额估计约达 10 亿令吉。

•24 日　中国驻马大使公使衔参赞陈辰表示：2019 年 1—7 月，中马两国双边贸易额高达 680 亿美元，比 2018 年同期增加了 10.7%。

•31 日　中美贸易紧张情绪升温，加上即将到来的中秋佳节，激励中国对马来西亚棕油原油的需求高涨，截至 8 月 25 日，采购量按年激增 3 倍。根据独立货运公司 Intertek 的数据，本地截至当月 25 日输往中国的棕油原油产品按月猛涨至 26.5045 万吨。

**9 月**

•5 日　由马来西亚国会下议院副议长倪可敏率领的国会代表团抵达中国教育部，与中国教育部副部长郑富芝等人进行会谈。

•8 日　马国会下议院副议长倪可敏率团到访中国义乌，他指出，拥有"世界小商品之都"之称的义乌市欢迎大马优质产品前往当地的进口商品城展出，以便马来西亚企业开拓中国这个庞大市场，凡符合资格者将豁免租金、水电费及管理费长达 3 年。

·9—12日　马来西亚外交部部长赛夫丁访华，11日到访位于广西的中马钦州产业园。12日在北京与中国外长王毅举行了会谈。

·10日　2019年中马企业合作对接会在吉隆坡举办。

·19日　马来西亚国际贸易与工业部部长达乐雷京率领马来西亚代表团出席第16届中国—东盟博览会。

**10月**

·1日　约有60名马来西亚华社领袖和媒体高层于9月30日晚受邀出席在人民大会堂举行的招待会，并于当日观礼了在天安门广场举行的中国国庆庆典。

·11日　马财政部部长林冠英宣布，马来西亚政府将在投资吉隆坡机构（Invest KL）中为中国投资设立特别渠道，确保中国投资与美国并驾齐驱。

·14日　中国海军第32批护航编队153编队在结束亚丁湾护航任务后于当日上午9时抵访巴生港口客运码头。编队共含3艘舰艇，即"西安"号、"安阳"号导弹护卫舰和"高邮湖"号综合补给舰。中国驻马大使馆陈辰参赞出席迎接仪式，华总参观团队共123人受邀登舰参观。

·15日　马来西亚彭亨大学孔子学院揭牌仪式暨马中文化艺术节闭幕仪式举行。

·20日　中国驻马大使拜会新任外交部负责双边事务副秘书长阿姆兰。

·29日　青岛航空携手鸿诚国际航空正式开通槟城—泉州—长沙航线。

·29—30日　中国驻马大使馆与马来西亚建筑发展局联合举办"在马中资建筑企业政策说明会"，近70家中国建筑企业的200余名代表参会。

**11月**

·6日　中国爱奇艺与马来西亚Astro达成iQIYI App本地化运营合作。

·6日　中国大连商品交易所与马来西亚衍生产品交易所在广州续

签"联合举办国际油脂油料大会合作协议",约定继续共同推动全球油脂油料期货市场的发展。

·8—11日　阿里巴巴在马来西亚举办"双11"暖场活动。天猫2019年"双11"全球购物狂欢节首个小时的统计显示,在十大出口国家和地区成交额排行榜中,马来西亚名列第七。

·12日　马来西亚桂商总会与广西农业农村厅达成合作,将在广西建立清真认证服务中心,协助中国产品获得国际认可的清真认证。此外,广西尤吉屯农业科技有限公司与马来西亚创新中心也签署了协议,达成清真认证授权和清真食品贸易互动合作。

·13日　BOCE Global 马来西亚线上国家馆于第二届中国国际进口博览会期间正式上线运营。2019"关丹日"中马友好交流活动在钦州举行。

·18日　由马来西亚 M. B. N. Enterprise 有限公司生产的150公斤毛燕搭乘吉隆坡飞往南宁的航班运抵中国。这是继中国和马来西亚于2016年签订毛燕输华议定书3年后,首次实现马来西亚毛燕出口中国,也是全世界第一批出口到中国的毛燕。

·25日　在2019年前9个月中,中马贸易已经达到897.5亿美元,较2018年同期增长11.3%。马来西亚对华特使陈国伟在出席中国—马来西亚"一带一路"陕西贸易展时表示:"马中贸易额是中美贸易额的1/5,是中日贸易额的1/3。"中国驻马大使也指出,2019年1—10月,中马双边贸易额已经超过了1000亿美元,中国已经连续10年成为马来西亚最大的贸易伙伴。

## 12月

·4日　中国南京与马来西亚纳闽特区签署"一带一路"数字金融战略合作协议。双方将在数字金融产业发展、金融监管、信息交换、行政执法交流等领域开展合作。

·8日　中央广播电视总台马来语媒体品牌推介活动"感知中国"在马来西亚首都吉隆坡举行。

·12日　马来西亚沙巴大学孔子学院揭牌,这是东马来西亚第一所,也是马来西亚第四所孔子学院。

·16日　马来西亚轨道交通职业教育管理干部研修班在广西柳州

铁道职业技术学院开班。

·17 日　马来西亚企业发展部副部长 Mohd Hatta Md Ramli 开始对中国进行为期三天的工作访问。中国国家汉考国际教育科技（北京）有限公司与马来西亚智梯教育培训机构签署合作备忘录，委托其在马来西亚主办"YCT、HSK、HSKK、BCT"汉语水平测试。

·18 日　马来西亚中国友好协会举办的庆祝中马建交 45 周年"马中友好之夜"活动在吉隆坡举行。

·27 日　中国游客 2020 年访马仍享受 15 天免签政策。

# 2019年中国与缅甸合作大事记

洪铠邦[*]

**1月**

· 2日 缅中两国军方在缅中边境123—127界桩沿线联合排雷。

· 6日 为修建缅甸曼德勒至中国云南省昆明的铁路，缅甸交通与通信部火车局与中国中铁二院工程集团有限责任公司开始初步测量土地工作。此次测量将分两个部分展开，将进行到4月。

· 23日 中国和缅甸双方代表在内比都签署澜湄合作专项基金缅方项目协议，中方将对涉及农业、教育等领域的19个中小型项目向缅方提供支持。

· 28日 澜湄文化交流青年营开幕仪式在曼德勒举行。中国驻缅甸大使洪亮，缅甸宗教事务与文化部部长昂哥，曼德勒省议长昂觉乌，曼德勒省农业、畜牧与灌溉部部长梭丹，缅甸外交部国际组织与经济司司长、缅甸澜湄合作协调机构主席千埃及各国青年代表200余人出席。

**2月**

· 17日 中国国务委员兼外长王毅徒步沿边界线踏勘中缅边界，查看新中国第一块界碑。

· 21—22日 中缅经济走廊联合委员会第二次会议及第二届中缅经济走廊论坛在中国云南昆明召开。缅甸计划与财政部部长吴梭温率团出席。

---

[*] 洪铠邦，广西大学中国—东盟信息港大数据研究院缅甸舆情助理。

· 28 日　缅甸联邦议会批准中国香港特别行政区政府与东盟早前签署的自由贸易协定和相关投资协定。

3 月

· 12 日　"临沧边境经济合作区——缅甸商务部清水河商务局第 23 次商务会谈"在中国孟定召开。临沧边境经济合作区管委会副主任张红波等中方领导与会，缅甸清水河贸易局局长吴培斋、果敢清水河镇镇长李嘉寿等相关部门负责人赴会。

· 26 日　缅甸澜湄周活动在首都内比都启动，缅甸国际合作部部长觉丁在启动仪式上赞扬中国通过澜湄合作机制给予缅甸等澜湄国家支持与帮助。此次缅甸澜湄周活动包括图片展、文艺演出等内容。

· 26 日　"梵花·缅甸—中国艺术家缅甸风情风光摄影展"在海南省三亚市开幕。69 幅出自中国艺术家之手的摄影作品在椰风海韵之间尽显千年佛国魅力，共续中缅"胞波"情谊。此次展览由缅甸联邦共和国驻南宁总领事馆、中金鹰和平发展基金会、广西国际文化交流中心联合主办，展期三个月。

· 30 日　中国驻缅甸大使洪亮出席在仰光香格里拉酒店举行的仰光外海引航站竣工暨交接仪式。缅甸交通与通信部长丹辛貌、副部长觉苗、港务局局长尼昂以及中国港湾副总经理潘庆江等各界代表 150 余人出席了仪式。

4 月

· 4 日　中共中央政治局委员、中宣部部长黄坤明在北京会见了缅甸宣传部部长培敏。

· 10 日　国家主席习近平下午在人民大会堂会见了来华访问的缅甸国防军总司令敏昂莱。

· 21 日　缅甸商务部与云南省政府签订了谅解备忘录，以实现以货易货的边境贸易制度。

· 22 日　缅甸海军"辛标信"号护卫舰抵达中国青岛港，参加中国人民解放军海军成立 70 周年海上多国活动。

· 26 日　缅甸国务资政昂山素季出席第二届"一带一路"国际合作高峰论坛高级别会议并发表演讲。

· 30 日　缅甸国务资政昂山素季搭乘从北京飞往昆明的专机抵达昆明长水国际机场，云南省副省长、党组成员张国华在机场会客厅与昂山素季举行了简短会谈。

**5 月**

· 3 日　中国驻缅甸大使馆在仰光民族和解及和平中心向缅甸和平委员会捐赠了五辆沃尔沃车。和平委员会主席丁苗温博士及相关负责人仰光省政府负责人、中国驻缅甸大使馆负责人出席了车辆捐赠仪式。

· 17 日　首届"中缅经济走廊"投资峰会在仰光举行，此次峰会是在"一带一路"加强中缅经济走廊建设、加速民间投资合作的大背景下，由中缅经济合作发展促进会携手缅甸中华总商会共同主办。峰会受到中缅两国政府的高度支持，深圳、北京等多地中国企业商会团体及缅、中企业家群体积极与会，并共同参与见证了中缅经济合作发展促进会的揭牌仪式。

· 20 日　缅甸中国商会成立仪式在仰光隆重举行。中国驻缅甸大使洪亮，缅甸商务部部长代表、贸易司司长敏敏，缅甸工商联合会主席佐敏温，缅甸中国企业商会会长刘颖分别致辞，并共同为缅甸中国商会成立举行亮灯仪式。缅政府官员、缅工商界、中资机构、中缅媒体代表等 70 余人参加。

· 21 日　第三届中缅智库高端论坛在缅甸仰光拉开帷幕，缅甸战略与国际问题研究所主席吴纽貌盛、中国驻缅甸大使馆公使衔参赞李小艳、云南省社会科学院院长何祖坤以及中缅两国专家学者出席开幕仪式。论坛为期两天，共设立四个分议题，中缅两国专家学者将围绕会议主题进行广泛和深入的研讨交流。

· 24 日　中国驻缅甸大使洪亮及其夫人王雪鸿在仰光举行离任招待会。仰光省首席部长漂民登夫妇，缅甸和平委员会主席丁苗温夫妇，仰光省议会议长丁貌吞夫妇，海军训练基地司令泰乃少将，联合国难民事务高级专员格兰蒂以及缅甸政府、议会、军队、政党、民间组织、商界、智库、媒体、华人华侨、中资机构、留学生代表和各国驻缅使节等 500 余人出席。

· 25 日　"中国硬笔书法等级测评"考试在缅甸仰光首度开考。该等级测评考试由仰光孔学汉语语言中心与北京净雅书院合作，于 2019

年 3 月正式在仰光设立"北京净雅书院缅甸区考场",并面向全缅甸华校学生、教师及社会人士招考。

## 6 月

· 1 日　第 18 届"汉语桥"世界大学生中文比赛缅甸仰光赛区决赛在仰光中国文化中心落幕。

· 4 日　由中国驻缅甸大使馆和缅甸农业畜牧和灌溉部合作开办的汉语培训班在内比都开班。中国驻缅大使馆文化参赞潘峰出席开班仪式并致辞。缅甸农业部常务秘书觉敏乌、觉额内一同出席开班仪式。负责本次培训的仰光东方孔子课堂内比都教学点汉语教师和缅方受训学员 60 余人参加开班仪式。

· 20 日　中国驻缅甸大使陈海在内比都到任后拜会缅甸国防军总司令敏昂莱。双方就两国两军关系等交换意见。

· 26 日　中国驻缅甸大使陈海在内比都到任分别拜会缅甸联邦议会议长兼人民院议长迪昆妙和民族院议长曼温楷丹,联邦议会副议长兼人民院副议长吞吞亨和民族院副议长埃达昂陪同会见。双方积极评价中缅关系良好发展势头,并就进一步推动两国关系和两国立法机构交流与合作交换了意见。

· 28 日　由中国海南省旅游和文化广电体育厅与海口市旅游和文化广电体育局主办的"海南—缅甸旅游推介座谈会"在海口举办。

## 7 月

· 3 日　中国驻缅甸大使陈海在内比都到任拜会缅甸国务资政昂山素季。双方就两国关系等共同关心的问题交换意见。昂山素季欢迎陈大使来缅履新,感谢中方为缅甸的发展与和平提供宝贵支持和帮助,在若开邦问题上主持公道。

· 3 日　中国驻缅甸大使陈海在内比都举行到任招待会。缅甸国际合作部部长觉丁、宗教事务与文化部部长昂哥、商务部部长丹敏、计划与财政部部长梭温、投资与对外经济关系部部长当吞、社会福利与救济安置部部长温妙埃、联邦总检察长吞吞乌、联邦公务员委员会主席温登、国防军第一特战局局长吞吞南、第二特战局局长丹吞乌、国防军军需部部长纽梭以及缅政府、议会、军队、政党代表等 200 余人出席。

·24日　中国国务委员、公安部部长赵克志在京会见缅甸劳工移民与人口部部长登瑞。赵克志表示，近年来习近平主席和缅甸领导人多次会晤，为推进中缅全面战略合作指明了方向。希望双方认真落实两国领导人重要共识，加强在边境和移民管理领域的务实合作，共同打击贩毒、电信网络诈骗、跨境网络赌博等跨国犯罪活动，切实维护边境地区安全稳定，推动中缅关系不断向前发展。

·26—28日　中国驻缅甸大使陈海赴若开邦皎漂考察。陈大使在皎漂会见皎漂县县长丹图乌，双方就"一带一路"和中缅经济走廊建设等交换意见。

·31日　澜湄合作专项基金缅甸第二批农业项目启动仪式在内比都举行。驻缅甸大使陈海，缅甸农业、畜牧与灌溉部部长昂都，缅甸外交部国际组织与经济司副司长玛拉丹泰等出席。

## 8月

·12日　中国电视连续剧《红楼梦》（1987年版）缅甸语版开播仪式在内比都举行。

·16日　中国驻缅甸大使陈海在仰光拜会缅甸执政的全国民主联盟（NLD）中央执行委员会成员汉达敏、苗纽和当乌，就中缅关系和党际交流合作等交换了意见。

·23日　中国驻缅甸大使馆同仰光省政府共同在仰光举办仰光省项目开发对接会。陈海大使，仰光省首席部长漂民登及各主要部门负责人，中国驻缅甸大使馆经商参赞谢国祥及新任经商参赞谭书富，中国交建、中信建设、云南能投联合外经、国开行、进出口银行等中资企业及金融机构代表出席活动。

## 9月

·18日　缅甸副总统吴敏瑞前往南宁参加第16届中国—东盟博览会和中国—东盟商务与投资峰会。

·19日　中国驻缅甸大使馆在缅甸仰光举办国庆招待会，庆祝中华人民共和国成立70周年。当天还举办了中缅共建"一带一路"和中缅经济走廊合作成果展，吸引了中缅各界人士的关注。

·23日　缅甸、孟加拉国和中国利用联合国大会的间隙讨论了从孟加拉国遣返缅甸难民的问题。

**10月**

·8日　缅甸中华总商会在仰光举办"一带一路"与中缅经济走廊合作座谈交流会。中国驻缅大使陈海、仰光省省长漂民登、中国驻缅甸使馆经商参赞谭书富及缅华商界代表100余人与会。

·27日　中国驻缅甸大使陈海在仰光拜会缅甸国家僧伽委员会主席库马拉·毕万萨、委员会秘书长等主要成员。

·30日　中国青岛航空将开通宁波至仰光的航线，每周一和周五往返执飞。

**11月**

·7日　缅甸国务参政昂山素季在内比都的缅甸外交部会见了中华人民共和国外交部亚洲事务特使孙国祥，双方就缅甸国内民族和平进程的最新进展进行了交流。

·18日　缅甸宣传部新媒体代表团访问中国—东盟中心。

·21日　首届缅甸（腊戍）中国（临沧）边境经济贸易会在缅甸掸邦腊戍市开幕。

**12月**

·7—8日　中国国务委员兼外长王毅访问缅甸，与缅甸高层会面。

·16日　缅甸人民院批准了关于克钦邦中国公司的香蕉种植园议案，主要内容为加强政府在香蕉种植领域的管控，同时适度加税以应对香蕉种植园所带来的负面影响。

·21日　缅甸中国企业商会2020年迎新春联谊会在仰光举行，中国驻缅甸大使陈海出席并致辞。缅甸商务部常秘昂梭、缅甸工商联主席佐敏温、副主席登汉、缅甸中国企业商会会长刘颖和会员企业代表、中国驻缅甸使馆以及中缅各界代表等约300人参加活动。

# 2019年中国与菲律宾合作大事记

范新婧*

## 1月

·14日　中国海南省副省长沈丹阳率领代表团访菲。16日结束为期三天的行程返琼。代表团此行期望在"一带一路"框架下，不断深化菲琼全方位交流，推动两地多领域务实合作。

·16日　三艘中国人民解放军海军军舰对菲律宾进行为期4天的正式访问。

·17日　由中国海军导弹护卫舰"芜湖"舰、"邯郸"舰和综合补给舰"东平湖"舰组成的海军第30批护航编队抵达菲律宾马尼拉港，开始对菲律宾进行为期5天的友好访问。

·22日　中国南方航空公司新开通广州至菲律宾宿务航线，为海岛游爱好者开辟了新的"打卡"地。为加强两地之间的经贸人文交流和满足海岛游爱好者出行提供便利，同时也为春节期间前往海岛度假提供了新选择。

·25日　中国国务委员兼国防部部长魏凤和在八一大楼会见菲律宾国防部副部长卢纳。魏凤和表示，中国军队愿同菲方一道，落实两国领导人共识，把握正确方向，推进务实合作，加强多边协调，推动两国军事合作深入发展，为地区安全稳定作出贡献。

·31日　菲律宾外交部部长洛钦表示，中国驻菲大使馆捐出500万元人民币（约合3890万比索）给苏禄省贺洛社恐袭事件的受害者。

---

* 范新婧，广西大学中国—东盟信息港大数据研究院菲律宾舆情助理。

## 2月

·9日 2月9日，菲律宾红溪礼斯大学孔子学院举办第二届汉语师范专业主题演讲比赛。

·13日 中国驻菲律宾大使赵鉴华与菲律宾总统府新闻部部长安达纳尔，共同见证了中国驻菲大使馆向菲律宾国家通讯社（PNA）和菲律宾广播公司（PBS）捐赠成套设备。这是中国政府向菲律宾捐赠数字化广播设备的一部分，包括广播器材、电脑等。

中国海关总署宣布允许进口符合《进口菲律宾冷冻水果检验检疫要求》的菲律宾冷冻香蕉、冷冻菠萝和冷冻杧果。

·20日 中国驻菲律宾大使赵鉴华会见菲律宾总统杜特尔特，并邀请杜特尔特出席第二届"一带一路"国际合作高峰论坛。

## 3月

·4日 为提高长滩岛上的巡逻和紧急援助服务能力，中国大使馆向菲律宾捐赠了6辆全地形车。

·13日 2019年前两个月赴长滩岛的中国游客数量位居榜首。旅游部的数据显示，1月和2月共有107164名中国游客到访长滩岛。

·15日 菲律宾纳卯市市长萨拉会见了福建泉州市委常委、晋江市委书记刘文儒及其率领的晋江访菲经贸代表团一行。刘文儒的此次访问旨在加快双方签约项目落地和深化晋江与纳卯在经贸合作、城际交往、人文交流等方面的务实合作。

·17日 泉州市委常委、晋江市委书记刘文儒率领的福建晋江访菲经贸代表团在菲律宾吕宋岛密集展开考察、座谈、会见活动，务实推动两地经贸项目合作。

·19日 中国国家副主席王岐山在中南海会见由外长陆辛、文官长梅地亚迪亚和财长多明戈斯等组成的菲律宾政府代表团。双方表示愿保持高层交往频繁势态，全面落实两国元首共识，深化各领域务实合作和治国理政经验交流。

·20日 菲律宾政府与中国银行合办的菲律宾经济形势介绍会在中国北京香格里拉酒店隆重举行，包括菲律宾政府文官长等在内的多名内阁成员出席。

菲律宾财政部宣布，中吕宋岛和棉兰老岛两大铁路项目将从中国获得约 853 亿比索的贷款。

·27 日　杜特尔特会见了来访的中共中央对外联络部部长宋涛一行。总统通信办公室（PCOO）表示，杜特尔特和宋涛讨论了"如何进一步加强两国关系的问题"，以及包括南海在内的两国共同关心的问题。

·29 日　中国政府承诺将再向菲律宾提供价值 10 亿比索的军事援助，继续强化杜特尔特总统领导下的中菲两国友好关系。

**4 月**

·3 日　中国—菲律宾南海问题双边磋商机制第四次会议在菲律宾马尼拉举行。

·8 日　由中国政府援建的一座戒毒中心在菲律宾南部棉兰老岛南亚虞仙省举行交接与揭牌仪式。在当天举行的交接仪式上，中方将印有两国国旗、象征项目竣工的钥匙交给菲方，随后两国官员共同为戒毒中心揭牌。

·15 日　宿务太平洋航空公司开通从宿务飞往中国上海的直飞航班。

·23 日　中国人民解放军海军将迎来成立 70 周年纪念日。当天下午，菲律宾海军"丹辘"号登陆舰抵达青岛港，这也是此艘菲律宾海军最大战舰首次造访中国。

·24 日　菲总统杜特尔特乘坐专机抵达北京首都机场，开始他任期内对中国的第四次访问，并将出席第二届"一带一路"国际合作高峰论坛。

·25 日　国务院总理李克强在钓鱼台国宾馆会见菲律宾总统杜特尔特。

·25—28 日，应菲律宾农业部邀请，农业农村部副部长余欣荣率团访问菲律宾。

·26 日　中国承诺向菲律宾提供人民币 10 亿元的援助款，捐赠大米并进口当地水果，作为帮助促进这个亚洲邻国经济发展承诺的一部分。

·27 日　菲总统杜特尔特在北京见证了菲律宾和中国企业签署总值 121.65 亿美元的 19 份商业投资与贸易协议，预计将为菲律宾创造

21165个工作岗位。

## 5月

·8日　据菲律宾教育部证实，菲律宾与中国将实施各种举措以加强教育部门的基础设施建设和文化交流。

·13日　由公安部主办、云南警官学院承办的2019年菲律宾禁毒执法培训班开班典礼在云南警官学院举行。

·19日　由朱业晋执导，洪乐轩、钱怡领衔主演的首部中菲合拍缉毒电影《鲸鲨行动》在经过紧张的拍摄后圆满杀青。

·20—23日　菲律宾缉毒署主办了第三次菲中禁毒合作双边会议。会议讨论的话题包括目前影响两国的毒品趋势、加强毒品方面的信息交流与合作、预防性毒品教育和执法方面的最佳实践与可采取的行动方案等。

·30日　第18届"汉语桥"世界大学生中文比赛菲律宾赛区决赛在菲首都马尼拉以北80公里的洪溪礼斯市举行，来自菲律宾国内三所学校的12名学生参赛。

## 6月

·9日　中国国家主席习近平就中国同菲律宾建交44周年和菲律宾独立121周年致电菲律宾总统杜特尔特表示祝贺。

·17日　菲律宾首家"中国—菲律宾中医药中心"在马尼拉揭牌，海外首台中医健康管理太空舱"空降"马尼拉，推动智能中医"出海"走向世界。

·27日　中国国家电网有限公司"光明乡村"扶贫通电公益捐赠项目竣工典礼暨移交仪式，在菲律宾三描礼士省San Marcelino市Baliwet小学举行。

## 7月

·2日　文化和旅游部副部长李群率中国文化和旅游部代表团访问菲律宾。在菲期间，李群分别与菲律宾国家文化艺术委员会主席维尔·阿尔马里奥、旅游部部长贝纳德特·罗穆洛·布悦进行工作会谈，调研马尼拉和宿务地区的文化和旅游工作，还同驻菲律宾使馆文化处工作人员进行了党建工作座谈。

・3日　中国桂林电子科技大学菲律宾文化研究中心揭牌仪式在该校外国语学院会议室举行。

・23日　中国外交部副部长罗照辉在马尼拉同菲律宾外交部副部长马纳罗共同主持第22次中菲外交磋商。双方回顾了中菲关系所取得的积极进展，表示两国元首历次会晤为中菲关系发展指明了方向，双方要落实好高层共识，不断增进政治互信，持续深化"一带一路"倡议同菲"大建特建"规划对接，让更多合作成果惠及两国和两国人民，推动中菲关系迈上新台阶。

・24日　2019年中国工程技术展览会在菲律宾首都马尼拉开幕。近20家中国工程技术及相关企业将展示自身工程水平和技术实力，探索中菲两国基建合作新机遇。

・30日　中国国务委员兼外交部部长王毅在泰国曼谷会见菲律宾外长洛钦，双方一致认为应进一步密切高层往来，深化政治互信，推动"一带一路"倡议同"大建特建"规划深度对接，加速推进包括基础设施建设、电信、油气开发等领域的互利合作。

・31日　在巴丹内斯岛（Batanes）7月27日发生两次有感大地震后，中国向受灾地区及灾民捐赠1000万比索。中国驻马尼拉大使馆发表声明称，对地震中失去亲人和流离失所的家庭表示"最深切的同情和慰问"。

**8月**

・13日　旅游部宣布，在2019年上半年的入境外国游客达到4133050人次，而2018年同期的人数只有370万人次，增加了11.43%。单是6月，入境游客人数较2018年的530267人次增加21.41%，达64.378万人次。韩国仍然是领先的外国游客来源地，接下来依次是中国大陆、美国、日本和中国台湾。

・14日　菲外交部部长洛钦会晤了中国驻菲大使赵鉴华，并讨论了杜特尔特总统访华事宜。

・16日　菲总统杜特尔特的家乡纳卯市正在寻求进一步深化与中国的关系，并着手与重庆缔结姐妹城市协议。这一姐妹城市协议将使双方在商贸、教育、文化艺术、农业和卫生等领域开展合作。重庆也将在纳卯当地兴建一座工业园。

·21日　广西北部湾港至马尼拉集装箱班轮直航航线正式开通，主要挂靠港为"钦州—香港—马尼拉"。这条直航航线的开通，将为中国西南地区与马尼拉的进出口货物提供全新路径和便捷服务。

·27日　中国驻拉瓦格领事馆向因"伊宁"台风而受灾的地区捐赠包括饮用水、大米、食品罐头、方便面等在内的救灾物资。

·28日　菲总统杜特尔特抵达北京，并将于29日晚上7点在钓鱼台国宾馆与中国国家主席举行双边会谈。

·29日　为进一步加强两国关系，菲总统杜特尔特与中国习近平主席举行会谈后，见证了包括菲律宾高等教育署与中国教育部高等教育合作谅解备忘录及菲律宾科技部与中国科技部关于科技合作的谅解备忘录等在内的六项协议的签署。

·30日　中国国务院总理李克强在北京人民大会堂会见菲律宾总统杜特尔特。双方表示愿在相互尊重、平等互利基础之上，将"一带一路"倡议同菲方"大建特建"规划更好对接，推动两国关系与合作持续平稳健康发展，更好地造福两国和两国人民。

·30日　菲财政部（DOF）表示，菲律宾政府已与中国签订了一项2.1978亿美元的贷款协议，为菲律宾国家铁路（PNR）南部长途项目的管理咨询提供资金。

·31日　中国国家副主席王岐山在佛山会见菲律宾总统杜特尔特。双方表示，愿不断加强双方经贸、基础设施建设等领域的合作与执法、进行反腐败经验交流，并促进两国人员的交流。

## 9月

·7日　中国西安市与菲律宾卡巴洛甘市签署发展友好城市关系意向书，西安市市长李明远、菲律宾卡巴洛甘市市长德科斯特·马利阿加出席并致辞。

·8日　由驻纳卯总领馆主办、菲律宾棉兰老华教协会承办、菲律宾纳卯晋江商会协办的首届"友谊杯"青少年汉语演讲比赛决赛在纳卯举办，来自纳卯市、三宝颜市等地11所华校的42名学生参加。

·10日　菲一名高级官员透露，由于来菲律宾的中国游客人数激增，菲旅游部正在培训会说普通话的菲律宾导游。旅游部首都地区主任马奎凌表示："我们已经开始接受学习普通话导游培训班的申请，并将进行为期一个月的培训。"

· 11 日　2019 年马尼拉国际书展在菲律宾首都马尼拉 SMX 会议中心开幕。由三家中国图书出版机构组成的中国出版代表团以"中国图书展"的形式，为当地读者及出版商带来多种展示中国文化、反映当代中国的精品图书。

· 15 日　因 8 月底的强降雨造成纳卯市逾万户家庭约 6.5 万人受灾。为此，中国驻纳卯总领馆第一时间与纳卯市政府相关负责人联系，在表达对受灾民众关切的同时还表示总领馆愿在力所能及的范围内帮助灾民。在 6 个小时内通过义卖筹集善款近 20 万比索，中国武汉烽火国际技术有限责任公司菲律宾分公司主动参与本次赈灾活动，并捐款 50 万比索。纳卯菲华各界联合会部分侨领在短时间内募集善款近 150 万比索。

· 16 日　菲总统杜特尔特在总统府会见了中国重庆市委书记陈敏尔以及中国驻菲大使赵鉴华、中共中央对外联络部副部长郭业洲等。

中国（重庆）—菲律宾经贸交流论坛在菲律宾首都马尼拉举行，来自重庆和菲律宾政府、工商界人士齐聚一堂，共话发展机遇。在论坛现场，60 家重庆企业与 178 家菲律宾企业开展了 236 次零距离对接活动，达成 32 项初步合作意向。

· 17 日　中国钢铁公司攀华集团有限公司计划在 2019 年年底前开始在菲东弥杉密斯省建设占地 300 公顷的综合钢铁生产厂，以满足政府推行基础设施项目时国内市场的需求。

· 21 日　菲律宾工商部部长马加杜曼和广西壮族自治区人大常委会副主任张秀隆在南宁会面时同意加强双边经贸合作。

**10 月**

· 1 日　携程联合创始人兼执行董事局主席梁建章与菲律宾旅游部部长布悦举行了会谈。双方就促进中菲旅游发展、提高服务品质、保障旅行安全以及共同开展目的地营销等多个议题进行交流。

· 14 日　菲律宾科技部在中国科技部总部举行的第 15 届科委联席会议上，与中国科技部在协定的领域进行了讨论并达成一致意见。讨论内容主要包括可再生能源、农业、传统医学、遥感卫星数据共享及应用等方面。

张家界—马尼拉航线正式开通，这条航线是张家界开通的首条直飞菲律宾的航线，也是张家界开通的第四条飞往东南亚国家的航线。

· 17 日　作为在菲律宾第二阶段的投资，中国正在为菲律宾的数字基础设施项目提供融资，这也是中国对菲律宾在"一带一路"倡议下进行的基础设施投资的后续行动。

· 19 日　中国福建石狮至马尼拉国际航线（CPX5）在石狮石湖港开通首航。

· 21 日　中国国务院副总理胡春华抵达菲律宾出席第三届中国—太平洋岛国经济发展合作论坛，并访问菲律宾。23 日，胡春华将与以菲律宾财政部部长多明戈斯为首的"大建特建"团队举行高级别会谈，双方或将讨论多项基础设施合作事宜。

· 28 日　中国泉州至菲律宾克拉克航线正式开通。

## 11 月

· 1 日　中国驻菲大使表示，中国政府于 11 月 1 日向菲棉兰老岛地震灾民捐赠 300 万元人民币（约合 2200 万比索）。

· 5 日　据悉，中国最大的网约车公司滴滴出行正在与菲律宾一个集团谈判，力图终结 Grab Philippines 在菲律宾的实际垄断。菲方表示，滴滴进军菲国将会降低价格并为通勤者提供更多的选择。

· 14—15 日，第八届全菲汉语教学研讨会在菲律宾红溪礼示大学孔子学院召开。中菲两国官员以及来自菲律宾 11 个区的区域协调员、公立中学校长、本土汉语教师等 200 余人参加了本次研讨会。

· 22 日　内政部（DILG）在大岷区启动由中国资助的闭路电视监控项目。

· 25 日　中国银行马尼拉分行继续通过"债券联通"计划，为菲律宾金融机构在华投资提供便利。中国银行马尼拉分行（Bank of China Manila）行长邓军表示，该行将为当地投资者提供投资世界第三大债券市场——中国银行债券市场（CIBM）的机会。

· 25 日　中国—菲律宾投资与贸易座谈会在马尼拉举行，20 余家中国企业同菲律宾当地政府、企业、商会展开对接，并寻找经贸投资合作新机遇。

·30日　为增进中菲两国人民的了解和友谊，巩固并发展两地的友好合作，经过友好协商，菲律宾八打雁省与中国陕西省缔结友好省关系。

**12月**

·3日　菲律宾教育部和中国孔子学院总部在马尼拉签署协议，双方同意启动合作项目，选拔菲律宾公立中学本土汉语教师在菲攻读汉语师范教育硕士，以推动该国汉语教学持续发展。

·5—8日　应菲律宾民主人民力量党邀请，中共北京市委常委王宁率十九届四中全会精神对外宣介团访菲，举办十九届四中全会精神宣介会，并会见菲众议长阿罗约及执政联盟主要政党领导人。

·10日　八个新设的孔子学院、孔子课堂、汉语中心合作协议签署仪式在长沙举行，中国教育部副部长田学军出席签署仪式。田学军还为菲律宾纳卯亚典耀大学孔子学院等八个机构授牌。

·16日　中国国务委员兼外长王毅在马德里出席亚欧外长会议期间会见菲律宾外长洛钦。双方表示将积极推动中菲油气开发合作取得实质性进展。

·20日　中国厦门市文化和旅游局在马尼拉举办"海上花园·诗意厦门"推介会，从"开放之门""花园之门""休闲之门""文化之门"四个方面，向菲律宾游客介绍融合东西、颇具风情的厦门文化和旅游资源。

·23日　菲律宾泛太平洋航空公司开通成都首条直飞菲律宾薄荷岛的航线。

# 2019年中国与新加坡合作大事记

杨玉君[*]

**1月**

· 3日　喜迎农历中国新年，新加坡邮政发布猪年主题邮票。

· 7日　中新（重庆）多式联运示范基地奠基。

· 8日　由重庆机场集团有限公司、新加坡樟宜机场管理投资公司共同出资组建的中新（重庆）机场商业管理有限公司在重庆揭牌。这是中国与新加坡第三个政府间合作项目（即CCI），在航空领域迈出了重要一步。

· 24日　新加坡与中国进一步深化"一带一路"倡议商事争议解决的法律合作，新加坡国际调解中心与中国贸促会调解中心签署备忘录，计划建立由中国、新加坡和其他"一带一路"国家与地区资深争议解决专员组成的委员会，协助企业解决商业纠纷。

· 31日　中国微众银行（WeBank）与新加坡南洋理工大学共同宣布，双方在南大联合设立一个金融科技研究中心。

**2月**

· 9日　中国国防部部长常万全出席在新加坡举行的中国—东盟国防外长会议，会议讨论了中国与东盟各国如何加强务实合作，强调防止海上和空中冲突的重要性。

· 25日　中国台湾高雄市市长韩国瑜抵达新加坡，韩国瑜此行旨

---

[*] 杨玉君，广西大学中国—东盟信息港大数据研究院新加坡舆情助理。

在与新加坡商家达成协议，为高雄市带来新的合作与发展机会。

**3月**

·8日　新加坡国家艺术理事会和鲁迅文学院签署三年的合作伙伴关系。

·23日　新外交部部长维文会见来访的中共中央对外联络部部长宋涛，双方重申了中新两国"极佳的双边关系"，并同意在"一带一路"倡议和党际交流等领域深化双边合作。

·25日　新李显龙总理和财政部部长王瑞杰会见来新访问的中共中央对外联络部部长宋涛，双方重申了中新两国长久而牢固的双边关系，并探讨加强双边合作。

**4月**

·4日　中国广州市委书记张硕辅在穗会见新加坡凯德集团总裁罗臻毓一行，双方围绕粤港澳大湾区建设与广州发展进行了深入交流。

·12日　兰州—南宁—新加坡开通全新国际航线。

·14日　第七届中国—新加坡领导力论坛在延安开幕。

·24日　中国华为公司在新加坡启动云技术与AI创新实验室。

·26日　中国国航获新加坡樟宜集团颁发的"最佳合作伙伴奖"。

·27日　新加坡总理李显龙访华，出席"一带一路"国际合作高峰论坛及世界园艺博览会。

**5月**

·9日　新加坡与以色列推出纪念邮票，庆祝建交50周年。

·10日　新加坡·南京国际人工智能高峰论坛开幕。

·13日　国际陆海贸易新通道广西推介会暨项目签约仪式在新加坡举行。

·14日　新哈莉玛总统会晤中国习近平主席，打造中新合作新名片。

·22日　新加坡副总理兼财政部部长王瑞杰将对中国进行为期八天的访问，其间将同中国领导人举行会面，以期加强新中双边关系与合作。在访问期间，王瑞杰将访问北京、上海、广州、深圳和香港特别行政区五座城市。

·25 日　新加坡上海全面合作理事会首次会议,双方签署五项协议。

6 月

·6 日　中国(广东)—新加坡新闻文化交流周开幕,两国传媒机构共同签署谅解合作备忘录。

·15—16 日　"国韵流芳"中国民族音乐会在新加坡中国文化中心举行。

·16—20 日　首届中国(福建)—新加坡青年互访交流游学活动在福建举办。

·25 日　新加坡—浙江经济贸易理事会第 14 次会议召开,新浙两地政府和企业签署多个合作项目。

7 月

·9 日　新加坡同中国联合举办工业应用程序创作比赛。

·12 日　中国与东盟成员国之间的贸易合作从 2017 年 550 亿美元跃升至 5140 亿美元,自 2003 年双方建立战略伙伴关系以来的 15 年里增长了近 10 倍。

8 月

·9 日　中国新加坡青少年艺术交流节目展演活动圆满落幕。

·20 日　中国与新加坡签署适航维修互认协议。

9 月

·5 日　中国与新加坡签署《中国与新加坡关于推广、接受和使用电子证书的谅解备忘录》。

·10—13 日　中国(重庆)—新加坡经济与贸易合作论坛在新加坡召开。

10 月

·9 日　重庆一家企业获批新加坡汇款类牌照,实现零的突破。

・9日　中新（兰州）国际物流产业园投资签约助推"一带一路"发展。

・15日　中国新加坡双边合作联委会第15次会议、中新苏州工业园区联合协调理事会第20次会议、中新天津生态城联合协调理事会第11次会议和中新（重庆）战略性互联互通示范项目联合协调理事会第三次会议在重庆举行。

・21—22日　新加坡国防部部长黄永宏访问中国，出席香山论坛。

・30日　新加坡政府委任前交通部部长吕德耀为第四任新加坡驻华大使。

## 11月

・6日　中新经贸与投资论坛在上海虹桥英迪格酒店成功举办，约300名新加坡和中国商界领袖参加。

・21日　中国·福建—新加坡经贸合作推介会在福州举行。

・26日　2019年中国人民大学—新加坡管理大学全球论坛将在北京举办。

## 12月

・2日　华为在新加坡设立首个5G人工智能创新实验室。

・2日　新加坡贸工部部长陈振声会见中共苏州市委书记蓝绍敏，并再次肯定新加坡和苏州之间友好且长久的合作关系。

・5日　中国移动国际亚太区在新加坡举办5G分享暨云网融通启动仪式。

・18日　中华人民共和国驻新加坡共和国大使馆举行庆祝澳门回归20周年招待会。

・20日　上海交易所内阵阵铜锣声鸣起，宣告中新苏州工业园区开发集团股份有限公司（股票简称：中新集团，股票代码601512）在A股成功挂牌上市。

# 2019 年中国与泰国合作大事记

江 涛*

**1 月**

·12 日　泰国前副总理披尼出席第三届"一带一路"西安国际时尚周活动。

·28 日　中国建筑承建的泰国素万那普机场扩建项目主体结构封顶仪式举行。

**2 月**

·16 日　中国国务委员兼外交部部长王毅与泰国外长敦举行战略磋商，双方就南海问题深入交换意见。

·25—26 日　中国科学院"数字丝路"国际科学计划（DBAR）东南亚研讨会在泰国曼谷召开。

·27—28 日　中国香港特别行政区行政长官林郑月娥率团访问泰国，出席香港驻曼谷经贸办事处揭幕仪式等活动。

**3 月**

·1 日　中老泰铁路合作三方会议在北京举行，泰国交通部部长阿空参加会议。

·7 日　第 11 届中国加工贸易产品博览会泰国推介会在曼谷举行。

·18 日　中泰澜湄合作专项基金泰国外交部项目"澜湄合作国家

---

\* 江涛，广西大学中国—东盟信息港大数据研究院泰国舆情助理。

协调员能力建设"合作谅解备忘录签约仪式在曼谷举行,中国驻泰国大使吕健和泰国外交部次长布萨雅代表双方签字。

·21日 中泰数字经济合作论坛在昆明召开,来自中泰两国的代表就数字经济合作展开对话,并签署多个合作项目。

·26日 泰国光伏电站运营商和投资商 TSE 与中国华为公司签署全面合作协议,双方将就整个亚太地区智能光伏电站的建设展开深度合作。

·28日 中国移动国际 CMLink 移动通信服务登陆泰国。

·30日 泰中文化促进委员会主席披尼欢迎中国驻宋卡总领事马凤春履新。

4月

·3日 中泰合建的高铁鲁班学院在泰国成立。

·4—5日 中国苏宁快消集团总裁卞农带领生鲜团队赴泰国,先后与叻丕府、尖竹汶府签订水果产地直供战略合作协议。

·23日 中国银行与泰国进出口银行签署《中国银行与泰国进出口银行合作谅解备忘录》,共建"一带一路"。

·25日 泰国、老挝、中国三方代表在北京正式签署三国高铁连接协议。

·26日 泰国总理巴育抵达北京,出席第二届"一带一路"峰会。

·26日 泰国总理巴育与中国国家主席习近平会晤,祝贺中华人民共和国成立70年来取得的巨大发展;巴育与中国国务院总理李克强展开双边会谈,称已经做好成为中国连接东盟桥梁的准备;巴育与中国国务院总理韩正会晤,表示作为东盟轮值主席国,泰方愿与中方共同推动东盟—中国合作进一步发展。

·27日 第11届昆明泰国节开幕。

5月

·4日 中国国家主席习近平向泰国国王哇集拉隆功致加冕贺电。

·10日 中国华为公司在泰国安装东南亚地区第一个5G试验台(driscoll register)。

·29日 2019年"中国旅游文化周暨青海旅游文化推广周"在曼

谷中国文化中心开幕。

**6月**

·10日　泰国总理巴育在曼谷会见中共中央政治局委员、广东省委书记李希。

·11日　中国国务院总理李克强致电祝贺巴育连任总理。

·18日　西安至曼谷全货运航线开通。

·20日　总理巴育会晤到访的亚洲基础设施投资银行（AIIB）行长金立群，表示希望亚投行重视泰国与东盟的发展前景并增加投资力度。

·26日　第八届中泰战略研讨会在华侨大学厦门校区开幕。

**7月**

·1日　中泰建交44周年（1975—2019），中国驻泰大使吕健重申"中泰一家亲"，指出"中泰本兄弟"。

·5日　中国投资责任有限公司（CIC）董事长彭纯访泰，拜会总理巴育，巴育鼓励CIC加码投资东部经济走廊。

·19日　第二届国际中国学学术研讨会在泰国举办，来自中国、美国、新加坡、老挝、巴西等国的近50位专家学者共同出席了本次研讨会。

·28日　北京世园会举行"泰国日"活动，展示地道的泰式园林和住宅样式，提升泰国在农产品、旅游、文化等方面的良好形象。

·30日　中国外长王毅抵达曼谷，出席中国—东盟外长会、东盟与中日韩外长会、东亚峰会外长会和东盟地区论坛外长会。

·31日　中国外长王毅与泰国外长敦举行会谈，双方均表示高度重视中泰关系，中方期待同泰国新一届政府加强合作，泰方表示新一届政府将在对话关系上保持连续性。

**8月**

·1日　泰国总理巴育在曼谷总理府会见中国国务委员兼外长王毅。巴育祝贺新中国成立70周年，并表示泰方愿同中方一道推进泰中铁路建设。

·2 日　中国国务委员兼外交部部长王毅出席在泰国曼谷举行的第 20 届东盟与中日韩（10＋3）外长会。

·18 日　中泰空军鹰击——2019 联合训练在泰国东北部乌隆他尼基地开幕。

·24 日　"第 14 届中国电影节暨 2019 中泰影视交流周"在曼谷中国文化中心开幕。

## 9 月

·9 日　2019 年外国政府官员中文学习班在北京开班，一共有 35 名泰国政府高级公务员参与培训。

·9 日　中泰签署 071E 船坞登陆舰建造协议。

·15 日　《秦始皇——中国第一个皇帝与兵马俑》文物展在泰国曼谷国家博物馆开幕。

·16 日　中国移动与泰国电信运营商 True 正式签署合作协议，帮助建设泰国 5G 网络。

·17 日　中国国家主席习近平签署主席令，授予泰国诗琳通公主"友谊勋章"。

·21—22 日　泰国副总理兼商业部部长朱林率领泰国官方及民间业者代表团参加在广西南宁举行的中国—东盟博览会，向中国商家推销泰国大米、木薯和橡胶等农产品。

·29 日　中国国家主席习近平在人民大会堂授予泰国诗琳通公主"友谊勋章"，诗琳通公主代表勋章获得者发言。

## 10 月

·22 日　泰国国家科学技术开发办、国家创新办与中国华为集团签署谅解备忘录（MOU），华为将在东部经济走廊（EEC）开设华为 ICT 学院。

·22—23 日　中国莆仙戏在曼谷与泰国传统戏剧同台献艺。

·26 日　中泰建交 44 周年暨泰中艺术家联合会泰中经济贸易交流中心成立 20 周年庆祝会成功举办。

·28 日　"新中国 70 周年与世界关注的中国发展路线"研讨会在曼谷举办。

## 11月

· 2日　中国国务院总理李克强在泰国主流媒体发表题为"携手同心，共绘东亚合作美好蓝图"的署名文章。

· 5日　中国国务院总理与泰国总理巴育会晤，中泰签署四份文件，即《中泰科技与国防工业合作意向书》《加强中泰在科学、学术及创新领域合作备忘录》《澜湄合作框架下的项目合作备忘录》以及《广东省政府与东部经济特区政策委员会办公室经济合作备忘录》。

· 5日　中泰两国政府发表联合新闻声明。双方同意将中泰铁路打造为两国高质量共建"一带一路"合作的成功典范，加快落实《关于廊开—万象铁路连接线的合作备忘录》，加快中老泰铁路贯通，在"陆海新通道"框架下探讨互利合作，促进地区联通和发展。

· 5日　中国国务院总理李克强在曼谷新国会大厦会见泰国国会主席川·立派，双方表示将继续深化两国立法机构的交流与合作，促进民间交往。

· 5日　泰国副总理兼商业部部长朱林带队来到位于上海长宁区曹家渡的盒马鲜生会员店参观访问，并通过手机对泰国民众进行现场直播，鼓励泰国民众和企业把好的商品卖到中国。

· 5日　中国科学院曼谷创新合作中心与泰国暹罗皇家水泥集团（SCG）续签战略合作协议。双方合作涵盖智慧城市、人工智能、高附加值化学品、新能源技术、环境与可持续发展等领域，并以共建开放创新平台、实行技术转让和技术许可、联合创新研究项目、开展课程培训等为重点合作项目。

· 7日　"文化陕西"旅游推介会在泰国曼谷举行。

· 13日　湄洲妈祖起驾赴泰国巡安，开启"妈祖下南洋·重走海丝路"暨中泰妈祖文化活动周序幕。

· 17日　泰国总理兼国防部部长巴育会见中国国务委员兼国防部部长魏凤和，中泰签署国防部防务合作谅解备忘录。

· 18日　"中国军工"亮相2019年泰国国际防务展。

· 19日　中国服装秀亮相第九届泰丝服装文化展。

· 20日　由中国食品土畜进出口商会冷链流通专业委员会、泰国可持续发展农业贸易协会（CASA）主办的"中泰水果贸易洽谈暨政策发布仪式"在广西南宁农产品交易中心举办。

·25日　中泰签署澜湄合作专项基金职业教育合作协议与澜湄合作专项基金工业政策交流合作协议。

## 12月

·1日　中国驻泰使馆为诗琳通公主荣获"友谊勋章"举办庆祝活动。

·3日　泰国陆军部队向中国北方工业集团订购的38辆VN－1步兵战车和11辆VT－4坦克运抵泰国春武里府。

·3日　"一带一路"中泰高校互联网＋教育高峰论坛在曼谷举办。

·3日　由广西壮族自治区政府主办的"共建共享面向东盟的金融开放门户、陆海新通道暨中国—东盟信息港推介交流会"在曼谷举行。会议聚焦当前广西新一轮开放发展新机遇，共拓中泰合作发展新空间。

·6日　中泰签署澜湄合作专项基金卫生健康合作协议。

·10日　中国人民解放军海军司令沈金龙访泰，参观了位于春武里府梭桃邑县的泰国海军基地以及泰国皇家海军陆战队。

·10—12日　中国共产党十九届四中全会精神对外宣介团访问泰国。

·12日　广东海洋大学寸金学院和易三仓大学在泰国曼谷签署双方共同成立中英双语"亚洲国际学院（AIC）"战略合作备忘录。

·17日　泰国总理府事务部部长贴宛参加在北京举行的首届澜湄水资源合作部长级会议。

·18日　中国海尔空调在曼谷分享高端创牌成果，并牵头成立泰国物联网协会。

·19日　中国驻泰使馆举办庆祝澳门回归祖国20周年招待会，泰政府高官表示支持"一国两制"。

·23日　"七彩云南·旅游天堂"云南旅游推介会在泰国曼谷举办。

·24日　中泰签署澜湄合作专项基金减贫项目合作协议、澜湄合作专项基金水资源项目合作协议与澜湄合作专项基金农业项目合作协议。

·24 日　第 89 次中老缅泰湄公河联合巡逻执法启动。

·29 日　泰国政府为诗琳通公主获颁中华人民共和国"友谊勋章"举办欢庆宴会。

# 2019年中国与越南合作大事记

莫馥宁*

**1月**

·3日　越南河内—中国南宁国际列车正式运行满10周年，运送旅客超40万人次。

·8日　越南驻中国大使邓明魁会见中国记者。

·11日　越共中央政治局委员、党中央书记处书记、中央经济部部长阮文平表示，越南希望促进与中方在各领域的务实合作，丰富越中两国全面战略合作伙伴关系内涵。

·15日　旅居中国澳门的越南人举行活动，迎接2019年春节。

·17日　越共中央经济部部长阮文平会见中国国务院发展研究中心代表团。

·18日　越南与中国建立外交关系69周年，越共中央总书记、国家主席阮富仲与中共中央总书记、国家主席习近平互致贺电。越南与中国的双边贸易额突破1000亿美元大关。

·21日　越共中央总书记、国家主席阮富仲接见中国驻越大使。

·29日　越共中央总书记、国家主席阮富仲与中共中央总书记、国家主席习近平互致新年贺信。

·31日　越共中央政治局委员、胡志明市委书记阮善仁在会见中国新任驻越大使熊波时表示相信，熊波大使在越南的工作任期将取得成功，希望熊波大使为促进两国务实合作和民间交流搭建沟通桥梁。

---

＊ 莫馥宁，广西大学中国—东盟信息港大数据研究院老挝舆情助理。

## 2月

· 15日 越南谅山省人民委员会主席范玉赏召开筹备会议，为即将举行的越南谅山、高平、广宁、河江四省与中国广西壮族自治区联合工作委员会第十次会议、2019年新春会晤暨2019年谅山省投资促进会做准备。

· 19—22日 越共中央委员、中央军委常委、越南国防部副部长阮志咏上将对中国进行工作访问。

· 20日 2019年中国—东盟媒体交流年开幕式在北京举行，中国国家主席习近平向开幕式致贺信。

## 3月

· 14日 越南国会副主席汪周刘会见由中国人民争取和平与裁军协会秘书长安月军率领，正在对越南进行工作访问的中国人民争取和平与裁军协会代表团；2019年前两个月越南对中国的原油出口额约达1.5亿美元。

· 15日 芹苴大学与中国社会科学院中国文化研究中心负责人李河率领工作代表团就人力资源培训和科学研究的合作，在芹苴大学成立"中国文化中心"等问题进行工作座谈。

· 15日 由越南、澳大利亚和欧盟共同主持的东盟地区论坛（ARF）第11次海上安全（ISM-MS）会建设在岘港市落下帷幕。

· 20日 越共中央书记处常务书记陈国旺会见中国广西壮族自治区党委书记鹿心社；越共中央政治局委员、政府副总理兼外交部部长范平明在河内会见了正对越南进行工作访问的中国广西壮族自治区党委书记鹿心社。

· 20日 越南工商会胡志明市分会同中国对外贸易中心联合举行"中国进出口商品交易会"推介会和越中企业贸易交流会。

· 23日 越南谅山、广宁、河江、高平与中国广西壮族自治区联合工作委员会第十次会议举行。

· 27日 安江省代表越南参加2019年中国—东盟博览会。

## 4月

· 1日 政府副总理王廷惠在政府总部会见正对越南进行工作访问

的云南省政府常务副省长宗国英。

·2日　越共中央书记处书记、越南祖国阵线中央委员会主席陈青敏会见正在对越南进行工作访问的中国全国政协原副主席、宋庆龄基金会主席王家瑞。

·8日　越南国会主席阮氏金银会见中国全国人大常委会副委员长沈跃跃。

·22日　越南人民军总政治局副主任黎贤云中将会见了应越南国防部邀请对越南进行访问的抗美救国时期中国援越老战士和烈士亲属代表团。

·25日　在赴华出席第二届"一带一路"国际合作高峰论坛之际，越南政府总理阮春福会见中共中央总书记、中国国家主席习近平。

·26日　在越南林同省大叻市，越中北部湾湾口外海域工作组第11轮磋商和越中海上合作共同发展磋商工作组第八轮磋商举行。

5月

·1日　越南旅游总局将于5月15日至24日在中国成都、重庆、深圳举行旅游推介活动。

·4日　中国全国政协副主席刘奇葆前往越南驻中国大使馆吊唁原越南国家主席黎德英。

·13日　越南政府宗教委员会主任会见中国、老挝、柬埔寨、泰国等国佛教代表团。

·27日　越南旅游推介促进会将在中国台湾举行，这是旅游总局、越南各省市和旅行社向台湾市场推介旅游政策、旅游目的地、旅游产品，同时与台湾伙伴会面与寻找合作商机的良机。

·28日　越南国会主席阮氏金银会见中国国防部部长魏凤和，是为了落实两国高层领导关于加强两国战略互信和推动两国关系发展的重要共识，为推动两国关系稳步、健康、向好发展作出积极贡献。

·30日　由越南驻中国大使邓明魁率领的越南驻中国大使馆代表团对中国贵州省和广西壮族自治区进行了工作访问；越南政府总理阮春福会见中国云南省省长，双方就促进双边贸易的措施进行商讨。

6月

·10日　越南国防部副部长阮志咏上将在国防部总部会见了正对

越南进行工作访问的中国人民解放军军事科学院代表团。

·13日 越南—中国（四川）经贸、农业与物流合作交流会在成都举行。

·22日 中国云南省红河州文化和旅游局同越南老街省文化体育与旅游厅联合举行"中国云南省昆明市、红河州和越南老街省、河内市、海防市、广宁省两国六景点旅游产品发展合作"座谈会。

·23—25日 越南外交部副部长黎淮忠同广东省副省长欧阳卫民共同主持在广州市召开的越南—广东合作协调会第七次会议。

·27日 越南胡志明市人民委员会副主席武文欢会见中国太平洋建设集团创始人严介和，双方就推动在城市基础设施建设领域的合作进行交谈。

## 7月

·2日 越南工商会、中国台湾工业总会在胡志明市联合举行越南—中国台湾工业合作论坛。

·7—12日 应中国全国人大常委会委员长栗战书的邀请，越南国会主席阮氏金银率领越南国会高级代表团于7月8日至12日对中国进行正式访问；12日，越南国会主席阮氏金银在北京会见了中共中央总书记、国家主席习近平；阮氏金银在北京人民大会堂会见了中共中央政治局常委、中国人民政治协商会议全国委员会主席汪洋。

·21日 主题为"社会主义现代化建设进程中具有规律性的若干问题"的越南共产党与中国共产党第15次理论研讨会在中国贵州省贵阳市举行。

## 8月

·3日 越南出席在中国举行的RCEP部长级会议。

·17日 越南在中国台湾举行观光推介会。

·27日 越南政府副总理郑廷勇会见中国广东省副省长欧阳卫民。

·28日 中国广西壮族自治区防城港市防城区区委副书记、防城区区长荣毅宏率领的防城区代表团访问了广宁省平辽县，祝贺越南74周年国庆。

·28日 中国广东省商务厅与广告和贸易展会股份公司（VINEX-

AD）联合举办的 2019 年中国广东（越南）进出口商品交易会在河内国际展览中心开幕。

## 9 月

- 23 日　越航与中国和韩国航空加强全面合作，越航与大韩航空（Korean Air）和中华航空（China Airlines）就加大越南旅游宣传推广力度和加强三方在多个领域的合作等达成了一致意见。
- 24 日　越南科学社会翰林院旗下的中国研究院同中国驻越南大使馆在河内联合举行"庆祝中华人民共和国成立 70 周年——社会主义现代化建设成就及经验"国际研讨会。
- 24 日　越南胡志明市人民议会副主席范德海会见了正在访问胡志明市的中国江苏省人大常委会副主任刘捍东。会见中，刘捍东表示江苏人大代表团此访的目的在于进一步推进两个地方民选机关之间的经济合作和文化交流。此前，江苏省人大代表团已访问河内、岘港等地。

## 10 月

- 12 日　中国百世集团在越南胡志明市正式启动快递业务。
- 14 日　越南农业和农村发展部部长与中国农业农村部部长进行了会谈。
- 19 日　中国海关总署在其官网上发表公报称，根据中国相关法律法规以及《中华人民共和国海关总署和越南社会主义共和国农业与农村发展部关于越南社会主义共和国输华乳品动物卫生和公共卫生条件议定书》，准许越南乳品进口。
- 21 日　第九届北京香山论坛在中国首都北京正式开幕。由越共中央政治局委员、中央军委副书记、国防部部长吴春历大将率领的越南高级军事代表团出席论坛。越南国防部部长吴春历大将在主题为"亚太地区安全风险管控"的第二场全体会议上发表了讲话。
- 21 日　由中国浙江省总工会副主席张卫华率领的工作代表团与越南北宁省劳动联合会举行工作座谈会，并签署合作备忘录。
- 23 日　越南政府副总理王廷惠会见中国云南省委副书记王予波。
- 27 日　第 11 届"大爱无国界"国际义卖活动在中国首都北京举行。越南积极参与并荣获最佳风采奖。

## 11月

- 3日　阮春福出席第22次东盟—中国领导人会议。
- 4日　2019年越南越北各省与中国广西壮族自治区旅游促进会在谅山省举行。此次会议意在促进未来越南越北省份与中国广西壮族自治区之间的旅游合作，并采取措施推动旅游互联互通融合发展。
- 7日　越南谅山省友谊国际口岸边防哨所同中国友谊关出入境边防检查站联合举行了法律知识宣传活动，旨在提高越中两国边防管理能力。
- 12日　越南人民军副总参谋长阮方南上将会见以赵昌华副局长为首的中国国家移民管理局代表团。
- 13日　越南政府副总理王廷惠会见中国香港盈科拓展集团主席。
- 19日　越南潘文江上将会见中国人民解放军国防大学代表团。
- 22日　在中国首都北京人民大会堂，越南新任驻华大使范星梅向中国国家主席习近平递交委任书。
- 26—28日　在中国首都北京，越南外交部副部长黎怀忠与中国外交部副部长罗照辉举行了越中政府级边界谈判代表团团长会晤，就越中两国关系、两国关于领土边境问题和两国共同关心的国际和地区问题等交换看法。值此之际，黎怀忠副部长分别会见了中国外交部部长王毅、中国外交部副部长马朝旭、中共中央对外联络部副部长王亚军等，就推进两党、两国合作关系发展交换了意见。

## 12月

- 2日　2019年在越中（芒街—东兴）国际商贸旅游博览会框架下，以"扩大合作—可持续发展"为主题的两国五市旅游促进推广、吸引投资和实现旅游路线对接论坛在越南广宁省芒街市举行。
- 5日　中国香港企业欲在越南清化省投资8000万美元建设风电厂。
- 12日　在河内，中国驻越南大使馆举行媒体吹风会，向媒体界通报中国共产党第十九届中央委员会第四次全体会议以及庆祝澳门回归20周年纪念活动等相关信息。
- 18日　越南河内市祖国阵线委员会主席阮兰香与中国西藏自治

区政协副主席王亚蔺一行举行了会谈。当天下午，西藏自治区政协代表团礼节性地拜访了河内市人民委员会，黎红山副主席接见代表团。

·19日　越南驻华大使馆在北京举行纪念越南人民军队成立75周年、全民国防日30周年庆典暨2019年越南国防白皮书公布仪式。出席活动的有中共中央军委政治工作部副主任何宏军中将、越南驻华大使范星梅、越南驻华国防武官武德润大校以及中国各部委的地方代表、各国驻华使节和武官等近300人。

# 2019年广西与东盟合作大事记

区富祝[*]

## 1月

· 24日 2018年广西与东盟、欧盟双边贸易额实现双增长，其中与东盟双边贸易额为2061.49亿元人民币，同比增长6.3%。

## 3月

· 26日 广西市长协会组织召开2019年中国—东盟市长论坛专家研讨会，围绕本届论坛的指导思想、主题、分议题等事项进行了深入探讨和广泛交流。

· 29日 广西壮族自治区大数据发展局局长席扬表示，《中国—东盟信息港建设总体规划》获国家正式批复，中国—东盟信息港建设全面启动。

## 4月

· 12—14日 由中国社会科学院亚太与全球战略研究院、广西民族大学东盟学院主办，广西民族大学中国—东盟海上安全研究中心、广西民族大学缅甸研究所承办的"中国特色周边外交"研讨会在广西民族大学举行。

· 17日 中国武汉汉欧国际物流有限公司与广西震洋集团共同打造了冷链快速干线卡班，打通东盟至武汉冷链通道，连接武汉与中南半

---

[*] 区富祝，广西大学中国—东盟信息港大数据研究院ASEAN舆情助理。

岛，串联湄公河流域和长江流域，推进双边水果、蔬菜、生鲜贸易，今后将有不同种类、新鲜的东盟热带水果陆续走上我国华中地区市民的餐桌。

· 24 日　广西发布《东盟十国知识产权发展报告》，为企业走向东盟护航。

· 27 日　以"凝聚女性力量 共建'一带一路'"为主题的中国—东盟妇女"和美"——2019 民族文化汇演在广西桂平市举行。

**5 月**

· 6 日　由中国—东盟博览会秘书处、广西国际博览集团有限公司和长江商学院共同主办的东盟新经济领袖班在广西南宁开班。

· 14 日　"共建'一带一路'2019 中国—东盟创新与科技合作高峰交流会"在南宁成功举办。

· 14 日　国际陆海贸易新通道广西推介会在新加坡举行。

· 21 日　东盟新经济领袖班在广西南宁开班授课。

· 29 日　第八届中国—东盟音乐周开幕式交响乐作品音乐会在广西文化艺术中心音乐厅举行。

**6 月**

· 1 日　中联部亚洲一局、广西壮族自治区外办在广西南宁举办"比邻共话——共建'一带一路'共促减贫合作"活动。

· 4 日　广西检察院设立涉东盟司法事务办公室，服务跨境司法合作。

· 29 日　第二届中国—东盟工业设计与创新论坛在广西柳州市举行，中外政商企业界代表围绕"凝聚创新驱动力 开辟中国—东盟合作新机遇"主题，聚焦创新设计合作，助推产业升级。

· 8 日　第 15 届中国—东盟（南宁）国际龙舟邀请赛暨庆祝新中国成立 70 周年"我要上自治区运动会"——2019 年广西龙舟系列赛（南宁站）在南宁邕江孔庙段附近水域拉开序幕。

· 26 日　第 13 届"中国—东盟社会发展与减贫论坛"在广西南宁开幕。

· 26 日　南宁市人民政府与中国—东盟中心在广西南宁共同举办

中国—东盟智慧城市合作交流会。

·29日 第二届中国—东盟工业设计与创新论坛在广西柳州市举行。

## 7月

·9日 中国—东盟技术转移合作交流大会在南宁举行,就国际技术转移和创新合作经验进行交流。

·9日 由广西大学新闻与传播学院和广西大学中国—东盟传媒与区域传播研究中心联合主办的"2019(首届)中国—东盟传媒与新闻传播教育国际研讨会暨中国—东盟新闻与传播学院院长(系主任)论坛"在广西大学新闻与传播学院融媒体中心举行。

·15日 中国—东盟艺术展览在广西南宁开展。

·16日 2019年中国—东盟基础设施合作论坛在南宁举行。

·17日 中国—东盟环境合作论坛(2019)在南宁举行。

·17日 第四届中国—东盟民族文化论坛在广西桂林开幕。

·18日 第九届中国—东盟(柳州)汽车工业博览会在广西柳州市举办。

·20日 第五届中国—东盟药品合作发展高峰论坛举行。

·20日 第三届中国—东盟大学(国别与区域研究)智库联盟论坛在广西南宁举行。

·21日 第16届中国—东盟博览会和中国—东盟商务与投资峰会在广西南宁开幕。

·27日 中国—东盟博览会秘书处与波兰雇主协会在广西南宁签订东博会特邀合作伙伴支持商协会友好合作备忘录。

## 8月

·13日 广西北海仲裁委员会在新加坡举行北海亚洲国际仲裁中心揭牌仪式,北海仲裁设立的首个海外中心正式成立。

·20日 2019中国—东盟国际汽车拉力赛(CAITA)暨中国—东盟媒体汽车拉力赛新闻发布会在南宁市召开。

·22日 广西民族大学与中国—东盟信息港股份有限公司战略合作协议签署仪式暨大学生实习实训基地揭牌仪式在南宁中国东信总部大

楼举行。

**9月**

·9日　第一届中国—东盟人工智能峰会暨中国—东盟信息港合作伙伴签约仪式在南宁国际会展中心举行。

·17日　第12届中国—东盟智库战略对话论坛在广西南宁举行。

·17—19日　2019中国—东盟市长论坛在广西南宁市召开。

·17—18日　2019中国—东盟防灾减灾科学传播高峰论坛和第九届中国—东盟工程论坛举办。

·18—20日　首届中国—东盟电视周将在南宁举行。

·21日　第16届中国—东盟博览会和中国—东盟商务与投资峰会在广西南宁开幕。

·20—21日　第五届中国—东盟药品合作发展高峰论坛在南宁举办。

·20日　第四届中国—东盟商会领袖高峰论坛在南宁举办。

·20日　中国—东盟网络视听产业基地揭牌仪式在广西新媒体中心举行。

·22日　第11届中国—东盟金融合作与发展领袖论坛暨建设面向东盟的金融开放门户峰会在广西南宁召开。

**10月**

·16日　2019中国—东盟国际马拉松新闻发布会在南宁举行。

·18—20日　主题为"立足广西，面向东盟"的2019广西—东盟智慧城市博览会在南宁国际会展中心举办。

·28日　2019中国—东盟艺术高校联盟、中国—东盟艺术院校校长圆桌会议在广西南宁举办。

·29日　中国—东盟网络安全产业交流与合作发展培训会在广西壮族自治区南宁市举行。

**11月**

·13日　东盟防长扩大会反恐专家组联合实兵演习在广西桂林正式拉开帷幕。

·18日　第五届中国—东盟武术节在广西藤县成功举行。
·18日　广西建立首家东盟跨境医疗中心。

**12月**
·2日　由广西壮族自治区政府主办的"共建共享面向东盟的金融开放门户、西部陆海新通道暨中国—东盟信息港推介交流会"在新加坡举行。
·4日　据广西壮族自治区东南亚经济与政治研究院提供的消息,《中国—东盟年鉴2018》正式出版。
·7—10日　第15届中国—东盟棋牌国际邀请赛在广西南宁展开激烈角逐。
·10日　广西测绘学会2019年年会暨地信卫星园产业招商大会在南宁举行。
·10日　共建共享面向东盟的金融开放门户、西部陆海新通道暨中国—东盟信息港推介交流会在新加坡成功举行。会上,重点推介了南宁发展新机遇、新未来,并与新加坡企业签订多项合作协议,深度开展金融领域创新与合作,为面向东盟的金融开放门户南宁核心区建设注入新的活力。
·11日　以"共建陆海新通道 共谱自贸新篇章"为主题的广西·凭祥中越边关旅游节暨第27届中越(凭祥)商品交易会在中国—东盟(凭祥)农产品集散中心拉开大幕。
·12日　以"传承礼智信,弘扬真善美,演绎东方韵"为主题的"礼仪崇左"第15届中国—东盟礼仪大赛中国总决赛暨颁奖盛典在广西崇左市举行。
·14日　第三届中国—东盟国际精准医学大会暨广西医师协会临床精准医疗专业委员会成立大会在南宁举行。
·25日　广西壮族自治区政府印发《促进中国(广西)自由贸易试验区高质量发展的支持政策》,鼓励构建中国—东盟特色优势跨境产业链。
·25日　北部湾航运交易有限公司成立,将统筹中国—东盟海陆运输资源。

# 后　记

《中国—东盟合作发展报告（2019～2020）》是中国—东盟区域发展协同创新中心、广西大学中国—东盟研究院自2014年设立重大研究专项课题"中国—东盟合作进展与述评（年度报告）"后的第六份报告。本次报告的撰写从2019年12月开始，中间历经完成初稿，补充延时发布的各项年度数据以及对具体内容的修订，最终完成了整体报告。

本次报告延续了《中国—东盟合作发展报告（2018～2019）》的内容，总体框架保持不变。在各个国别与中国的合作发展报告中会对各国发展的基本情况作简单阐述，对该国具体的发展情况与重大事件将会在"东盟国情报告"重大项目课题及其报告里予以展现。

全书共分五篇：第一篇是总报告《2019年中国—东盟合作回顾与展望》，分别从政治外交、经济、非传统安全、军事、海上和科技、文化、教育等各领域阐述中国和东盟双方的合作情况、成果及问题，并展望2019年的合作趋势。第二篇是《2019年中国与东盟各国合作报告》，包括对各国政治、经济、外交、社会、文化等领域当年情况的简评和重要事件的分析，中国与各东盟国家在各个领域合作的评析以及对2020年双方合作的展望。第三篇是《2019年中国—东盟合作专题报告》，包括中国与东盟在金融、投资、经贸、生态环境等领域的合作、中国—东盟博览会、东盟国家对"一带一路"倡议的响应、中国—东盟可持续发展合作、广西与东盟合作的报告等。第四篇是《2019年中国—东盟合作热点评析》，内容包括越南的联合国外交及中越在联合国框架下的合作，澜湄合作的新进展与新挑战等。第五篇是《大事记》，包括2019年中国—东盟合作大事记、中国与东盟各国合作大事记、广西—东盟合作大事记等，内容十分丰富。

# 后 记

　　本书研究集结了广西大学中国—东盟研究院国别研究所研究人员的力量和国际学院教师的力量，得到了中国—东盟区域发展协同创新中心多位专家的指导，以及广西国际博览事务局等单位专家的支持。除了正文所列的作者外，还有广西大学国际学院、商学院的一些博士研究生、硕士研究生参与到报告数据的收集及整理工作中，对书稿的完成他们功不可没。

　　本书至今已是第六本。其顺利付梓离不开广西大学校领导一直以来对中国—东盟研究的重视、关心和大力支持，也离不开中国社会科学出版社领导一直以来的大力支持。出版社的编辑对系列报告的出版给予了极大的帮助，他们的细致和负责任，使得每次的报告都能顺利、高质、及时地与读者见面。

　　在此，我们对各位作者、各位编辑、各位关心和支持中国—东盟合作发展研究的领导、同仁表示衷心感谢！同时，也希望各位读者、专家对本书的不足之处予以批评指正！百尺竿头须进步，努力钻研方得入。我们会在大家的督促下努力取得更大的进步！

编者